高等院校智慧物流与供应链系列教材

智慧物流概论

第 2 版

魏学将　王　猛　张庆英　编著

机械工业出版社

本书是智慧物流的通识性教材,在第1版的基础上进行了系统修订。全书共12章:智慧物流概述、智慧物流系统、智慧仓储、智慧运输、智慧配送、智慧装卸搬运、智慧包装、智慧物流信息平台、智慧物流园区、智慧港口、智慧供应链、智慧物流与智能制造。其中,第1、2章侧重于对智慧物流的整体介绍,第3~7章侧重于对智慧物流具体业务环节的介绍,第8~12章侧重于对智慧物流在不同场景中应用的介绍。本书内容体系完整,章节组织合理,基本覆盖了智慧物流理论体系的各个方面。

本书针对智慧物流人才培养的知识需求,紧贴智慧物流行业发展实际,构建了智慧物流的基本理论框架,能够增强读者对智慧物流的行业认知与认同。

本书可作为高等院校物流管理、物流工程、电子商务管理、管理科学与工程等相关专业的本科生或研究生的教材,也可供智慧物流相关领域的学者、从业者及科技人员参考。

本书配有授课电子课件、教学大纲、授课计划、教学视频和课后练习等教学资源,有需要的老师可登录 www.cmpedu.com 免费注册,审核通过后下载,或联系编辑索取(微信:13146070618,电话:010-88379739)。

图书在版编目(CIP)数据

智慧物流概论 / 魏学将,王猛,张庆英编著.

2版. --北京:机械工业出版社,2025.5. --(高等院校智慧物流与供应链系列教材). -- ISBN 978-7-111-78122-6

Ⅰ. F252.1-39

中国国家版本馆 CIP 数据核字第 20251CK966 号

机械工业出版社(北京市百万庄大街22号 邮政编码100037)

策划编辑:王 斌　　　　　责任编辑:王 斌 马新娟
责任校对:龚思文 张亚楠　　责任印制:单爱军
北京华宇信诺印刷有限公司印刷
2025年6月第2版第1次印刷
184mm×260mm・18.5印张・457千字
标准书号:ISBN 978-7-111-78122-6
定价:69.00元

电话服务　　　　　　　　网络服务

客服电话:010-88361066　　机 工 官 网:www.cmpbook.com

　　　　　010-88379833　　机 工 官 博:weibo.com/cmp1952

　　　　　010-68326294　　金 书 网:www.golden-book.com

封底无防伪标均为盗版　　机工教育服务网:www.cmpedu.com

前　　言

近年来，随着智慧物流的快速发展，物流企业对智慧物流相关人才的需求呈快速上升趋势，智慧物流人才供给严重不足。同时，智慧物流的发展对智慧物流人才在知识结构、能力素质等方面提出了新的要求。为了使从业人员增强对智慧物流的认知，构建智慧物流的基本理论框架，培养智慧物流系统思维，增强对智慧物流行业的认知与认同，我们于 2020 年编写并出版了《智慧物流概论》，这本书是国内该领域较早出版的教材之一。本书在《智慧物流概论》的基础上进行了系统修订，以体现行业发展趋势，满足广大读者的学习需求。

本书着眼于应用型人才培养，采用了理论讲解与案例分析相结合的方式，以提高学生的应用能力和学习兴趣。全书包括智慧物流概述、智慧物流系统、智慧仓储、智慧运输、智慧配送、智慧装卸搬运、智慧包装、智慧物流信息平台、智慧物流园区、智慧港口、智慧供应链、智慧物流与智能制造共 12 章内容，并辅以大量的案例和实例介绍了智慧物流的发展与应用情况。

本书的特色主要包括：注重内容的系统性，基本上覆盖了智慧物流的各个方面，介绍了智慧物流的相关环节和主要节点；注重内容的权威性，重视对行业内知名专家的观点、文章和论著的借鉴与参考；注重理论与实践的结合，在介绍理论知识的基础上，引入了大量的案例；教材配套资源进行数智化升级，除提供全套高品质数字化教学资源之外，更开发了精品智慧课（智能化慕课课程），提供在线课程及智能化学习和教学评估环境。登录学银在线（www.xueyinonline.com），搜索"智慧物流概论（武汉工商学院 魏学将）"即可获取。

本书由武汉理工大学张庆英（教授）和武汉工商学院魏学将（副教授）、王猛（教授）联合编著。具体分工如下：张庆英编写第 1 章和第 11 章，魏学将编写第 2～5 章、第 8 章、第 10 章和第 12 章，王猛编写第 6、7 章和第 9 章。全书大纲由张庆英和魏学将共同拟定，由魏学将统稿。同时，武汉工商学院物流管理专业的袁俊翔、温永杰、张璐瑶、胡宇翱、徐林昊、谢婉怡、董欣雅、郭子怡、林琳贺、饶嘉琪、王晋波、吴淑瑶、熊亚、朱安国等多位同学参与了本书的文字整理、图片处理、书稿校对和资源制作等工作。

本书从大纲拟定、初稿完成到最终定稿无不凝聚着机械工业出版社编辑的鼓励和支持，同时在编写过程中也参考了业内多名专家的成果，在此一并表示深切的谢意。

由于作者水平及时间有限，加上智慧物流发展迅速，相关技术和管理理念不断更新，书中难免有疏漏和不足之处，敬请专家和读者批评指正。

编　者

目　录

第1章 智慧物流概述

物流业是支撑国民经济和社会发展的基础性、战略性产业。随着新技术、新模式、新业态的不断涌现，物流业与互联网深度融合，智慧物流逐步成为推进物流业发展的新动力、新路径，也为经济结构优化升级和提质增效注入了强大动力。

1.1 智慧物流的发展历程和发展动因

1.1.1 智慧物流的发展历程

智慧物流是物流发展的高级阶段，是现代信息技术发展到一定阶段的必然产物，是多项现代信息技术的聚合体。智慧物流的起源经历了粗放型物流、系统化物流、电子化物流、智能物流和智慧物流 5 个阶段，如图 1-1 所示。粗放型物流属于现代物流的雏形，系统化物流是现代物流的发展阶段，电子化物流是现代物流的成熟阶段，而现代物流的未来发展趋势是由智能物流向智慧物流发展。

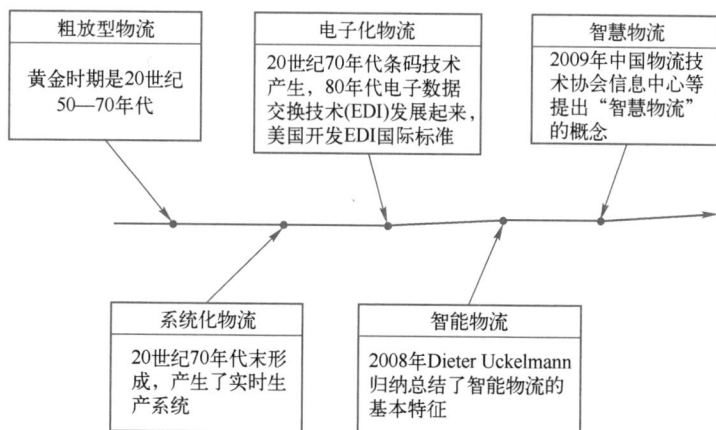

图 1-1 智慧物流的起源

1. 粗放型物流

粗放型物流的黄金时期是 20 世纪 50～70 年代。第二次世界大战后，世界经济迅速复苏，以美国为代表的发达资本主义国家进入了经济发展的黄金时期。以制造业为核心的经济发展模式给西方等发达资本主义国家带来大量的财富，刺激消费大规模增长，大量生产、大量消费成为这个时代的标志。随着大量产品进入市场，大型百货商店和超级市场如雨后春笋一般出现。在大规模生产和消费的初始阶段，由于经济的快速增长，市场需求旺盛，企业的重心放在生产上，对流通领域中的物流关注度不高，普遍认为产量最大化会导致每日利润最大化，因此产生了大量库存。

粗放型物流时期的特点是专业型的物流企业很少，大部分企业都是自成体系，没有行业协作和大物流的意识，盲目扩张生产难以维持下去，迫使企业放弃原来的大规模生产消费型经营模式，寻找更适合的物流经营模式，以降低成本。

2. 系统化物流

从 20 世纪 70 年代末到 80 年代初，世界经济出现国际化趋势，物流行业也逐渐从分散、粗放式的管理阶段进入了系统管理的阶段。系统化物流得益于企业对物流行业重要性的认识，以及新技术和新模式的出现。这一时期，企业已经把物流作为一门综合性的学科来看待，同时企业的经营决策和发展战略也开始注重物流的成本和效益。这一时期的物流行业关注削减库存以降低运营成本，并提出了物流总成本的概念。新型物流技术的应用也迎合了这股潮流，如实时生产系统（Just in Time，JIT）和集装箱运输等。另外，新兴物流业务的出现也丰富了物流行业的服务模式。这些新兴的思想、技术、服务成为推动物流行业变革的契机和动力。值得一提的是，尽管这一时期信息技术革命尚在襁褓之中，但计算机辅助管理、模拟仿真系统、线性规划技术等开始大量运用到物流系统中。

系统化物流时期的特点是新技术和新模式的出现使企业对物流的理解从简单分散的运输、保管、库存管理等具体功能，上升到从原料采购到产品销售整个过程的统一管理，开始对物流成本和效益进行研究。

3. 电子化物流

从 20 世纪 90 年代中后期以来，以互联网在经济活动中的应用为主要表现形式的电子商务取得了快速的发展。在客户需求的拉动、技术进步的推动及物流产业自身发展需要的驱动等多方面力量的作用下，现代物流业迎来一个新的发展阶段——电子化物流阶段。在这个阶段，信息技术开始为物流行业助力，并成为持续推动物流行业飞速发展的关键动力，最为典型的两项信息化技术是 20 世纪 70 年代诞生的条码技术和 80 年代诞生的电子数据交换（Electronic Data Interchange，EDI）技术。EDI 可以提供一套统一的标准进行数据交互和处理，减少了纸质票据的使用。EDI 的应用范围可以覆盖物流各主要环节，如在线订货、库存管理、发送货管理、报关、支付等。

电子化物流时期的特点主要包括三点：①电子化物流需要借助互联网来开展业务运作；②电子化物流体系以满足客户对物流服务的需求为导向，让客户通过互联网参与物流运作过程，以更好地实现以客户为中心的物流服务发展目标；③电子化物流注重追求供应链整体物流效果，供应链合作伙伴之间通过互联网建立起密切的业务联系，共同为提高供应链物流的效率和效益及降低物流运作的总体成本和时间占用而努力，强调共存共荣、互惠互利、同舟共济。

4．智能物流

21 世纪是智能化的世纪，随着智能技术的发展，物流也自然朝着智能化方向发展，特别是随着智能标签、无线射频识别技术、电子数据交换技术、全球卫星导航定位技术、地理信息系统、智能交通系统等应用的日益成熟，基于这些技术的各类智能物流应用相继出现，包括智能仓储物流管理、智能冷链物流管理、智能集装箱运输管理、智能危险品物流管理、智能电子商务物流等，智能物流日益被人们所了解。

基于以上背景，结合现代物流的发展过程，考虑到物流业是实现作业智能化、网络化和自动化的行业，2008 年，德国不来梅大学 Log Dynamics 实验室的 Dieter Uckelmann 归纳总结了智能物流的基本特征：智能物流时期的物流运营呈现精确化、智能化、协同化的特点。精确化物流要求成本最小化和零浪费；物流系统需要智能化地采集实时信息，并利用物联网进行系统处理，为最终用户提供优质的信息和咨询服务，为物流企业提供最佳策略支持；协同化是利用物联网平台协助，实现物流企业上下游之间的无缝链接。

5．智慧物流

"智慧物流"的概念源于"智慧地球"。2008 年 11 月，IBM 提出了"智慧地球"的概念。2009 年 1 月，美国总统奥巴马公开肯定了 IBM"智慧地球"的思路，并提出将"智慧地球"作为美国国家战略。在我国，2009 年 8 月 7 日，温家宝总理在无锡提出了"感知中国"的理念，物联网被正式列为国家五大新兴战略性产业之一，写入政府工作报告。2009 年 11 月 3 日，温家宝总理再次指示要着力突破传感网、物联网关键技术。同年，国务院印发的《物流业调整和振兴规划》提出：积极推进企业物流管理信息化，促进信息技术的广泛应用；积极开发和利用全球卫星导航定位系统（Global Navigation Satellite System，GNSS）、地理信息系统（Geographic Information System，GIS）、道路交通信息通信系统（Vehicle Information and Communication System，VICS）、不停车自动交费系统（Electronic Toll Collection，ETC）、智能交通系统（Intelligent Transport System，ITS）等运输领域新技术，加强物流信息系统安全体系研究。在物流行业内部，很多先进的现代物流系统已经具备了信息化、网络化、集成化、智能化、柔性化、敏捷化、可视化、自动化等高技术特征；很多物流系统和网络也采用了红外、激光、无线、编码、认址、自动识别、定位、无接触供电、光纤、数据库、传感器、射频识别（Radio Frequency Identification，RFID）、卫星定位等高新技术，这种集光、机、电、信息等技术于一体的新技术在物流系统的集成应用就是物联网技术在物流业应用的体现。

基于以上背景，结合物流行业信息化发展现状，2009 年 12 月，中国物流技术协会信息中心、华夏物联网和《物流技术与应用》编辑部率先提出"智慧物流"的概念。智慧物流概念的提出，既顺应历史潮流，也符合现代物流业发展的自动化、网络化、可视化、实时化、跟踪与智能控制的发展新趋势，对企业、整个物流行业乃至整个国民经济的发展具有至关重要的意义。智慧物流的时代已经到来并且还在继续，随着技术的不断进步和应用的成熟，智慧物流将更加完善。

1.1.2　智慧物流的发展动因

智慧物流的发展受多方面因素的影响，政策支持、技术进步和市场需求是其发展的根本动因（见图 1-2），这些因素共同促进了智慧物流的快速发展和不断创新，为现代物流业的发展注入了新的动力。

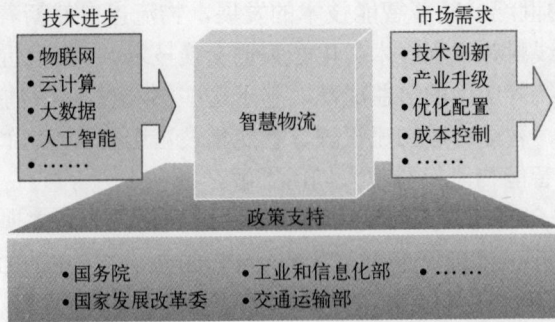

图 1-2 智慧物流的发展动因及作用机理

1. 政策支持

国家政策对智慧物流发展的影响是多方面的。通过规划引导与支持、基础设施建设投入、技术创新与推广、行业标准与规范、跨界合作与协同、绿色发展理念、安全保障措施以及人才培养与引进等手段，国家政策为智慧物流的发展提供了有力支持和保障。这些政策的实施有力推动着智慧物流的快速发展和应用，为现代物流业的转型升级和高质量发展提供有力支撑。

在智慧物流的发展过程中，国家给予高度重视，颁布了一系列政策与法律法规对行业进行直接支持。2016 年，国家发展改革委出台的《"互联网+"高效物流实施意见》提出，先进信息技术在物流领域广泛应用，仓储、运输、配送等环节智能化水平显著提升。2017 年 9 月，工业和信息化部出台的《工业电子商务发展三年行动计划》提出，支持物流企业加大对物流基础设施信息化改造，提升仓储配送智能化水平，加快建立现代物流服务体系。2018 年 1 月，国务院办公厅出台的《国务院办公厅关于推进电子商务与快递物流协同发展的意见》提出，强化规划引领，完善电子商务快递物流基础设施，鼓励快递物流企业采用先进适用技术和装备，提升快递物流装备自动化、专业化水平。2020 年 2 月，国家邮政局、工业和信息化部联合发布的《关于推进快递业与制造业深度融合发展的意见》提出，打造智慧物流，加快推动 5G、大数据、云计算、人工智能、区块链和物联网与制造业供应链的深度融合，提升基础设施、装备和作业系统的信息化、自动化和智能化水平。2021 年 3 月，《中华人民共和国国民经济和社会发展第十四个五年规划和 2035 年远景目标纲要》提出，构建基于 5G 的应用场景和产业生态，在智能交通、智慧物流、智慧能源、智慧医疗等重点领域开展试点示范。深入推进服务业数字化转型，培育众包设计、智慧物流、新零售等新增长点。2021 年 7 月，国家发展改革委发布的《"十四五"循环经济发展规划》提出，绿色低碳循环发展成为全球共识，世界主要经济体普遍把发展循环经济作为破解资源环境约束、应对气候变化、培育经济新增长点的基本路径。2022 年 10 月，交通运输部、国家标准化管理委员会印发的《交通运输智慧物流标准体系建设指南》提出，到 2025 年，聚焦基础设施、运载装备、系统平台、电子单证、数据交互与共享、运行服务与管理等领域，完成重点标准制修订 30 项以上，形成结构合理、层次清晰、系统全面、先进适用、国际兼容的交通运输智慧物流标准体系，打造一批标准实施应用典型项目，持续提升智慧物流标准化水平，为加快建设交通强国提供高质量标准供给。2022 年 5 月，国务院办公厅发布的《"十四五"现代物流发展规划》提出，加快现代物流数字化、网络化、智慧化赋能，打造科技含量高、创新能力强的智慧物流新模式。2023 年 2 月，中共中央、国务院发布的《质量强国建设纲要》提出，积极发展多式联运、智慧物流、供应链物流，提升冷链物流服务质量，优化国际物流通道，提高口岸通关便利化程度；提高现代物流、生产控制、信息数据等服务能力，增强产业链集成优势。

2．技术进步

技术进步对智慧物流的影响深远而广泛。从提升效率、优化决策到保障安全、促进环保，这些技术为智慧物流带来了无限的可能性。随着技术的不断发展和创新，智慧物流领域正经历着前所未有的变革。尤其是物联网、云计算、大数据、人工智能、区块链、自动化以及 5G 等技术的发展与应用，为物流行业带来了前所未有的可能性，极大地推动了整个行业的转型升级。

物联网技术的应用使得每一件货物都可以被实时追踪和监控。通过给货物贴上 RFID 标签或使用其他物联网设备，企业可以实时了解货物的位置、状态等信息，确保物流过程的透明度和可控性。

云计算为智慧物流提供了强大的计算能力和存储空间。通过云计算平台，企业可以实时分析物流需求、预测货物流量，从而优化资源配置，提高物流效率。

大数据技术使得智慧物流能够实时收集、分析和利用海量数据。这些数据不仅包括物流运作的实时数据，还包括客户行为、市场需求等外部数据。通过对这些数据的挖掘和分析，企业能够做出更为明智的决策，优化物流策略。

人工智能算法如机器学习、深度学习等，能够分析历史数据，预测未来趋势，从而优化物流路径和运输策略。这不仅减少了运输成本和时间，还提高了物流的可靠性和灵活性。

区块链技术为智慧物流提供了不可篡改的数据记录和验证机制。通过区块链，企业可以确保物流数据的真实性和完整性，防止数据被篡改或伪造。此外，区块链还可以用于构建信任机制，促进物流各方的合作和协同。

自动化技术的引入显著提高了智慧物流的运作效率。通过使用无人驾驶车辆、自动化仓库系统、自动化分拣等技术，物流过程中的人力成本和时间成本大幅度降低。此外，自动化技术的应用也减少了人为错误，提高了物流的准确性。

5G 技术为智慧物流提供了超高速的数据传输能力和低延迟的网络连接。这使得物流数据能够实时、准确地传输到各个节点，提高了物流过程的实时性和响应速度。

3．市场需求

市场需求是驱动智慧物流发展的关键力量，它对于智慧物流产业的聚集发展起到了决定性的作用。随着电子商务、制造业和商贸流通业的快速发展，市场对智慧物流服务的需求不断增长，为智慧物流行业带来了前所未有的发展机遇。市场需求对智慧物流的影响是多方面的，它不仅驱动了技术创新和产业升级，还促进了资源的优化配置、服务质量的提升以及国际合作与交流。

在驱动创新方面，市场需求的变化是技术创新的重要推动力。随着电子商务的普及，消费者对物流服务的要求不断提高，需要更快速、更便捷、更透明的物流解决方案。为了满足这些需求，智慧物流企业必须不断进行创新，引入新技术、新设备和新方法，以提高物流效率和服务质量。

在促进产业升级方面，市场需求的增长促进了智慧物流产业的聚集发展。在市场需求的推动下，越来越多的企业开始投资于智慧物流领域，推动了相关技术的研发和应用。这种聚集发展不仅提高了智慧物流的整体水平，还促进了产业链的完善和升级。

在优化资源配置方面，市场需求的变化引导着智慧物流资源的配置。企业需要根据市场需求的变化，及时调整自己的物流策略和资源配置，以满足市场的需求。这种灵活性不仅提高了企业的竞争力，还使得物流资源得到了更加合理的利用。

在提高服务质量方面，市场对服务质量提出了更高的要求，推动了智慧物流服务质量的提升。为了满足客户的需求，智慧物流企业需要不断改进自己的服务流程和服务方式，提高服务的可靠性和准确性。这种改进不仅提高了客户的满意度，还为企业赢得了更多的市场份额。

在促进国际合作与交流方面，随着全球化的加速和国际贸易的增长，智慧物流的国际市场需求也在不断增长。这种市场需求的变化促进了智慧物流领域的国际合作与交流，推动了相关技术的跨国应用和推广。这种合作与交流不仅提高了智慧物流的整体水平，还为企业带来了更多的商机和发展空间。

1.2 智慧物流的概念与特征

1.2.1 智慧物流的概念

1. 关于智慧

智慧物流的本质是智慧，物流是智慧的应用客体。"智慧"本身的含义处在不断的变化和扩展之中，具有很强的动态性，乃至今天也没有形成一个能够被广泛接受和认同的定义。

狭义的智慧是指生命所具有的、基于生理和心理的一种高级创造思维能力，包含对自然与人文的感知、记忆、理解、分析、判断、升华等各种能力。智慧是由智力系统、知识系统、方法与技能系统、非智力系统、观念与思想系统、审美与评价系统等多个子系统构成的复杂体系孕育出的一种能力。

随着现代科技的不断发展与应用，没有生命的物理世界开始有了生命的觉醒，人类逐渐迈入智慧时代。最初的看法是，将感应器嵌入和装备到某些群体中，进一步互相连接，成为"物联网"，再进一步连接与整合"物联网"和互联网，从而实现"智慧"。现在已经发展为用先进的电子信息技术和管理方式"武装"整个系统，从而形成一种类似于人类智慧的、有"智慧"的全新系统，智慧执行系统、智慧传导系统和智慧思维系统已经延伸至物理世界。

智慧执行系统是与人类直接接触的系统，如智能机器人、无人机、自动驾驶汽车等。目前，机器学习能力大幅度提升，机器人开始在很多行业取代人工，但是智慧执行系统主要还是自动化技术的应用。

智慧传导系统的核心是互联网、移动互联网、物联网的技术与应用。智慧传导系统由状态感知与即时信息传导两大功能组成，是实现信息世界与物理世界融合的关键，是智慧时代的基础设施。

智慧思维系统是智慧系统的"大脑"，是智慧系统的控制核心，是让物理世界产生智慧生命觉醒的关键。智慧思维系统的信息资源是大数据，思考的引擎是人工智能，进行实时分析和科学决策的是软件。

2. 智慧物流

"智慧物流"的概念自提出以来，受到了专家和学者的高度关注，智慧物流也入选 2010 年物流十大关键词，但目前企业界与学术界对智慧物流的概念并未达成共识。

国内较早关于"智慧物流"的说法是由王继祥教授于 2009 年在《物联网技术在物流业应用现状与发展前景调研报告》中提出的，他认为，智慧物流是利用集成智能化技术，使物流系统能模仿人的智能，具有思维、感知、学习、推理判断和自行解决物流中的某些问题的能力，它包含了智能运输、智能仓储、智能配送、智能包装、智能装卸及智能信息的获取、加工和处理等多项基本活动。

2010 年，在物联网的时代背景下，北京邮电大学李书芳教授指出，智慧物流是在物联网的广泛应用基础上，利用先进的信息采集、信息处理、信息流通和信息管理技术，完成包括运输、仓储、配送、包装、装卸等多项基本活动的货物从供应者向需求者移动的整个过程。为供方提供最大化的利润，为需方提供最佳的服务，同时也应消耗最少的自然资源和社会资源，最大限度地保护好生态环境，从而形成完备的智慧社会物流管理体系。

2011 年，国家发展和改革委员会综合运输研究所汪鸣认为，智慧物流是指在物流业领域广泛应用信息化技术、物联网技术和智能技术，在匹配的管理和服务技术的支撑下，使物流业具有整体智能特征、服务对象之间具有紧密智能联系的发展状态。贺盛瑜等学者从管理视角出发，认为智慧物流是物流企业通过运用现代信息技术，实现对货物流程的控制，从而降低成本、提高效益的管理活动。宁波大学应琳芝认为，智慧物流是一种以信息技术为支撑，在物流的运输、仓储、包装、装卸搬运、流通加工、配送、信息服务等各个环节实现系统感知、全面分析、及时处理及自我调整功能，实现物流规整智慧、发现智慧、创新智慧和系统智慧的现代综合性物流系统。原 IBM 全球副总裁王阳则从资源和成本视角指出，智慧物流是把所有物流企业的物流信息汇总到一个平台上，进行集中分析，对运输设备进行科学排序，合理调度使用，从而减少空载率，降低物流成本，提高物流效益的管理活动。

2012 年，邵广利在综述相关研究的基础上指出，智慧物流是将物联网、传感网与互联网整合，运用于物流领域，实现物流与物理系统的整合网络。在这个整合网络当中，存在能力超级强大的中心计算集群，能够对整合网络内的人员、机器、设备和基础设计进行实时的管理和控制。在此基础上，人类可以以更加精细和动态的方式管理物流活动，使得物流系统智能化、网络化和自动化，从而提高资源利用率，使生产力水平达到"智慧"状态。

李芏巍教授认为，智慧物流是将互联网与新一代信息技术应用于物流业，实现物流的自动化、可视化、可控化、智能化、信息化、网络化，从而提高资源的利用率的服务模式和提高生产力水平的创新形态。

北京物资学院王之泰在李芏巍教授观点的基础上，为智慧物流的概念增加了管理的内涵，认为"智慧"的获得并不完全是技术方面的问题，要防止把技术问题绝对化，他将智慧物流定义为：将互联网与新一代信息技术和现代管理理念应用于物流业，实现物流的自动化、可视化、可控化、智能化、信息化、网络化的创新形态。

中国物联网校企联盟认为，智慧物流是利用集成智能化技术，使物流系统能模仿人的智能，具有思维、感知、学习、推理判断和自行解决物流中某些问题的能力，即在流通过程中获取信息，再通过分析信息做出决策，从源头开始对货物进行跟踪与管理，实现信息流快于实物流。也就是说，可通过 RFID、传感器、移动通信技术等让配送货物自动化、信息化和网络化。

北京交通大学王喜富教授认为，智慧物流是以"互联网+"为核心，以物联网、云计算、大数据及"三网融合"（传感网、物联网与互联网融合）等为技术支撑，以物流产业自动化基础设施、智能化业务运营、信息系统辅助决策和关键配套资源为基础，通过物流各环节、各企业的信息系统无缝集成，实现物流全过程可自动感知识别、可跟踪溯源、可实时应对、可智能优化决策的物流业务形态。

《中国智慧物流 2025 应用展望》中将智慧物流定义为：通过大数据、云计算、智能硬件等智慧化技术与手段，提高物流系统思维、感知、学习、分析决策和智能执行的能力，提升整个物流系统的智能化、自动化水平，从而推动中国物流的发展，降低社会物流成本，提高效率。

中国物流与采购联合会名誉会长何黎明认为，智慧物流是以物流互联网和物流大数据为依托，通过协同共享创新模式和人工智能先进技术，重塑产业分工，再造产业结构，转变产业发展方式的新生态。他提出，当前，物流企业对智慧物流的需求主要包括物流大数据、物流云、物流模式和物流技术四大领域。

《物流术语》（GB/T 18354—2021）中明确：智慧物流是以物联网技术为基础，综合运用大数据、云计算、区块链及相关信息技术，通过全面感知、识别、跟踪物流作业状态，实现实时应对、智能优化决策的物流服务系统。

综合而言，智慧物流就是能迅速、灵活、正确地理解物流问题，运用科学的思路、方法和先进技术解决物流问题，创造更好的社会效益和经济效益的物流模式。智慧物流的核心和灵魂是提供科学的物流解决方案，为客户和社会创造更好的综合效益。智慧是活的东西，不仅要认识物流，还要解决物流问题，这决定了它是发展智慧物流的关键所在。当然，智慧物流的应用范围、成效有大有小，智慧涉及的物流系统和技术有难有易。

1.2.2 智慧物流的特征

与传统物流相比，智慧物流的特征可以概括为三个方面：①互联互通，数据驱动；②深度协同，高效执行；③自主决策，学习提升。这些特征相互关联、相互促进，共同构成了智慧物流的核心，也突显出智慧物流的优势。

1. 互联互通，数据驱动

"互联互通，数据驱动"主要指的是通过智能硬件、大数据、云计算等智慧化技术与手段，实现物流系统中各个要素的相互连接和互通有无，使得整个物流系统能够形成一个高效、协同、透明的整体。具体来说，"互联互通"强调的是物流系统中各个环节、各个参与方之间的连接和互通，包括物流信息、物流资源、物流设备、物流人员等各个要素的相互连接和共享。这种连接和共享可以消除信息孤岛，提高物流系统的协同效率，降低物流成本，提升物流服务质量。"数据驱动"则是指通过收集、分析、挖掘和应用大量的物流数据，驱动物流系统的决策、执行和优化。这种数据驱动的方式可以帮助物流企业更好地了解市场需求、客户需求、供应链状况等，从而做出更加科学、合理的决策。同时，通过数据分析和挖掘，还可以发现物流系统中的问题和瓶颈，为物流企业的优化和改进提供有力的支持。

2．深度协同，高效执行

"深度协同，高效执行"是智慧物流的另一个重要特征。"深度协同"主要是指物流系统中的各个参与方，如供应商、生产商、物流企业、销售商等，能够基于全局优化的视角进行协同工作。这种协同不是简单的信息共享和协作，而是通过智能算法对物流资源进行全局优化和分配，实现各参与方之间的深度配合和协作，以达到整体物流效率的最大化。"高效执行"则是指物流系统能够快速地响应市场需求和变化，准确、高效地执行物流任务。这包括快速准确的订单处理、高效的库存管理和配送、实时的物流信息跟踪等。通过智能化的技术手段，物流系统可以实现对各种复杂情况的快速处理和响应，提高物流执行的效率和准确性。

3．自主决策，学习提升

"自主决策，学习提升"是智慧物流发展的高级阶段，通过利用人工智能和机器学习等先进技术，赋予物流系统自主决策的能力，并通过持续学习和优化，不断提升物流系统的性能和效率。具体而言，"自主决策"意味着物流系统能够在不需要人为干预的情况下，根据实时数据、历史数据和其他相关信息，自主做出决策。这种自主决策能力可以应用于多个方面，比如路径规划、库存管理、订单分配等。通过自主决策，物流系统可以更加快速地响应各种情况，减少人为错误和延迟，提高物流操作的效率和准确性。"学习提升"则是指物流系统能够通过机器学习和数据分析等技术，不断地从实践中学习和提升自己的能力。系统可以通过分析历史数据和运营经验，发现潜在的优化点，进而改进自身的决策和执行策略。这种持续的学习和提升过程可以使物流系统逐渐适应变化的市场环境和业务需求，不断提高自身的竞争力和适应能力。

1.3 智慧物流的地位与作用

在全球化、信息化的今天，物流行业已不再是简单的物品运输与存储，而是涉及供应链协同、数据分析、智能决策等多个方面的综合性服务。智慧物流，作为现代供应链管理的核心组成部分，正日益展现出其独特的地位与作用。

1.3.1 智慧物流在社会与经济发展中的地位

智慧物流在现代社会与经济发展中的地位可谓是举足轻重的。在我国现代化建设和国民经济社会发展的大背景下，智慧物流的战略地位尤为显著。特别是在当前复杂多变的国内外环境下，智慧物流在应对风险挑战、实现"六稳"⊖"六保"⊜、推动"双循环"以及促进"一带一路"倡议等方面都发挥着不可或缺的作用。

首先，智慧物流作为经济社会发展的先行要素，为高质量发展提供了有力支撑。智慧物流通过运用大数据、物联网等先进技术，实现了物流信息的实时共享和物流过程的可视化，大幅度提高了物流效率和服务质量。这不仅有助于降低物流成本，增强企业的竞争力，还能推动产业升级和转型，为经济的持续健康发展注入强大动力。

⊖ "六稳"即稳就业、稳金融、稳外贸、稳外资、稳投资、稳预期。
⊜ "六保"即保居民就业、保基本民生、保市场主体、保粮食能源安全、保产业链供应链稳定、保基层运转。

其次，智慧物流是应对经济下行压力、化挑战为机遇的重要转化力量。在经济全球化和贸易保护主义交织的复杂环境下，智慧物流通过优化供应链、提高物流效率等措施，帮助企业有效应对市场波动和风险挑战，实现稳定发展。同时，智慧物流还能促进产业链和供应链的深度融合，推动经济结构调整和优化升级，为经济的可持续发展提供新的增长点。

最后，智慧物流作为集产业链和供应链于一体的综合业态，是畅通国内大循环的重要抓手。智慧物流通过整合各类物流资源、优化物流网络布局等措施，有效促进了商品和服务的快速流通和高效配送，为国内市场的繁荣稳定和消费升级提供了有力保障。同时，智慧物流还能推动城乡一体化发展和区域协调发展，缩小城乡和区域差距，促进经济社会的全面进步。

1.3.2　智慧物流在社会与经济发展中的作用

智慧物流在社会与经济发展中起到了降低物流成本、提高物流效率、提升服务质量、促进产业升级、优化资源配置和增强国际竞争力等多方面的重要作用，为推动社会经济的持续健康发展提供了强有力的支持。

1. 降低物流成本

智慧物流通过先进的信息技术手段，实现了物流过程的透明化和可视化，减少了信息不对称和冗余环节，降低了库存管理、运输和配送等成本。同时，通过智能分析和预测，企业可以更加精准地安排库存、运输和人力资源，从而避免浪费。

2. 提高物流效率

智慧物流通过应用大数据、物联网、人工智能等先进技术，实现了物流信息的实时共享和智能处理，从而大幅提高了物流运作的准确性和时效性。同时，通过使用自动化、智能化的物流设备和系统，可以减少人工操作，提高物流作业的自动化程度，从而提高整体物流效率。

3. 提升服务质量

智慧物流为消费者提供了更加准确、及时的物流服务信息，增强了消费者对物流服务的满意度。同时，通过个性化的服务设计和灵活的物流方案，智慧物流能够更好地满足消费者的多元化需求，提升服务质量。

4. 促进产业升级

智慧物流的发展推动了传统物流业的转型升级，促进了物流行业的技术创新和模式创新。同时，通过与制造业、电子商务等产业的深度融合，智慧物流促进了相关产业的协同发展，推动了整个产业链的优化升级。

5. 优化资源配置

智慧物流在全局优化和企业内部的局部优化方面都具有显著的作用。通过跨企业协同、网络优化、需求预测与供应链管理等途径，智慧物流能够协调整个供应链的资源，将过去分散于多处的物流资源进行集中处理，从而发挥整体优势和规模优势。通过仓库管理优化、生产物流协同和物流成本控制等途径，智慧物流能够帮助企业提升内部运营效率，减少资源浪费，提高资源利用率。这两个方面的结合，使得智慧物流成为推动企业乃至整个供应链实现高效、绿色、可持续发展的关键力量。

6. 增强国际竞争力

智慧物流的发展使得我国物流行业在国际竞争中更具优势。通过提高物流效率和降低成本，我国物流行业可以更好地服务于国际贸易和跨国企业，增强我国的国际竞争力。同时，通过与国际先进物流技术的对接和合作，我国智慧物流可以不断吸收先进经验和创新，进一步提升国际竞争力。

案例 1-1
科技赋能-智
慧物流新时代

1.4　智慧物流产业链

智慧物流产业链涵盖了从仓储到运输、从信息技术到数据分析、从电子商务整合到绿色发展的多个方面，形成了一个高度集成、协同高效的产业体系。这一体系通过引入智能化、自动化和数据分析等先进技术，推动了物流行业的转型升级，提高了物流效率和服务质量，同时也注重环境保护和可持续发展，为现代社会的经济发展提供了有力支撑。

1.4.1　智慧物流的服务需求

随着物流业的转型升级，物流企业对智慧物流的需求越来越强烈、越来越多样化，主要包括物流数据、物流云和物流技术三大领域的服务需求。物流数据是"智慧"形成的基础，物流云是"智慧"运转的载体，物流技术是"智慧"执行的途径，三个部分是有机结合的整体。

1. 物流数据服务

在采购、供应、生产、销售的供应链全过程中，会产生海量的物流数据。对这些数据进行处理与分析，挖掘出运营特点、规律、风险点等信息，从而更科学合理地进行管理决策与资源配置，是物流企业的普遍需求。

在智慧物流中，数据服务的典型场景包括以下几种：①数据共享。消除物流企业的信息孤岛，实现物流基础数据互联互通，减少物流信息的重复采集，降低物流成本，提高服务水平和效率。②销售预测。利用用户消费特征、商家历史销售等海量数据，通过大数据预测分析模型，对大订单、促销、清仓等多种场景下的销量进行精准预测，为仓库商品备货及运营策略的制定提供依据。③网络规划。利用历史大数据、销量预测，构建成本、时效、覆盖范围等多维度的运筹模型，对仓储、运输、配送网络进行优化布局。④库存部署。在多级物流网络中科学部署库存，智能预测补货，实现库存协同，加快库存周转，提高现货率，提升整个供应链的效率。⑤行业洞察。利用大数据技术，挖掘分析家电、鞋服等不同行业以及仓配、快递、城配等不同环节的物流运作特点及规律，为物流企业提供完整的解决方案。

在智慧物流中，数据服务的表现形式多种多样，主要有以下几种形式：①报告和仪表板。将原始数据经过分析和处理后，以图形或表格的形式展示出来，帮助用户快速理解数据的关键信息和趋势。报告和仪表板是智慧物流中最常见的数据表现形式之一，它们可以实时或定期地展示物流运作的各个方面。②数据可视化工具。这些工具允许用户通过交互式图表、地图、动画等方式来探索和分析数据。数据可视化工具可以帮助用户更深入地了解数据，发现潜在的问题和机会，并做出更明智的决策。③实时数据流。实时数据流是将实时收集的数据以流的形式展示给用户，通常通过 API（应用程序接口）或数据流服务来实现。实时数据流可以帮助用户实时跟踪和监控物流运作的各个方面，如货物位置、运输状态等。④预测和推荐模型。这是基于机器学习、人工智能等技术构建的模型，用于预测未来的物流需求、运输趋势等，或为用户提供个性化的物流推荐。预测和推荐模型可以帮助物流企业做出更准确的预测和决策，提高物流效率和服务质量。⑤数据 API 和 SDK（软件开发工具包）。这是提供给开发者使用的数据接口和工具包，允许开发者将智慧物流数据集成到自己的应用程序或系统中。数据 API 和 SDK 可以帮助开发者快速获取和利用智慧物流数据，开发出更多创新的物流应用和服务。⑥定制化数据解决方案。根据物流企业的具体需求和业务场景，定制化的数据解决方案可以提供有针对性的数据收集、处理、分析和展示服务。定制化数据解决方案可以帮助物流企业更好地满足自身的数据需求，提高物流运作的效率和准确性。

案例 1-2
京东位域大数据

2. 物流云服务

伴随共享经济、无车承运、云仓、众包等新型市场关系、物流模式的发展，如何通过物流云来高效地整合、管理和调度资源，并为各个参与方按需提供信息系统及算法应用服务，是智慧物流发展过程中的核心需求之一。

物流云服务的典型场景主要包括以下三种情况：①统筹资源。集聚社会闲散的仓库、车辆及配送人员等物流资源，通过仓库租赁需求分析、人力资源需求分析、融资需求趋势分析和设备使用状态分析等，合理配置，实现资源效益最大化。②SaaS（软件即服务）化。将 WMS（仓库管理系统）、TMS（运输管理系统）、OMS（订单管理系统）等信息系统 SaaS 化，为更多的物流企业提供更快、更多样化的系统服务及迭代升级。③算法组件化服务。将路径优化、装箱、耗材推荐、车辆调度等算法组件化，为更多的物流企业提供单个或组合式的算法应用服务。

从服务方式来看，物流云服务涵盖了仓储云服务、配送云服务、跟踪云服务、信息云服务、整合云服务、定制云服务、智能云服务和安全云服务等多个方面。①仓储云服务。仓储云服务是物流云服务的重要组成部分，主要包括云仓储管理系统、云库存优化、云订单处理等。这种服务通过云计算技术，实现对仓储资源的集中管理和优化利用，提高仓储效率，降低运营成本。②配送云服务。配送云服务利用云计算和大数据技术，对配送路线、配送时间、配送成本等进行智能规划和优化。这种服务可以帮助物流企业提高配送效率，提升客户满意度，同时降低运输成本。③跟踪云服务。跟踪云服务通过对物流信息的实时跟踪和监控，为客户提供准确的物流状态信息。这种服务可以帮助客户实时了解货物的运输情况，提高物流透明度，增强客户信任。④信息云服务。信息云服务主要提供物流信息的收集、处理、分析和共享。通过云计算和大数据技术，这种服务可以帮助物流企业更好地了解市场动态，提高决策效率，优化物流运营。⑤整合云服务。整合云服务是通过对各类物流资源的整合和优化，提供一体化的物流服务。这种服务可以帮助企业实现物流资源的优化配置，提高物流效率，降低物流成本。⑥定制云服务。定制云服务是根据客户的具体需求，提供个性化的物流解决方案。这种服务可以满足客户的特殊需求，提高物流服务的针对性和灵活性。⑦智能云服务。智能云服务利用人工智能、物联网等先进技术，提供智能化的物流服务。这种服务可以实现对物流过程的自动化控制和优化，提高物流效率，降低人力成本。⑧安全云服务。安全云服务主要提供物流过程的安全保障和风险控制。这种服务可以通过云计算和大数据技术，实现对物流过程的实时监控和预警，提高物流安全性，降低物流风险。

3. 物流技术服务

智慧物流的出发点之一是降本增效，应用物流自动化及智能化技术来实现物流作业高效率、低成本，是非常迫切的需求。

案例 1-3
物流链云平台

案例 1-4
G7 易流物联
网软件服务
公司

物流技术服务的典型场景包括以下三种情况：①自动化设备。通过自动化立体库、自动分拣机、传输带等设备，实现存取、拣选、搬运、分拣等环节的机械化、自动化。②智能设备。通过自主控制技术，进行智能抓取、码放、搬运及自主导航等，使整个物流作业系统具有高度的柔性和扩展性，如拣选机器人、码垛机器人、自动导引车（Automated Guided Vehicle，AGV）、无人机、无人车等。③智能终端。使用高速联网的移动智能终端设备，物流人员操作将更加高效便捷，人机交互协同作业将更加人性化。

从服务方式来看，物流技术服务涵盖了从运输到仓储、从信息技术到数据分析等多个方面。①运输管理与优化。运输管理与优化是物流技术服务的关键环节。通过运用先进的运输管理软件和技术手段，可以实现对运输路线的规划、运输方式的选择、货物的装载与卸载等全过程的优化。这不仅可以提高运输效率，降低运输成本，还可以确保货物按时、安全地到达目的地。②仓储管理与技术。仓储管理与技术是物流技术服务的另一个重要方面。通过运用仓储管理软件和技术设备，可以实现对仓库布局规划、库存管理、货物分类与编码、入库与出库管理等仓储活动的智能化和自动化。这不仅可以提高仓储效率，降低库存成本，还可以确保货物的安全和可追溯性。③货物追踪与定位。货物追踪与定位技术是物流技术服务的重要支撑。通过运用 GPS（全球定位系统）、RFID、物联网等技术手段，可以实现对货物的实时追踪和定位，确保货物在运输和仓储过程中的安全性和可控性。同时，货物追踪与定位技术还可以提高物流信息的透明度和准确性，为客户提供更好的物流服务体验。④信息技术应用。信息技术应用是物流技术服务中的核心部分。通过运用现代信息技术手段，如大数据、云计算、人工智能等，可以实现对物流信息的实时收集、处理、存储和传输。这不仅可以提高物流信息的准确性和透明度，还可以为物流决策提供有力的数据支持。⑤自动化与机器人技术。自动化与机器人技术是物流技术服务的重要发展方向。通过使用自动化设备和机器人技术，可以实现物流作业的自动化和智能化，提高物流效率和质量。⑥数据分析与优化。数据分析与优化是物流技术服务中不可或缺的一环。通过对物流数据的收集和分析，可以发现物流过程中的问题和瓶颈，为优化物流流程、提高物流效率提供有力的数据支持。同时，数据分析还可以帮助物流企业预测市场趋势、制定科学合理的物流策略。⑦供应链金融服务。供应链金融服务是物流技术服务的重要组成部分。通过为供应链上的企业提供金融服务，如融资、担保、保险等，可以帮助企业降低资金成本、提高资金利用效率，从而优化供应链的整体效率。⑧绿色物流技术。绿色物流技术是注重环保和可持续发展的物流技术。通过使用绿色物流技术，如节能减排、循环利用、废弃物处理等，可以降低物流活动对环境的影响，提高物流系统的可持续性。这不仅有助于保护生态环境，还可以为物流企业降低运营成本、提高市场竞争力。

1.4.2 智慧物流产业链图谱

智慧物流产业链是一个涵盖了上游硬件设备与软件系统提供商、中游智慧物流解决方案以及下游应用领域的完整体系，如图1-3所示。其中，每个环节相互依存、相互促进，共同推动着智慧物流行业的发展和进步。

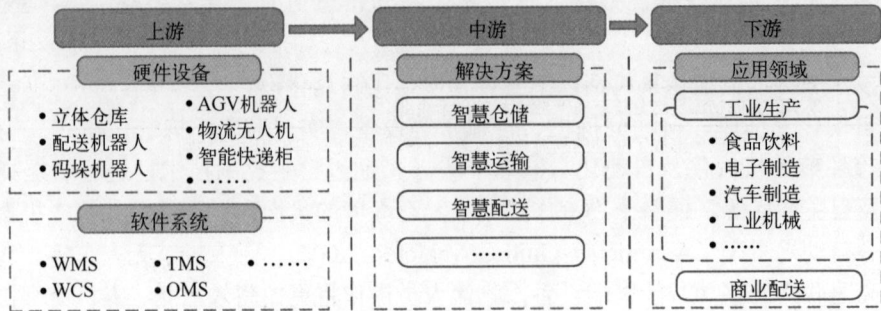

图1-3 智慧物流产业链结构

1. 上游硬件设备与软件系统提供商

智慧物流产业链的上游主要为硬件设备与软件系统提供商，其为中游智慧物流解决方案提供所需的各类软、硬件设备和技术支持。提供商自身拥有核心设备或软件产品，并根据行业的应用特点使用多种设备和软件，设计建造物流自动化系统。为增强自身的核心竞争力，上游提供商不断加强自身核心装备及软件的研发创新，拓展核心产品种类。

当前，上游提供的硬件设备包括智能仓储设备、智能输送设备、自动分拣装备、智能搬运装备、堆垛装卸设备、信息采集及辅助设备等，涉及的产品主要有立体仓库、AGV机器人、配送机器人、物流无人机、码垛机器人、智能快递柜等。各细分领域重点企业如表1-1所示。

表1-1 我国智慧物流装备细分领域重点企业一览表

细分领域	重点企业
立体仓库	六维物流、昆船智能、音飞储存等
AGV机器人	极智嘉、快仓、海康机器人、诺力股份、昆船智能、今天国际等
配送机器人	菜鸟、京东、智行者、擎朗智能、优地科技等
物流无人机	大疆、亿航智能、京东、极飞科技等
码垛机器人	诺力达、库卡机器人、安川首钢机器人等
智能快递柜	丰巢、菜鸟、蜜罐、兔喜、瞄柜等

资料来源：中商情报网，2024。

物流软件系统是指物流企业或者企业的物流部门运营管理中使用的信息系统。物流软件主要包括WMS、WCS（仓库控制系统）、TMS、OMS等。当前，我国智慧物流软件系统行业竞争格局呈现出多元化和激烈化的特点，今天国际、中科微至、兰剑智能、东杰智能、音飞储存、昆船智能等企业具备强大的研发能力和创新能力，不断推出新的技术和解决方案，能

案例1-5
极智嘉机器人
有限公司

案例1-6
南京音飞储存
集团

够满足客户的多样化需求。我国智慧物流软件系统重点企业布局如表 1-2 所示。

表 1-2　我国智慧物流软件系统重点企业布局

企业名称	企业介绍
今天国际	今天国际是一家基于工业互联网的智慧物流解决方案提供商，其智慧物流系统包括 WMS、WCS、LMIS（物流管控系统）、TMS、IICMS（智慧物流协同管理系统）、二维码统一应用系统等
中科微至	中科微至提供面向输送、分拣、仓储的智能物流系统综合解决方案，公司自主研发图像型条码识别技术、视觉位置检测技术、分拣控制系统软件等核心技术，是国内同行业中少数能提供从核心软硬件到系统集成的智能物流输送分拣装备产业链科技创新企业之一
兰剑智能	兰剑智能已经形成了完善的物流软件体系，拥有以 PLC（可编程逻辑控制器）逻辑控制软件和单片机运动控制软件为主的嵌入式软件，以 WMS 和 WCS 软件为主的业务应用软件，以系统仿真软件、线路优化软件、物联网管控平台软件为主的商业智能软件，实现仓库内商品/物料的存储、输送、拣选、包装等仓储物流业务的全流程可视化、智能化作业
东杰智能	东杰智能的主要产品包括智能物流输送系统、智能物流仓储系统、智能涂装系统和智能立体停车系统，并且它还提供规划咨询、软件系统研发、智能装备设计制造、系统集成等全方位服务
音飞储存	音飞储存的主要产品包括仓库管理系统、仓库控制系统、全生命周期服务平台、数字孪生平台等物流软件系统
昆船智能	昆船智能的智能物流系统包括立体仓库系统、搬运与输送系统、分拣配送系统及相关的控制系统等

资料来源：中商情报网，2024。

2．中游智慧物流解决方案

中游为智慧物流解决方案，是智慧物流产业链的核心部分，包括智慧仓储、智慧运输、智慧配送等。

智慧仓储广泛应用于烟草、医药、汽车、食品饮料、电商和机械制造等行业。下游应用推广不断深入，为智慧仓储物流行业提供了广阔的市场需求空间。中商产业研究院发布的《2024—2029 年中国智能仓储系统行业市场前景预测与发展趋势研究报告》显示，我国智慧仓储行业市场规模（含集成业务及软件业务）由 2019 年 882.9 亿元增至 2023 年1533.5 亿元，年均复合增长率为 14.8%；2024 年，我国智能仓储行业规模可达 1760.5 亿元（见图 1-4）。

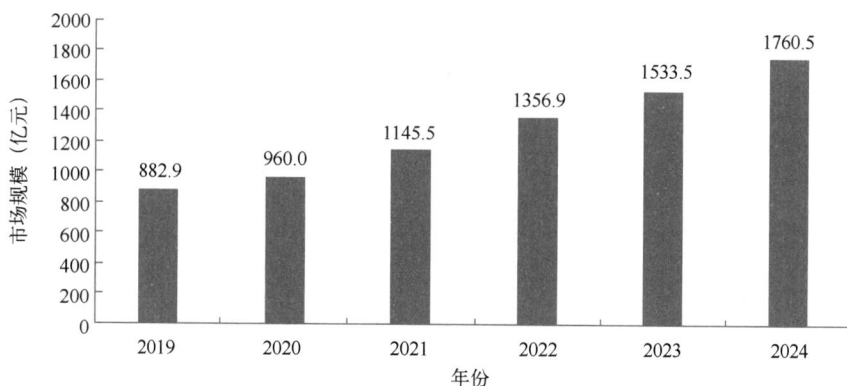

图 1-4　2019—2024 年我国智慧仓储市场规模趋势

数据来源：中国物流与采购联合会、中商产业研究院整理，2024

智慧运输是在智能交通的基础上，充分利用物联网、空间感知、云计算、移动互联网等新一代信息技术，推动物流运输更安全、更高效、更便捷、更经济、更环保地运行和发展。在货品仓储、分拣更加智能化的同时，货品运输环节也在整合资源、不断完善。我国智慧运输主要企业包括顺丰控股、圆通速递、德邦、满帮集团等，其简介如表1-3所示。

表1-3　我国智慧运输主要企业（部分）简介

企业	简介
顺丰控股	顺丰控股是国内领先的快递物流综合服务商、全球第四大快递公司。在智慧运输方面，顺丰无人机可解决各种特殊场景（如特色经济、医疗冷链、应急配送、特种物流等）下物流运输的末端配送问题，包括多旋翼无人机、垂直起降固定翼无人机、运营管控系统、通信系统、无人机快递接驳柜等
圆通速递	圆通速递创立于2000年，目前已发展成为一家集快递物流、科技、航空、金融、商贸等于一体的综合物流服务运营商和供应链集成商。2021年，圆通速递与智梭科技签订了全面合作意向书，借助无人驾驶技术打造全新的用户体验，提供更为智能、便捷的服务
德邦	德邦是一家联动快递、物流、跨境、仓储与供应链的综合性物流供应商。近年来，德邦全面构建智慧物流网络体系，如与华为合作，华为一流的云计算能力将为德邦快递提供快递可视化的能力，并协助德邦快递优化路线，合理分配车辆，提高车辆满载率，减少快递在途时间
满帮集团	满帮集团由运满满和货车帮合并组成。智能运输方面，满帮集团通过大数据与人工智能，降低货车的空驶率，提高货运效率

资料来源：中商情报网，2024。

智慧配送是一种基于物联网与数字化的技术，它利用订单运力聚合、智能控制、AI（人工智能）算法、大数据等技术，实现对配送过程的用户、商家与骑手行为的识别与追踪，并能够进行智能化决策、运力分配与订单协同。智慧配送包括无人配送、即时配送等。

无人配送是5G、人工智能、大数据中心、物联网等领域的新技术，是城市生活服务中的重要应用。随着我国物流配送网络的完善，公众对即时配送效率有更高的期待，无人机配送服务将迎来巨大的市场需求。中商产业研究院发布的《2024—2029年中国无人配送行业市场调查及投资建议报告》显示，目前我国城市的众多商超、快递站、校园、社区等场景都引入了无人配送，2023年我国无人配送市场规模约为65亿元。中商产业研究院分析师预测，2025年我国无人配送市场规模将达170亿元（见图1-5）。

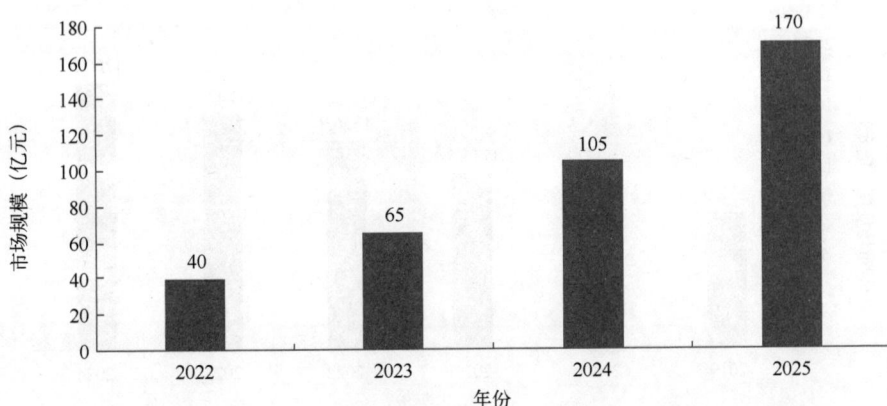

图1-5　2022—2025年我国无人配送市场规模预测趋势
数据来源：中商产业研究院整理，2024

3. 下游应用领域

智慧物流产业链的下游为应用领域，划分为工业生产和商业配送两类场景，涵盖了电商、烟草、医药、家电、汽车、食品饮料等诸多行业。这些行业通过应用智慧物流的解决方案，提高物流效率、降低成本、优化供应链管理等，从而提升自身的竞争力和市场地位。这里主要对我国电子商务和社会消费品零售领域的应用情况进行分析。

在电子商务领域，近年来呈现出模式业态持续迭代的特点。比如，电商直播间成为新型网络店铺，直播电商吸引更多商家将其作为营销引流的"标配"；短视频内容"种草"助力流量红利变现，形成"兴趣内容引导购买"的新电商消费模式。中商产业研究院发布的《2024—2029 年中国电子商务行业发展研究与投资前景分析报告》显示，2023 年全国电子商务交易额为 46.83 万亿元，比上年增长 6.8%；2024 年全国电子商务交易额将达到 50.43 万亿元（见图 1-6）。

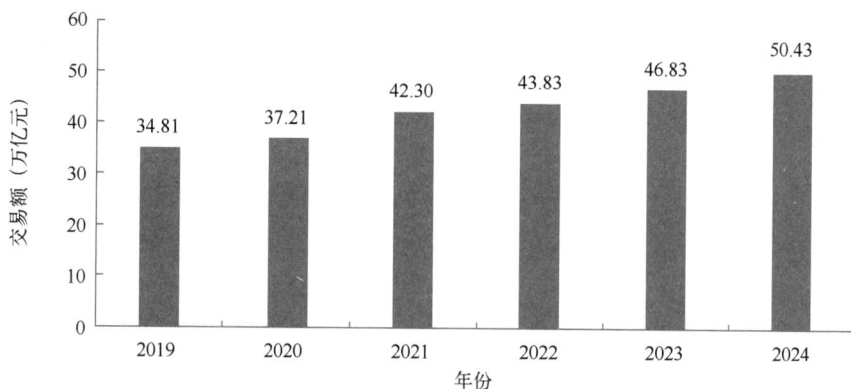

图 1-6　2019—2024 年全国电子商务交易额趋势

数据来源：国家统计局、中商产业研究院整理，2024

在社会消费品零售领域，当前随着消费政策持续发力显效，总额有所上涨。国家统计局发布的数据显示，2023 年全国社会消费品零售总额达到了 47.15 万亿元，较上一年度增长了 7.2%。其中，城镇消费品零售额为 40.75 亿元，同比增长 7.1%；乡村消费品零售额则实现了 6.40 亿元，同比增长 8.0%；2024 年全国社会消费品零售总额将达到 48.89 万亿元（见图 1-7）。

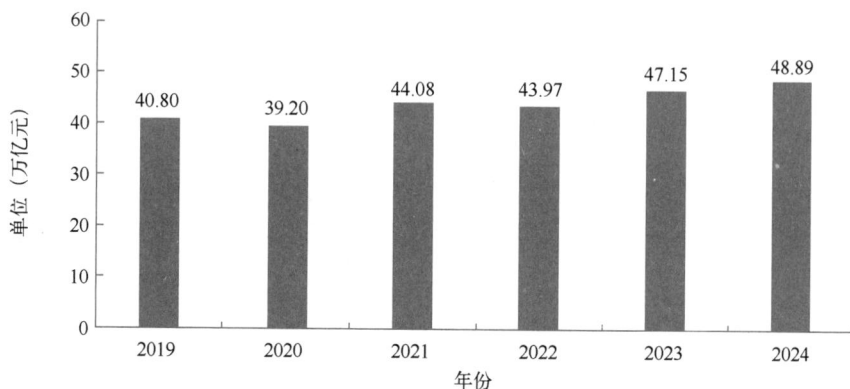

图 1-7　2019—2024 年全国社会消费品零售总额趋势

数据来源：国家统计局、中商产业研究院整理，2024

本章小结

技术进步与行业需求推动着传统物流向智慧物流发展。智慧物流是现代信息技术发展的必然结果，是现代物流的高级形态和发展趋势。智慧物流的发展经历了粗放型物流、系统化物流、电子化物流、智能物流和智慧物流等5个阶段，其发展的根本动因包括政策支持、技术进步和市场需求等3个方面。与传统物流相比，"互联互通，数据驱动；深度协同，高效执行；自主决策，学习提升"既是智慧物流的特征，也是智慧物流的优势。

在现代社会与经济发展中，智慧物流具有重要地位和作用。智慧物流作为经济社会发展的先行要素，为高质量发展提供了有力支撑；智慧物流是应对经济下行压力、化挑战为机遇的重要转化力量；智慧物流作为集产业链和供应链于一体的综合业态，是畅通国内大循环的重要抓手。同时，智慧物流在社会与经济发展中起到了降低物流成本、提高物流效率、提升服务质量、促进产业升级、优化资源配置和增强国际竞争力等多方面的重要作用，为推动社会经济的持续健康发展提供了强有力的支持。

随着物流业的转型升级，物流企业对智慧物流的需求越来越强烈、越来越多样化，主要包括物流数据、物流云和物流技术三大领域的服务需求。当前，我国智慧物流的发展已经形成了完整的产业链，其是一个涵盖了上游硬件设备与软件系统提供商、中游智慧物流解决方案以及下游应用领域的完整体系。

课后练习

一、思考题

1. 智慧物流的发展经历了哪些阶段？

2. 智慧物流的发展动因有哪些？

3. 什么是智慧物流？如何理解智慧物流？

4. 在现代社会与经济发展中，智慧物流具有怎样的地位？发挥着怎样的作用？

5. 物流企业对智慧物流的服务需求是什么？

6. 智慧物流产业链是如何构成的？

二、讨论题

1. 智慧物流的三大发展动因是如何促进智慧物流发展的？从重要性程度来看，你认为应该如何排序？

2. 如何理解智慧物流中的"智慧"？

3. 智慧物流是技术应用与管理创新共同作用的结果，你认为二者在作用发挥上孰轻孰重？请说明理由。

三、案例分析

新质生产力与智慧物流

"新质生产力"这一概念于2023年9月由习近平总书记在黑龙江考察调研时首次提出。此后，"新质生产力"被正式写入中央文件，成为推动高质量发展的重要理念。这一理念的提出，体现了党和国家对于创新驱动发展战略的高度重视，以及对于新兴生产力在促进经济社会全面发展中的重要作用的认识。

新质生产力是指基于科技革命和产业变革而形成的，具备高科技、高效能、高质量特征，且符合新发展理念的先进生产力质态。它以劳动者、劳动资料、劳动对象及其优化组合的跃升为基本内涵，以全要素生产率大幅度提升为核心标志。具体来说，新质生产力是通过科技创新、数字化、网络化、智能化等手段，对传统生产方式进行根本性改造，从而推动生产率和质量的显著提升。

在概念上，新质生产力强调"新"与"质"的结合。"新"指的是新技术、新模式、新产业、新领域、新动能，这些新元素不断注入生产力系统中，为生产力的持续发展注入新的活力；"质"则是指物质、质量、本质、品质，强调生产力的内在质量和本质属性。新质生产力的发展，不仅追求数量的增长，更注重质量的提升和结构的优化。

新质生产力的本质在于其先进性和创新性。它是生产力发展的高级阶段，代表着未来生产力的发展方向。具体而言，新质生产力的本质体现在以下几个方面：①创新驱动。新质生产力的发展以科技创新为引擎，强调创新驱动的核心作用。无论是新技术的研发、新模式的探索，还是新产业的培育、新领域的开拓，都离不开创新的引领和推动。通过不断的技术创新、模式创新、管理创新等，新质生产力实现了生产力的全面跃升和质态的深刻变革。②高质量发展。新质生产力的发展以高质量发展为目标，强调质量和效益的有机统一。它突破了传统生产力发展模式中高投入、高消耗、高排放的弊端，实现了生产要素的节约使用和资源的优化配置。通过提升生产率、改进产品质量、降低能耗和排放等措施，新质生产力推动经济社会发展向更加集约、更加可持续的方向迈进。③融合性发展。新质生产力的发展强调融合性，即不同领域、不同产业之间的深度融合和协同发展。随着数字化、网络化、智能化等技术的广泛应用，不同产业之间的界限越来越模糊，融合发展的趋势日益明显。新质生产力通过推动产业间的深度融合和协同发展，形成了新的产业链、价值链和生态系统，为经济社会的持续健康发展提供了强大动力。④绿色发展。新质生产力本身就是绿色生产力，强调绿色发展的理念和实践。它注重在生产过程中减少资源消耗和环境污染，推动绿色低碳循环经济的发展。通过发展绿色技术、推广绿色产品、构建绿色产业体系等措施，新质生产力为实现人与自然和谐共生、推动经济社会可持续发展奠定了坚实基础。

问题：

1. 试分析新质生产力与智慧物流的关系。
2. 为适应新质生产力需求，智慧物流应该如何应对？

第 2 章　智慧物流系统

学习目标
- 能够准确解释物流系统及智慧物流系统的概念。
- 能够准确复述智慧物流系统的特点与功能。
- 能够准确描述智慧物流系统的智能机理。
- 能够详细介绍智慧物流系统的体系构成。
- 能够初步分析典型智慧物流系统的结构和功能。

在数字化浪潮席卷全球的今天，物流行业正面临着前所未有的变革与挑战。为了提高运输效率、降低运营成本并满足客户日益增长的需求，智慧物流系统应运而生。这一创新的技术架构不仅整合了先进的信息技术和物流管理理念，还通过大数据分析、物联网应用以及人工智能等技术手段，为物流行业注入了新的活力，开启了智能化、自动化的新时代。

2.1　智慧物流系统的概念与特点

2.1.1　智慧物流系统的概念

1. 物流系统

物流系统是指在一定的时间和空间里，由所需输送的物料和有关设备、输送工具、仓储设备、人员以及通信联系等若干相互制约的动态要素构成的具有特定功能的有机整体。物流系统内部环境及外部环境的双重影响，使物流系统整体构成十分复杂，其外部存在多种不确定因素，其内部存在相互依赖的物流功能因素。

物流系统和一般系统一样，具有输入、处理及输出三大功能。物流系统的输入包括基础设施资源（土地、设施、设备）、人力资源、财务和信息资源。物流系统的处理过程就是通过管理主体对物流活动以及这些活动所涉及的资源进行计划、执行、控制，最终高效完成物流任务的过程。物流系统输出就是物流服务，包括组织竞争优势、时间和空间效用以及物资（原材料、在制品、制成品）向客户的有效移动。物流系统处理过程的物流活动是增值性经济活动，又是增加成本、增加环境负担的经济活动。

建立物流系统的目的包括获得宏观和微观两方面的效益。物流系统的宏观经济效益是指一个物流系统的建立对全社会经济效益的影响。其直接表现形式是这一物流系统作为一个子系统对整个社会流通及国民经济效益的影响。物流系统的微观经济效益是指物流系统本身在运行后所获得的企业效益。其直接表现形式是通过有效地组织"物"的流动，提高客户服务的同时降低物流运营成本。

2．智慧物流系统

智慧物流系统是利用现代信息技术、物联网、大数据、云计算和人工智能等先进技术，对传统物流流程进行智能化改造和提升的系统。智慧物流系统一般由智慧思维系统、信息传输系统和智慧执行系统组成。

智慧思维系统是物流系统的"大脑"，其中大数据是智慧思维系统的资源，云计算是智慧思维系统的引擎，人工智能是智慧思维系统的核心。智慧思维系统目前已经全面进入数字化阶段，物流企业开始重视物流数据收集、分析与应用。基于大数据预测的前置分仓技术缓解了"双十一"等物流高峰阶段的物流配送压力；基于数据分析的物流全程优化运筹为企业物流发展插上了"翅膀"。但真正能够做到"自主决策"，实现软件定义物流的系统还很少见。目前我国智慧物流的智慧思维系统正在从数字化向程控化演进，未来演进方向是智能化。

信息传输系统是物流系统的神经网络，其中物联网是信息感知的起点，也是信息从物理世界向信息世界传输的末端神经网络；"互联网+"是信息传输基础网络，是物流信息传输与处理的虚拟网络空间；信息物理系统（Cyber-physical Systems，CPS）反映的是虚实一体的智慧物流信息传输、计算与控制的综合网络系统，是"互联网+物联网"的技术集成与融合发展。在智慧物流信息传输系统方面，随着物联网技术的广泛应用，以条码为基础的自动识别技术、卫星导航追踪定位技术、RFID 技术、传感器技术得到普遍应用，互联网开始延伸到实体网络阶段，推动了物流业务流程的透明化。目前，物流信息传输系统正处于物联网技术逐步普及、物流末端神经网络初步形成的阶段，需要进一步向全面深化网络链接与信息融合的 CPS 方向演进，实现信息联网、物品联网、设备联网、计算联网、控制联网，全面进入互联互通与虚实一体的阶段。

智慧执行系统是物理世界中智慧物流具体运作的体现，呈现的是自动化、无人化的自主作业，核心是智能硬件设备在仓储、运输、配送、包装、装卸搬运等领域的全面应用。在智慧物流执行系统方面，物流自动化技术获得了快速发展，配送终端的智能货柜、无人机、机器人技术开始进入应用阶段，自动驾驶货车、地下智能物流配送系统等技术成为关注热点。目前，智慧执行系统正在从机械化、自动化向智能硬件全面发展演进，演进方向是系统级和平台级的智能硬件组网应用，实现执行系统全面无人化与智能化。

2.1.2　智慧物流系统的特点

智慧物流系统与传统物流系统相比，具有以下几个显著的特点：

1．数字化

传统物流系统往往依赖经验和直觉进行决策，而智慧物流系统作为当代物流与信息技术深度融合的产物，数字化是其核心特征之一，为物流行业带来了革命性的变革。数字化不仅提高了物流效率，还降低了成本，增强了物流过程的透明度和可控性。

在数据采集方面，传感器、RFID 标签、GPS/BDS 定位等设备的应用，使得货物、车辆、仓库等物流要素的信息能够实时、准确地采集和传输，为后续的物流操作提供了坚实的数据基础。在数据处理方面，智慧物流系统采用了云计算、大数据等技术，使数据的存储、查询、分析能够快速高效完成，为物流决策提供了及时、准确的信息支持。在数据展示方面，通过 GIS（地理信息系统）、可视化仪表板等技术，智慧物流系统能够将物流过程进行可视化展示，使得物流过程更加透明和可控。在决策支持方面，智慧物流系统通过数据挖掘、机器学习等技术，对物流数据进行深度分析，为决策提供数据支持，使物流决策更加科学和合理。在运营优化方面，数字化使得智慧物流系统能够精准地掌握物流运营的各个环节，从而进行精准的优化。

2. 智能化

智能化也是智慧物流系统的核心特征之一，是区别于其他物流系统的主要标志。智慧物流系统的智能化首先表现在物流管理的智能化。物联网为智慧物流的智能处理提供了多层面的支持，除了利用已有的 ERP（企业资源计划）等商业软件进行集成式的规划、管理和决策支持，智慧物流系统正向着利用物联设备和网络进行更多的智能化服务方向发展。智慧物流系统借助于人工智能、商务智能、管理智能、自动识别和控制和专家系统等多种信息技术，智能化地获取、传递、处理与利用信息和知识，使物流系统能模拟人的思维进行感知、学习、推理判断和自行解决物流问题，具有一定的自主决策能力。例如，智慧物流系统中的配送系统可以根据配送物品清单、配送目的地等信息，智能化地安排车辆调度和车辆路径，节约劳动力的同时还提高了配送效率。

物流管理的智能化带动了物流作业的智能化。在物流作业活动中，通过采用智能化技术，如智能控制技术、计算机视觉等，使机器（如自动分拣设备、自动导引车、智能机器人等）能够部分或全部代替人的工作和决策，解放了劳动力，有效提高了物流作业的效率和安全性，提升了物流业的自动化水平。智慧物流系统作为一个综合性的智能决策体系，不但要求物流作业管理和物流决策智能化，而且要求物流作业的载体（物流设备和设施）也智能化，两者只有同步发展、有机集成，才能使物流系统真正实现智慧化。

3. 集成化

传统物流系统各个环节相对独立，缺乏协同，而智慧物流系统则通过信息化手段将各个环节紧密集成在一起，实现了供应链的协同和高效运作。

智慧物流系统综合运用了各类信息技术与自动控制技术，是一个集成各类技术的有机体。然而信息技术和自动控制技术的简单应用是远远不能满足系统需求的，应当与物流技术和管理技术有机结合起来。通过依托信息共享和集成，将物流管理过程中的运输、仓储、包装、装卸、配送等诸环节集合成一体化系统；通过将物流的各种业务系统如运输管理系统、仓储管理系统、配送管理系统等集成在一起，构建一体化的集成管理系统。智慧物流系统中应用的各种技术并不是简单的组合和堆砌，而是以物流系统为载体利用系统集成理论整合起来，是满足智慧物流系统合理运作的有机共同体，各种技术之间相互作用、相互交融、相互协调、相互配合，共同为实现费用最低、速度更快、服务更好的智慧物流系统服务。

4. 网络化

智慧物流系统的网络化首先表现为物流设施、业务的网络化。随着全球经济、贸易的发展，物流服务的地域越发分散，这就要求通过加强企业合作来拓展业务范围，建立网络化的物流与配送网点，提高智慧物流系统的服务质量与配送速度。物流业务的网络化推动了物流信息的网络化，它是利用计算机通信网络和物联网建立起来的物流信息网。

现代物流网络强调的是物流信息的网络化，其基础是物流信息化。一方面，现代物流配送系统通过计算机网络通信、物联网、电子订货系统、电子数据交换系统等工具将物流配送中心与其上游的供应商和下游的顾客建立起了有机的联系，保证了物流信息的畅通；另一方面，企业内部各部门通过局域网完成其组织的网络化以实现公司内部的信息交换。目前先进的物流企业普遍采用 GPS/BDS 技术，实现物流全程的实时跟踪，即时采集车辆位置及货物状态信息，并通过无线网络和互联网完成供应链内部信息网络化传输。

5. 柔性化

智慧物流系统是为多个企业和用户服务的系统，智慧物流系统一般联系多个生产企业和用户，需求、供应、渠道、价格不断发生变化，使得智慧物流系统受到社会生产和社会需求的广泛制约，所以智慧物流系统必须是具有环境适应能力的动态系统。为适应经常变化的社会环境，智慧物流系统必须是灵活、可变的。在对市场快速反应的同时，智慧物流系统还需要本着"以客户为中心"的原则，根据客户"多品种、小批量、多批次、短周期"的需求特色，灵活组织和实施物流作业。智慧物流系统是适应生产、流通与消费的需求而发展起来的一种新型物流模式。

2.2　智慧物流系统的功能与机理

2.2.1　智慧物流系统的基本功能

智慧物流系统通过实时感知、数据规整、智能分析、优化决策、系统支持、及时反馈与自动修正等功能，为物流行业提供了更加高效、智能和可持续的解决方案。这些功能共同构成了智慧物流系统的核心竞争力，推动着物流行业的持续创新和发展。

1. 实时感知功能

实时感知功能是指运用各种先进技术能够获取运输、仓储、包装、装卸搬运、流通加工、配送、信息服务等各个环节的大量信息，实现实时数据收集，使各方能准确掌握货物、车辆和仓库等信息，初步实现感知智慧。

2. 数据规整功能

数据规整功能是指将感知之后采集的信息通过网络传输到数据中心，进行数据归档，建立强大的数据库，并对各类数据按要求进行规整，实现数据的联系性、开放性及动态性，并通过对数据和流程的标准化，推进跨网络的系统整合，实现规整智慧。

3. 智能分析功能

智能分析功能是指运用智能模拟器模型等手段分析物流问题。根据问题提出假设，并在实践过程中不断验证，发现新问题，做到理论与实践相结合。在运行中，系统会自行调用经验数据，随时发现物流作业活动中的漏洞或者薄弱环节，从而实现发现智慧。

4. 优化决策功能

优化决策功能是指结合特定需要，根据不同的情况评估成本、时间、质量、服务、碳排放和其他标准，评估基于概率的风险，进行预测分析，协同制定决策，提出最合理有效的解决方案，使做出的决策更加准确、科学，从而实现创新智慧。

5. 系统支持功能

智慧物流系统并不是各个环节相互独立、毫不相关的物流系统，而是每个环节都能相互联系、互通有无、共享数据、优化资源配置的系统，能够为物流各个环节提供强大的系统支持，使得各环节协作、协调、协同。

6. 及时反馈功能

物流系统是一个实时更新的系统。反馈是实现系统修正、系统完善必不可少的环节。

反馈贯穿于智慧物流系统的每一个环节，为物流相关作业者了解物流运行情况、及时解决系统问题提供强大的保障。

7．自动修正功能

自动修正功能是指在上述各个功能的基础上，按照最有效的解决方案，系统自动遵循最快捷有效的路线运行，在发现问题后自动修正，并且记录备案，方便日后查询。

2.2.2 智慧物流系统的智能机理

智慧物流系统的智能机理涵盖了数据集成与分析、智能决策与优化、自动化作业控制、协同与共享机制以及持续学习与优化等多个方面。这些智能机理共同推动着物流行业的持续创新和发展。

1．数据集成与分析

智慧物流系统的智能机理首先体现在对数据的集成与分析上。系统能够收集、整合并处理来自各个物流环节的数据，包括运输、仓储、配送等过程中的各种信息。通过数据分析技术，系统可以对这些数据进行深入挖掘，发现隐藏在数据背后的规律和趋势，为物流决策提供数据支持。

2．智能决策与优化

智慧物流系统通过智能算法和模型，为物流决策提供了优化支持。系统可以根据实时数据和历史数据，运用优化算法，自动生成最优的物流方案。这些方案包括运输路径优化、仓储管理优化、配送策略优化等，旨在提高物流效率和降低成本。

3．自动化作业控制

智慧物流系统通过自动化技术实现对物流作业的精确控制。这包括自动化仓储系统、无人驾驶车辆、自动化分拣系统等。自动化作业控制不仅提高了物流作业的准确性和效率，还降低了人工干预的可能性，从而减少了人为错误和事故。

4．协同与共享机制

智慧物流系统通过协同与共享机制，实现了物流资源的优化配置和高效利用。系统能够将不同环节、不同企业、不同地区的物流资源进行整合和共享，形成一个高效协同的物流网络。同时，系统还可以通过信息共享平台实现信息的实时共享和交换，提高物流过程的透明度和协同效率。

5．持续学习与优化

智慧物流系统具备持续学习与优化的能力。它通过收集和分析运行过程中的数据，不断优化自身的算法和模型，提高物流决策的准确性和效率。同时，系统还能够根据市场需求和技术发展不断引入新的技术和方法，推动智慧物流的持续发展。

2.3 智慧物流系统的体系构成

2.3.1 智慧物流系统的层次结构

智慧物流系统由感知层、网络层和应用层组成（见图 2-1）。这三个层次相互关联、相互作用，共同构成了智慧物流系统的完整结构。通过合理规划和构建层次结构，可以实现对物流过程的全面感知、精确控制、智能决策和优化管理，推动物流行业的智能化发展。

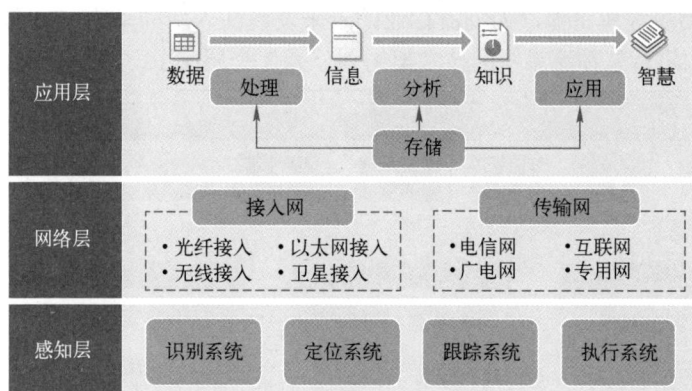

图 2-1　智慧物流系统的层次结构

1. 感知层

感知层是智慧物流系统的最底层，主要负责实时感知和采集物流过程中的各种数据，以及执行由上层应用发送的操作指令，从而实现识别、定位、跟踪和执行等功能。数据感知层通过运用各种传感器、RFID 技术、摄像头等数据采集设备，实现对物流环境的全面感知和数据采集，包括货物信息、运输工具状态、仓储环境等多个方面的数据。采集到的数据将作为后续层次分析和处理的基础。处理后生成的操作指令将传递给感知层的设备执行相应的业务操作。

2. 网络层

网络层负责将感知层采集到的数据进行传输和通信，包含接入网和传输网，分别实现接入功能和传输功能。接入网包括光纤接入、无线接入、以太网接入、卫星接入等各类接入方式，实现底层的物品、人员、物流设施、物流设备等的无缝接入；传输网由公网与专网组成，典型传输网络包括电信网（固网、移动通信网）、广电网、互联网、专用网（数字集群），实现数据的可靠传输。为适应智慧物流发展的需要，网络层需要保证数据的实时性、可靠性和安全性，确保数据的准确传输和有效处理。同时，网络层还需要支持大量数据的并发传输和高效处理。

3. 应用层

应用层是智慧物流系统的核心层次，负责对网络层传输的数据进行存储、处理、分析和应用，从而实现数据向信息、知识和智慧的转变。应用层利用云计算、大数据和人工智能等技术，对海量数据进行挖掘和分析，提取出有价值的信息。同时，应用层还负责直接面向用户提供各种物流应用服务，如智能调度、路径规划、仓储管理、配送优化等。智慧物流环境下，应用层需要紧密结合用户需求和市场变化，不断优化和创新应用服务，提高物流效率和用户体验。另外，应用层还需要保障数据的安全性和隐私，确保数据的合法使用和处理。

2.3.2　智慧物流系统的技术架构

智慧物流系统的技术架构是一个综合、复杂的系统，涵盖了从数据采集到应用服务的全过程。通过构建高效、智能的技术架构，智慧物流系统能够提升物流行业的运作效率、降低成本并提供更好的用户体验。随着技术的不断进步和应用场景的不断拓展，智慧物流系统的技术架构也将持续演进和完善，为物流行业的未来发展注入新的动力。本书中，基于智慧物流系统的层次结构将智慧物流系统的技术架构划分为 3 个层次 12 个模块，如图 2-2 所示。

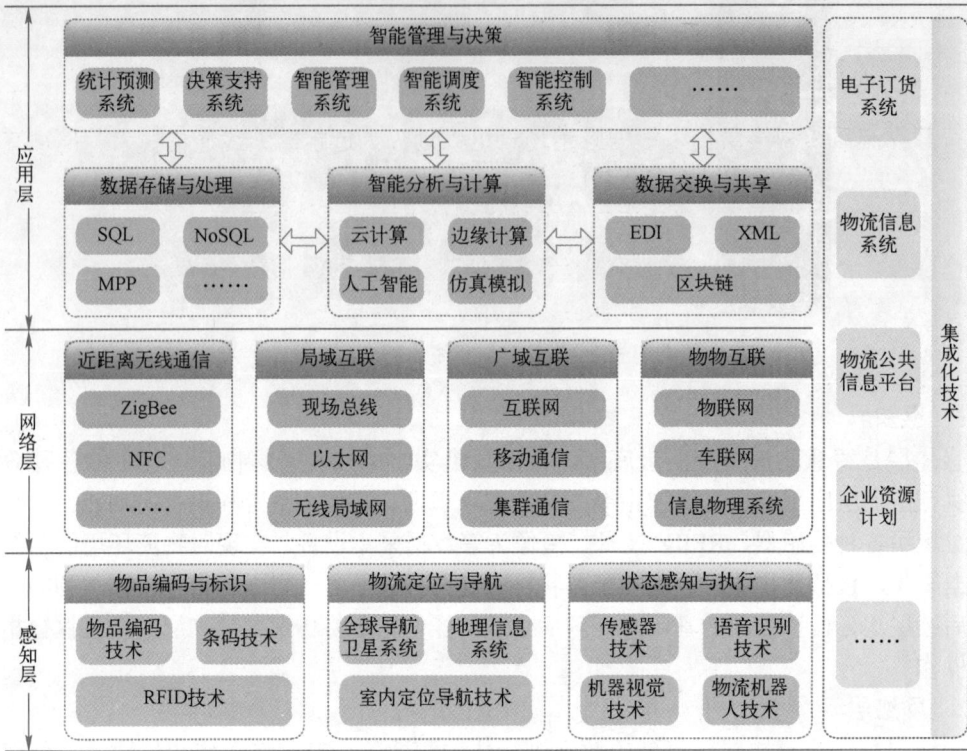

图 2-2　智慧物流系统的技术架构

1. 智慧物流系统感知层技术

感知层是智慧物流系统实现对货物、物流设施设备、运行环境感知的基础，是智慧物流的起点。具体而言，感知层可划分为物品编码与标识、物流定位与导航、状态感知与执行等三个方面的功能目标，分别对应三类技术。

物品编码与标识主要解决智慧物流环境下的物品数字化管理问题，所涉及的技术主要包括物品编码技术、条码技术和 RFID 技术等。根据国家商贸物流标准化试点示范要求，推荐采用 GS1 编码体系作为智慧物流编码体系，实现全球自动识别、状态感知、透明管理和追踪追溯。随着 EPC（产品电子代码）的成熟与运用，EPC 有望成为下一代智慧物流编码体系。

物流定位与导航主要解决货物运输过程的透明化以及室内物品、设备的定位导航问题，涉及的技术主要有全球导航卫星系统（Global Navigation Satellite System，GNSS）、地理信息系统和室内定位导航技术等。GNSS 主要用于解决物流室外作业场景中的定位问题，如运输工具定位、在途货物定位、集装箱定位等，一般结合 GIS 使用。室内定位技术主要包括 5G 定位、蓝牙定位、WiFi 定位、超宽带（Ultra-wideband，UWB）定位和 VSLAM（Visual Simultaneous Localization and Mapping，基于视觉的同步定位与地图构建）等，用于对 GNSS 的补充，解决仓库、配送中心等室内作业环境下的导航和定位问题。

状态感知与执行是指依靠传感器及其相关技术使计算机设备能够"感知"物流运作的

情境，通过分析与计算，使物流系统能够自适应情境的变化，并主动响应。状态感知与执行能力的提升是智慧物流的重要基础，所涉及的技术主要包括传感器技术、语音识别技术、机器视觉技术以及物流机器人技术等。使用较为普遍的物流机器人主要有自动导引车（Automated Guided Vehicle，AGV）、自主移动机器人（Autonomous Mobile Robot，AMR）、有轨穿梭小车（Rail Guided Vehicle，RGV）和搬运机械臂等四种类型。

2. 智慧物流系统网络层技术

智慧物流系统网络层技术根据应用场景可以划分为近距离无线通信技术、局域互联技术、广域互联技术和物物互联技术等。

近距离无线通信技术，又称近间隔无线通信技术，其传输范围比较有限，通常在几十米内。智慧物流系统中，近距离无线通信技术主要用于解决系统末端人员、物品、设备、设施等之间的有限距离或有限范围的无线通信问题，涉及的技术主要包括蓝牙（Bluetooth）、ZigBee、Z-Wave、IRDA 红外通信、UWB、近场通信（Near Field Communication，NFC）、RFID 等。

局域互联技术着眼于解决仓库、货场、配送中心、物流园区、转运中心、港口码头、货运机场等智慧物流系统中的有限区域和空间的组网和通信问题，涉及的技术主要有现场总线技术和局域网技术。现场总线一般用于解决工业现场的智能化仪器仪表、控制器、执行机构等现场设备间的数字通信，以及这些现场控制设备和高级控制系统之间的信息传递问题。局域网是现代物流实现办公自动化和作业自动化的基础条件，按其接入方式可划分为有线和无线两种方式。有线接入中以太网技术的应用最为普遍，无线局域网以 WiFi 的应用最为普遍。

广域互联技术负责实现智慧物流系统在城域、城际、省际乃至国际等大范围内的互联互通，涉及的技术主要有互联网技术、移动通信技术和集群通信技术等。互联网与物流的结合，不断创新物流经营和服务模式，将各种运输、仓储等物流资源在更大的平台上进行整合和优化，扩大资源配置范围，提高资源配置有效性，全面提升物流效率。5G 等移动通信技术的发展与应用，为智慧物流系统注入了新的动力，解决了系统中各要素和对象的泛在接入问题。集群通信系统主要用于货柜码头、大型转运站等某些特殊的场景，从而构建专用的通信网络进行现场的指挥和调度。

物物互联是智慧物流系统区别于传统物流系统的典型特征，也是智慧物流系统的重要基础，涉及的技术主要包括物联网、车联网、信息物理系统等，其目的是实现"物"与"物"之间的相互通信和协同运作。

3. 智慧物流系统应用层技术

智慧物流系统中，应用层直接影响和决定着系统智慧性的高低。按照所发挥的功能，智慧物流系统应用层可以划分为数据存储与处理、智能分析与计算、数据交换与共享以及智能管理与决策等四个组成部分。

数据存储与处理是数据应用的基础，其主要目标是将原始的物流数据上升到信息层次。智慧物流环境下，物流数据类型繁多，来源复杂，信息量大，更新速度快，物流大数据时代已然来临。因此，需要针对智慧物流系统的需要，对传统的数据存储和处理方式进行相应的调整。典型的存储模型主要有 NoSQL、MPP（大规模并行处理）、分布式和云计算存储等；典型的大数据处理框架主要有 Apache Hadoop、Apache Storm、Apache Samza、Apache Spark 和 Apache Flink 等。

智能分析与计算以数据存储与处理为基础，在某些应用场景中，二者相互交叉、互为支撑。智慧物流系统中，智能分析与计算技术主要用于挖掘物流信息背后隐藏的规律，将信息上升到知识层次，为智能管理与决策提供支撑，涉及的技术主要有云计算技术、边缘计算技术、人工智能技术和仿真模拟技术等。其中，云计算和边缘计算主要提供算力；人工智能则主要提供算法，结合物流大数据可以充分实现物流系统的智能；仿真模拟则提供了模型验证与优化的工具，能够提升物流系统的智能进化速度。

数据交换与共享技术是打破物流信息孤岛，促进物流数据流通，形成数据聚合效应的重要基础。虽然数据库、物流信息平台等技术在很大程度上扩大了数据共享范围，提升了数据共享能力，但针对智慧物流环境下的数据异构、自动交换、数据安全、数据溯源和可信性验证等问题，仍需要 EDI、XML（可扩展标记语言）和区块链等相关技术的支持。尤其是区块链技术的应用，不仅实现了智慧物流系统中信息的在线传递，同时也实现了价值的在线传递。

智能管理与决策面向物流管理和作业人员，是对智能分析与计算结果的应用，同时也需要数据存储与处理和数据交换与共享技术的支持。智能管理与决策技术主要表现为各种形式的物流软件，包括统计预测系统、决策支持系统、智能管理系统、智能调度系统、智能控制系统等，一般集成在各种物流业务管理系统中，如仓储管理系统、运输管理系统和配送管理系统等，成为各系统的智能核心。

4. 智慧物流系统集成化技术

所谓集成化，即把某些东西（或功能）集在一起，使形成的新对象具有被集成对象的全部属性和功能，甚至衍生出新的功能。物流集成化技术中"集成"的对象主要是技术和功能，集成的结果能够满足特定领域、特定场景或特定业务的全部需求，部分技术在层次上也贯穿了智慧物流系统的感知层、网络层和应用层。物流集成化技术的典型代表有电子订货系统、物流信息系统、企业资源计划和物流公共信息平台等。

2.3.3 智慧物流系统的业务框架

根据传统物流系统的业务要素构成，可将智慧物流系统分解成智慧物流信息管理系统、智慧运输系统、智慧仓储系统、智慧配送系统、智慧流通加工系统、智慧包装系统和智慧装卸搬运系统等七个子系统，如图 2-3 所示。七个子系统并不是独立运行的，系统间相互交融、相互协调、相互配合，实现仓储、运输、配送、包装、装卸搬运、流通加工和信息管理等环节的精确管理，完成各作业环节间的完美衔接。

图 2-3 智慧物流系统的业务框架

1. 智慧仓储系统

仓储包括对进入物流系统的货物进行堆存、管理、保管、保养、维护等一系列活动。随着经济的发展，物流由少品种、大批量物流进入多品种、小批量或多批次物流时代。如今的仓储作业已十分复杂化、多样化，如果像传统作业那样靠人工记忆和手工录入，不但费时费力，而且容易出错。在智慧仓储系统中应用 RFID 等自动识别技术，实现商品登记、扫描与监控的自动化，可以增强作业的准确性和快捷性，节省劳动力和库存空间，并且显著减少由于商品误置、送错、偷窃、损害和库存记录错误所造成的损耗。

智慧仓储系统由智慧仓储信息管理子系统、仓储业务管理子系统等组成。其中，仓储业务管理子系统包括进货管理、出货管理、库存管理和存储费用管理等功能模块。该系统可以实现以下目标：①自动精确地获得产品信息和仓储信息；②自动形成并打印入库清单和出库清单；③动态分配货位，实现随机存储；④产品库存数量、库存位置、库存时间和货位信息查询；⑤随机抽查盘点和综合盘点；⑥汇总和统计各类库存信息，输出各类统计报表。

2. 智慧运输系统

运输是物流核心业务之一，也是物流系统的一个重要功能。运输服务是改变物品空间状态的主要手段，其主要任务是将物品在物流节点间进行长距离的空间移动，从而为物流创造空间效益。智慧物流系统的运输服务功能是在现代综合运输体系的基础上实现的，智慧交通技术是完成运输服务的主要手段。智慧运输系统的目标是降低货物运输成本，缩短货物送达时间。其核心是集成各种运输方式，应用移动通信技术、车辆定位技术和车辆识别技术等高新技术，建立一个高效运输系统。

智慧运输系统按功能要求可划分为交通信息服务子系统、交通管理子系统、公共交通子系统、车辆控制子系统、货运管理子系统、电子收费子系统和紧急救援管理子系统等模块。区别于传统运输，智慧运输系统通过在运输工具和货物上安装追踪识别装置，依靠先进的交通信息系统，可以实时采集车辆位置及货物状态信息，向客户提供车辆预计到达时间，为物流中心的配送计划、仓库存货战略的确定提供依据。智慧运输系统运行示意图如图 2-4 所示。

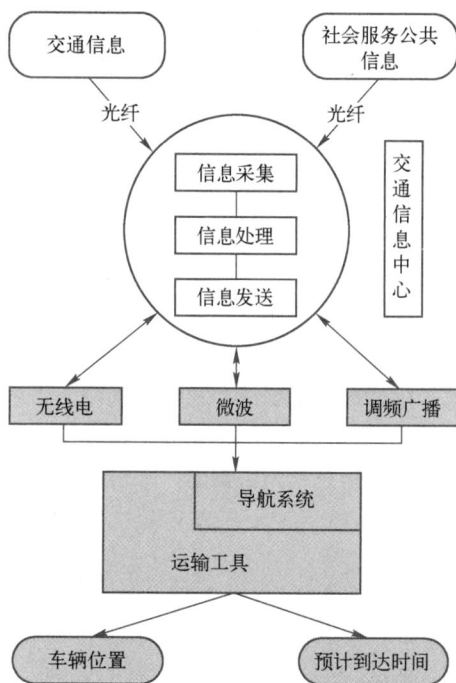

图 2-4　智慧运输系统运行示意图

3. 智慧配送系统

配送服务是按照用户的订货要求及时间计划，在物流节点进行理货、配货工作，并将配备好的货物送交收货人的物流服务活动，可以看作运输服务的延伸，但它和运输服务不同，它是短距离、小批量、多品种、高频率的货物运输服务，是物流活动的末端。

智慧配送系统一般由任务管理、电子围栏、资源管理、财务管理、基础信息管理和统计管理等模块构成。任务管理模块将"取货信息、送货信息、配送信息"等信息收集、整理后，进行任务分派（见图2-5）。

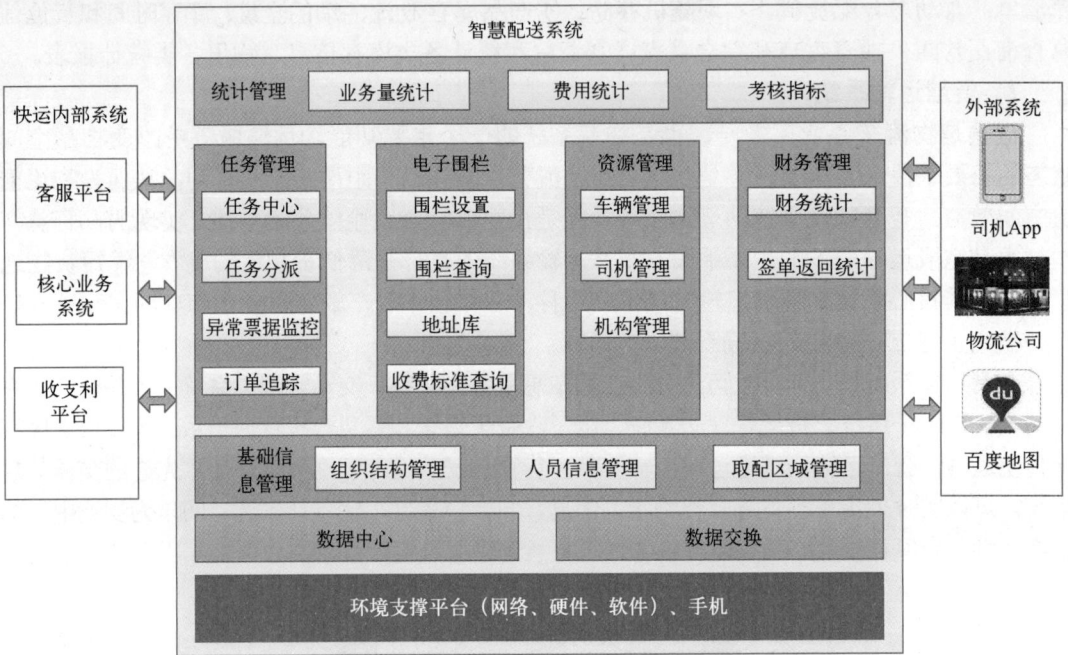

图2-5 电子商务环境下的智慧配送流程

智慧配送系统包括智慧配送信息处理子系统、智能配载和路径规划子系统、配送车辆智能追踪子系统和智慧客户管理子系统等。配送信息处理子系统将"取货信息、送货信息、配送信息"等信息进行收集、整理后，分发到智能配载和路径规划子系统中；智能配载和路径规划子系统根据运送货物的地理位置分布，应用地理编码和路径规划技术，分析出每辆车的最佳行驶路线，然后根据行驶路线来规划货物配载；通过移动通信技术（5G/6G）将移动的车辆信息纳入信息网，并将该系统与地面信息系统构成一个整体，及时收集路面信息、行驶信息，帮助配送车辆智能追踪子系统根据路况随时优化车辆行驶路线；本着"以客户为中心"的原则，还应建立智慧客户管理子系统，将客户信息及配送信息纳入数据库，并进行智能分析，为以后作业流程改进、提高客户满意度和系统优化提供帮助。

4. 智慧包装系统

包装服务是物品在搬运、运输、配送以及仓储等服务活动过程中，为保持一定的价值及状态而采用合适的材料或容器来保护物品所进行的工作总称，通常包括商业包装服务（销售包装、小包装）和工业包装服务（运输包装、大包装）两种。

智慧包装系统主要应用信息型智慧包装技术，通过在包装上加贴标签，如条码、RFID 标签等，一方面利用化学、微生物和动力学的方法，记录在仓储、运输、销售期间，商品因周围环境影响引起的质量改变，监控产品质量，另一方面可管理被包装物的生产信息和销售分布信息，提高产品的可追溯性。这样顾客能够掌握商品的使用性能及其流动过程，而生产商可以根据销售信息掌握市场动态，及时调整生产、库存策略，缩短整个供应链周期，节约成本。

5．智慧装卸搬运系统

装卸搬运是随运输和仓储而产生的必要物流活动，是对运输、仓储、包装、流通加工等物流活动进行衔接的中间环节，也包括在仓储作业中为进行检验、维护、保养所进行的装卸活动，如货物的装上卸下、移送、拣选、分拣等。在物流活动的全过程中，装卸搬运是出现频率最高的一项活动，也是造成货物破损、散失、损耗的主要环节。

智慧装卸搬运系统会将装卸货物、存储上架、拆垛补货、单件分拣等任务信息收集并传递到智能决策子系统，决策系统将任务分解成人员、物品需求计划，合理选择与配置装卸搬运方式和装卸搬运机械设备，尽可能减少装卸搬运次数，以节约物流费用，获得较好的经济效益。根据系统功能要求，智慧装卸搬运系统主要由输送机、智能穿梭车、智能装卸搬运信息系统、通信系统、控制系统和计算机管理监控系统等部分组成。

6．智慧流通加工系统

规模经济效益决定了企业趋向于"商品少、大批量、专业化"的大生产模式，而与消费者的个性化需求产生隔阂，流通加工正是弥补这种隔阂的有效手段。流通加工是在物品离开生产领域向消费领域流动的过程中，为了促进产品销售、维护产品质量和实现物流高效率，而对物品进行的加工处理，使物品发生物理或化学性变化。流通加工的内容有装袋、定量化小包装、挂牌子、贴标签、配货、挑选和刷标记等。

这种在流通过程中对商品进一步的辅助性加工，可以对批量化生产的同一产品采用不同的包装，还可以根据市场特征对产品进行组装（如为打印机组装符合不同电压标准的变压器），满足不同用户的需求，更好地衔接生产的需求环节，使流通过程更加合理化，是物流活动中的一项增值服务。

智慧流通加工系统利用物联网技术和设备监控技术加强对加工过程的信息管理和服务创新，即时正确地采集生产线数据，实时掌握加工流程，提高加工过程的可控制性，减少生产线上的人工干预，并合理制订加工计划和进度。

7．智慧物流信息管理系统

智慧物流信息管理系统是智慧物流系统的重要组成部分，它的功能贯穿于智慧物流各子系统业务活动，或者说，智慧物流信息管理系统支持着智慧物流的各项业务活动。它不仅将运输、储存、包装、配送等物流活动联系起来，还能对所获取的信息和知识加以处理和利用，进而优化决策。因此，智慧物流信息管理系统不等同于一般的信息管理系统，它是整个大系统的具有智能意义的神经系统，决定着智慧物流系统的成败。

智慧物流信息管理系统的构成如图 2-6 所示。智慧物流信息管理系统依靠 RFID 技术、条码技术等获得产业信息及物流各作业环节的信息（信息采集），通过计算网络完成信息传输及发布（信息传递），运用专家系统、人工智能等处理信息并给出最佳实施方案。同时，利用产品追踪子系统还可以对产品从生产到消费的全过程进行监控，从源头开始对供应链各个节点的信息进行控制，为供应链各环节信息的溯源提供服务。

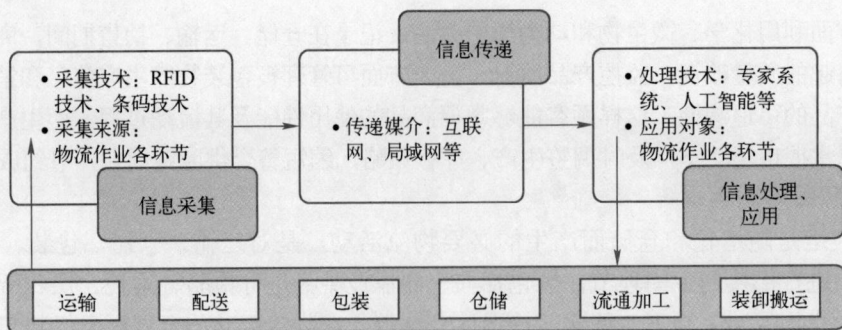

图 2-6 智慧物流信息管理系统的构成

本章小结

智慧物流系统是利用现代信息技术、物联网、大数据、云计算和人工智能等先进技术，对传统物流流程进行智能化改造和提升的系统。智慧物流系统一般由智慧思维系统、信息传输系统和智慧执行系统组成。与传统物流系统相比，智慧物流系统具有数字化、智能化、集成化、网络化和柔性化等特点。

智慧物流系统通过实时感知、数据规整、智能分析、优化决策、系统支持、及时反馈与自动修正等功能，为物流行业提供了更加高效、智能和可持续的解决方案。其智能机理涵盖了数据集成与分析、智能决策与优化、自动化作业控制、协同与共享机制以及持续学习与优化等多个方面。这些智能机理共同推动着物流行业的持续创新和发展。

智慧物流系统一般可划分为感知层、网络层和应用层等三个层次，三个层次相互关联、相互作用，共同构成了智慧物流系统的完整结构。智慧物流的发展离不开智慧物流技术的支撑，智慧物流技术涵盖了从数据采集到应用服务的全过程，可以划分为物品编码与标识、物流定位与导航、状态感知与控制、近距离无线通信、局域互联、广域互联、物物互联、数据存储与处理、智能分析与计算、数据交换与共享、智能管理与决策以及集成化等12 类，其为智慧物流发展注入了强大的动力。从业务要素构成的角度，完整的智慧物流系统包括智慧物流信息管理系统、智慧运输系统、智慧仓储系统、智慧配送系统、智慧流通加工系统、智慧包装系统和智慧装卸搬运系统等七个子系统，子系统间相互交融、相互协调、相互配合，实现仓储、运输、配送、包装、装卸搬运、流通加工和信息管理等环节的精确管理，完成各作业环节间的完美衔接。

课后练习

一、思考题

1. 什么是智慧物流系统？它与传统物流系统有何区别和联系？
2. 智慧物流系统具有哪些功能？
3. 智慧物流系统的智能机理是什么？
4. 简述智慧物流系统的层次结构。

5. 简述智慧物流系统的技术架构。

6. 简述智慧物流系统的业务框架。

二、讨论题

1. 结合智慧物流系统的功能，举例分析智慧物流系统的智能主要体现在哪些方面。

2. 结合智慧物流系统的智能机理，思考并讨论智慧物流系统是如何实现"智能"的。

3. 智慧物流系统的技术架构是一个综合、复杂、动态的系统，试在教材内容的基础上，进一步优化智慧物流系统的技术架构。提出你的观点并简要说明原因。

4. 完整的智慧物流系统一般包括智慧物流信息管理系统、智慧运输系统、智慧仓储系统、智慧配送系统、智慧流通加工系统、智慧包装系统和智慧装卸搬运系统等七个子系统，试分析子系统之间的制约和支撑关系。

三、案例分析

顺丰物流系统

顺丰速运作为国内领先的快递物流综合服务商，其物流网络体系以高效、全面、智能的特点著称，为国内外客户提供了卓越的物流解决方案。

1. 网络体系构成

（1）运输网络

顺丰构建了覆盖全国的运输网络，包括航空运输、陆路运输及部分地区的水路运输。其中，顺丰航空作为国内领先的货运航空公司，拥有庞大的机队和航线资源，能够快速连接国内外主要城市和地区。同时，顺丰的陆路运输网络也极为发达，通过自有车辆和合作车队，实现了货物的快速、安全送达。

（2）仓储网络

顺丰在全国布局了多个现代化仓储中心，这些仓储中心采用先进的仓储管理系统和自动化设备，实现了货物的自动化分拣、存储和出库。通过科学的库存管理和高效的仓储作业流程，顺丰能够为客户提供灵活、快速的仓储服务，满足其不同场景下的物流需求。

（3）配送网络

顺丰的配送网络是连接消费者与商家的关键环节。顺丰拥有一支庞大的专业配送队伍，他们经过严格的培训和考核，具备高度的专业素养和服务意识。通过智能化的配送系统，顺丰能够实现对配送任务的精准调度和实时监控，确保货物能够准时、准确地送到客户手中。

（4）信息系统

顺丰物流网络体系的核心是先进的信息系统。该系统集成了订单管理、仓储管理、运输管理、配送管理等多个功能模块，实现了物流信息的全程可视化和智能化处理。通过信息系统，顺丰能够实时掌握货物的位置、状态和运输进度，为客户提供及时、准确的物流信息服务。

2. 特点

（1）高效性

顺丰物流网络体系以其高效性著称。通过优化运输路线、提高仓储作业效率、加强配送队伍管理等措施，顺丰能够实现货物的快速流通和准时送达。无论是在国内市场还是在国际市场上，顺丰都以其高效的服务赢得了客户的广泛赞誉。

（2）全面性

顺丰物流网络体系覆盖了全国乃至全球的主要城市和地区。无论客户身处何地，顺丰都能够为其提供全方位的物流服务。这种全面性的服务网络使得顺丰能够更好地满足客户的多样化需求，提高客户满意度。

（3）智能化

顺丰物流网络体系充分运用了现代信息技术和智能化设备。通过引入物联网、大数据、云计算等先进技术，顺丰实现了物流信息的实时采集、处理和分析，提高了物流作业的自动化和智能化水平。同时，顺丰还不断研发和推广新的智能化产品和技术，以进一步提升物流服务的效率和质量。

（4）安全性

顺丰高度重视物流安全，采取了一系列严格的安全措施来保障货物的安全运输。从货物的打包、运输到配送等环节，顺丰都制定了详细的安全标准和操作流程，并配备了专业的安全管理人员和设备。这些措施确保了货物在运输过程中的安全性和完整性，赢得了客户的信任和好评。

问题：

1．试结合案例，分析并讨论智慧物流系统的基本功能在其中是如何体现的。

2．试分析案例中的智慧物流系统应用了哪些技术。

第3章 智慧仓储

学习目标

- 能够准确解释仓储和智慧仓储的概念。
- 能够准确复述仓储的功能、分类及作业流程。
- 能够简要描述智慧仓储的发展历程。
- 能够详细介绍智慧仓储的主要特点及行业应用情况。
- 能够准确复述智慧存储系统的演化过程、一般构成及典型的智慧存储系统。
- 能够正确列举并描述智慧仓储中的决策与优化问题。
- 能够正确认识和分析智慧仓储的创新模式。

随着电商业务的蓬勃发展,仓储管理面临着越来越大的压力和挑战。在这样的背景下,智慧仓储作为一种新型的仓储管理模式,正逐渐受到业界的广泛关注。它运用物联网、大数据、人工智能等先进技术,实现仓库内货物的自动化识别、定位和追踪,优化库存布局和调度,提高仓储作业效率和准确性。智慧仓储不仅降低了仓储成本,提升了客户服务水平,还为企业的可持续发展注入了新的动力。

3.1 仓储概述

仓储是物流系统中不可或缺的一环,对保障供应链顺畅运行具有重要意义。仓储通过合理存放和保管货物,为生产、销售和配送提供了支持,确保了企业的持续运营。

3.1.1 仓储的概念

仓储是指利用仓库及相关设施设备进行物品的入库、储存、出库的活动。它涉及对物品的储存与保管,确保这些物品在储存期间保持完好并随时可供使用。

首先,仓储的核心元素包括"仓"和"储"。其中,"仓"指的是用于存放、保管、储存物品的建筑物和场地,这些场地可以是房屋建筑、洞穴、大型容器或特定的场地等。它们的主要功能是提供物品存放和保护的空间。"储"则是指储存、储备,表示收存物品以备将来使用,具有收存、保管、交付使用的含义。

仓储是生产制造与商品流通的重要环节之一,它反映了工厂物资活动的综合状况,并作为生产、供应、销售之间的中转站。仓储在产品的生产和流通过程中起到了关键的辅助作用,特别是当产品因订单前置或市场预测前置而需要暂时存放时。

仓储不仅是物品的物理存储,还包括围绕这些物品的一系列活动。例如,清晰准确的报表、单据账目、会计部门核算的准确信息等都需要与仓储实体活动同时进行。因此,仓储可以被视为物流、信息流、单证流的交汇点。

从传统的角度看，仓储主要指的是利用仓库对各类物资及其相关设施设备进行物品的入库、储存、出库的活动。然而，随着物流行业的不断发展，现代仓储的概念已经扩展，除了基本的入库、储存、出库活动，还包括库内加工、分拣、库内包装等环节。

仓储在物流中扮演着重要的角色，它通过优化货物的时间管理来实现价值的提升。例如，仓储可以保证商品在流通过程中的质量，从而确保社会再生产过程能够顺利进行。此外，仓储作业的优化也有助于商品流通的顺畅，降低商品流通的总体成本，从而提高物流效率。

然而，仓储也有其负面作用，例如可能引起固定费用的支出、机会损失、货物陈旧损失以及保险费支出等。此外，进货、验货、保管、发货等费用也需要支出，这可能会增加企业的经营风险。

总的来说，仓储是一个复杂而重要的领域，它在确保物品在流通过程中的质量和效率方面发挥着关键作用。同时，随着物流行业的不断发展，仓储的概念和功能也在不断扩展和优化。

3.1.2 仓储的功能

仓储的功能涉及基本功能、增值功能和社会功能等三个方面，对现代社会的生产和流通起到了重要的支撑和保障作用。

1．基本功能

仓储的基本功能是指为了满足市场的基本储存需求，仓库所具有的基本的操作或行为，包括储存和保管、集货与分类、库存管理和信息管理等基础作业。部分仓库也提供分拣与配送等功能。

储存和保管是仓储的最基本功能，指仓库提供了一个安全的场所，用于存放各种原材料、成品、备件和设备等物品，保护它们免受损坏、丢失或盗窃。集货与分类是指仓库可以对不同来源的货物进行集中和分类，这有助于统一管理和分配货物，提高物流效率。库存管理可以帮助企业了解库存水平、物品的位置和数量，有助于企业更好地制订采购和销售计划，降低库存成本。信息管理功能通过记录和管理物品的相关信息，如入库日期、出库日期、供应商信息等，进而提供清晰准确的报表和单据，为企业的决策提供数据支持。分拣与配送功能确保物品能够按时准确地送达目的地。

2．增值功能

仓储的增值功能是指在仓储基本功能的基础上，为满足市场上的特殊需求所提供的额外服务，使得仓储服务不再局限于传统的存储和保管，而是成为生产活动的一部分，为生产和消费之间的时间差提供了有效的调节作用，确保了生产和生活的连续性。同时，增值功能也提高了仓储服务的附加值、灵活性和市场竞争力，为仓储业的发展提供了新的动力。具体来说，增值功能包括流通加工、风险管理、金融服务和信息传递等。部分仓库还提供换箱作业和过期产品的报废作业等。

流通加工包括对物品进行包装、组装、贴标签等附加操作，以增加其附加值。同时，这些操作还可以根据客户的需求进行定制，以满足市场的特定需求。风险管理是指仓储可以通过对物资的保险、质押等方式，为企业提供风险管理服务，减少因物资损失、损坏等带来的风险。金融服务是指仓库为物资提供质押融资、担保等，帮助企业解决融资难题。信息传递功能使供应链中的各方能够及时准确地了解仓储信息，帮助其做出更好的决策，提高供应链的效率和响应速度。

3. 社会功能

仓储的基础作业和增值作业会给整个社会物流过程的运转带来不同的影响，良好的仓储作业与管理会带来正面的影响。具体而言，仓储的社会功能体现在时间调整、价格调整和衔接商品流通等三个方面。

时间调整功能是指通过储存克服货物产销在时间上的隔离，从而消除生产与消费之间的时间差。价格调整功能是指通过仓储可以克服货物在产销量上的不平衡，达到调控价格的效果。衔接商品流通的功能是指通过仓储可以避免突发事件的物资短缺，保证商品流通过程连续进行。此外，合理的仓储管理还可以减少物资的浪费和损坏，降低对环境的污染，有利于实现可持续发展。

3.1.3 仓储的分类

仓储可以按经济主体、仓储物的处理方式和仓储功能等进行划分。这些划分方式并不是绝对的，不同的分类方式之间可能存在交叉和重叠。在实际应用中，可以根据需要选择合适的分类方式进行仓储管理和规划。

仓储按经济主体可以划分为自营仓储、公共仓储、战略储备仓储等三种类型。自营仓储指企业自己建设的仓库，用于储存和管理自己的物资。公共仓储也称为营业仓储，指由专门的仓储企业经营管理的仓储设施，面向公众开放，可以为多个企业提供仓储服务。战略储备仓储则是指政府或大型企业为了应对可能的供应中断、价格波动或其他风险而建立的长期仓储设施。

仓储按仓储物的处理方式可以划分为保管式仓储、加工式仓储和消费式仓储等三种类型。保管式仓储是最基本的仓储方式，即物资在仓储期间保持原样，仅进行必要的保管和维护。加工式仓储则指仓储期间根据需要对物资进行一定的加工或处理，如包装、分拣、组装等。消费式仓储是指仓储期间物资会发生某些物理或化学变化，如粮食的发酵、金属的锈蚀等。

仓储按功能可以划分为储存式仓储、物流中心仓储、配送仓储、转换运输仓储等四种类型。储存式仓储，也称为储存型仓库，其主要功能是提供长期的物资存储服务，储存的物资可以是原材料、中间品或成品，通常用于长期储存，如战略储备的军用物资、粮食和其他农产品等。与流通型仓库不同，储存型仓库更侧重于物资的保管和维护，而不是快速的物资流转。物流中心仓储指的是在物流中心内部进行的仓储活动，是一个综合性的管理过程，其主要功能包括储存、保管、分拣与配送、库存管理以及信息处理等，旨在实现货物的安全储存、高效流转和优质服务。配送仓储主要是指货物在配送交付给终端客户或消费者之前所进行的短期仓储，是货物在销售或供生产使用前的最后储备阶段。配送仓储除了基本的储存和保管功能，还包括一系列与配送相关的操作，如分拣、包装、贴标、再加工等，其主要目的是确保货物能够在需要时迅速、准确地送到客户手中，以满足客户的配送需求。转换运输仓储，也称为运输转换仓储，是一种特殊的仓储方式，其主要目的是保证不同运输方式之间的顺畅衔接，减少运输工具的装卸和停留时间，从而提高物流效率和降低运输成本，通常发生在不同运输方式的相接处，如港口、车站库场等地。转换运输仓储具有大进大出的特性，货物存期通常较短，注重货物的周转作业效率和周转率。因此，在这种仓储方式中，可能涉及对货物的检验、整理、分类、保管、保养、加工等操作，以便更好地适应不同的运输方式和需求。

3.1.4 仓储作业的基本流程

仓储作业是指从商品入库到商品发送出库的整个仓储作业过程，主要包括入库作业、在库管理和出库作业等内容。仓储作业的基本流程如图 3-1 所示。需要特别说明的是，具体的仓储作业流程可能因组织需求、行业特点和仓库管理系统的不同而有所差异，实际应用中建议根据具体情况进行调整和配置。

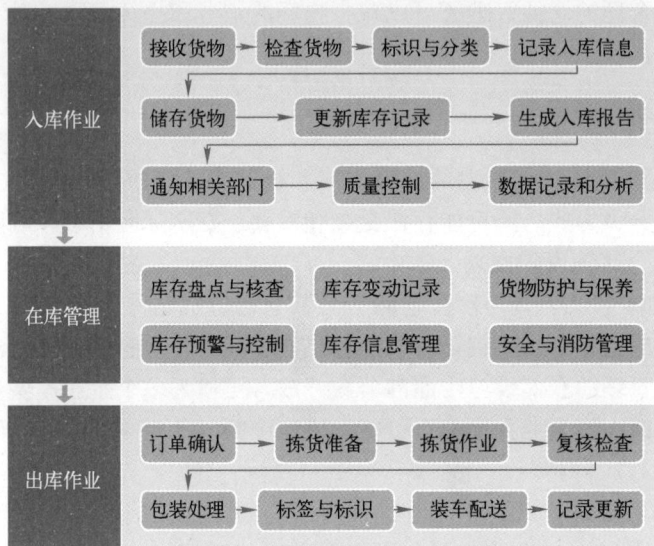

图 3-1　仓储作业的基本流程

1. 入库作业

入库作业一般包括接收货物、检查货物、标识与分类、记录入库信息、储存货物、更新库存记录、生成入库报告、通知相关部门、质量控制、数据记录和分析等环节。

接收货物：当货物到达仓库时，仓库管理员需要进行接收。他们会核对送货单、采购订单或其他相关文件，确保货物的数量、规格和质量与预期一致。

检查货物：在接收货物后，仓库管理员会对货物进行检查。他们会检查货物是否有损坏、过期或其他质量问题。如果有问题，他们会记录并通知相关部门或供应商。

标识与分类：仓库管理员会对货物进行标识与分类。他们会使用标签、条码或其他标识方式，将货物与其相关信息进行关联。同时，他们会按照物料类型、特性或其他规则，将货物分类放置，以便后续的储存和管理。

记录入库信息：仓库管理员会记录入库信息，包括货物的数量、批次、生产日期、供应商信息等。这些信息通常会被输入仓库管理系统或其他记录系统中，以便后续的跟踪和查询。

储存货物：一旦货物被标识和分类，仓库管理员会将其放置到合适的储存位置。他们会根据货物的特性（如温度要求、易损性等）和储存规则，将货物放置到相应的货架、仓位或储存区域中。

更新库存记录：仓库管理员会更新库存记录，确保系统中的库存数量和实际存放的货物一致。他们会根据入库数量和之前的库存信息，计算新的库存数量，并进行相应的调整。

生成入库报告：入库流程完成后，仓库管理员可以生成入库报告。该报告包括入库的货物信息、数量、质量检查结果等。这些报告可以作为仓库管理和供应链管理的依据，用于后续的分析和决策。

通知相关部门：在完成入库流程后，仓库管理员通常会通知相关部门或人员，包括采购部门、质检部门或其他需要知晓入库信息的人员。这样可以确保供应链的其他环节能够及时得知货物的到货情况和可用性。

质量控制：仓库入库流程中可能包含质量控制的步骤。仓库管理员可以进行抽样检验、测试或其他质量验证活动，以确保入库的货物符合质量标准和要求。

数据记录和分析：仓库入库流程中产生的数据可以被记录和分析。仓库管理员可以利用这些数据来监控仓库性能、优化库存管理和供应链运作，以提高效率和满足客户需求。

2. 在库管理

在库管理涵盖了库存盘点与核查、库存变动记录、货物防护与保养、库存预警与控制、库存信息管理、安全与消防管理等多个方面。通过加强在库管理，可以提高仓库运作效率，确保库存数据安全，保障货物安全和质量，降低运营成本。

库存盘点与核查：定期进行库存盘点与核查是确保库存数据准确性的重要手段。通过盘点，可以及时发现库存异常、处理货物损耗、纠正管理漏洞等。盘点与核查的频率应根据货物性质和仓库管理要求来确定。

库存变动记录：库存变动记录是指对货物出入库、移库、损耗等库存变动情况进行详细记录。这些记录是库存数据的重要来源，也是进行库存分析和决策的重要依据。因此，必须确保记录的准确性和及时性。

货物防护与保养：货物在仓库储存过程中需要进行适当的防护和保养，以防止货物受潮、霉变、生锈等问题发生。针对不同性质的货物，需要采取不同的防护措施和保养方法。同时，还需要定期对货物进行检查和维护，确保货物在库储存过程中的安全和质量。

库存预警与控制：库存预警与控制是确保库存水平合理、防止库存积压或短缺的重要手段。通过设定库存上下限、进行库存分析等方法，可以及时发现库存异常并采取相应的控制措施。同时，还需要根据市场需求和供应链情况及时调整库存策略，确保库存水平始终保持在合理范围内。

库存信息管理：库存信息管理是指对库存数据进行收集、整理、分析和利用的过程。通过仓库管理系统（WMS）等工具，可以实现库存数据的实时更新和查询，提高库存数据的使用效率和准确性。同时，还可以利用库存数据进行库存分析、预测和决策等高级应用。

安全与消防管理：安全与消防管理是确保仓库安全运作的重要保障。这包括制定和执行安全规章制度、配置安全设施和消防器材、进行安全培训和演练等。通过加强安全与消防管理，可以及时发现和排除安全隐患，减少火灾等安全事故的发生。

3. 出库作业

出库作业涵盖了订单确认、拣货准备、拣货作业、复核检查、包装处理、标签与标识、装车配送和记录更新等多个环节。这些环节相互衔接、紧密配合，共同确保了出库商品的准确性和安全性。通过优化出库作业流程，可以提高仓库管理效率和服务质量，为企业的可持续发展提供有力保障。

订单确认：出库作业流程的第一步是订单确认。在此环节，仓库管理系统将接收到销售订单或配送指令，并自动核对订单信息的准确性，如商品名称、数量、规格等。确认无误后，订单将转入下一步处理。

拣货准备：在拣货准备阶段，仓库管理员会根据订单信息准备相应的拣货工具，如拣货篮、扫描枪等，并根据仓库布局和商品储存位置规划出最优的拣货路径。这有助于提高拣货效率，减少行走和寻找时间。

拣货作业：拣货作业是出库作业流程的核心环节。仓库管理员根据订单信息和规划好的拣货路径，前往指定位置挑选商品。在拣货过程中，仓库管理员需要核对商品名称、数量等信息，确保准确无误。同时，仓库管理系统会实时更新库存信息，以保持库存数据的准确性。

复核检查：拣货完成后，仓库会进行复核检查。这一环节旨在确保所拣选的商品与订单信息一致，防止漏拣、错拣等问题的发生。复核检查通常由专门的员工负责，他们会再次核对商品数量、质量等信息，确保出库商品的准确性。

包装处理：出库商品需要进行适当的包装处理，以确保商品在运输过程中的安全。包装材料的选择应根据商品性质、运输距离和客户需求等因素来确定。同时，包装过程中也需要注意保护商品，防止损坏或变形。

标签与标识：为了方便运输和追踪，出库商品需要贴上相应的标签和标识。标签上通常包含商品名称、数量、生产日期、保质期等信息。同时，还需要在包装上标明运输注意事项和警告标识等，以确保运输过程中的安全。

装车配送：经过上述步骤后，商品将被装车并准备配送。在这一环节，仓库管理员会根据配送计划和路线安排，将商品有序地装载到运输车辆中。同时，还需要注意商品的固定和防护措施，以确保在运输过程中不会发生移位或损坏。

记录更新：在商品出库后，仓库管理系统会实时更新库存数据和出库记录。这有助于保持库存数据的准确性和及时性，为后续的销售和采购决策提供有力支持。同时，出库记录也为仓库管理提供了重要的历史数据和分析依据。

3.2 智慧仓储的发展与应用

智慧仓储是指在集成物联网、云计算、大数据、人工智能以及机器人等先进技术的基础上，通过仓储业务流程的改造和升级，实现对仓储资源和作业过程的数字化、自动化和智能化管理的一种新模式。智慧仓储是仓储管理发展的高级阶段，其目标是降低仓储成本，提升仓储效率，提高仓储智慧管理能力。

3.2.1 智慧仓储的发展历程

随着现代物流技术的发展和设备的更新应用，仓储向智慧化方向不断发展，从发展过程上看主要经历了三个阶段。

1. 机械化阶段

此阶段物资的输送、仓储、管理、控制主要是依靠人工及辅助机械来实现。物料可以通过传送带、工业输送车、机械手、吊车、堆垛机和升降机等设备进行搬运，用货架托盘和可移动货架储存物料，通过人工操作机械存取设备，用限位开关、螺旋机械制动和机械监视器等设备进行控制。机械化满足了人们对速度、精度、高度、重量、重复存取和搬运等方面的要求，其实时性和直观性是明显优点。

2. 自动化阶段

自动化技术对仓储技术的发展起了重要的促进作用。从 20 世纪 50 年代末开始，人们相继研制和采用了自动导引车（AGV）、自动货架、自动存取机器人等自动化设备。到 20 世纪 70 年代，旋转体式货架、移动式货架、巷道式堆垛机和其他搬运设备都加入了自动控制行列，但只是各个设备的局部自动化并各自独立应用，被称为"自动化孤岛"。

随着计算机技术的发展，仓储管理的工作重点转向物资的控制和管理，要求实时、协调和一体化。计算机之间、数据采集点之间、机械设备的控制器之间以及它们与主计算机之间的通信可以及时地汇总信息，仓库计算机及时地记录订货和到货时间，显示库存量，计划人员可以方便地做出供货决策，管理人员随时掌握货源及需求。

到 20 世纪 70 年代末，自动化技术被越来越多地应用到生产和分配领域。"自动化孤岛"需要集成化，于是便形成了"集成系统"的概念。在集成化系统中，整个系统的有机协作使总体效益和生产的应变能力大大超过各部分独立效益的总和。集成化仓库技术是计算机集成制造系统（Computer Integrated Manufacturing System，CIMS）的重要组成部分，其物资存储的中心地位受到人们的重视。

3. 智慧化阶段

随着现代工业生产的发展，柔性制造系统、计算机集成制造系统和工厂自动化对自动化仓储提出了更高要求，仓储管理需要更可靠、实时的信息，工厂和仓库中的物流必须伴随着并行的信息流。

在自动化仓储的基础上继续研究，实现与其他信息决策系统的集成，朝着智能和模糊控制的方向发展，人工智能推动了仓储技术的发展，产生了智慧仓储。在智慧化物流阶段，生产计划做出后，系统自动生成物流和人力需求，查看存货单和购货单，规划并完成物流；如果物料不够，无法满足生产要求，系统会自动推荐修改计划以便生产出等值产品。

智慧仓储的应用，保证了货物仓库管理各个环节数据输入的速度和准确性，确保企业及时准确地掌握库存的真实数据，合理保持和控制企业库存，通过科学的编码，可以方便地对库存货物的批次、保质期等进行管理。射频数据通信、条码技术、扫描技术和数据采集越来越多地应用于仓库堆垛机、自动导引车和传送带等运输节点，移动式机器人也作为柔性物流工具在柔性生产、仓储和产品发送中日益发挥着重要作用。实现系统柔性化，采用灵活的传输节点和物流路线是实现物流和仓储智能化的趋势。

3.2.2 智慧仓储的主要特点

与传统仓储相比，智慧仓储在运行、管理和决策等方面具有显著优势，能够更好地适应现代物流和供应链管理的需求。

1. 仓储运行自动化

仓储运行自动化主要是指仓储运行的硬件部分自动化，如自动化立体仓库系统、自动分拣设备、分拣机器人，以及可穿戴设备的应用。自动化立体仓库系统又包括立体存储系统、穿梭车等的应用，分拣机器人主要包括关节机器人、机械手、蜘蛛手的应用。智能仓储设备和智能机器人的使用能够提高作业的效率，提高仓储运行的自动化水平。智能控制是在无人干预的情况下能自主地驱动智能机器实现控制目标的自动控制技术。对仓储设备和机器人进行智能控制，使其具有像人一样的感知、决策和执行的能力，设备之间能够进行沟通和协调，设备与人之间也能够更好地交互，可以大大减轻人力劳动的强度，提高操作的效率。自动化与智能控制的研究应用是实现智慧仓储系统运作的核心。

2. 仓储管理数字化

在仓储作业中会产生大量的信息，包括货物信息、设备信息、环境信息和人员信息等。仓储管理数字化是利用现代信息技术对仓库内的货物、设备、人员等资源进行数字化管理。仓储管理数字化离不开信息采集、传输和处理技术的支撑，尤其是智能分析与决策以及数据可视化技术的应用，进一步提高了仓储管理的数字化水平。

与传统管理模式相比，仓储管理数字化能够提高管理效率，降低管理成本，优化库存效率，减少操作错误，提升客户满意度，但同时也会导致仓库前期建设成本增加，使仓储管理对技术的依赖性越来越强，对软件开发、系统维护、大数据分析等专业技术人才的需求量也越来越大。

3. 仓储决策智能化

仓储决策智能化是基于大数据和人工智能技术对仓储业务中的各个环节进行深度分析，从而做出更加科学、合理的决策。仓储决策智能化提高了仓储决策的效率和决策的精准度，能够有效规避由人工决策所带来的决策周期长、对经验依赖性强等问题，从而提高仓储管理和作业的效率以及库存周转率等。

仓储决策智能化的典型应用领域包括库存优化、订单管理、安全管理等。在库存优化方面，智能系统可以根据历史销售数据和市场需求预测为仓库管理者提供最佳的库存策略，如补货计划、库存分配等。在订单处理方面，通过智能排序、智能调度等手段，系统能够快速、准确地处理大量订单，提高客户满意度。在安全管理方面，智能系统可以实时监测仓库内的温度、湿度等环境参数，确保货物的存储安全。同时，通过视频监控和智能识别技术，系统还可以实现安全预警和异常行为检测。

案例 3-1
智慧物流宣传片-磅旗科技全流程演示动画，科技，人工智能，好看视频

3.2.3 智慧仓储的行业应用

智慧仓储的典型应用场景包括电商仓库、医药库房、烟草仓库、服装仓库和机械制造等。在这些场景中，智慧仓储系统可以发挥其自动化、数字化、智能化等优势，提高仓库作业效率、准确性和客户满意度。

1. 电商仓库

电商仓库是智慧仓储出现较早、发展较快应用较普遍的领域。电商仓库通常规模较大，存放着大量的商品，其出库订单具有小批量、多批次的特点，同时订单的未知性和波动性也较大，要求仓储作业速度快、效率高且准确性高，对仓储管理和作业能力提出了严峻的考验。随着电子商务的快速发展，电商仓库面临着前所未有的挑战和机遇。为了应对日益增

长的订单量、提高物流效率并降低成本，电商仓库对智慧仓储的依赖性越来越强。

智慧仓储对电商仓库的改变主要体现在数据安全性、成本效益、业务灵活性、管理智能化、效率提升和人力资源优化等方面。

在数据安全性方面，智慧仓储系统通过采用先进的加密技术和安全协议，确保数据的传输和存储安全。此外，系统能够实时监控数据访问和操作行为，有效防止数据泄露和非法访问。对于电商仓库来说，智慧仓储提供了强大的数据安全保障，确保了仓库运营的顺利进行。

在成本效益方面，智慧仓储通过优化仓储流程、提高作业效率，为电商仓库带来了显著的效益。例如，自动化拣货设备可以减少人工拣货的错误率，提高拣货效率；智能仓储管理系统能够实时监控库存情况，实现精准补货，降低库存成本。同时，智慧仓储还能够降低能源消耗、减少设备损坏等运营成本。对于电商仓库来说，智慧仓储是实现成本效益最大化的重要手段。

在业务灵活性方面，智慧仓储系统能够根据市场需求和订单变化，快速调整仓库运作策略。例如，系统能够实时分析销售数据，预测未来订单量，为仓库提前准备足够的库存。同时，系统还能够根据订单类型和优先级，灵活调配作业资源，确保订单及时处理和发货。对于电商仓库来说，智慧仓储提供了灵活多变的解决方案，满足了业务发展的需求。

在管理智能化方面，智慧仓储系统能够自动收集和分析仓库数据，为仓库管理者提供决策支持。例如，系统可以分析库存周转率、货位利用率等指标，帮助管理者优化仓库布局和库存策略。同时，系统还可以监控设备状态和作业效率，及时发现并解决问题。对于电商仓库来说，管理智能化是提高管理水平和运营效率的关键。

在效率提升方面，自动化拣货设备能够快速准确地完成拣货任务；智能仓储管理系统能够实时调度作业资源，减少等待和空闲时间；物联网技术能够实现货物实时监控和追踪，确保货物安全和及时送达。对于电商仓库来说，效率提升是满足订单量快速增长和客户需求的重要保障。

在人力资源优化方面，智慧仓储通过优化作业流程和降低操作难度，减轻了仓库员工的工作压力。同时，系统能够实时监控员工的工作状态和绩效表现，为管理者进行人力资源优化提供科学依据。例如，系统可以根据员工能力和业绩分配任务，实现人岗匹配。同时，系统还可以为员工提供培训和发展机会，提升员工素质和技能水平。对于电商仓库来说，人力资源优化是提高员工满意度和降低人员流失率的重要手段。

案例 3-2
宇锋智能跨境
电商高位立
体库

2．医药库房

医药库房由于其储存对象的特殊性，对温湿度的控制、安全性、洁净度和可追溯性都有明确的要求。医药库房需要维持特定的温度（通常温度范围在 2～8℃，特殊药品需要更低的温度）和湿度环境，以确保药品的质量和安全性。药品的质量和有效性对于温度、湿度和空气流动等参数的波动非常敏感，因此医药库房需要对这些参数进行精确控制。医药库房必须具备良好的安全性能，包括防火、防盗、防爆、防漏电等多重安全措施，确保药品的安全储存。为保持药品的纯净性，医药库房需要维持一定的洁净度，避免药品受到污染。医药库房需要对储存的药品进行详细的记录和追溯，包括药品名称、批号、有效期等信息，以确保药品的安全性和有效性。

医药库房对智慧仓储的需求比较强烈，同时也具有很强的依赖性，主要表现在精确控温与湿度管理、自动化作业与智能化管理、库存优化和业务灵活性等方面。智慧仓储系统能够实时监控和调节库房内的温度和湿度，确保药品在最佳条件下储存。智慧仓储能够实现药品的自动化入库、出库和库存管理，减少人为错误，提高操作效率。智慧仓储通过引入机器人、自动化货架和智能搬运设备，能够显著降低人力成本，并提高仓库的存储密度。智慧仓储系统能够实时分析库存数据，预测未来需求，帮助医药企业实现精准补货，降低库存成本。同时，智慧仓储系统还能提供库存预警和补货建议，确保药品及时供应。智慧仓储系统能够快速响应市场需求和订单变化，通过灵活调配作业资源，确保药品及时发货。智慧仓储系统通过RFID、条码扫描等技术手段，实现药品的精确追踪和管理，确保药品来源清晰、去向明确。

案例 3-3
快仓高济医疗
应用案例

3. 烟草仓库

烟草仓库在建筑结构、储存对象和管理难度上均有其特殊性。在建筑结构方面，为满足大量物资的储存需求，烟草仓库往往拥有较大的建筑面积，如长度可达 100m 左右、宽度50m 左右、高度则在 8～30m。同时，为了降低建造成本，许多烟草仓库采用耐火等级较低的单层库房或临时简易库房。在储存对象方面，烟草类物资干燥、易燃，且常与其他易燃物资如纸箱、麻绳等共同储存；烟草类物资通常集中堆放到仓库内，防火间距狭小，消防通道容易堵塞；烟丝、烟叶长时间堆放可能发生自燃，增加了仓储的风险。在仓储管理方面，传统烟草仓库需要大量人力进行搬运、分类、盘点等工作，增加了管理成本。同时，烟草对储存环境的温度和湿度要求严格，需要持续监控和调整。

烟草仓库的特点决定了其对智慧仓储系统有着强烈的需求和依赖性。智慧仓储不仅能够提高烟草仓储的效率和安全性，还能降低管理成本、保障产品质量和优化资源配置。从提高仓储效率来看，智慧仓储系统通过引入自动化仓储设备和智能管理软件，可以大幅度提高烟草的入库、出库、分拣等作业效率。从保障产品质量来看，智慧仓储系统能够实时监控和调整仓库内的环境参数，确保烟草在恒定的温度和湿度下储存，保证产品质量；结合智能数据分析，系统还能预测并预防产品质量问题，及时采取相应措施。从减少人为因素影响来看，自动化设备和智能化技术的应用减少了人为错误和疏忽的可能性，提高了仓储的准确性和可靠性；智能监控系统能够实时监控仓库内的情况，及时发现并处理异常情况，防止货物损失和被盗。从优化资源配置来看，智慧仓储系统通过大数据分析和智能调度，能够合理规划库存和配送路径，减少库存积压和浪费。从提升安全性来看，通过物联网和视频监控技术，智慧仓储系统能够实时监控仓库内的安全状况，及时发现并处理火灾、盗窃等安全隐患；自动化设备和智能报警系统能够快速响应异常情况，降低安全风险。

4. 服装仓库

服装仓库具有其鲜明的特点。①品种多样性。服装仓库通常储存着大量不同款式、颜色、尺码和材质的服装，以满足不同消费者群体的需求。这种多样性要求仓库拥有高效且精细的货品分类和管理系统。②季节性与周期性。由于服装的季节性和流行性特点，仓库的库存管理需要根据市场需求进行周期性调整。旺季时，需要迅速增加库存以满足销售需求；淡季时，则需要适当减少库存以控制成本。③储存条件严格。服装作为高附加值商品，需要仓库保持适当的温度、湿度和光照条件，以防止服装受潮、发霉或变形。④流通速度快。服装的更新换代速度快，要求仓库具备高效的货物周转和配送能力，以确保商品能够快速地从仓库流通到销售终端。

服装仓库的特点使智慧仓库有着良好的应用前景。从满足需求的角度来看，智慧仓储系统能够提供实时更新的库存数据和货品位置信息，使管理者能够及时了解仓库状态并做出决策。智慧仓储系统可以通过算法分析市场需求和销售数据，预测未来库存需求，并自动调整库存计划和补货策略，降低库存积压和缺货风险。通过引入自动化设备和机器人技术，智慧仓储系统可以大幅度提高货物的入库、出库、拣货等作业效率，减少人力成本。智慧仓储系统可以通过物联网和视频监控技术，实时监控仓库的安全状况，及时发现并处理潜在的安全隐患。从提供支持的角度来看，智慧仓储系统能够提供必要的数据支持，包括库存数据、销售数据、市场需求预测等，以制订科学的库存计划和销售策略。智慧仓储系统所依赖的自动化设备和信息化技术，如 RFID、条码识别、机器人技术等，是服装仓库实现高效管理和安全运营的基础。随着市场的不断变化，智慧仓储系统可以通过大数据分析等技术手段，为仓库管理提供智能化决策支持，使管理更加科学和高效。随着消费者需求的个性化趋势日益明显，智慧仓储系统能够根据消费者的需求进行智能推荐和定制化服务，从而提高客户满意度。

案例 3-4
宝时云仓-服
装仓配一体化

5．机械制造

机械制造行业的物料储存具有一定的特殊性。机械制造企业的仓储管理通常涉及大量原材料、半成品、成品等，品种繁多，数量庞大，导致管理复杂。为了满足生产需求，机械制造企业通常需要较大的仓储空间来存放物料和成品。机械制造企业的物料和成品需要频繁进出仓库，以满足生产和销售的需求。现代机械制造业对物料管理需要极高的精准度，以避免生产过程中的误差和浪费。

智慧仓储的应用为现代机械制造业的智能化转型提供了良好支撑。智慧仓储系统通过自动化、信息化手段，实现对物料和成品的高效管理，大大提高了仓储管理效率。智慧仓储系统能够根据生产计划和销售预测，合理规划库存，减少库存积压和浪费。通过对订单数据的实时分析，智慧仓储系统能够自动计算出最优的配送方案，避免了资源浪费和成本增加。智慧仓储系统采用先进的物联网技术和数据管理技术，实现了对物料信息的实时采集和分析，提高了数据的准确性和可靠性。借助大数据技术，智慧仓储系统可以对库存数据进行深度挖掘和分析，为企业提供更准确的仓储决策支持。智慧仓储系统通过物联网和视频监控等技术手段，对仓库内部和周边进行全方位的监控和管理，提高了货物的安全性。一旦发现异常情况，智慧仓储系统能够及时处理并报警，降低了货物损失的风险。

案例 3-5
物流科技赋能
百级洁净车间

3.3　智慧存储系统

智慧仓储系统是智慧仓储的实现形式，其在集成了物联网、云计算、大数据、人工智能等现代信息技术的基础上，具有对仓储信息进行自主感知、处理和决策，对仓储设备进行智能控制和调度，自动完成仓储作业的执行与流程优化的功能。智慧仓储系统一般由智慧收货与缓存系统、智慧存储系统、智慧分拣系统和智慧拣选系统等组成，智慧存储系统是其必不可少的组成部分，如图 3-2 所示。本节主要对智慧存储系统进行分析和介绍，智慧收货与缓存系统、智慧分拣系统和智慧拣选系统将在后续章节中结合配送和装卸搬运等进行介绍。

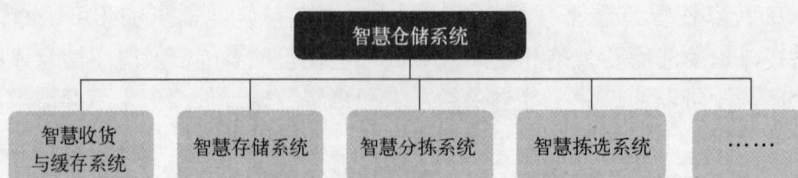

图 3-2 智慧仓储系统的构成

3.3.1 智慧存储系统的演化过程

智慧存储系统的演化过程是一个不断优化和完善的过程。在整个演化过程中，智慧存储系统的主要目标是提高资源利用率、作业效率和柔性化，如图 3-3 所示。通过不断优化存储布局、引入自动化设备和技术、提高系统的集成和协同能力等方式，智慧存储系统逐渐实现了这些目标，为企业的运营和发展提供了有力的支持。

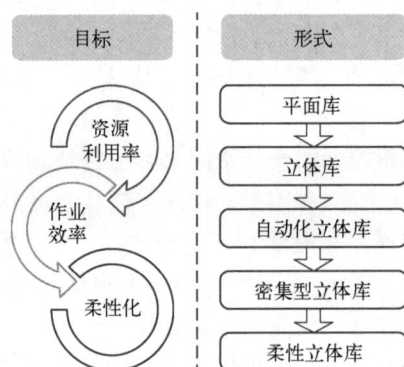

图 3-3 智慧存储系统的演化过程

1. 平面库

平面库是最早期的存储形式，通常是在平面上通过货架进行物品的存储和管理。平面库的空间利用率较低，且依赖人工进行物品的存取和管理，效率低下。

2. 立体库

立体库通过在垂直方向上增加存储空间，提高了空间利用率。传统的立体库虽然空间利用率得到提升，但仍然依赖人工进行物品的存取，效率有限。

3. 自动化立体库

自动化立体库通过引入自动化设备，如堆垛机、穿梭车等，实现物品的自动存取和管理，大大提高了作业效率。虽然其作业效率得到提升，但自动化设备的引入也增加了系统的复杂性和成本。

4. 密集型立体库

密集型立体库通过优化存储布局和设计，进一步提高空间利用率，同时保持较高的作业效率。但对于特定类型的物品和存储需求，密集型立体库可能面临存储和管理上的挑战。

5．柔性立体库

柔性立体库具有高度的灵活性和可配置性，可以根据不同的存储需求进行快速调整和优化。同时，柔性立体库还强调与其他系统的集成和协同作业，以提高整体的运营效率。但柔性立体库的设计和实施需要较高的技术水平和专业知识，因此可能面临技术上的挑战和成本上的压力。

3.3.2　智慧存储系统的一般构成

智慧存储系统主要是通过现代信息技术手段代替人工作业的方式完成物料的存储。由于应用场景和存储工艺要求的不同，各种智慧存储系统在不同的行业应用也有一定的差异。各种不同的存储系统都包括硬件系统和软件系统两个组成部分。同时，它还包括一些辅助设备。

1．智慧存储系统的硬件构成

从硬件构成角度来分析，智慧存储系统一般包括基本物料单元、搬运机构和存储设施等。

（1）基本物料单元

智慧存储系统中的基本物料单元一般有托盘和料箱两种。在智慧仓储中，使用托盘和料箱等标准化的物料单元具有众多优势，对于现代企业的物流管理和供应链管理具有重要的促进作用。托盘和料箱采用统一的尺寸规格，可以确保货架和设备的兼容性，简化仓库布局和货物管理。标准化物料单元便于使用自动化设备进行快速存取，减少人工操作，提高作业效率。标准化物料单元有助于减少货物混淆和错误，提高仓储准确性。使用托盘和料箱可以将多个货物集中在一起，减少单个货物的搬运次数，降低物流成本。标准化物料单元可以充分利用仓库空间，提高存储密度，减少仓库租金成本。每个物料单元可以配备标签或 RFID 技术，便于进行货物跟踪和信息管理。标准化物料单元的数据可以与仓库管理系统和其他信息系统集成，实现数据共享和协同作业。使用标准化的物料单元可以规范仓库作业流程，减少人为错误和安全隐患。标准化物料单元的设计考虑了货物的保护和固定，可以减少货物在搬运和存储过程中的损坏。标准化物料单元如托盘和料箱可以循环使用，减少浪费和环境污染。通过使用标准化物料单元来优化物流过程，可以降低能源消耗，符合可持续发展的要求。

（2）搬运机构

智慧存储系统中，仓内的出入库作业由专门的自动搬运机构完成。典型的自动搬运机构主要包括 AGV、巷道堆垛机、无人叉车以及输送机系统等。这些自动搬运机构在提高作业效率、降低人力成本、提高作业准确性和适应性等方面具有显著优势，是现代仓储管理的重要发展方向。

AGV 是一种无人驾驶的自动搬运设备，通过内置的导航系统（如激光导航、磁导航、视觉导航等）自动规划路径并搬运货物。它们可以在仓库内自由穿梭，实现货物的自动运输和搬运。AGV 可以 24h 不间断工作，大大提高了工作效率。同时，它们减少了人力成本和安全风险，因为无须人工驾驶和操作。此外，AGV 的导航和控制系统使其能够在复杂的仓库环境中灵活运作，适应不同的存储和搬运需求。

巷道堆垛机是自动化立体仓库中的关键设备，沿着货架的巷道运行，通过货叉或伸缩货叉等机构进行货物的存取。它们可以准确地定位到每个货位，并将货物快速、准确地存取到指定位置。巷道堆垛机的高效作业可以大幅度提高仓库的存储和取货速度，减少人工操作的错误和延误。此外，它们可以在夜间或低峰时段进行作业，避免了对仓库日常运营的影响。

无人叉车是一种集成了自动化导航、货物识别和搬运功能的叉车。它们可以自主导航到指定位置，通过货叉或机械手等机构进行货物的装卸和搬运。无人叉车可以在繁忙的仓库环境中连续工作，减少人力和物力成本。此外，无人叉车具备高精度和高可靠性，因此它们能够大幅度减少货物损坏和人力搬运过程中的安全隐患。

输送机系统包括各种输送机，如辊道输送机、链条输送机、升降台、AGV、RGV等。输送机系统负责将货物从入库区输送到货架，或从货架输送到出库区。在智慧仓储系统中，自动输送系统需要和拣选机器人、码垛机器人等进行有效的配合，同时为了保证作业准确性，输送线也需要配备更多的自动检测、识别、感知技术。例如，目前京东无人仓在输送线的末端、拣货机器人的前端增加了视觉检测工作站，通过信息的快速扫描和读取，为拣货机器人提供拣货指令。除此之外，还有输送线两侧的开箱、打包机器人等，这些新增加的智能设备都需要与输送系统进行有效衔接和配合。

（3）存储设施

智慧存储系统中的存储设施是用于高效存储和管理货物的关键组成部分。其中，用于存放托盘或料箱的一般为货架。典型的货架有横梁式货架、驶入式货架、重力式货架、阁楼式货架、悬臂式货架等几种形式。这些货架各有特点和适用场景，可以根据仓库的具体需求和货物的特性选择合适的货架类型。

作为主要的存储设施，货架通常采用模块化设计，可以根据需要灵活组合和扩展，适应不同规模和布局的仓库。货架通过多层设计，可以充分利用仓库的垂直空间，提高存储密度和容量。货架通常具有较强的承载能力，可以支撑重量较大的托盘或料箱，满足各种货物的存储需求。货架的设计通常考虑了人机操作的便捷性，如可调节的层高、便捷的叉车通道等，以提高作业效率。

2．智慧存储系统的软件构成

智慧存储系统中的软件主要包括订单管理系统（Order Management System，OMS）、仓库管理系统（Warehouse Management System，WMS）和仓库控制系统（Warehouse Control System，WCS）等。

（1）订单管理系统

智慧仓储中的订单管理系统（OMS）是智慧仓储管理系统中的一个重要组成部分，它负责处理、跟踪和管理所有的仓储订单。OMS通常与其他仓储管理系统模块（如库存管理、拣货、发货等）无缝集成，以提供全面的仓储解决方案。

OMS主要包括订单接收与确认、订单处理与分配、订单跟踪与监控、异常处理与报告、订单数据分析与优化等功能。订单接收与确认功能负责接收来自客户的订单信息，包括货物数量、种类、收货地址等，并进行订单确认和验证。订单处理与分配功能根据订单信息和仓库的实际情况，对订单进行处理和分配，包括拣货、打包、发货等。订单跟踪与监控功能用于实时跟踪和监控订单的处理进度和状态，确保订单按时、准确地完成。异常处理与报告功能对订单处理过程中出现的异常情况进行处理，如缺货、错发等，并生成相应的异常报告。订单数据分析与优化功能通过对订单数据的深入分析和挖掘，发现潜在的问题和机会，提出优化建议和改进措施。

与传统的订单管理方式相比，OMS 具有明显的优势：①提高订单处理效率，即通过自动化和智能化的订单处理流程，减少人工干预和错误，提高订单处理的准确性和效率。②实现订单实时跟踪，即通过实时的订单跟踪和监控功能，客户可以随时了解订单的处理进度和状态，提高客户满意度。③优化仓库资源配置，即根据订单数据的分析和挖掘，合理调配仓库资源，如人员、设备、空间等，实现资源的最大化利用。④提高决策支持能力，即通过订单数据的深入分析和挖掘，为仓库管理者提供决策支持，如预测未来的订单需求、优化订单处理流程等。

（2）仓库管理系统

仓库管理系统（WMS）是自动化立体仓库的"大脑"，负责全面管理仓库的货物、设备、作业流程等。它通过对仓库内部各项业务流程进行高效整合与优化，实现了仓库作业的自动化、智能化和可视化，大大提高了仓库的运营效率和服务质量。此外，WMS 通过与 ERP 等系统的集成，可以实现与供应链其他环节的协同作业。

WMS 一般提供货物入库、出库、移库、盘点等作业的管理功能。入库管理功能实时记录货物入库信息，包括货物数量、位置、状态等，并自动生成入库单。出库管理功能根据订单信息，智能生成出库单，并指导拣货、打包、发货等作业流程。库存管理功能实时监控库存状态，提供库存预警和补货建议，确保库存准确无误。货物追踪功能实现货物在仓库内的实时追踪和监控，方便客户随时了解订单处理进度。

随着物联网、云计算、大数据、人工智能技术在仓储管理领域的应用，WMS 不断进化与发展，实时监控、自动化管理、精准控制等功能也成为 WMS 不可或缺的组成部分。通过实时监控功能，管理人员可以实时了解仓库内部的作业情况、库存状态、设备运行状态等，及时发现和解决潜在问题，保障仓库运营的稳定性和安全性。WMS 通过集成自动化设备和技术，如自动分拣系统、无人搬运车等，实现了仓库作业的自动化管理。通过精准控制功能，WMS 可以根据历史数据和实时数据，预测未来的订单需求和库存变化，从而提前做好相应的准备工作。

WMS 的使用为企业带来了诸多优势：①通过自动化和智能化的操作，减少了人工干预和错误，大大提高了作业效率；②根据实时数据分析，合理调配仓库资源，实现资源的最大化利用；③通过实时监控和货物追踪功能，客户可以随时了解订单处理进度，提高了客户满意度。

（3）仓库控制系统

仓库控制系统（WCS）是自动化立体仓库的核心管理控制系统，负责控制和管理仓库内的各种设备，包括巷道堆垛机、输送机、库门等。WCS 通过接收来自 WMS 的指令，协调各设备的工作，确保货物的高效、准确存取。WCS 在仓库管理中发挥着重要作用，通过优化任务分配、提高设备利用率、确保操作准确性等方式，为仓库的高效运作提供了有力支持。

WMS 的基本功能包括任务生成与分配、设备控制与管理、工作流程控制、实时监控与反馈、数据集成与交流等。在任务生成与分配功能中，WCS 从上层系统（如 WMS）获取物流作业任务，并根据仓库的需求和优先级将这些任务分配给适当的设备和工作站。在设备控制与管理功能中，WCS 对与作业相关的搬送设备进行监视和控制，确保设备按照指定的路径和策略工作，有助于实现高效的货物流动，并降低设备故障率。通过工作流程控制功能，WCS 控制和协调仓库内的工作流程，跟踪任务的进度和状态，并在需要时触发相应的操作和通知，确保各个环节的顺序和时序。通过实时监控与反馈功能，WCS 实时监控设备和任务的状态，并提供实时反馈和报告，有助于及时发现并解决问题，保持仓库运作的顺畅。通过数据集成与交流功能，WCS 可以与其他系统（如 WMS、ERP 等）进行数据集成和交流，确保信息的准确性和一致性。

3. 智慧存储系统中的辅助设备

除上述的核心设备外，智慧存储系统中还可能包括一些辅助设备，如电线电缆桥架、配电柜、调节平台、钢结构平台等，以及安全防护设备，如监控摄像头、火灾报警系统、防盗报警系统等，以确保仓库的安全和稳定运行。

3.3.3　典型智慧存储系统

智慧物流环境下，常用的物料单元主要有托盘和料箱两种。不同类型的物料单元对存储条件和存储管理等均有不同的要求。下面分别从托盘存储和料箱存储两个方面介绍典型的智慧存储系统。

1. 托盘类智慧存储系统

托盘类智慧存储系统主要利用智能货架、自动化搬运设备（如 AGV、叉车等）以及相应的软件系统，实现对托盘的自动识别、定位、搬运和存储。在该系统中，每个托盘都会被赋予一个唯一的识别码（如 RFID 标签），通过与读写器的交互，实现托盘的快速识别和跟踪。同时，智能货架能够实时监控货物的存储状态和位置，确保货物的安全存储。自动化搬运设备则能够根据系统的指令，自动完成托盘的搬运任务，提高仓储作业的自动化水平。根据存储方式的不同，托盘类智慧存储系统可以划分为以下几种类型：

（1）自动化立体仓库

自动化立体仓库（Automatic Storage and Retrieval System，AS/RS）利用自动化存储设备同计算机管理系统的协作来实现立体仓库的高层合理化、存取自动化以及操作简便化。自动化立体仓库主要由货架、巷道式堆垛起重机（堆垛机）、入（出）库工作站台、调度控制系统以及管理系统组成。按照托盘的存储方式，自动化立体仓库可以划分为经典 1∶1、双深位、堆垛机换巷道、单巷道双堆垛机、单堆垛机双货叉等几种类型，如图 3-4 所示。

经典 1∶1 自动化立体仓库每条轨道（每个巷道）中只有一台堆垛机，其货物存取的深度为单深位，如图 3-4a 所示。图 3-4b 所示为双深位存储示意图，与经典 1∶1 模式相比，其空间利用率更大，相同面积的库房可以存放更多的物料且使用更少的堆垛机，但其作业效率相对较低。如果仓储对存取作业效率要求不高，则可以采用图 3-4c 所示的模式，即堆垛机可以在不同巷道间切换，从而提高堆垛机的使用率。如果仓储对存取作业效率的要求非常高，则可以采用图 3-4d 所示的模式，单巷道内设置两台堆垛机可以极大地提升整体效率，其缺陷是需要增加相应的出入库端口设备，从而增加基础设施建设成本，也会降低库存空间利用率。图 3-4e 所示为单堆垛机双货叉模式，使用双货叉可以在不增加堆垛机数量的情况下提升存取作业效率。

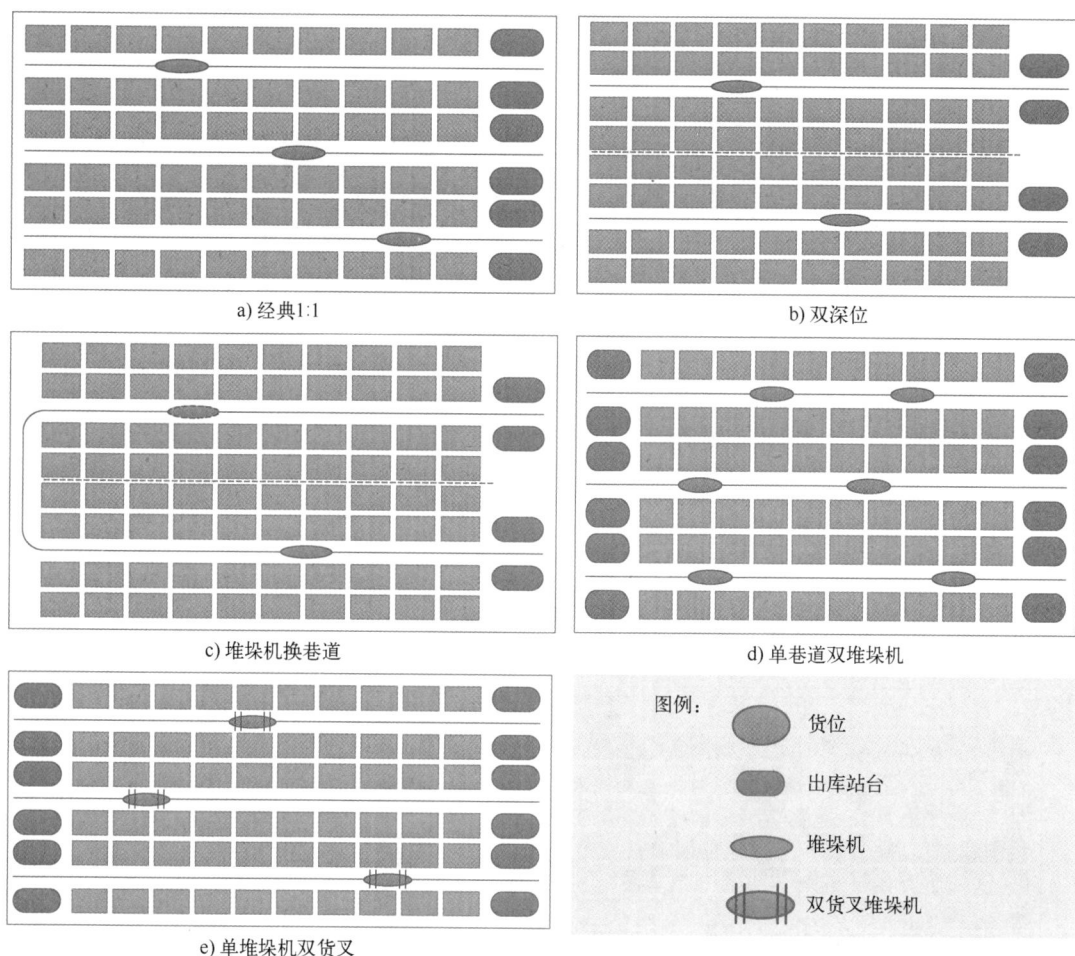

a) 经典1:1

b) 双深位

c) 堆垛机换巷道

d) 单巷道双堆垛机

e) 单堆垛机双货叉

图例：
货位
出库站台
堆垛机
双货叉堆垛机

图 3-4　自动化立体仓库存储示意图

（2）密集型立体库

密集型立体库是一种高度集成化和自动化的仓储系统，主要设计用于最大化利用仓库空间，并优化货物的存储、搬运和管理流程。这种立体库的特点包括多层货架设计、高效的货物搬运系统、精确的货物识别技术、智能的库存管理、集中控制系统以及严格的安全防护措施。按照存储设备的运行特点，密集型立体库可以划分为多深位存储、重力型货架+堆垛机、穿梭板+堆垛机、子母穿梭车、三维穿梭板和无轨柔性立体库等 6 种类型，前 5 种类型如图 3-5 所示。

图 3-5a 所示为多深位存储立体库。它把"双深位"存货方式做到了极致，尽量减少巷道的布置，从而使仓库在同样面积内能存放更多的物料。多深位需要堆垛机的货叉能伸得足够远，能探到更多的货物，从而增加了货叉机构的设计难度。

图 3-5b 所示为重力型货架+堆垛机立体库。重力型货架又称为自重力货架或辊道式货架，其在横梁上安装了辊筒式轨道，并呈现出 3°～5°的倾斜角度。这一设计使得货物在重力的作用下，从高端放入后能够沿滚筒线自动下滑至低端，从而实现货物的自动存储和流转。重力型货架+堆垛机立体库模式下，重力型货架的两头各配置一台堆垛机，一端的堆垛

机负责送货，另一端的堆垛机负责取货，可以在不增加货叉机构设计难度的情况下实现密集型存储。

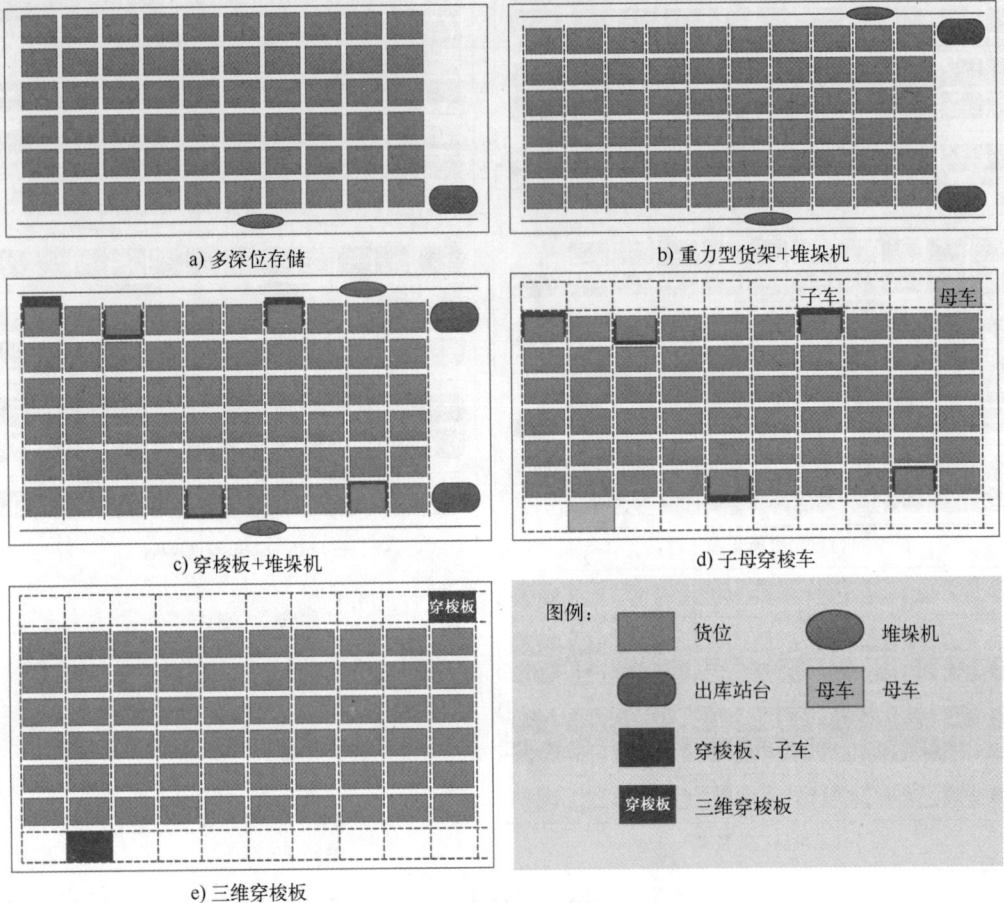

a) 多深位存储

b) 重力型货架+堆垛机

c) 穿梭板+堆垛机

d) 子母穿梭车

e) 三维穿梭板

图 3-5　密集型立体库存储示意图

重力型货架在存放载重较大的物料时，辊筒长时间使用会有偶发性故障。穿梭板的出现较好地解决了这一问题。图 3-5c 所示为穿梭板+堆垛机存储模式，堆垛机可以移动穿梭板到任何一道密集货架里，穿梭板负责该通道货架的内部移动。这样，堆垛机和穿梭板相互分离，冗余性和系统稳定性都有了提高。

堆垛机结合穿梭板的自动化立体库虽然解决了高密度存储的问题，但是存储系统的入库效率的瓶颈在堆垛机上，每一层货架中货物的处理都需要巷道唯一的堆垛机运行至该层才能作业。如果每层都有单独运行的存储设备就能显著提升作业效率。子母穿梭车立体库（见图 3-5d）就是基于这种形式而设计的。每层货架都有专门的母车和子车来配合完成当前层所有货物的存取，不同层之间的转运通过多台提升机来完成。

图 3-5e 所示为三维穿梭板密集存储模式。三维穿梭板集合了母车横向行走和子车纵向行走的功能，可以随意地行走在任何巷道，也可以乘坐提升机到各层作业。这样，可以进一步降低成本，同时也可以使系统更加灵活、简洁。

不论是经典堆垛机立体库，还是后来演化的各种密集存储系统，其搬运设备都是沿着既定的轨道运行的。这意味着轨道一旦被安装就位，若存储工艺发生变化，则很难改变原有的系统和结构。柔性化的自动化立体库就是一个很重要的发展趋势。采用激光引导 AGV 配合货架的存储方式，就是柔性立体库的一种尝试，在效率不高的情况下得到了一些应用，如图 3-6 所示。

a) 无人叉车与搬运机器人协同　　　　　　　　b) 多搬运机器人协同

图 3-6　无轨柔性立体库

2．料箱类智慧存储系统

料箱类智慧存储系统作为智能仓储系统的一种重要表现形式，近年来得到了快速的发展和应用。料箱类智慧存储系统的发展主要源于现代物流行业的快速发展以及电商行业的持续繁荣，使订单呈现碎片化的特点。订单碎片化使得以托盘为存储单位的方式不再适用，存储系统有了物料轻量级的需求，即以料箱为单位的存储系统。料箱类智慧存储系统按照功能演化历程有如下几大类：

（1）Miniload 立体库

Miniload 立体库也称为料箱式立体仓库，是基于托盘类存储系统发展而来的，如图 3-7 所示。Miniload 立体库的结构与托盘类存储系统相似，主要由仓储货架、巷道堆垛机、出入库输送线、WMS/WCS 等组成，形成了一套高密度存储系统。但是，Miniload 立体库使用 Miniload 堆垛机替代了传统的巷道堆垛机。

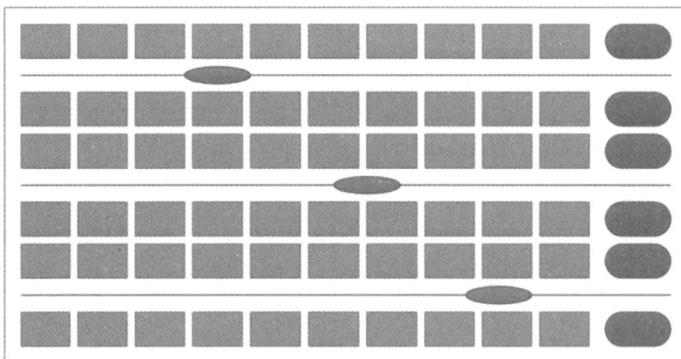

图 3-7　Miniload 立体库存储示意图

为了提高 Miniload 立体库的作业效率，Miniload 堆垛机不断进化发展，其进化过程如图 3-8 所示。在载货台方面，由单载货台向双载货台发展，进而又进化出上下分离式双载货台和上下层分离式双载货台。在货叉方面，由于存取物重量较轻（通常在 30kg 以内），使用伸缩夹抱机构替代了传统货叉。伸缩夹抱机构省去了传统货叉的提升动作，使料箱的存储过程更快。为适应市场碎片化和产品差异化的发展趋势，变尺寸夹抱机构也是伸缩夹抱机构的一个演化方向，能够进一步提高货叉的适应性和存取操作的灵活性。

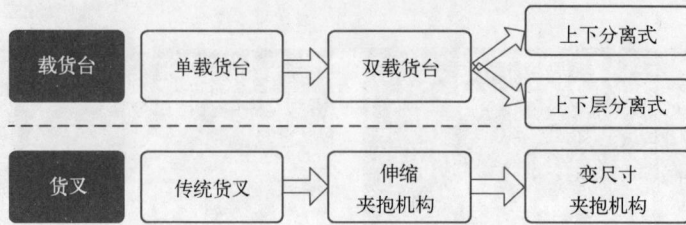

图 3-8　Miniload 堆垛机的进化过程

（2）多层穿梭车系统

多层穿梭车系统是一种高效、可靠、稳定的仓储系统，专为料箱、料盘、纸箱货物或独立捆包等货物的暂存而设计。多层穿梭车系统适用于多种场景，如小零件的储存和拣选、制造生产线中零件和其他材料的供应、货物在交付区的临时储存、网购交易中的订单拣选系统等。该系统已广泛应用于电子商务、食品、医药、服装、烟草、工业、零售等多个行业。

与传统的自动化立体仓库（AS/RS）或轻型料箱式立体仓库（Miniload）系统相比，多层穿梭车系统具有更高的货物单元存取效率。单个多穿巷道的最大存取效率可达每小时1000 箱甚至更多，是传统 Miniload 系统的 3～5 倍，更是托盘仓储货架系统的 15～20 倍。

根据所使用穿梭车的不同，多层穿梭车系统可分为两向多层穿梭车系统、四向多层穿梭车系统、可爬升的多层穿梭车系统以及"两栖"多层穿梭车系统等 4 种类型。两向多层穿梭车系统中，穿梭车只在本层的轨道上前后运行，不同穿梭车在不同货架层上前后运行并存储料箱，需要借助专用提升机完成物料在各层的互换。四向多层穿梭车系统中，穿梭车可以在前后左右 4 个方向上移动，能够自由地在巷道间切换，能够在减少穿梭车数量的同时提高穿梭车的使用率，因此该系统适用于吞吐量要求不算太高、布局需要更加灵活、需要节省整体系统投资的场景。可爬升的多层穿梭车系统中，穿梭车不仅可以在平面轨道上移动，还可以在垂直方向上移动，从而使系统的搭建更加轻量化，系统柔性也有极大的提升。"两栖"多层穿梭车系统中，穿梭车已经突破了货架区的限制，能够离开货架直接搬运货物进入上下游，使系统的柔性进一步加强，系统整体配置结构更加简单。

（3）垂直式存储系统

垂直式存储系统也称为垂直升降式仓储系统（VLM），是一种采用封闭式货架存储系统的高密度存储解决方案。这种系统设计的主要目的是在有限的占地面积内增加存储容量，同时遵循"货物到人"的原则，将货物直接传送给操作人员，从而提高生产率。

垂直式存储系统是一种高效、节省空间、人性化和灵活的仓储解决方案，特别适用于对空间利用率要求较高的仓库和生产线。它可以大大提高仓储效率，降低物流成本，是现代仓储管理的重要发展方向之一。

（4）其他料箱类智慧存储系统

在现实情况中，由于存储工艺和现场工况的不同，不同的行业往往会有自己特殊的需求场景。因此，除了上述几种料箱存储系统，工程师们有针对性地又开发了一些在特定应用场景下的特殊料箱智慧存储系统，主要包括无货架式垂直存储系统、环形货架机器人存储系统、旋转货架存储系统和柔性机器人料箱存储系统等。

无货架式垂直存储系统中，料箱直接垂直堆叠在地上，然后由一个天车式桁架机构进行存储。这种存储系统需要上下料箱之间能够良好嵌套，保证有足够的稳定性。

环形货架机器人存储系统结合了环形货架设计和机器人技术。这种系统通过环形布局的货架和自动化机器人实现高效、快速和准确的货物存取。这种系统在许多行业中都有广泛的应用，特别是在电子商务、制造业和第三方物流等领域，对于提高仓储效率和降低物流成本具有重要作用。其中，环形货架的设计通常涉及一系列的货架，它们以环形或近似环形的方式排列，形成一个连续的存储区域。这样的布局可以优化空间使用，使得机器人在进行货物搬运时能够连续移动，减少了不必要的转弯和空闲时间。自动化机器人则负责货物的搬运和存储。这些机器人通常配备有先进的传感器和导航系统，能够在环形货架之间自主导航，准确地找到目标货物位置，并执行货物的搬运和存储任务。机器人的使用可以大大提高存储和取货的速度，同时减少人力成本和人为错误。

旋转货架存储系统是一种特殊的货架设计，其特点在于货架可以围绕一个中心轴旋转，从而方便货物的存取和运输。这种存储系统通常包括一个或多个旋转货架，每个货架可以独立旋转，也可以与其他货架同步旋转。由于货架可以旋转，操作员可以在一个固定的位置完成货物的存取，无须在仓库内来回移动。这大大减少了操作员的行走距离和时间，提高了工作效率。旋转货架存储系统适用于多种不同类型的货物，包括重型货物和小型货物。此外，它还可以根据实际需求进行定制，以适应不同的仓库环境和业务需求。需要注意的是，旋转货架存储系统可能需要较高的初始投资，并且需要专业的维护和保养。因此，在决定使用这种存储系统之前，需要进行全面的评估和分析，以确保其符合具体的业务需求。

柔性机器人料箱存储系统是一种结合了机器人技术和料箱存储的先进仓储解决方案。系统通过自主移动的机器人来搬运和存储料箱，从而实现了仓储作业的自动化和智能化，广泛应用于制造业、电子商务、第三方物流等领域。系统具备高度的灵活性，可以根据实际需求调整机器人的路径和作业顺序，以适应不同的仓储环境和业务需求。通过配备先进的传感器和导航系统，机器人能够自主导航、识别和搬运料箱。柔性机器人料箱存储系统可以根据需要进行扩展，增加机器人的数量和料箱的数量，以适应仓库规模的增长需求。

3.3.4 仓储管理中的智能决策与优化

仓储管理是对仓储及相关作业进行的计划、组织、协调与控制。仓储管理一直是仓储企业运营中的关键环节，其中的决策与优化问题更是关系到企业的效率和效益。随着科技的进步，智能决策与优化技术在仓储管理中的应用逐渐增多，与传统的决策与优化方式形成了鲜明的对比。仓储管理中的智能决策与优化问题涉及多个方面，包括库内布局规划、库存优化管理、储位分配管理、任务分配与资源调度等。通过应用智能决策技术，可以提高仓储管理的效率和准确性，降低运营成本，增强企业的竞争力。

1. 库内布局规划

库内布局规划是仓储管理中至关重要的一环，它直接影响着仓库的存储效率、作业效率和安全性。库内布局规划涉及诸多方面的内容，主要包括仓储空间评估、货物分类与分区、货架设计与配置、通道与作业区划分、搬运与存储设备选型、消防设施与安全配置等。智能方法在库内布局规划中具有重要作用。通过需求分析、空间规划、设备选型、路径优化和数据分析等方面的智能应用，可以提高仓库的管理效率、降低成本并提升服务质量。

（1）需求分析

在进行库内布局规划前，首先要进行需求分析。需求分析主要关注仓库的业务特点、存储货物的特性、订单处理量等因素。通过智能分析工具，可以精确评估仓库的容量需求、作业效率要求以及特殊功能需求，为后续的布局规划提供科学依据。

（2）空间规划

空间规划是库内布局规划的核心环节。智能方法可以通过三维建模、仿真模拟等技术手段，对仓库空间进行可视化分析和优化。首先，根据货物的尺寸、重量和存储要求，确定货架的类型、尺寸和数量。然后，通过仿真模拟，评估不同货架布局方案下的空间利用率和作业效率，选择最优方案。此外，智能方法还可以根据业务需求的变化，实时调整货架布局，实现仓库空间的动态优化。

（3）设备选型

设备选型是库内布局规划中的重要环节。智能模型可以根据仓库的作业流程和业务需求，选择合适的搬运设备、存储设备以及其他辅助设备。例如，对于大型货物的搬运，可以选择自动化叉车或 AGV；对于高密度存储需求，可以选择立体货架和堆高机等。通过智能选型，可以确保设备的高效、稳定运行，提高仓库的作业效率。

（4）路径优化

路径优化是库内布局规划中的重要内容。智能模型可以通过算法优化为搬运设备规划最优的行走路径，减少空驶和等待时间，提高作业效率。例如，可以利用 Dijkstra 算法、A*算法等图论算法，为叉车、AGV 等设备规划最优的行走路径；还可以利用大数据分析和人工智能技术，实时预测货物的存储位置和出货量，为搬运设备提供动态路径规划。

（5）数据分析

数据分析是库内布局规划中的关键步骤。智能方法可以通过对仓库运营数据的分析，了解仓库的运营状况、瓶颈问题和改进方向。例如，可以分析货物的存储周转率、搬运设备的作业效率等指标，为优化布局规划和提升仓库效率提供科学依据。此外，智能方法还可以利用机器学习等技术手段，对仓库运营数据进行预测和模拟，为管理者提供决策支持。

2. 库存优化管理

库存管理作为企业运营管理的重要组成部分，直接影响企业的生产、销售以及整体经济效益。有效的库存管理能够确保企业资源的合理利用，降低库存成本，提高运营效率。随着信息技术的飞速发展，库存管理已经逐渐从传统的人工操作转向智能化管理。库存优化的智能方法通过实时数据分析、需求预测优化、ABC 库存管理、动态补货策略、安全库存设置、实时监控与更新以及定期盘点核查等手段，实现了对库存商品的精细化管理。

（1）实时数据分析

实时数据分析是智能库存优化管理的核心。通过收集、整合和处理各类库存数据，包括入库、出库、库存量、库存周转率等，利用大数据分析技术，对这些数据进行深入挖掘和分析，发现库存管理的瓶颈和问题，为优化库存管理提供有力支持。

（2）需求预测优化

需求预测是库存管理的重要环节。智能库存优化管理利用机器学习、人工智能等技术手段，对历史销售数据、市场趋势和客户需求等信息进行学习和分析，建立预测模型，对未来的需求量进行精准预测。根据预测结果，企业可以制订更为合理的库存计划和采购计划，降低库存风险，提高库存周转率。常用的预测模型有时间序列分析、回归分析、神经网络等。

（3）ABC 库存管理

ABC 库存管理是一种分类管理方法，它将库存商品按照价值、销售量等因素进行分类，以便对不同类型的库存商品采取不同的管理策略。智能库存优化管理通过自动分类系统，将库存商品分为 A、B、C 三类，并根据各类商品的特点制定相应的管理策略。例如，对 A 类商品（高价值、高销售量）实行严格管理，确保及时补充货源；对 C 类商品（低价值、低销售量）则采取简单管理，降低管理成本。

（4）动态补货策略

动态补货策略是根据实际销售情况和库存状况，实时调整补货数量和补货时间的一种管理方法。智能库存优化管理利用实时数据分析技术，对库存水平和销售趋势进行实时监控，根据预设的补货规则和算法，自动计算并生成补货建议。通过自动化补货系统，企业可以实现快速、准确的补货操作，降低库存成本，提高客户满意度。

（5）安全库存设置

安全库存是为了应对市场波动和突发事件而设置的一定数量的库存。智能库存优化管理通过实时数据分析和需求预测技术，结合企业的实际情况和市场环境，科学设定安全库存水平。当库存量低于安全库存水平时，系统会自动触发补货机制，确保库存量始终保持在安全范围内。

（6）实时监控与更新

实时监控与更新是智能库存优化管理的重要手段。通过引入物联网技术、RFID 技术等，实现对库存商品的实时监控和追踪。同时，结合库存管理系统的数据更新功能，确保库存数据的准确性和实时性。企业可以随时查看库存状况、销售情况等信息，为决策提供支持。

（7）定期盘点核查

定期盘点核查是确保库存数据准确性的重要环节。智能库存优化管理通过引入自动化盘点设备和技术手段，实现快速、准确的盘点操作。定期对库存商品进行盘点核查，发现并解决库存数据不一致、丢失等问题，确保库存数据的真实性和可靠性。

案例 3-6
电商仓库中的
智能分仓

3．储位分配管理

储位分配是指根据已确定的商品分类保管方案、仓容定额，来规划和确定库房和货场的货位摆放形式，即把物品分配到最佳的货位上。储位分配的一般过程包括货品分类、货品分析、容量评估、储位规划、货品标识、储位布局、储位整理以及储位调整等环节。通过合理的储位分配，可以提高仓库的存储效率和货物管理的精度，为企业的运营和发展提供有力支持。随着科技的发展和物流需求的增加，传统的人工储位分配方法已经无法满足现代仓库的高效运作需求。因此，采用智能方法进行储位分配成为行业趋势，通过数据分析驱动、智能分配策略、实时监控系统、智能设备应用、预测与计划以及持续优化等手段，实现了对货物储位的高效管理和精准分配。

（1）数据分析驱动

数据分析是智能储位分配管理的基础。通过收集、整合仓库的运营数据，包括货物的特性、存放位置、存储时间、出货量等，运用大数据分析技术对这些数据进行挖掘和分析。这有助于识别货物的存放规律和趋势，预测未来的库存变化，为智能分配策略的制定提供科学依据。

（2）智能分配策略

基于数据分析的结果，制定智能分配策略是储位分配管理的核心。智能分配策略应该根据货物的特性、大小、重量、存放时间等因素，结合仓库的实际情况，如货架高度、承重能力、通道宽度等，为每个货物分配最合适的储位。这样可以提高仓库的空间利用率，降低搬运成本，提高货物存取效率。

（3）实时监控系统

实时监控系统是智能储位分配管理的重要保障。通过引入物联网技术、RFID 技术等，实现对仓库内货物的实时监控和追踪。实时监控系统可以实时获取货物的位置信息、存储状态、出入库记录等，确保储位分配的正确性和实时性。同时，监控系统还可以对异常情况进行预警和报警，提高仓库的安全性和稳定性。

（4）智能设备应用

智能设备应用可以进一步提高储位分配管理的效率和准确性。例如，引入自动化货架、机器人搬运等智能设备，可以自动完成货物的存储和提取工作，减少人工干预和错误。同时，智能设备还可以与实时监控系统相结合，实现更精准的储位分配和追踪。

（5）预测与计划

预测与计划是智能储位分配管理的重要环节。通过对历史数据的分析和市场趋势的预测，结合仓库的实际情况和客户需求，制订长期和短期的储位分配计划。这有助于提前规划仓库的存储空间、设备配置和人员安排，确保仓库的高效运作和持续发展。

（6）持续优化

持续优化是智能储位分配管理的长期目标。随着仓库运营的不断进行和市场需求的变化，储位分配管理也需要不断优化和改进。通过对实际运营情况的监测和分析，及时发现和解决问题，不断优化储位分配策略和设备配置，提高仓库的运作效率和竞争力。

案例 3-7
智能分单

4. 任务分配与资源调度

仓储资源指仓储活动中所涉及的一切资源，包括人力、物力、财务、设施设备、技术、信息等。智慧仓库中的任务分配与资源调度是一个复杂而关键的过程。通过制定有效的策略、应用智能技术、发挥调度中心的作用，可以实现仓库运营的高效化、智能化和可持续化。

（1）任务分配策略

在智慧仓储中，任务分配是确保货物高效流动和库存优化的重要环节。有效的任务分配策略需要综合考虑以下几个方面：①优先级排序。根据任务的紧急程度、重要性等因素，对仓储任务进行优先级排序，确保关键任务得到优先处理。②负载均衡。考虑员工技能、工作量、工作负荷等因素，将任务均衡分配给员工或自动化设备，避免工作积压和资源浪费。③动态调整。基于实时数据和预测模型，对任务分配进行动态调整，以应对货物量、客户需求等不确定因素的变化。

（2）资源调度机制

在智慧仓储中，资源调度机制涉及仓储设备、人力资源、物资资源等的优化配置。资源调度的关键要素主要包括：①预测性调度。通过数据分析和预测模型，预测未来的仓储需求，提前进行设备调度、人力分配和物资准备。②实时调度。基于实时数据和监控系统，对仓库内的资源进行实时调度，确保资源能够迅速响应任务需求。③协同调度。加强与其他物流环节的协同，如采购、生产、销售等，实现资源的跨部门、跨公司优化调度。

（3）智能技术应用

智慧仓库的任务分配与资源调度离不开物联网、数据挖掘、机器学习、优化算法和仿真模拟等技术的支持。通过物联网技术，实现对仓库内设备、货物的实时监控和追踪，为任务分配和资源调度提供准确的数据支持。通过数据挖掘技术，从大量的订单数据中找出有用的信息和规律。利用机器学习算法，对订单数据进行训练和学习，预测未来的订单需求和趋势。使用优化算法，如线性规划、整数规划、遗传算法等，用于求解订单分配问题，找到最优的分配方案。通过仿真模拟技术，对生成的订单分配策略进行验证和评估，确保其可行性和有效性。

（4）智能调度中心

在智慧仓储中，调度中心是任务分配与资源调度的核心。其主要作用包括：①监控与决策。通过调度中心，可以实时监控仓库内的任务进度、资源状态等信息，并根据这些信息做出合理的决策和调整。②协调与沟通。调度中心负责协调各个部门和人员的工作，确保任务分配和资源调度的顺畅进行。同时，还需要与外部供应商、客户等保持良好的沟通和合作。③数据分析与优化。调度中心运用大数据、人工智能等技术手段，对仓库的运营数据进行分析和挖掘，为任务分配和资源调度的优化提供有力支持。

3.4 智慧仓储的创新模式

近年来，在市场需求拉动和技术进步推动的双重作用下，智慧仓储发展迅速，取得了一系列建设成果，也催生出一系列新的模式，典型代表有无人仓和智慧云仓等。这些智慧仓储的典型模式代表了现代仓储技术的发展方向，对于提升仓储效率、降低成本、增强仓储管理的智能化和精准化都具有重要意义。

3.4.1 无人仓

无人仓是一种智能化的仓储系统，它利用现代化的技术手段，如物联网、人工智能、机器视觉、自动化控制等，实现了对入库、存储、分拣、出库等环节的智能化控制和管理，实现仓储作业的整体无人化。

1. 无人仓的运行机理

无人仓的作业流程与传统的仓储基本保持一致，其区别在于作业方式的不同，主要涉及数据感知、管理决策和行为执行等三个方面。

（1）无人仓之"眼"——数据感知

由人、设备和流程等元素构成的仓库作业环境会随时随地产生大量的状态信息。过去，这些信息只能通过系统中数据的流转来进行监控，缺乏实时性，也难以对业务流程进行指导。传感器技术的进步带来了新的数据感知技术，让仓库中的各种数据可以迅速、精准地获取。将传感器获取的信息转化为有效数据，这些数据成为系统感知整个仓库各个环节状态的依据，通过大数据、人工智能等系统模块生成决策指令，指导库内作业单元工作。

（2）无人仓的"四肢"——机器人

从商品入库、存储，到拣货、包装、分拣、装车等各个环节都无须人力参与，形态各异的机器人成了无人仓的主角，机器人融入是无人仓的重要特色之一。

占据仓库核心位置的立体货架可以充分利用空间，让仓储从"平房"搬进"楼房"，有效利用土地面积。在狭窄货架间运转自如的料箱穿梭车是实现高密度存储、高吞吐量料箱进出的关键。它在轨道上高速运行，将料箱精准放入存储位或提取出来，送到传送带上，实现极高的出入库速度。

从立体货架取出的料箱会传送到一个机器人下面进行拣选，迅速把商品置入相应的包装箱内。这种灵巧迅捷的机械手是并联机器人，具备精度高、速度快、动态响应好、工作所需空间小等特点，保证了整个无人仓生产的高效率。

无人仓中的 AGV 可通过定位技术进行导航，并结合系统的调度，对整个仓库的生产进行合理安排。相较于传统的输送线的搬运方案，通过 AGV 实现"货到机器人"的方式具有更高的灵活性。

六轴机器人可实现拆垛和码垛操作。在码垛算法的指导下，根据商品特性可以自动生成个性化的垛型，由机器人自动适配，对每种商品自动码垛。

（3）无人仓的"大脑"——人工智能算法

除了丰富及时的数据和高效执行的机器人，核心算法更是无人仓的"软实力"所在。例如：在上架环节，算法将根据上架商品的销售情况和物理属性，自动推荐最合适的存储货位；在补货环节，补货算法的设置让商品在拣选区和仓储区的库存量分布达到平衡；在出库环节，定位算法将决定最适合被拣选的货位和库存数量，调度算法将驱动最合适的机器人进行货到"人/机器人"的搬运，以及匹配最合适的工作站进行生产。

2. 无人仓的技术优势

无人仓的技术优势主要体现在高效性、智能化、高度自动化以及适应性强等方面。

（1）高效性

无人仓的效率是传统仓库的 10 倍以上，这得益于其高度自动化的作业流程。通过使用大量的机器人和智能设备，无人仓能够实现快速、准确的货物处理和配送，大大提高了物流效率。

（2）智能化

无人仓拥有智能控制系统，能够在极短的时间内计算出最佳路径和决策，反应速度是人的 6 倍。这种智能化的决策能力不仅提高了作业的准确性，还能够自主决策、判断、纠错以及自我修复，进一步提升了仓库的运营效率。

（3）高度自动化

无人仓内各种机器人多达上千台，智能设备的使用密度极高，通过自动立体式存储、3D 视觉识别、自动包装等技术，实现了各种设备、机器、系统之间的高效协同。这种高度的自动化不仅减少了人力成本，还提高了作业的准确性和安全性。

（4）适应性强

随着业务需求的变化，无人仓可以方便地进行扩展和升级。例如，增加新的机器人、扩大仓库面积或优化管理系统等，以满足不断增长的物流需求。同时，无人仓可以广泛应用于各种场合，如电商物流、快递分拣、智能制造等领域，为企业提供更加高效、便捷、安全的物流服务。

3．无人仓的应用领域

随着各类自动化物流设备的快速普及和应用，机器代人的成本越来越低，各行各业对无人仓的需求越来越强烈。尤其是具备如下几个特征的行业，对无人仓的需求更加突出。

1）劳动密集型且生产波动比较明显的行业，如电商仓储物流，对物流时效性要求不断提高，受限于企业用工成本的上升，尤其是临时用工的难度加大，采用无人仓能够有效提高作业效率，降低企业整体成本。

2）劳动强度比较大或劳动环境恶劣的行业，如港口物流、化工企业，通过引入无人仓能够有效降低操作风险，提高作业安全性。

3）物流用地成本相对较高的企业，如城市中心地带的快消品批发中心，采用无人仓能够有效提高土地利用率，降低仓储成本。

4）作业流程标准化程度较高的行业，如烟草、汽配行业，标准化的产品更易于衔接标准化的仓储作业流程，实现自动化作业。

5）对于管理精细化要求比较高的行业，如医药行业、精密仪器，可以通过软件+硬件的严格管控，实现更加精准的库存管理。

其中，电商行业是无人仓落地相对较多的行业。首先，电商行业对于无人仓是刚性需求，这主要体现在随着电商物流的飞速发展，人工成本一直占据着所有成本里的最大比例，而成熟的无人仓技术可以有效降低这一成本。其次，电商行业对各类无人仓技术响应积极，电商领域是一个对创新思维相对开放的行业，一直不断地在进行着各类新设备的引进和先进技术的创新研发。最后，电商行业也是无人仓技术的最佳试验场景，各类特征表明，如果能够解决电商领域的高流量、多品类的复杂场景，无人仓技术的全面推广就相对比较容易。

案例 3-8
日日顺中德智
能无人仓项目

3.4.2　智慧云仓

智慧云仓（Smart Cloud Warehouse）是一种利用云计算、物联网和人工智能等技术，在仓储物流领域实现智能化、自动化和可视化管理的仓储系统。智慧云仓是一种全新的仓库体系模式，主要依托科技信息平台，充分运用全社会的资源，做到快速、经济地选择理想的仓储服务。在这一模式下，快件可直接由仓储到同城快递物流公司的公共分拨点实现就近配送，极大地减少配送时间，提升用户体验，这就给那些对物流水平需求极高的企业带来了新的机遇。

1．智慧云仓的运行机理

智慧云仓作为一种全新的仓储模式，通过技术资源整合、分仓联网管理、资源优化配置、快速响应机制、智能管理系统等多种手段，实现了仓储管理的智能化、网络化与高效化。

（1）技术资源整合

智慧云仓的核心在于整合多种技术资源，形成一个高效协同的仓储管理系统。这些技术资源包括物联网技术、云计算技术、大数据分析技术等。物联网技术通过部署各种传感器和 RFID 标签，实现仓库内货物、设备、人员等信息的实时采集与传输；云计算技术提供强大的数据存储与处理能力，支持海量数据的分析与处理；大数据分析技术则通过挖掘数据中的价值，为仓储管理提供决策支持。

（2）分仓联网管理

智慧云仓采用分仓联网的管理模式，将不同地区的仓库连接成一个统一的网络。这种管理模式使得仓库之间的信息共享与协同成为可能，提高了仓储管理的整体效率。分仓联网还可以实现货物的快速调配与转运，降低了物流成本，提高了客户满意度。

（3）资源优化配置

智慧云仓通过智能算法和大数据分析技术，对仓库内的资源进行优化配置。根据货物的特性、库存量、客户需求等因素，系统可以自动调整货物的存储位置、拣选路径等，实现资源的最大化利用。此外，智慧云仓还可以根据实时数据预测未来的需求趋势，提前进行资源调配，确保仓储管理的灵活性和高效性。

（4）快速响应机制

智慧云仓具备快速响应的能力，能够迅速应对市场变化和客户需求。通过实时监测和数据分析，系统可以及时发现潜在问题并预警，帮助管理人员快速做出决策。同时，智慧云仓还支持在线订单处理和自动化拣选等功能，大大缩短了订单处理时间，提高了客户服务水平。

（5）智能管理系统

智慧云仓采用先进的智能管理系统，实现仓储管理的自动化和智能化。该系统包括智能入库、智能存储、智能出库、智能盘点等多个环节，能够实现货物的自动识别、自动搬运、自动分类等功能。智能管理系统还具备学习和自适应能力，可以根据实际运行情况不断优化管理策略，提高仓储管理的效率和精度。

2. 智慧云仓的技术优势

（1）实时数据监控

利用物联网技术，智慧云仓能够实时监控仓库内的各种数据，如库存量、温度、湿度、货物位置等。这些实时数据能够为管理者提供决策支持，确保仓库运营的安全性和效率。

（2）反应速度提升

智慧云仓的运行机理使得反应速度得到显著提升。通过分仓联网管理和智能管理系统等技术的应用，智慧云仓能够迅速响应市场需求和客户订单的变化。无论是货物的调配、转运还是订单的处理、拣选等环节，都能够实现快速响应和高效执行。这种高效性不仅提高了客户满意度，还增强了企业的市场竞争力。

（3）运营成本降低

智慧云仓通过优化资源配置和降低人力成本等方式，实现了运营成本的降低。通过智能管理系统和自动化设备的应用，减少了人工操作环节和人为错误的可能性，降低了管理成本和风险。同时，智慧云仓还提高了仓储管理的效率和精度，减少了库存积压和浪费现象的发生,进一步降低了运营成本。

（4）服务质量提高

智慧云仓能够实时响应客户需求,快速完成订单处理和货物配送。这种高效性和准确性有助于提高客户满意度,增强企业的市场竞争力。

（5）支持决策优化

智慧云仓通过实时数据分析和数据挖掘技术,为企业提供了丰富的数据支持。管理者可以根据这些数据制定更加科学合理的决策方案,优化仓库运营策略,提高仓库的运营效率和盈利能力。

（6）库存管理精准

智慧云仓的实时数据监控功能可以帮助管理者实时掌握库存情况,实现库存的精准管理。系统可以根据历史数据和市场需求预测未来的库存需求,避免库存积压和缺货现象的发生,提高库存周转率。

3. 智慧云仓的主要类型

按照服务对象的不同,智慧云仓主要包括电商平台类、物流快递类、互联网化第三方云仓等三种类型。前两类直接为商家提供云仓服务,而互联网化第三方云仓致力于提供云仓供应链的解决方案。

（1）电商平台类云仓

电商平台类云仓是专为电商平台量身打造的仓储与物流服务解决方案,它通过集成物联网、大数据、云计算等先进技术,实现仓储、配送和售后服务的智能化、自动化管理,以高效、精准、灵活的运作方式,满足电商平台对订单处理、库存管理以及快速配送的需求,提升电商平台的运营效率、降低运营成本,并为消费者带来更佳的购物体验。

典型的电商平台类云仓有京东云仓和菜鸟云仓等,其优点在于除了仓配服务及发货时效可以得到保障外,还能额外享受平台的曝光和排序优先等增值服务。但缺点是入仓门槛相当高,要求电商企业具备多仓铺货能力、品牌直供、高周转率等条件,且服务费用也较高,不适合一般的中小电商企业。

案例 3-9
菜鸟云仓

（2）物流快递类云仓

物流快递类云仓主要为物流快递公司提供中转、分拣、配送等服务,通常需要具备较高的货物吞吐能力和配送效率。这种云仓模式能够显著提升货物的分拣、存储、打包和配送效率,降低人力成本,提高订单处理速度,确保货物快速、准确地送到消费者手中。同时,物流快递类云仓还能通过实时监控和数据分析,优化库存管理,降低库存风险,为物流快递企业提供稳定、可靠的仓储物流服务。

典型的物流快递类云仓有中通云仓、百世云仓、顺丰云仓、EMS 云仓等,其主要优势在于提供超低的快递价格和及时的揽收服务,库内操作费也较低,性价比高。然而,这类云仓主要适用于简易作业形式,订单类型以单爆品为主,当订单操作较为复杂或包装要求较高且日均发单量不多时,其价格及服务质量难以得到保证。

案例 3-10
百世云仓

（3）互联网化第三方云仓

互联网化第三方云仓作为一种灵活且高效的物流服务模式,通过合同方式为企业提供全方位的仓储和配送服务。这种模式整合了社会闲置仓储资源,构建全国分仓网络,形成云仓体系。它具备以下特点：一是利用信息技术实现商品的全过程智能化管理，如实时监控和管理商品，提高仓储和物流效率；二是灵活多变，可根据客户需求进行快速调整；三是共享经济模式，降低仓储和物流成本；四是数据化管理，实时掌握商品库存、销售等信息。总之，互联网化第三方云仓通过专业的服务，实现了资源的高效利用和成本的降低，满足了企业多样化、个性化的仓储和物流需求。

典型的互联网化第三方云仓有宝时云仓、发网云仓、蜗牛云仓等，能够针对不同的产品业务类型提供不同的服务，具有很高的灵活性。这类云仓适用于对服务质量有较高要求且单票利润较高的电商企业，是大部分电商企业的优先选择。

案例 3-11
盛世云仓

本章小结

仓储是指利用仓库及相关设施设备进行物品的入库、储存、出库的活动。它涉及对物品的储存与保管，确保这些物品在储存期间保持完好并随时可供使用。智慧仓储是指在集成物联网、云计算、大数据、人工智能以及机器人等先进技术的基础上，通过仓储业务流程的改造和升级，实现对仓储资源和作业过程的数字化、自动化和智能化管理的一种新模式。

与传统仓储相比，智慧仓储在运行、管理和决策等方面具有显著优势，具有运行自动化、管理数字化和决策智能化等特点，能够更好地适应现代物流和供应链管理的需求，已经在电商仓库、医药库房、烟草仓库、服装仓库和机械制造等诸多场景中得到广泛应用。

智慧仓储系统一般由智慧收货与缓存系统、智慧存储系统、智慧分拣系统和智慧拣选系统等组成，智慧存储系统是其必不可少的组成部分。智慧物流环境下，托盘类智慧存储系统主要有自动化立体仓库和密集型立体库两种类型，料箱类智慧存储系统主要有 Miniload 立体库、多层穿梭车系统、垂直式存储系统和其他料箱类智慧存储系统等几种类型。

仓储管理中的智能决策与优化是智慧仓储的核心内容，所涉及的问题包括库内布局规划、库存优化管理、储位分配管理、任务分配与资源调度等。通过应用智能决策技术，可以提高仓储管理的效率和准确性，降低运营成本，增强企业的竞争力。

近年来，在市场需求拉动和技术进步推动的双重作用下，智慧仓储发展迅速，取得了一系列建设成果，也催生出一些新的模式，典型代表有无人仓和智慧云仓等。这些智慧仓储的典型模式代表了现代仓储技术的发展方向，对于提升仓储效率、降低成本、增强仓储管理的智能化和精准化都具有重要意义。

课后练习

一、思考题

1. 什么是仓储？它具有哪些功能？
2. 现代仓储的分类标准有哪些？据此可划分为哪些类别？
3. 现代仓储的作业流程包括哪些环节和任务？
4. 智慧仓储经历了哪些发展阶段？
5. 智慧仓储具有哪些特点？

6. 智慧存储系统一般由哪些部分构成？

7. 典型的智慧存储系统有哪些？

8. 智慧仓储中的决策与优化问题主要有哪些？

二、讨论题

1. 试分析传统仓储与智慧仓储之间的区别和联系。

2. 试举例分析智慧仓储的典型应用并讨论不同应用场景的业务需求。

3. 智慧存储系统的演化过程是一个不断优化和完善的过程，其经历了平面库、立体库、自动化立体库、密集型立体库、柔性立体库等多个发展阶段，其优化目标是不断提高资源利用率、作业效率和柔性化水平。试分析并讨论各优化目标与各演化阶段之间的关系。

4. 试分析并讨论仓储管理中主要决策与优化问题的技术发展现状。

三、案例分析

Y 公司仓储管理问题分析

Y 公司是中国外运长航集团有限公司的全资专业子公司，是国务院国资委直属管理的中央企业，2015 年年底与招商局集团重组，成为招商集团物流业务板块的旗舰企业，是中国最大的综合物流服务提供商，以物流为核心主业。尽管 Y 公司发展仓储业务多年，拥有十分丰富的管理经验，但还是在很多方面存在问题。Y 公司在仓储管理方面存在的主要问题有以下几个方面：

1. 园区车辆管理问题

对于大多数物流园区来说，原材料入库的供应商或成品出库的承运商在前来仓库送货或提货时，Y 公司的仓库相关负责人会与供应商/承运商通过电话、微信、QQ 等通信工具进行来库时间确认。这种传统操作模式下，遇到了如下几个问题：

1）供应商/承运商因临时改变行程，之前所约定的时间取消，这样直接导致当天库内提前安排的工作人员出现空闲。

2）当前操作模式下，供应商/承运商只能约到某一天，时间粒度较粗，车辆在园区内乱停乱放，导致园区拥堵，司机、客户都不满意。

3）没有根据每个月台、每个班次的工作能力进行定量评估，高峰/空闲时间段不能平均。可见，实施车辆预约排队管理、信息化驱动作业已是必然趋势。

综上所述，Y 公司在仓储管理过程中，从库内操作的收货、存储、拣选、发货到物流园区的管理都存在传统仓储管理常见的问题，效率低、人员依赖强、无序提卸货等问题都需要尽快解决。

2. 仓库作业问题

Y 公司的仓储作业同样存在诸多问题，如出入库管理上存在漏洞，仓储物料的监控手段薄弱，库存不准确导致很难在系统中找出真实剩余存放空间，浪费仓储资源。货物收货时，需要人手一把扫描枪，对物料逐件扫描。库存管理时，经常由于仓库工作人员粗心导致货物堆码不正确，系统不能有效支撑。检查盘点时，经常发现物料库存与客户公司 ERP 中的信息不一致，盘点时发现货物缺失，需要仓储作业人员重新盘点核对，费时费力，缺失物料很难查出丢失原因，人员责任划分不明确。拣货环节是人力资源消耗最大的一个环节，旺季时，仓库中一眼望去全是拣货人员，直接导致公司人员成本上升，也增加了管理难度。不仅如此，高强度重复性工作容易使人疲劳，降低工作效率。在发运环节，叉车司机由于工作任务繁重，驾驶速度很难达到公司管理规定，经常出现库内超速驾驶，直接导致安全隐患上升。另外，车辆调度不及时，园区内车辆堵塞，物料备货完毕后，发现车辆不能及时到达道口，导致应该装车的货物大量积压，占用月台空间，不利于作业。

3. 安全事故问题

安全事故可以从两方面来理解。一方面，Y 公司仓库中储存的大多是高价值产品，仓库内的物资经常有丢失现象。另一方面，由于人员流动性大，Y 公司很难对每一个员工都进行全面的安全培训，一旦生产过程中出现人员受伤等事件，将对企业的名誉产生很大影响，同时也会降低客户满意度。安全重于泰山，Y 公司需要采用更先进的技术手段来进一步降低甚至消除安全隐患。

4. 客户服务问题

要提高客户满意度，就必须提升自身服务质量。服务质量要从客户的角度来考虑。以满足客户需求为目的，以客户满意作为基准。"服务创造价值"是 Y 公司的口号，第三方物流公司就是一个提供服务的公司，产品就是服务，服务就是产品，在这个激烈的市场竞争环境下只有高质量的产品才会得到客户的认可。

Y 公司的主要服务对象为企业客户，企业客户与个人客户在满意度方面存在不同。企业对供应商会有一套客观理性的衡量标准，如差错率、及时率、上下游配合度等，而个人客户对服务质量的评价更加主观感性。从企业客户的角度讲，他们并不是产品的最终归属者，即供应链的终点，他们也会有自己的客户，所以 Y 公司的服务质量会直接影响企业对其下游客户的服务质量。因此，企业客户满意度评价是可衡量的，如何通过提高收发货的及时率、物料的库存准确率等来提升企业客户满意度，是 Y 公司提升服务的重要方向。

问题：

1. 如何应用智慧仓储技术手段解决 Y 公司存在的上述问题？
2. 思考并设计智慧仓储体系建设的主要框架结构。

第4章 智慧运输

学习目标

- 能够准确解释运输和智慧运输的概念。
- 能够准确复述运输的功能和方式。
- 能够简要描述智慧运输的发展历程。
- 能够详细介绍智慧运输的主要优势及行业应用情况。
- 能够准确复述智慧运输系统的模块构成与层次架构。
- 能够正确列举并描述智慧运输中的决策与优化问题。
- 能够正确认识和分析智慧运输的创新模式。

在全球化与电子商务的双重推动下，传统运输模式正经历着一场深刻的智慧化变革。智慧运输作为一种新型的运输方式，通过应用大数据、物联网、人工智能等先进技术，实现了对运输过程的实时监控、智能调度和优化管理。智慧运输不仅能够提高运输效率、降低运输成本，还能有效减少交通拥堵和环境污染，为构建绿色、高效的现代交通体系提供了有力支撑。

4.1 运输概述

4.1.1 运输的概念

运输是指利用载运工具、设施设备及人力等运力资源，使货物在较大空间上产生位置移动的活动。具体地讲，运输是使用运输工具对物品进行运送的活动，是实现物流的空间效用。运输作为物流系统的一项功能，包括生产领域的运输和流通领域的运输。

生产领域的运输活动一般是在生产企业内部进行，因此称为厂内运输。它作为生产过程中的一个组成部分，直接为物质产品的生产服务。其内容包括原材料、在制品、半成品和成品的运输，这种厂内运输有时也称为物料搬运。

流通领域的运输活动作为流通领域里的一个环节，是生产过程在流通领域的继续。其主要内容是对物质产品的运输，是以社会服务为目的，是完成物品从生产领域向消费领域在空间位置上的物理性的转移过程。它既包括物品从生产所在地直接向消费所在地的移动，也包括物品从生产所在地向物流网点和从物流网点向消费（用户）所在地的移动。为了区别于长途运输，往往把从物流网点到用户的运输活动称为"发送"或"配送"。本章所讲的运输，着重于流通领域的长途运输。

在研究物流系统的功能时，为了区分国民经济的运输业，有时也把物流系统的运输功能称为"输送"。运输业是国民经济的一个经济部门,通过运输工具实现货物和旅客在区域之间的位置移动,是连接城乡之间、工农业之间、各生产部门之间、各地区之间的纽带。运输业的主要干线构成了国民经济的"大动脉"。没有运输业的活动,国民经济各方面之间的联系就会中断,社会主义市场经济就难以发展,社会再生产过程就会停滞。物流系统的运输或输送主要是针对所有物质产品的移动,不包括旅客的位置移动,而且它是从物流系统的功能出发,研究运输功能的发挥,以促进物流系统整体功能的实现,创造物流过程的空间效益。

4.1.2 运输的功能

运输作为现代供应链管理的核心环节,承担着连接供应链上下游、确保商品顺畅流通的重要任务。其基础功能是产品转移和短时储存。

1. 产品转移

产品转移是运输的最基本功能,指将产品从起运地安全、准时地运送到目的地。这包括选择合适的运输方式(如陆运、海运、空运等)、规划运输路线、组织运输工具,以及确保运输过程中的货物安全和效率。

2. 短时储存

在某些情况下,运输也具有一定的储存功能。例如,通过集装箱等方式,将物品在运输过程中进行暂时的储存,以满足生产和消费的需求。这种储存功能可以使物品在运输过程中得到更好的管理和控制,从而确保其质量和安全。然而,这种储存功能是短时的。

4.1.3 运输的方式

运输的基础方式有公路运输、铁路运输、水路运输、航空运输和管道运输等五种。各种运输方式各有优缺点,选择哪种运输方式主要取决于货物的性质、运输距离、运输成本以及运输时间等因素。

1. 公路运输

公路运输一般是指汽车运输,是最灵活、最直接的一种运输方式,可以实现"门到门"的服务,适用于中短途运输和小批量货物的配送。其优势是机动性强、灵活性高、能够直接到达目的地、不需要中转。劣势是运输成本相对较高、受交通状况影响大、运输速度受限制、对环境造成较大污染。

2. 铁路运输

铁路运输是通过铁路列车进行货物运输的方式。铁路运输具有运输能力强、运行稳定、安全性高、计划性强、成本较低等特点,用于大宗货物的长途运输。然而,受铁路基础设施的影响,铁路运输也存在着一些不足,表现为线路固定、灵活性差、初期投资大、建设时间长、不能实现"门到门"运输等。

3. 水路运输

水路运输是以船舶为主要运输工具,以港口或港站为运输基地,以水域(包括海洋、河流和湖泊)为运输活动范围的一种运输方式。水路运输至今仍是许多国家最重要的运输方式之一。水路运输主要承担大数量、长距离的运输,具有运量大、投资少、成本低等特点。但是水路运输的速度慢,灵活性和连续性差,受航道水文状况和气象等自然条件影响大。因此,水路运输适用于大宗、远程、对时间要求不高的货物。

4．航空运输

航空运输是用飞机或其他航空器作为载体的一种运输方式，也称空中运输。航空运输速度快、安全性高，主要适用于价值高、体积小、重量轻、时间敏感的货物。然而，航空运输的成本较高，载重量小，受气象条件限制大，同时需要特殊的安全措施和许可。

5．管道运输

管道运输是利用管道设备输送气体、液体和固体料浆等物料的一种运输方式。管道运输主要适用于流体物质的运输，如石油、天然气等，可以实现连续不断的运输。管道运输具有运输成本低、连续性强、受气候条件影响小、能够避免散失和丢失等优点。然而，其灵活性较差，运输货物种类单一，投资大且建设周期长。

4.2　智慧运输的发展与应用

智慧运输是一种基于新一代信息技术，如物联网、云计算、大数据和人工智能等，对运输过程进行智能化管理和优化的新型运输作业模式。它以优化资源配置、提高运输效率、降低运输成本、增强运输可持续性为目标，正在逐渐改变传统的运输模式。

4.2.1　智慧运输的发展历程

智慧运输作为智慧物流的核心组成部分，主要关注的是运输过程中的智能化管理和决策优化。参照智能交通系统的发展历程，智慧运输可以被划分为以下几个阶段：

1．初步信息化阶段（1990 年初至 2000 年初）

在这一阶段，初步的信息技术被应用于运输领域，主要包括电子数据交换（EDI）、条码技术以及简单的地理信息系统（GIS）和车辆追踪技术。这些技术使得货物的跟踪和信息的流通变得更加容易。EDI 用于企业间的文档交换，提高了数据处理的速度和准确性；条码用于货物和运输单元的标识，方便数据的快速读取；GIS 用于地图绘制和路线规划。

该阶段，一些企业开始实施货物追踪系统，实时了解货物的位置和状态，从而提高了物流的透明度，使得企业能够更好地掌握货物的运输情况。同时，这也减少了信息错误，提高了数据处理的速度。

2．智能化管理阶段（2000 年至 2010 年）

随着物联网、大数据和云计算等技术的发展，智慧运输进入了智能化管理阶段。这一阶段主要关注如何通过技术实现运输过程的自动化和智能化。通过 RFID 技术、GPS、BDS（北斗卫星导航系统）和传感器等物联网设备实现货物的实时追踪和监控；大数据技术被用于分析运输数据，优化运输路线，预测运输需求；云计算为运输提供了强大的计算和存储能力，支持大规模数据的处理和分析；高级地理信息系统的应用，为运输提供了更为精确的路线规划和导航功能。

这一阶段出现了集成化的运输管理平台，能够实现多模态运输的协调和优化。一些企业开始实施预测性分析，提前预测运输需求和瓶颈，提前做出调整，从而大大提高了运输决策的科学性和效率。同时，通过多模态运输协调，降低了整体运输成本。

3．高级智能化与自动化阶段（2010 年至今）

随着自动驾驶技术、人工智能和区块链等技术的发展，智慧运输开始进入高级智能化与自动化阶段。这一阶段，自动驾驶技术开始应用于货车和某些特定运输场景，实现了部分或完全自动驾驶；人工智能开始用于高级路径规划、异常处理、预测分析等；区块链技术的应用提高了运输过程中数据的安全性和不可篡改性，支持多方之间的透明信息交换。

这一阶段已经取得了阶段性成果，出现了自动驾驶的货车运输服务，显著提高了运输的安全性和效率。同时，通过 AI 和区块链技术，实现了更为智能和透明的运输管理。新技术的应用显著降低了运输中的人为错误和安全风险。通过高级智能化和自动化，实现了更加高效和绿色的运输服务。

随着技术的不断进步和应用领域的扩展，智慧运输将继续朝着更加自动化、智能化和协同化的方向发展，为物流行业带来更大的变革和效益。

4.2.2 智慧运输的主要优势

智慧运输依托先进的技术（如物联网、大数据、人工智能等）实现了运输过程的自动化、信息化和智能化，与传统运输相比具有显著的优势。

1. 效率提升

智慧运输通过实时数据收集和分析，能够更准确地预测运输需求，优化运输路线和时间，从而提高运输效率。同时，自动化的设备和技术也能够减少人为错误和干预，提高运输的准确性。例如，自动驾驶技术可以减少人为操作延迟，确保车辆持续稳定运行，从而缩短运输时间。再如，顺丰快递通过应用智慧物流技术，实现了对快递包裹的实时跟踪和调度，提高了快递服务的效率和质量。

2. 成本降低

智慧运输通过优化运输策略、减少空驶和等待时间等方式，可以降低运输成本。此外，自动化的设备和技术也能够减少人力成本和维护成本。虽然智慧运输的初期投入成本可能较高，但长期来看，其可以降低总体运输成本。例如，通过大数据分析，企业可以更准确地预测货物需求，从而优化库存管理和减少不必要的运输成本。

3. 安全性增强

智慧运输技术如自动驾驶和远程监控等，能够减少人为错误，提高运输过程的安全性。在公路运输方面，自动驾驶车辆通过高精度的传感器和算法，可以更准确地识别道路障碍和潜在风险，从而确保货物运输的安全。在铁路运输方面，连接我国和哈萨克斯坦的中哈班列采用了智慧物流技术，如实时追踪、远程监控和智能控制等，确保了货物的快速、可靠运输。这一成功案例不仅促进了我国与哈萨克斯坦之间的贸易往来，也为智慧运输在国际合作中的应用提供了有力支持。

4. 透明度提升

智慧运输能够实现货物追踪和实时信息反馈，提高货物运输过程的透明度。客户可以通过手机或电脑实时查看货物的运输状态，从而增强对运输过程的信任感。例如，菜鸟网络通过整合大数据、云计算和物联网等技术，建立了一个智能物流网络。该网络能够实时监控货物的运输状态，预测潜在风险，并提供优化建议，从而实现对整个物流过程的智能管理。

5. 可持续性增强

智慧运输通过优化运输路线和时间、减少空驶和等待时间等方式，可以降低能源消耗和排放，从而增强运输的可持续性。此外，智慧运输还可以通过使用清洁能源和绿色技术来进一步降低环境影响。

4.2.3　智慧运输的行业应用

随着物联网、大数据和人工智能等技术的不断发展，智慧运输将进一步提高物流效率、降低成本并优化客户体验。下面通过不同的运输方式来分析和介绍其典型的应用场景和建设成果。

1. 公路货运

公路货运的智慧化转型取得了显著的建设成果。通过数字化管理、智能化技术应用、运营效率优化、服务水平升级、安全管理增强以及环保节能提升等，公路货运行业正向着更高效、更智能、更环保的方向发展。未来，随着技术的不断进步和应用场景的不断拓展，公路货运的智慧化转型将展现出更加广阔的发展前景。

（1）数字化管理

在智慧化转型过程中，公路货运行业通过建设数字化管理平台，实现了对货物信息、车辆信息、司机信息等的全面数字化管理。数字化管理主要体现在以下几个方面：①数据实时更新。通过物联网设备，实现了货物和车辆的实时追踪和监控，保证了数据的实时更新和准确性。②信息共享。建立了完善的信息共享机制，实现了供应链各方之间的信息互通，提高了协同效率。③决策支持。利用大数据分析技术，对海量数据进行挖掘和分析，为管理层提供了决策支持，提高了决策的准确性和时效性。

（2）智能化技术应用

智慧化转型中，智能化技术的应用是关键。通过引入人工智能、机器学习等技术，实现了对公路货运的智能化管理和调度，提高了运输效率和安全性。智能化技术应用主要体现在以下几个方面：①自动驾驶技术。虽然目前尚未全面普及，但自动驾驶技术已经在特定场景下得到了应用，如港口、物流园区等，提高了运输效率和安全性。②智能调度系统。通过智能调度系统，实现了对车辆的智能调度和路径规划，减少了空驶率和等待时间，提高了运输效率。③智能安检系统。采用人脸识别、生物识别等技术，实现了对人员和货物的智能安检，提高了安全性。

（3）运营效率优化

智慧化转型显著优化了公路货运的运营效率，主要体现在以下几个方面：①车辆配载优化。通过智能算法对货物进行最优配载，减少了车辆的装载和卸载时间，提高了运输效率。②路线规划优化。利用大数据分析技术，对运输路线进行优化，减少了运输时间和成本。③运力管理优化。通过对运力的智能调度和管理，提高了运力的使用效率和灵活性。

（4）服务水平升级

智慧化转型不仅提升了公路货运的运营效率，也显著升级了服务水平，主要体现在以下几个方面：①实时追踪服务。客户可以通过手机 App 或网站实时查询货物的位置和状态，提高了信息透明度。②定制化服务。根据客户的不同需求，提供个性化的物流解决方案和定制化服务，提高了客户满意度。③售后服务。建立了完善的售后服务体系，及时处理客户的投诉和建议，提高了客户满意度和忠诚度。

（5）安全管理增强

智慧化转型显著增强了公路货运的安全管理，主要体现在以下几个方面：①智能监控系统。通过物联网设备对车辆和货物进行实时监控，及时发现和处理异常情况，提高了安全性。②驾驶员行为管理。利用大数据分析技术对驾驶员的驾驶行为进行分析和管理，减少了交通事故的发生。③风险评估和预警系统。通过建立风险评估和预警系统，对潜在的运输风险进行预警和应对，降低了风险损失。

（6）环保节能提升

智慧化转型促进了公路货运的环保节能，主要体现在以下几个方面：①新能源车辆应用。采用新能源汽车代替传统燃油车辆，减少了尾气排放和能源消耗。②绿色运输组织。通过优化运输组织、提高车辆利用率等方式，实现了绿色、低碳、高效的公路货运。③智能节能系统。通过智能节能系统对车辆进行智能控制和管理，减少了能源消耗和浪费。

2. 铁路货运

随着信息技术的迅猛发展和物流行业的不断升级，智慧物流已成为现代铁路货运不可或缺的一部分。通过引入先进的信息技术和智能化设备，智慧物流在铁路货运的各个环节中发挥着重要作用，极大地提高了运输效率、安全性和客户满意度。

（1）基础设施管理

基础设施管理智能化是铁路货运智慧化转型的重要保障。通过引入信息化、智能化技术，可以实现对铁路货运基础设施建设的全面监控和管理。例如：通过无人机巡检技术，实现对铁路线路、桥梁、隧道等关键设施的快速巡查和检测；通过虚拟现实技术，实现对建设项目的三维仿真和模拟，为决策提供更加直观、准确的依据。

（2）货运电子商务平台

货运电子商务平台是铁路货运智慧化转型的重要载体。平台提供订单管理、运单追踪、在线支付、物流查询等功能，实现了货运业务的线上化和数字化。货主和物流企业可以通过电子商务平台进行在线交易和货物运输，提高了交易效率和货物运输的透明度。同时，电子商务平台还可以为货主提供定制化、个性化的服务方案，满足不同客户的多样化需求。

案例 4-1
95306 平台

（3）智能调度系统

智能调度系统是智慧物流在铁路货运中的重要应用之一。该系统通过集成实时数据、运输需求和资源信息，运用先进的算法和模型，实现货物的智能调度和运输路线的优化。智能调度系统可以根据货物的特性、运输需求和当前运力情况，自动调整运输计划，确保货物以最优的路径和最短的时间到达目的地。这不仅提高了运输效率，还降低了运输成本。

案例 4-2
中国铁路快运
的智能调度
系统

（4）智能运维系统

智能运维系统是铁路货运智慧化转型的重要组成部分。该系统集成了设备监控、故障诊断、维护管理等功能，可以实时监控设备的运行状态，及时发现潜在故障并进行预警。通过引入自动化检测设备和智能分析系统，可以实现设备的远程监控和在线维护，降低运维成本，提高运维效率。

案例 4-3
AI 人工智能
检车

（5）货运信息追踪

货运信息追踪是智慧物流在铁路货运中的另一个重要应用。通过引入先进的信息追踪技术和设备，可以实现对货物的实时追踪和查询。货主和物流企业可以通过网络平台或移动应用，随时查询货物的运输状态和位置信息，了解货物的最新动态。这不仅提高了货运信息的透明度，还增强了货主和物流企业之间的信任度和合作意愿。

案例 4-4
中欧班列运踪
实时查询平台

（6）装卸自动化

装卸自动化是智慧物流在铁路货运中的又一重要应用。传统的装卸作业需要大量的人力投入，不仅效率低下，还存在安全隐患。智慧物流通过引入自动化设备和机器人技术，实现了装卸作业的自动化和智能化。这些设备可以自动识别货物的类型和数量，完成货物的装卸和搬运工作，大大减少了人力投入和安全隐患，提高了装卸效率。

3. 航空货运

随着全球贸易的快速发展和科技的日新月异，航空货运作为高效、快捷的运输方式，正面临着智慧化转型的迫切需求。智慧化转型旨在通过引入先进的信息技术、物联网、大数据和人工智能等技术，全面提升航空货运的运营效率、安全性和服务水平。

（1）智慧机场建设

智慧机场建设是航空货运智慧化转型的重要基础。通过引入物联网、云计算等技术，实现机场设施设备的智能化管理和维护，提高机场的运行效率和安全性。同时，利用大数据和人工智能技术，对机场旅客流量、货物吞吐量等数据进行实时监控和分析，为机场运营提供决策支持。例如，鄂州花湖国际机场在飞行区铺设了 5 万多个光纤传感器，覆盖了相当于 560 座标准足球场的面积，这些传感器能够实时感知跑道健康状况和飞机运行轨迹，实现了全域智能感知。同时，通过运用建筑信息模型（BIM）技术，建立了与实体机场精准吻合的数字孪生机场。近千万个构件编码、10 亿多条信息点在"云端"集成，为机场运营提供了强大的数据支持。

案例 4-5
鄂州花湖国际
机场的智慧化
建设

（2）业务的数字化转型

业务的数字化转型是航空货运智慧化转型的必然趋势。通过采用先进的信息技术手段，将航空货运的传统业务流程、管理方式等全面数字化，实现信息的快速传递和高效处理。通过建立统一的数据标准和接口，实现航空公司、机场、货运代理、海关等各方之间的数据互联共享。

案例 4-6
郑州新郑国际
机场开展航空
电子货运试点

业务的数字化转型不仅提高了航空货运的运营效率和服务质量，还降低了运营成本。例如，郑州新郑国际机场开展航空电子货运试点以来，平均每年节省纸质单证超 100 万份，提升数据传输时效 20% 以上。

（3）智慧空管

智慧空管是航空货运智慧化转型的基础。通过应用先进的通信、导航、监视技术，实现航班信息的实时共享和协同决策，提高航班运行的效率和安全性。同时，利用大数据和人工智能技术，对航班运行数据进行深度挖掘和分析，为航班调度、航线规划等提供科学依据，进一步提升航空货运的服务质量。例如，鄂州花湖国际机场依托虚拟孪生机场，充分运用少人机坪、转运中心、空管塔台等多个系统的数据来源，通过数据的交互与协同，尽量减少对人的依赖，借助智能算法实现飞机排班、机位分配、货物装卸口分配、飞机滑行、车辆行驶路径等全过程模拟，为指挥中心提供透明、清晰的调度方案，保障航班安全运行。

（4）智慧监管

智慧监管平台是航空货运智慧化转型的重要保障。通过建立统一的监管平台，实现对航空货运全过程的实时监控和数据分析,确保航空货运的安全、合规和高效。智慧监管平台利用大数据和人工智能技术,对航空货运的各个环节进行风险评估和预警,及时发现并处理潜在的安全隐患。同时,平台还具备数据共享和协同监管功能,促进不同监管部门之间的信息共享和协同合作。

（5）作业自动化

作业自动化是航空智慧物流建设的重要方向。通过引入自动化设备和机器人技术,实现货物装卸、分拣、转运等环节的自动化操作。这不仅可以降低人工成本,还能提高作业效率和准确性。典型代表是鄂州花湖国际机场的智能转运中心和"少人机坪"项目。智能转运中心内配备了总长 52km 的 7 条分拣线,依赖协同调度和分拣管理两大控制系统,集成了中转场作业、运动目标检测、识别、分拣、无监督遗留物检测等多项技术,每小时分拣货物峰值可达 50 万件,平均每秒处理 139 件货物。"少人机坪"通过现代通信、人工智能等技术,让机场接驳、货物传输等机坪功能实现自动化,航班、空管、物流系统一体化操控,误差在毫厘之间。

案例 4-7
鄂州花湖国际
机场的智能转
运中心介绍

案例 4-8
鄂州花湖国际
机场的少人机
坪项目介绍

4. 水路货运

随着全球贸易的不断发展和科技的不断进步,水路货运作为国际物流的重要组成部分,正经历着智慧化转型的浪潮。智慧化转型不仅提高了水路货运的效率和安全性,也推动了物流行业的整体升级。

（1）智慧港口建设

智慧港口是水路货运智慧化转型的重要基础。通过引进先进的信息技术、物联网技术和自动化技术,实现港口作业的智能化、自动化和无人化。截至 2024 年 6 月,我国已建成的自动化集装箱码头有 21 座,自动化干散货码头有 28 座,已建及在建的自动化码头数量居世界首位。这些码头采用了自动化门吊、智能搬运机器人和自动装载机等先进设备,显著提高了装卸效率和作业安全性。

（2）智能船舶技术

智能船舶技术正成为航运领域的一大革新力量。智能船舶借助传感器、通信、物联网等技术手段,实现船舶自身、海洋环境等信息的智能化感知与获取。其核心特点包括信息感知、通信导航、自动控制及大数据处理与分析技术,使船舶航行更加安全可靠。智能船舶技术的应用方向广泛,包括船舶自动驾驶、智能控制、能源管理及智能维护等。这些技术的应用将极大提高船舶的操纵性、安全性及效率,并助力降低运营成本。

（3）智能化作业设备

港口智能化作业设备通过集成先进的信息技术、自动化技术和人工智能技术,显著提升了港口作业的效率、安全性和经济效益。这些设备利用传感器、物联网、大数据和通信技术实现信息的自动感知、处理和分析,优化作业流程。核心技术创新包括信息感知与处理、自动化与智能控制以及先进的通信技术。应用领域涵盖集装箱自动化码头、散杂货港口智能化和能源管理与维护技术。随着全球航运业的发展和数字化技术的推进,港口智能化作业设备市场前景广阔,尤其在我国和东南亚等地区将迎来快速增长。未来的发展趋势将更加注重设备间的协同、与物流系统的融合以及与云平台的集成,以提供更高效、更安全和更环保的港口作业服务。

（4）业务数字化转型

业务数字化转型是水路货运智慧化转型的关键。通过收集、整合和分析水路货运过程中的数据，为管理决策提供支持，提高运营效率和服务质量。数字化转型包括以下几个方面：①数据采集与整合。建立统一的数据平台，采集水路货运过程中的各项数据，包括货物信息、船舶信息、港口信息等，并进行整合和存储。②数据分析与优化。利用大数据和人工智能等技术，对采集到的数据进行深度分析，发现潜在的问题和优化空间，为管理决策提供科学依据。③数字化服务。通过数字化手段，为客户提供更便捷、更高效的物流服务，如在线查询、电子单证等。

（5）智能管理系统

港口智能管理系统是一个集成了物联网、大数据和云计算等先进技术的综合平台，旨在提升港口的运营效率、安全性和可持续发展。系统通过实时监测和管理港口的各项活动，如船舶进出港、货物装卸和设备运行，利用大数据分析优化作业流程，并实现与港口内各设备和系统的高度集成与协同。其主要功能包括船舶管理、货物管理、设备管理和安全管理。该系统已在全球广泛应用，并将持续发展，推动港口及整个物流链的智能化和自动化升级，增强港口的竞争力和可持续发展能力。

5. 管道运输

管道运输作为重要的物流方式之一，在现代能源和原材料传输中扮演着至关重要的角色。随着信息技术的快速发展，管道运输行业正逐步实现智慧化转型。智慧化转型通过引入先进技术、优化管理系统、提升安全性等方式，为管道运输带来了更高效、更安全的运营体验。

（1）监测与数据分析

智慧化管道运输系统的监测与数据分析是确保管道运输安全和高效运行的基础。通过安装各类传感器，系统能够实时收集管道运行状态、流量、压力、温度等关键数据，并将数据传输至数据中心进行分析。这些数据可以帮助运营人员了解管道运输的实时情况，及时发现潜在问题并进行预警。同时，通过数据挖掘和分析，系统还能发现管道运输的潜在规律和趋势，为优化运营提供参考。

（2）智能控制系统

智能控制系统是智慧化管道运输系统的核心。该系统通过集成先进的控制算法和模型，实现对管道运输的自动控制和优化。智能控制系统能够根据实时数据自动调整管道运输的参数，如流量、压力等，以确保管道运输的稳定性和安全性。同时，智能控制系统还能根据市场需求和管道运行状态，自动制订运输计划，优化资源调配，提高运输效率。

（3）安全监测系统

安全监测系统是智慧化管道运输系统的重要组成部分。该系统通过实时监测管道运输的安全状况，如泄漏、腐蚀、破损等，及时发现潜在的安全隐患并发出警报。安全监测系统还可以对管道运输的风险进行评估和预测，为制定应急预案和风险管理提供参考。通过安全监测系统的应用，可以确保管道运输的安全性和可靠性，降低事故发生的概率。

（4）数字孪生与优化

数字孪生技术是智慧化管道运输系统的又一重要手段。通过建立管道运输的数字孪生模型，可以实现对管道运输的虚拟仿真和优化。数字孪生模型能够实时反映管道运输的实际状态，并模拟各种运行条件和故障情况。通过模拟和分析，可以找出管道运输的优化空间，如优化运输路径、降低能耗等，提高管道运输的效率和可持续性。

（5）信息共享平台

信息共享平台是智慧化管道运输系统的重要支撑。通过构建信息共享平台，可以实现管道运输各环节的信息共享和协同工作。信息共享平台可以集成管道运输的各类数据和信息，如实时数据、运行日志、设备状态等，并提供数据查询、分析、展示等功能。通过信息共享平台，运营人员可以及时了解管道运输的实时情况，实现快速响应和决策。同时，信息共享平台还可以为管道运输的合作伙伴提供数据支持和服务，促进管道运输的协同发展。

4.3 智慧运输系统

智慧运输系统是指在较完善的交通基础设施上，将先进的科学技术（信息技术、计算机技术、数据通信技术、传感器技术、电子控制技术、自动控制理论、运筹学、人工智能等）有效地综合运用于交通运输、服务控制和车辆制造，加强车辆、道路、使用者三者之间的联系，从而形成的一种保障安全、提高效率、改善环境、节约能源的综合运输系统。

4.3.1 智慧运输系统的模块构成

参考国家ITS（智能交通系统）体系框架（第2版），综合考虑交通运输管理和物流运输产业发展的内容要求，可将智慧运输系统划分为运营管理、智能驾驶、交通管理、电子收费、交通信息服务和交通运输安全6个部分。

1. 运营管理

运营管理主要通过建设智慧物流运输运营管理平台实现运输业务的信息化、智能化管理，主要服务于物流运输企业。

智慧物流运输运营管理平台建立标准化的数据通道，将所有与业务有关的信息连接起来，实现货主、收/发货方、中小型第三方物流企业、车主、司机信息互联互通，确保供应链全线物流资源高效协同。实现在同一信息平台的运营与管理，明确业务操作及岗位分工，有效提高车辆智能调度、全程可视化管理、车辆实时监控、成本管理等方面的管理水平。

智慧物流运输运营管理平台主要包括订单管理、配载作业、调度分配、行车管理、GPS/BDS车辆定位系统、车辆管理、人员管理、数据报表、基本信息维护、系统管理等功能模块。该系统对车辆、驾驶员、线路等进行全面详细的统计考核，实现运输企业的信息化、数字化和智能化管理，能够提高运作效率，降低运输成本。

2. 智能驾驶

以道路（航道）智能化为基础，遵循交通基础设施与车（船）载系统协调配合的理念，实现车辆（船只）辅助驾驶及特定条件下的智能驾驶，可以从根源上减少由于人的误操作而引发的交通问题，提高交通运输的安全性和运行效率。基于视觉的环境感知、多传感器融合技术和自动驾驶技术是智能驾驶的发展方向。

（1）基于视觉的环境感知

基于视觉的环境感知主要应用于对驾驶员状态进行监测。通过对驾驶员驾驶期间面部状态的智能识别，判断驾驶员是否存在不安全驾驶行为。如果驾驶员存在频繁打哈欠、频繁合眼、频繁点头或长时间表情夸张等状态，系统将智能判别出驾驶员处于疲劳驾驶、酒后驾驶或兴奋驾驶等不安全状态，从而判断汽车处于不安全驾驶状态，并及时给出相应的报警提示。

（2）多传感器融合技术

多传感器融合技术主要应用于汽车安全辅助驾驶系统。例如：①主动安全制动系统，通过不断监控和搜集传感器数据，跟踪驾驶员和车辆的驾驶状态，包含驾驶员目前的操纵策略、车辆的速度和加速度、前后车辆的距离和速度、行驶道路的几何形状等，以便做出对车辆安全最优的主动控制。②综合横向辅助系统，使用各种传感器扫描汽车前面的空间，再由系统将所有传感器的信息融合成一个整体画面，系统分析处理完画面后，会发出一个横向的导向控制信号，传递给动力转向系统，如车辆偏离，该系统会施加轻微的力使车辆回到原本的车道。③行人和非机动车辆安全系统，通过遥感技术能够提前检测可能发生的意外，从而避免碰撞，或减轻事故后果的严重性。

（3）自动驾驶技术

自动驾驶技术是指将多种传感设备和智能软件装备到运输工具上，以实现车辆（船）安全自主驾驶到达目的地。美国国家公路交通安全管理局将车辆的自动化程度分为 5 级。0级完全由驾驶员驾驶车辆；1 级是车辆具备 1 种以上自动化控制功能；2 级是车辆能够自主执行多种操作；3 级是当车辆自主驾驶行不通时可指示切换为驾驶员接管车辆；4 级是没有人工参与，车辆完全可以无人驾驶。目前，无人驾驶汽车成为研究热点，不管是传统汽车企业还是 IT 行业巨头均竞相加入，不少研发车型已接近量产。谷歌和奥迪等开发的无人驾驶汽车已获得美国加利福尼亚、内华达、密歇根及佛罗里达州发放的公路试验牌照。从汽车制造商到科技巨头，再到各国政府、组织，越来越多的人将无人驾驶汽车看作整个汽车行业的未来。但是，科技成果与产业化间差距、研发生产成本、安全（信息化程度极高）以及法律法规（保险及责任认定）等成为无人驾驶汽车产业化的瓶颈问题。无人驾驶货船也正在研究试验过程中。

3．交通管理

交通管理作为智慧物流运输体系框架中的重要组成部分，主要服务于交通管理者，包括交通动态信息监测、交通需求管理、交通控制、交通基础设施管理、交通事件管理、勤务管理、交通执法和停车管理等方面。

交通动态信息指在时间和空间上不断变化的交通流信息，如交通流量、车速、占有率、车头时距和旅行时间等。这些信息的采集技术分为固定型和移动型两种。固定型采集技术可分为磁频采集、波频采集和视频采集 3 类；移动型采集技术是运用安装有特定设备的移动车辆来采集交通数据的技术总称，目前主要有基于电子标签、基于 GPS/BDS 和基于汽车牌照自动识别 3 种采集技术。

交通需求管理和交通控制是交通管理的两种模式。交通需求管理是对交通源的管理，是一种政策性管理。控制货车进城、车辆单双号通行以及收取拥堵费等均属于交通需求管理。交通控制是对交通流的一种技术性管理，通过管理道路交通基础设施及合理管制与引导交通流来提高道路通行效率。交通控制策略包括节点交通控制（如信号控制交叉口）、干线交通控制（如绿波带）以及区域交通控制。区域交通控制以全区域所有车辆的通行效率最大为管理目标，旨在同时实现节约能源和减少环境污染的目标。

交通基础设施管理、交通事件管理和勤务管理等属于交通管理的基础需求。交通执法方面，执法记录仪已成为基层交通管理部门的标配，能够实时便捷地收集有效证据，保障执法人员和执法对象的权益,有效规范执法行为,促进执法水平的提升。停车管理方面,停车难和效率低一直是影响车主出行的交通难题,集云收费、云管理、云支付和云运维于一体的智慧停车系统正逐渐改善这种现状,免取卡不停车、车位诱导、取车引导和电子收费等功能真正实现了智慧停车管理,给车主带来了极大便利。

4. 电子收费

电子收费系统(即 ETC 系统)主要应用于高速公路不停车收费。ETC 系统在 20 世纪 80 年代开始兴起,20 世纪 90 年代在世界各地得到广泛使用,受到了各国政府和企业的重视。ETC 系统主要涉及车辆自动识别、车型自动分类和视频稽查技术。

车辆自动识别是电子收费系统的关键部分,主要任务是精确完成车辆身份的有效识别。当待收费车辆行驶到特定区域时,系统就会自动识别车辆身份。实现该功能通常采用射频、光学、红外和微波等技术。

高速公路上对不同车型的收费标准也不相同,故需要对车型进行精确判断。车型自动分类除了采用图像识别技术,通常还需要融入激光扫描分型和光幕检测技术,从而提高车型识别的准确率。此外,还有基于红外检测和压力传感器相结合的车型自动分类系统。

视频稽查主要指对通过换卡、倒卡或闯卡偷逃高速公路通行费的车辆进行跟踪查控,甚至能对超限超宽车辆进行监测报警。该功能主要采用视频图像分析技术。

此外,随着移动互联网的发展,电子收费理念还应用于停车收费领域。停车场入口和出口的检测单元将车辆的进场信息和出场信息传到服务器,服务器经过计算将消费信息以二维码形式发送至停车场出口的电子收费设备,车主通过第三方支付平台扫描二维码进行付款,提高了停车收费效率,降低了管理成本。

5. 交通信息服务

交通信息服务主要指向驾驶员传递有用的交通服务信息,包含出行前信息服务、行驶中驾驶员信息服务、途中公共交通信息服务、途中其他信息服务、路径诱导与导航以及个性化信息服务等。

交通信息服务领域的发展主要体现在信息类型和发布手段的不断丰富和多样化。目前,驾驶员可通过手机短信接收目的地天气或休闲娱乐信息,可通过手机导航软件快捷准确地到达目的地,可在途中通过广播、电视、微信和微博等多种手段接收各类交通信息,根据自身需求恰当选择行驶路线及时间。随着云计算和大数据技术的应用,交通信息服务也越来越准确、智能和及时,让运输行驶变得更科学、更高效。表 4-1 列举了驾驶员行驶的信息需求,现有的交通信息服务已基本能覆盖这些需求。

表 4-1 驾驶员行驶的信息需求

交通状态	信息类别	信息内容
正常	交通状态信息	各道路交通状况
		(常发性)拥挤情况
		延误时间
	行程时间信息	路段行程时间
异常	异常事件信息	事件类型
		事件地点(区域)

（续）

交通状态	信息类别	信息内容
异常	异常事件信息	针对事件的交通管制措施
		事件持续时间
		（偶发性）拥挤情况
	交通状态信息	拥堵（排队）长度
		事件影响区段的车速
		事件影响区段的延误
	替换路线信息	推荐替换路线
	行程时间信息	路段行程时间

6. 交通运输安全

交通运输安全主要指各种道路的安全管理和紧急救援。道路安全管理包括道路安全工程和道路安全审查。道路安全工程应确保道路具备较完善的安全设施，除路面标识、标线和视线诱导设施清晰醒目外，在必要的地段和路侧需要设置防撞栏杆，能使失控车辆平滑地改变方向，防止危及其他车辆，保障人身安全。道路安全审查旨在确定道路潜在的安全隐患，确保考虑合适的安全对策，使安全隐患得以消除或以较低代价降低其负面影响，保障道路在规划、设计、施工和运营各阶段均考虑安全需求。

当道路发生紧急事件时，在事件的发现、处置和交通恢复正常等过程中，信息的采集、处理和运用非常重要，各种信息的快速、精确获取及各部门间信息流动渠道的畅通是完成快速、高效救援的保障。

图 4-1 所示为道路紧急救援体系逻辑结构，清晰地阐述了紧急救援的责任部门、救援任务及交互关系。道路紧急救援体系应具备紧急事件自动探测、救援资源优化配置、救援资源联动调度、紧急救援决策支持和紧急事件交通管制等功能，应包含以下系统：

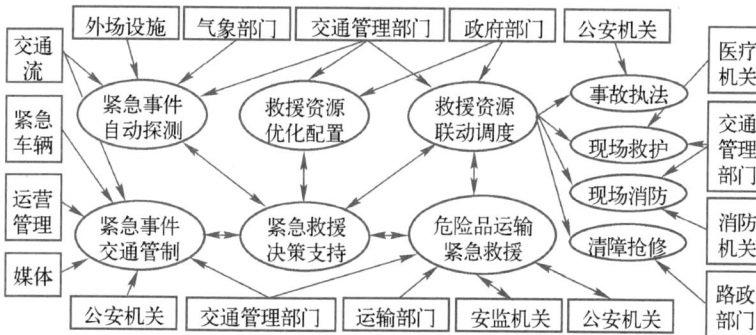

图 4-1　道路紧急救援体系逻辑结构

1）交通紧急信息采集系统。该系统负责收集与当前紧急事件相关的数据，如道路交通检测设备的检测数据等。这些数据经过验证、转换和融合等处理，成为道路紧急救援的关键数据。

2）救援信息平台与决策支持系统。该系统是紧急救援系统的核心部分，主要包括确认交通事故及划分等级、制定救援过程协调与调度方案、制定危险品运输事故紧急救援方案、制定紧急救援决策支持预案、方案调度和配置救援资源等功能。

3）紧急事件信息发布与服务系统。该系统使用尽可能多的方法和途径向驾驶员提供车辆排队长度和交通事故发生的地点、严重程度及处理时间等信息，支持交通管理者对紧急事件信息进行处理，对所得到的各种经验参数进行修正，当遇到同类事故时，能生成最佳救援方案。

4）紧急救援实施系统。该系统负责发送或接收来自救援中心及各部门的指令和方案，确保整个救援过程有序进行，并对整个救援过程实施全程监控，时刻跟踪事故现场的最新动态，依据最新动态迅速调整或重新生成救援方案。

4.3.2 智慧运输系统的层次架构

智慧物流运输系统的层次架构如图 4-2 所示。

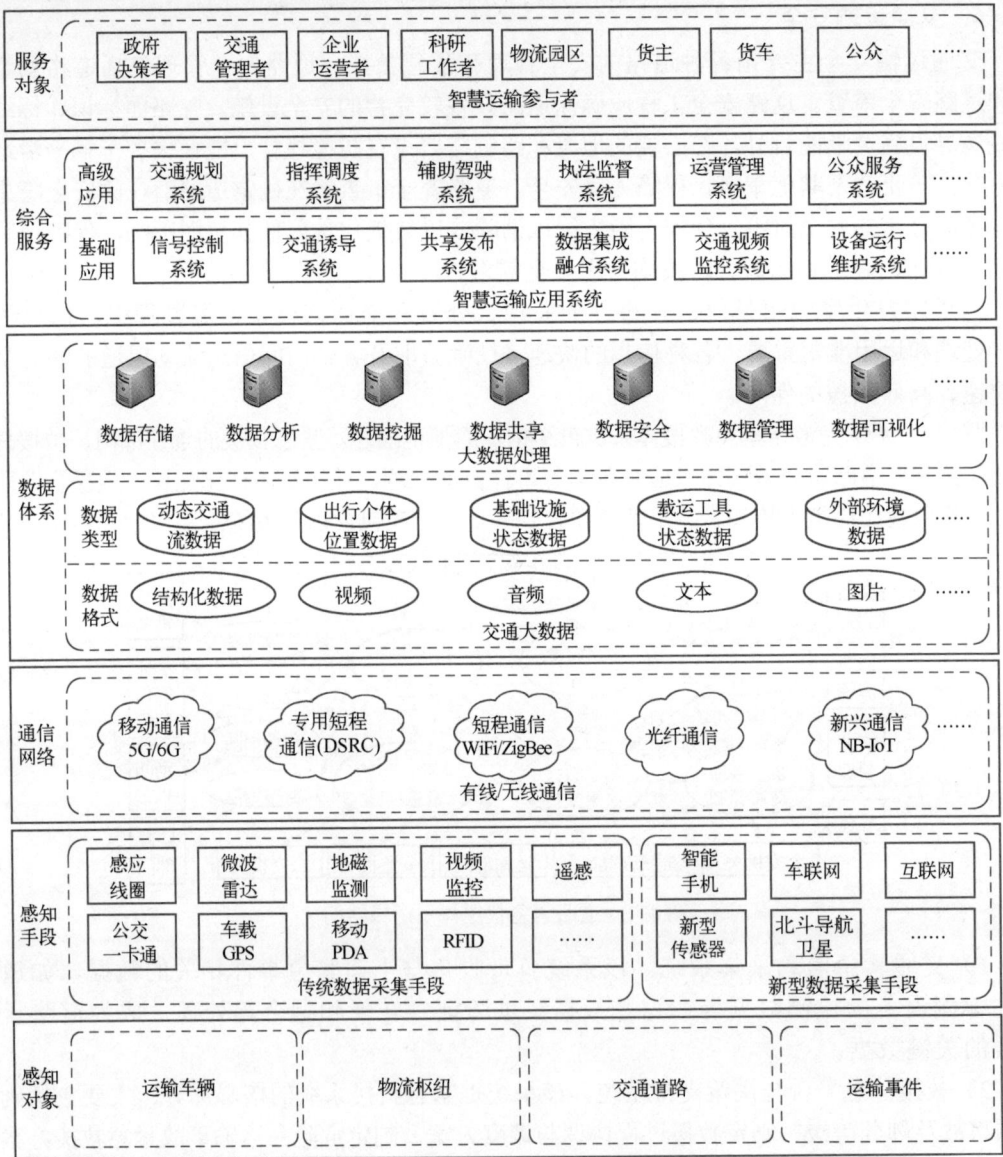

图 4-2 智慧物流运输系统的层次架构

1. 全面的动态感知网络

数据是智慧物流运输系统的基础，交通运输数据采集手段的深度革新将引领智慧物流运输系统的变革。智慧物流运输系统需要建立一张全信息动态感知"泛在网"，使感应线圈、微波雷达、地磁监测、视频监控、车载 GPS 和射频识别（RFID）标签等传统交通信息采集设备，以及智能手机、物联网终端和车联网终端等新型交通采集设备，像神经末梢一样分布于交通运输的各个环节，不断地收集与交通相关的视频、图片、文字等基础数据，实现交通运行状态可视、可测和可控。感知网络的建立需要考虑感知对象、感知手段和通信网络3 个方面的内容。其特点及发展要求如下：

（1）感知对象

智慧物流运输系统具有海量的监控对象，并随着技术不断发展，监控对象越来越丰富，目前主要的感知对象包括人、物、车、路、事件和基础设施等，具体为人员、运输货物、营运车辆、交通管理和静态系统等。随着互联网的发展，舆情也将成为重点感知对象，舆情监控可便于了解公众最迫切的交通需求。

（2）感知手段

新技术驱动下的智慧物流运输系统具有丰富的数据来源和多样化感知手段，传统的线圈、地磁、微波和视频感知手段在成本、准确度和安装维护等方面各有优缺点，目前整体上存在安装复杂、成本高、效果不稳定和维护困难等缺点。稳定、准确和免维护的感知手段将是智慧物流运输系统不断追求的目标。

（3）通信网络

为满足交通海量数据的实时传输要求，需要建立短距离、长距离无线通信和有线通信构成的互联互通信道，形成稳定可靠的一体化通信网络。例如，窄带物联网（NB-IoT）技术支持低功耗设备在广域网中的蜂窝数据连接，具有覆盖广、连接多、速率低、成本低、功耗低和架构优等特点，已成为推动万物互联的重要支撑技术，也必将在智慧物流运输系统传感网领域广泛应用。智慧物流运输系统专网作为网络的中枢，与传感网、互联网、政务网和社会专网等连接，形成横向到边、纵向到底的高速通道，全面汇聚交通相关数据。

2. 安全高效的数据体系

随着交通数据采集手段的不断丰富，交通领域率先迈入大数据时代，交通大数据管理成为感知现在、预测未来、面向服务的最重要的支撑手段，构建安全高效的大数据处理体系成为解决城市交通问题的关键。根据大数据的 4V 特征[⊖]，结合交通数据特点，交通类型的大数据应具有 6V 特征，如表 4-2 所示。

表 4-2 交通类型的大数据特征

特征	描述
体量巨大（Volume）	长期存储的结构化数据和非结构化数据累计体量巨大
处理快速（Velocity）	交通状态具有时变性，交通管理与服务具有时效性，需要实时快速处理
种类繁多（Variety）	数据来源广泛、类型丰富，如视频、图片和文字等
真假共存（Veracity）	数据存在缺失、错误和冗余等异常现象
价值丰富（Value）	包含时间、空间和历史等多维特征，具有很高的利用价值
可视化（Visualization）	交通态势和交通基础设施等可视化展现

⊖ 大数据的 4V 特征是指 Volume（体量大）、Velocity（高速性）、Variety（多样性）、Value（价值丰富）。

交通类型的大数据具有"Volume"特征，尤其是快速积累的音视频和图像等非结构化数据，给数据存储带来了巨大的压力和挑战。数据的快速增长带来存储服务器需求的不断提升，使建设成本大大提高。当前智慧物流运输系统采取降低数据质量、缩短数据保存时长的方法，可能会丢失大数据中隐藏的利用价值。云存储技术的发展带来了新的解决方案，智慧压缩和云存储算法可以初步解决大数据的存储问题。

交通类型的大数据具有"Velocity"特征，要求智慧物流运输系统具有强大的数据处理能力，尤其是实时处理能力。例如，实时交通流控制、交通状态识别、短时交通流预测、实时公交调度和动态交通诱导等均有时效性要求，需要实时获得分析结果。大数据技术的发展为上述需求提供了技术支撑，赋予了智慧交通需要的快速计算能力。

交通类型的大数据具有"Value"特征，其中有些属于国家秘密，涉及国家安全，如公安网中传输的数据；大量信息属于个人隐私，如个人出行和车辆轨迹等信息。在采集、传输、存储、处理和应用等过程中，需要遵守相关标准和规定，在整个生命周期内将交通数据控制在安全范围内。更重要的是，在数据处理和应用过程中，需要遵循隐私保护机制，应用隐私保护方法。数据加密和防火墙技术是目前保证交通数据安全的常用手段。

3. 综合服务能力

智慧物流运输的成效最终体现在其综合服务能力上。由于汇集的数据越来越丰富、技术处理方式越来越先进、交通服务理念越来越人性化，智慧物流运输的服务范围和服务能力在不断扩大和增强。在服务方面，智慧物流运输应重点提升以下 5 个方面的能力和水平：

1）提升政府决策者科学研判能力。通过对人、物、车、路、事件、基础设施和舆情等道路交通安全管理重点要素进行深度数据挖掘、多维分析和实时研判，开展舆情导控和高端应用，更好地服务于决策指挥、交通规划和社会民生。

2）提升交通管理者指挥服务能力。通过对公安监控资源、社会监控资源及动静态交通事件相关信息进行融合，提升道路事件实时管控能力；通过对重点驾驶人和重点车辆进行分类管控，提升交通源头动态监管能力；通过汇聚肇事逃逸、报废车、假牌套牌车、在逃人员和布控车辆的"黑名单"信息，提升打击犯罪、维护治安能力；通过打造网上交警队，真正实现让数据多跑路、让群众少跑腿，提升社会化信息服务能力。

3）提升企业运营者营运管理水平。企业借助智慧物流运输系统实行科学的运营计划管理、运营调度管理、流量统计分析、车辆管理、线路管理、车场管理和人员管理，提高企业管理水平、运营效益以及核心竞争力。

4）满足公众高效便捷、多样化的出行需求。"互联网+交通运输"借助云计算、大数据和物联网等先进技术和理念，将互联网产业与传统交通运输业进行有效渗透与融合，形成具有线上资源合理分配、线下高效优质运行的新业态和新模式，不断提升公众出行的安全性、便利性和舒适性。

5）提升车辆辅助驾驶安全和智能化水平。交通安全作为交通的第一原则，越来越受到重视。高级辅助驾驶系统（ADAS）和 V2X（车与万物互联）技术的发展和应用使车辆在行驶过程中更加智能和安全。通过 ADAS 和 V2X 可以超视距地获得车辆自身状况、实时路况、道路信息、行人信息和交通信号等一系列交通信息，配合车辆主动安全技术的智能性，在不增加驾驶员负担的情况下，大幅度提升行驶安全性。

4．交通指挥服务中心

交通指挥服务中心是城市交通运行管理的中枢，汇聚交管业务数据和社会数据，实现对交通运行状态的全面感知、态势预测、事件预警和决策支持。其主要任务包括以下内容：

整合各类交通视频和图像资源，依托警用地理信息系统对交警警力装备、监控设备和交通安全设施等进行综合管理；对重大突发事件、涉车涉路警情事件进行应急处置，实现扁平化指挥调度。

围绕人、物、车、路、事件、基础设施和舆情等要素，汇聚交通管理海量数据，与交通、保监和农机等部门单位进行信息交互与数据共享，跨警种提供交通数据服务。

整合重点单位、重点车辆和重点驾驶人的基本信息和违法、事故信息，实时获取重点车辆位置信息，及时发现安全隐患，并进行预警处理。

整合道路交通信息资源，开展常态和应急状态下道路交通信息研判工作，为领导决策指挥提供重要依据，同时为道路交通规划建设提供指导。

依托"互联网+交通管理"平台，实施全媒体联动，发布实时路况和影响道路通行的事件信息，开展交通安全预警提示，为广大交通参与者提供交通安全信息告知、出行信息查询等服务；利用各方面信息资源，收集与交通管理有关的舆情，进行分析、研判，并及时加以正确引导。

依托警力定位、视频监控、执法记录仪和警务通等各类系统，动态监管民警的执纪执法行为，实现日常业务监测分析、专案监督复查、举报投诉反查和专项业务整改等任务。

4.3.3　运输管理中的智能决策与优化

在运输管理领域，智能决策与优化的应用已成为提升效率、优化成本和增强竞争力的关键手段。智能决策与优化通过集成先进的信息技术、大数据分析和人工智能算法，帮助管理者做出科学、及时的决策，从而优化运输流程、降低运营成本并提升服务质量。

1．车货匹配

车货匹配是指将运输车辆与货物进行匹配的过程，以实现最优的物流运输效率和成本效益，如图 4-3 所示。具体来说，车货匹配需要考虑车辆的类型、载重、体积、运输路线、时间等因素，以及货物的种类、数量、体积、重量、运输要求等因素，通过合理的匹配，确保车辆和货物能够最大限度地匹配，提高物流运输的效率，降低成本。

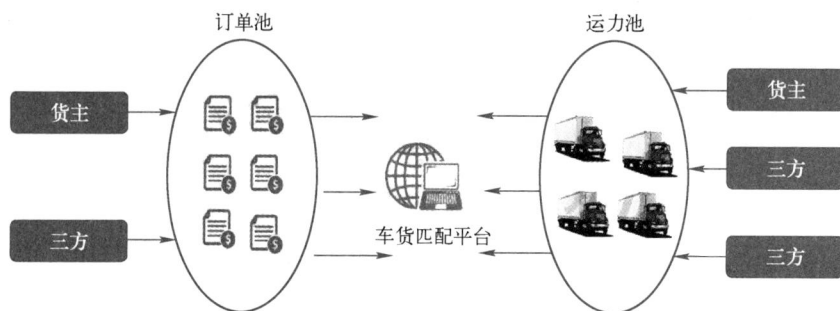

图 4-3　车货匹配示意图

在现代物流中，车货匹配已经成为一个非常重要的环节。通过车货匹配，可以实现物流运输的智能化和自动化，提高物流效率，减少物流成本，优化物流资源配置，为企业创造更大的价值。智能决策技术在车货匹配中的应用模式主要基于大数据分析和高级算法。该模式通过收集车辆、货物、路线、价格等多维度信息，运用机器学习、优化算法等技术，实现车辆与货物的智能匹配，以提高物流效率和降低运输成本。

智能决策技术在车货匹配中的应用带来了显著的效果。首先，通过智能决策系统的计算和分析，能够快速找到合适的车辆和货物进行匹配，大大缩短匹配时间，提高匹配效率。其次，智能决策系统能够根据实际情况智能地分配车辆和货物资源，避免资源浪费和闲置。最后，通过智能匹配，可以减少空驶率、等待时间等，从而降低运输成本。

智能决策技术在车货匹配中的基本流程如下：①数据收集与整合。收集车辆、货物、路线、价格等多维度信息，进行整合和清洗。②智能匹配。运用智能匹配算法对收集到的数据进行计算和分析，找出最合适的车辆和货物进行匹配。③结果输出。将匹配结果输出给相关人员或系统，进行后续的运输安排和操作。④监测与优化。系统实时监测车货匹配过程中的情况，通过智能算法对匹配结果进行优化和调整。⑤评估与反馈。对车货匹配效果进行评估，收集用户反馈和数据反馈，持续优化智能决策系统。

实现智能决策技术在车货匹配中的应用，主要通过以下途径：①建立大数据分析平台。收集并整合车辆、货物、路线、价格等多维度信息，建立大数据分析平台，为智能决策提供数据支持。②引入智能匹配算法。运用机器学习、优化算法等先进技术，开发智能匹配算法，实现车辆与货物的智能匹配。③集成到物流管理系统。将智能决策系统集成到物流管理系统中，实现车货匹配的自动化和智能化。

案例4-9
货拉拉-数智化车货匹配平台

2. 货物配载

货物配载是指承运人为提高车辆运用效率，根据各类货物的装载要求给车辆配载货物的工作。在货物配载的过程中，合理搭配装车是非常重要的。为了实现车辆装货重量和装货体积的完全到位，提高费效比，专线经营者在承接货物时需要区分货物的类型和特性，充分利用车辆的载重和车厢体积。随着技术的发展，货物配载也开始应用智能化技术。

智能配载系统通过感知与识别技术、优化算法和人工智能技术等手段，实现对货物的快速、准确、安全装载，大大提高了货物装车的效率和安全性。通过RFID、摄像头、传感器等设备，实现对货物的自动识别和定位，获取货物的种类、数量、尺寸、重量等信息。基于运筹学、组合优化等理论，利用智能算法如遗传算法、蚁群算法、模拟退火算法等，对货物的装载方案进行优化，以达到最佳装载效果。通过机器学习、深度学习等技术，使系统能够自我学习和改进，不断优化配载策略。

智能配载主要包括以下几个环节：①数据收集与处理。首先，系统需要收集货物的相关数据，如品种、尺寸、重量、数量等。然后，对这些数据进行处理和分析，以获取货物的基本属性和装载需求。②装载方案优化。基于收集到的货物信息，利用优化算法对装载方案进行计算和优化。这个过程中会考虑到车辆的载重、空间、稳定性等因素，以确保货物的安全和运输效率。③智能配载执行。根据优化后的装载方案，智能配载系统会指导装载人员进行操作。例如，通过显示屏或语音提示等方式，告诉装载人员应该如何摆放货物、哪些货物应该先装、哪些货物应该后装等。④实时监控与调整。在装载过程中，系统会对装载情况进行实时监控，并根据实际情况对装载方案进行动态调整。例如，如果发现某些货物的摆放位置不合适或者车辆的稳定性受到影响，系统会及时调整装载方案。

在实际应用中，智能配载技术可以大大提高货物装车的效率和安全性。例如，在电商、快递等行业中，智能配载技术可以确保货物在有限的空间内实现最优的装载布局，从而提高车辆的装载率和运输效率。同时，智能配载技术还可以减少货物在运输过程中的破损和丢失情况，提高运输质量。

3．运输资源调度

运输资源调度指的是在物流运输领域，通过科学的方法和手段，对各种运输资源（如车辆、船舶、航空器等）进行合理配置、优化分配和有效调度，以满足运输需求，实现运输过程的高效、安全和经济。资源调度不仅涉及对运输工具的直接管理，还包括对运输路径、时间、成本等多个维度的综合考量。随着物流行业的快速发展，传统的运输资源调度方式已经难以满足日益增长的运输需求。智能调度系统的出现，为运输行业带来了革命性的变革。

运输资源智能调度主要基于云计算、大数据、人工智能等先进技术，实现对运输资源的实时监控、数据分析和智能决策。云计算为智能调度提供了强大的数据处理能力。通过云计算平台，可以实现对海量运输数据的存储、处理和分析，为调度决策提供有力支持。大数据技术可以帮助企业实现对运输资源的实时监控和数据分析。通过对历史数据的挖掘和分析，可以发现运输过程中的瓶颈和问题，为优化调度策略提供依据。人工智能技术是实现智能调度的关键。通过引入机器学习、深度学习等算法，可以实现对运输需求的精准预测，为调度决策提供智能支持。

运输资源智能调度的实现主要包括以下几个步骤：①数据采集。通过物联网设备、传感器等手段，实时采集运输过程中的各种数据，如车辆位置、运行状态、运输量等。②数据处理。将采集到的数据通过云计算平台进行处理和分析，提取出有价值的信息。③需求预测。基于历史数据和实时数据，利用人工智能技术实现对运输需求的精准预测。④调度决策。根据预测结果和实际情况，运用优化算法进行调度决策，生成最优的运输方案。⑤调度执行。将调度方案转化为具体的运输任务，通过调度系统发送给相关执行人员或设备，实现运输资源的智能调度。

4．运输路径规划

路径规划是一种技术手段，它利用先进的计算机技术和数学算法，综合考虑时间、距离、成本等多个因素，为运输过程提供最优的路径方案。这种技术具有全局优化、多目标决策、动态性和复杂性等特点。在运输中，路径规划具有非常重要的地位和作用，直接影响运输效率和成本。随着智慧物流的发展和技术的进步，智能路径规划是必然发展趋势。

智能路径规划系统能够基于海量数据进行分析和计算，因此它提供的路径规划方案更加准确。通过复杂的数学模型和算法，系统能够充分考虑运输过程中的各种变量，如天气、路况、车辆状况等，从而提供更为精确的路径规划方案。

从技术实现的角度来看，智能路径规划主要依赖于先进的算法和数学模型，结合实时数据来实现全局优化。智能路径优化首先依赖于大量的实时数据。这些数据可以通过各种传感器、GPS/BDS 设备、摄像头等采集，包括货物的位置、路况、交通拥堵情况等。然后，通过算法对这些数据进行处理和分析，提取出对路径规划有用的信息。基于收集到的数据，智能路径规划系统能够进行智能决策，选择最优的路径规划方案。这个过程中，系统会考虑到各种因素，如距离、时间、成本以及实际情况的变化等，通过复杂的算法和模型，计算出最优的路径。在路径执行过程中，智能路径规划系统能够实时获取交通情况的更新数据，如路况、交通事故、道路维修等，并根据这些新的情况进行路径规划调整。这样，即使在运输过程中出现突发情况，系统也能迅速做出反应，找到新的最优路径。

5. 运输过程监控

随着物流行业的迅速发展和全球化趋势的加剧，运输过程监控在物流管理中扮演着越来越重要的角色。它不仅提高了物流运作的效率和安全性，还促进了物流行业的信息化、智能化发展。

从技术实现的角度来看，运输过程智能监控涉及多种现代技术的综合应用。①无线通信技术。通过 5G 等移动通信技术，可以实现运输过程中车辆、货物以及监控中心之间的实时数据传输，获取运输车辆的位置、状态、速度等关键信息。②GPS/BDS 技术。通过安装在车辆上的 GPS/BDS 设备，监控中心可以实时获取车辆的位置信息，并对车辆行驶轨迹进行记录和分析，以确保运输过程的安全和效率。③数据处理技术。包括数据存储、数据挖掘、数据分析等关键技术，用于处理从运输过程中收集到的海量数据。通过对这些数据的处理和分析，监控系统能够发现运输过程中的潜在问题，如路线拥堵、异常停车等，并实时报警，以便及时处理。④车载监测模块。该模块通过安装在车辆上的传感器对运输车辆进行各种状态的监测，如车辆行驶状态、载重情况、驾驶员状态等。监测模块将这些关键信息实时发送到数据上传模块，监控中心可以据此进行实时的监控和预警，确保运输安全。⑤RFID技术。在运输过程中，RFID 技术可以用于货物的自动识别和信息获取，提高识别速度和准确性，降低人为误差，实现更高效的货物追踪和监控。

通过这些核心技术的综合运用，运输过程的智能监控能够实现对运输车辆的实时追踪、状态监测、数据分析以及预警等功能，从而极大地提高运输的安全性和效率。

案例 4-10
G7 安全云

4.4 智慧运输的创新模式

货运新业态通过应用先进技术和创新业务模式，推动了货运行业的转型升级和高质量发展。这些新业态不仅提高了物流效率和服务质量，还降低了物流成本和环境影响，为货运行业的可持续发展注入了新的动力。

4.4.1 网络货运

交通运输部自 2016 年开展道路货运无车承运人试点工作，经两年探索，阶段任务已完成。2019 年，交通运输部和国家税务总局印发的《网络平台道路货物运输经营管理暂行办法》将试点期间的"无车承运人"更名为"网络平台道路货物运输经营者"，该文件自 2020 年1月1日起实施。近几年，交通运输部频频出台文件，鼓励和支持网络货运平台的构建和创新发展，推动物流水平的提升。网络货运也成为我国培育的符合现代信息化物流运输市场需求的新业态，对推进道路货运行业转型升级和高质量健康发展具有重要意义。

1. 网络货运的组织与运营

网络货运是指经营者依托互联网平台整合配置运输资源，以承运人身份与托运人签订运输合同，委托实际承运人完成道路货物运输，承担承运人责任的道路货物运输经营活动。网络货运经营不包括仅为托运人和实际承运人提供信息中介和交易撮合等服务的行为。网络货运平台业务模式如图 4-4 所示，涉及平台建设、货源整合、运力管理、物流跟踪、支付结算、数据分析和风险控制等方面。

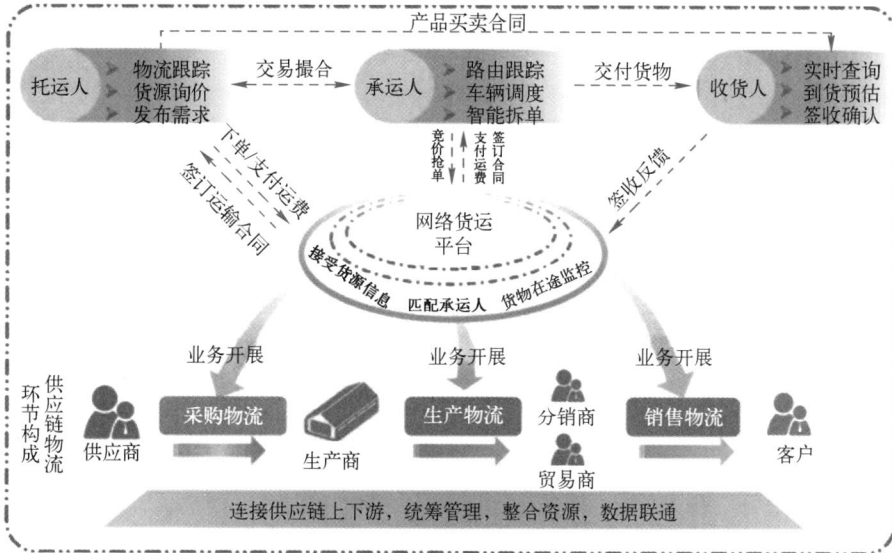

图 4-4 网络货运平台业务模式

（1）平台建设

平台建设是网络货运的基石。这包括建立一个稳定、易用、高效的互联网平台，集成货源信息、运力资源、物流跟踪、支付结算等功能。平台的设计应注重用户体验，确保货主和承运人能够快速、准确地完成相关操作。

（2）货源整合

网络货运平台通过多渠道收集货源信息，包括网络平台、第三方合作伙伴、货主直接发布等。平台会对这些信息进行筛选、分类、整合，确保货源的真实性和有效性，为承运人提供丰富的货源选择。

（3）运力管理

网络货运平台需要对庞大的承运人群体进行有效的管理。这包括承运人的资质审核、信誉评价、运力调度等。平台通过算法和技术手段，实现对承运人的智能化管理，确保运输任务的顺利完成。

（4）物流跟踪

网络货运平台提供实时的物流跟踪服务，确保货主能够准确了解货物的运输状态。通过 GPS/BDS 定位、电子围栏、运输轨迹记录等技术手段，平台能够实时监控货物的位置和运输情况，为货主提供安全、透明的物流服务。

（5）支付结算

网络货运平台提供便捷的支付结算服务，为货主和承运人之间的交易提供安全保障。平台支持多种支付方式，包括在线支付、银行转账等。同时，平台还提供结算服务，确保货主和承运人之间的资金流转顺畅。

（6）数据分析

网络货运平台运用大数据和人工智能技术，对运输过程中的数据进行收集、分析和挖掘。这些数据包括货源信息、运力资源、运输轨迹、支付结算等。通过数据分析，平台能够优化运输资源配置、提高运输效率、降低运输成本，为货主和承运人提供更加优质的服务。

（7）风险控制

网络货运平台注重风险控制，通过建立完善的风险管理体系，确保平台运营的安全和稳定。这包括货物安全、资金安全、信息安全等方面的风险控制。平台会采取多种措施，如货物保险、实名认证、数据加密等，确保货主和承运人的利益得到保障。

2. 网络货运平台的主要类型

市面上的网络货运平台主要分为控货型、开放型和服务型三大类，如图4-5所示。

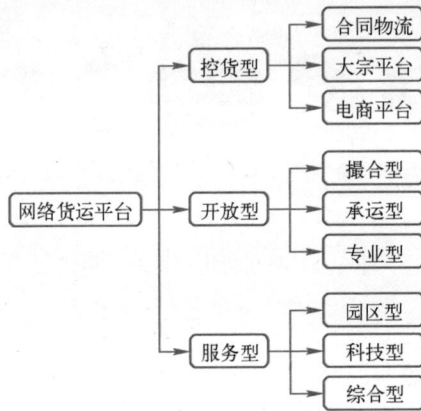

图4-5　网络货运平台分类结构

（1）控货型网络货运平台

控货型网络货运平台的特点是，平台自身就是货主或货源的供给方，掌控着物流订单的分配权。比较典型的平台类型有合同物流平台、大宗平台、电商平台等。其中，合同物流平台建立的初衷是解决企业自身业务的物流问题，典型代表企业有中外运、安得、一站网、申丝、新杰、大田、大恩、荣庆等。大宗平台主要面向大宗商品产业，大宗运输的货源以"黑货"为主，即煤炭、钢铁、矿石、石油等，代表企业有中储智运、世德现代等。电商平台主要面向快消品产业，电商平台已成为商流的重要渠道之一，掌握了大量的物流订单，代表企业有京东、苏宁等。

案例 4-11
中储智运科技
股份有限公司

（2）开放型网络货运平台

开放型网络货运平台既不是货主，也不是运力供应商，而是专注于货主与运力之间的有效匹配，是面向整体市场开放、接受自然竞争的纯第三方企业。这类企业可分为撮合型、承运型、专业型三种类型。其中，撮合型以临时性整车订单为主，倾向于做信息撮合，平台自身不参与物流环节。承运型以计划型整车订单为主，倾向于做承运本身。专业型则专注于特殊市场，比如能源炼化、配送，或者是局部的、区域内的运力整合。

案例 4-12
满帮集团以数
字技术推动建
设智慧物流

（3）服务型网络货运平台

服务型网络货运平台的特点是多业务线并行，盈利模式除车货匹配外，主要来自为客户提供 SaaS 支持、申办资质、税务合规、金融、油卡、ETC 等多种物流服务。服务型网络货运平台包括园区型、科技型、综合型三类。其中，园区型平台的切入点就是有自己的物流园区，代表企业有传化、卡行天下、黑豹、天地汇等。科技型平台以技术赋能物流企业，是典型的技术派平台，代表企业有中交兴路、G7 等。综合型平台通过自建平台，赋能物流经营管理，解决大小货主、物流公司、货车司机的物流需求问题，代表企业有路歌、货运宝等。

案例 4-13
路歌全链路+
数字化应用
案例

3. 网络货运的盈利模式

网络货运平台通过运力撮合、税筹优化、数据服务、物流金融、车后市场、会员费、广告费、衍生产品等多种盈利模式来实现盈利。随着物流行业的不断发展和技术创新的推动，网络货运平台将继续探索新的盈利模式，为用户提供更加优质、高效的物流服务。

（1）运力撮合

运力撮合是网络货运平台实现盈利的最基本模式之一，网络货运平台通过大数据、云计算等技术实现客户信息管理、承运商与司机信息审核与管理、在线结算运费、运输流程透明化、实时在线监控等，缩短交易流程，减少交易环节，降低层层转包的成本，有效地提升物流运作效率。

这一创新模式改善了传统物流行业"小、散、乱、差"的局面，使货主有车可选、司机有货可运，解决长久存在的车货资源分散、匹配度低等行业痛点，具有广阔的应用前景和极高的市场价值。

（2）税筹优化

税筹优化是指平台利用税收政策和法规，为货主和车主提供合理的税务筹划建议，帮助他们降低税务成本。个体运输商在全国运输市场占一半左右，无法开具 9%的增值税发票，使得物流企业无法合规获取进项抵扣凭证，面临巨大的税收压力，这制约了物流企业的发展。通过网络货运经营模式，物流企业能够获取各地政府一定的政策支持与优惠，利用政策调节来实现物流行业税筹优化，同时平台也可以获取一定的咨询费用或佣金收入。

（3）数据服务

网络货运平台可以充分运用数据实现盈利。平台真实记录、存储、分析和运用包含订单信息、车辆轨迹、支付信息等数据，打破信息不对称，完成平台数据征信。金融机构对其进行评估分析，根据数据给予授信额度。基于这些运单及交易数据，也可以引入资本，为网络货运平台金融发展奠定基础。通过有效运用网络货运经营数据，可以为企业的发展提供抉择分析，调整运营手段及未来规划，以获得最大利益。

（4）物流金融

金融服务是网络货运平台的重要盈利点之一。平台可以为货主和车主提供融资、保险、支付等金融服务，解决他们在物流过程中遇到的资金问题。同时，平台还可以通过与金融机构合作，获取金融服务佣金或手续费等收入。

（5）车后市场

网络货运平台的车后市场包含 ETC、加油卡、轮胎、配件及车辆买卖等增值服务。不过现在的 ETC、油气等市场非常成熟和透明，如果网络货运平台想要"分一杯羹"，就需要结合物流行业特点，寻找更加适合智慧物流需求的产品，并深入挖掘现代物流企业的需求痛点，从车后市场寻求新的盈利增长点。

（6）会员费

会员费模式是指平台向货主或车主收取一定的会员费用，以提供更为优质、专业的服务。会员可以享受更多的优惠和特权，如优先配货、价格优惠、专属客服等。平台通过收取会员费用来增加收入来源，同时也能够吸引更多忠诚用户。

（7）广告费

广告费模式是指平台通过向货主、车主或物流服务提供商等展示广告来获取收入。广告可以包括横幅广告、弹窗广告、推荐广告等多种形式。平台可以按照广告效果、展示次数或点击次数等标准来收费，提高广告的转化率和效益。

（8）衍生产品

除了以上几种盈利模式，网络货运平台还可以开发一些衍生产品来增加收入来源。例如，平台可以开发物流管理软件、智能硬件等产品，为货主和车主提供更加便捷的物流管理工具。同时，平台还可以开展线下物流园区建设、物流仓储服务等业务，进一步拓展业务范围和收入来源。

4.4.2　多式联运

1．多式联运的概念

多式联运的概念可以追溯到 19 世纪，简单理解就是通过多种不同的运输方式相互配合，共同完成从起点到终点的运输任务。根据《物流术语》（GB/T 18354—2021），多式联运是指货物由一种运载单元装载，通过两种或两种以上运输方式连续运输，并进行相关运输物流辅助作业的运输活动。

一般来讲，构成多式联运需要具备以下几个条件：①必须具有一份多式联运合同；②必须使用一份全程的多式联运单据；③全程运输中必须至少使用两种不同运输方式，而且是两种以上运输方式的连续运输；④必须使用全程的单一费率；⑤必须有一个多式联运经营人对货物的运输全程负责；⑥如果是国际多式联运，则多式联运经营人接收货物的地点和交付货物的地点必须属于两个国家。

2．多式联运的优势

多式联运具有提高物流效率、降低物流成本、优化资源配置、提高运输安全性和促进物流绿色发展等优势，从而能够提供更加快速、便捷、经济、环保的物流服务。

（1）提高物流效率

多式联运通过实现不同运输方式之间的顺畅衔接，减少中转环节，缩短运输时间，从而提高物流效率。此外，多式联运通过统一的信息平台和协调机制，降低因不同运输方式之间信息不畅和衔接不紧密而导致的延误风险。同时，多式联运能够快速响应市场需求变化，提高运输服务的灵活性和适应性。

（2）降低物流成本

多式联运通过整合各种运输资源，实现规模化和集约化运输，从而降低单位货物的运输成本。同时，通过优化运输路径和减少不必要的转运环节，也可以降低物流成本。对于货主而言，这意味着更低的物流费用，提高了产品的市场竞争力。

（3）优化资源配置

多式联运能够根据市场需求和运输条件，合理分配运力资源，提高运输资源的利用效率。多式联运通过综合分析不同运输方式的优缺点和市场特点，能够优化运输网络布局，提高运输效率和服务水平。多式联运可以实现不同运输方式之间的资源共享，提高资源利用效率。

（4）提高运输安全性

多式联运通过减少转运次数和装卸环节，能够降低货物破损的风险。多式联运能够实现快速响应和协同应对，提高应对突发事件的能力。多式联运通过信息化手段实现运输过程的实时监控和信息共享，能够提高运输透明度和安全性。

（5）促进物流绿色发展

多式联运通过优化运输路径和减少不必要的转运环节，降低空驶率和碳排放量，有利于减少环境污染。同时，通过推广使用新能源车辆和环保包装材料等措施，也可以进一步促进物流行业的绿色发展。

3. 发展多式联运的障碍

随着全球贸易的不断发展，多式联运作为一种高效、经济的物流运输方式，其重要性日益凸显。然而，多式联运在实践过程中暴露出诸多障碍。

（1）基础设施衔接不畅

多式联运的核心在于不同运输方式之间的顺畅衔接，然而当前的基础设施建设往往存在衔接不畅的问题。铁路、公路、水路、航空等运输方式缺乏统一规划，导致货物转运过程中需要经过多次装卸，增加了物流时间和成本。此外，多式联运枢纽节点的建设滞后，无法有效实现各种运输方式的无缝对接，也制约了多式联运的发展。

（2）标准体系不统一

多式联运需要统一的、可操作的物流标准体系来支撑。然而，目前国内外在物流标准方面存在差异，如车辆尺寸、装载方式、货物标识等方面的标准不一致，导致多式联运过程中需要进行多次适配和调整，影响了物流效率。同时，缺乏统一的物流服务标准和质量评价体系，使得多式联运服务质量参差不齐，难以满足市场需求。

（3）信息化水平低

信息化是提升多式联运效率的关键。然而，当前多式联运的信息化水平普遍较低，主要体现在以下几个方面：一是信息系统不完善，无法实现物流信息的实时共享和追踪；二是信息技术应用不足，如物联网、大数据、人工智能等技术在多式联运领域的应用程度较低；三是信息标准不统一，导致不同运输方式之间的信息无法有效流通和整合。

（4）法律法规不完善

法律法规环境是影响多式联运发展的重要因素。当前，我国多式联运相关的法律法规尚不完善，存在制度空白和法规冲突等问题。例如：不同运输方式之间的责任划分不明确，导致事故处理困难；多式联运合同法律地位不明确，给物流企业和货主带来风险。此外，缺乏统一的物流税收政策，也影响了多式联运的市场竞争力。

（5）监管机制不统一

多式联运涉及多个部门和地区的管理，需要统一的监管机制来协调。然而，当前多式联运的监管机制尚不统一，存在以下问题：一是部门间职责划分不清，导致多头管理和推诿扯皮现象；二是地区间政策差异大，影响了多式联运的跨地区发展；三是监管手段落后，无法有效应对多式联运中出现的新问题和新挑战。

4. 网络货运+多式联运

《网络平台道路货物运输经营管理暂行办法》明确指出，鼓励网络货运经营者利用大数据、云计算、卫星定位、人工智能等技术整合资源，应用多式联运、甩挂运输和共同配送等运输组织模式，实现规模化、集约化运输生产。随着信息技术的快速发展和物流行业的不断变革，网络货运与多式联运的结合成为现代物流行业的重要发展趋势。网络货运+多式联运的关键是多式联运的透明连接和互联网化运作。

（1）多式联运的透明连接

多式联运的透明连接涉及的范围较广，但需要以运输工具、多式联运枢纽、承运主体这3个方面的透明连接为基础。

1）运输工具的透明连接。多式联运互联网化的第一个挑战就是运输工具的透明连接。运输工具的透明连接，其目的是要掌握每种运输方式的每一个运输工具的状态。公路运输方面，需要通过构建物流车联网来把握每一辆车的状态；铁路运输方面，需要通过相关要素的透明连接来把握每一次班列、每一节车厢（火车皮）的状态，然后将铁路运力的相关信息开放给多式联运的相关方；水路运输方面，水上运力相关要素的透明连接，需要船舶公司及远洋运输公司提供技术支持和数据运营支持，然后将相关信息开放给多式联运的相关方；航空运输方面，需要航空公司将货运航班信息传递给多式联运的相关方。每一种运输方式都自成体系，先要实现对每一种运输方式体系构建要素的透明连接，然后将各种运输方式按照多式联运的运作管理需要进行透明连接。

2）多式联运枢纽的透明连接。多式联运枢纽的透明连接包括两个方面：一是枢纽内部的透明连接；二是枢纽之间的透明连接。枢纽内部的透明连接与物流园区的透明连接类似，目的是提升枢纽的服务能力，为多式联运的货物中转提供高效的服务。此外，还需要建立枢纽之间的透明连接。多式联运中，货物需要通过一系列的枢纽才能到达最终的目的地。每一个多式联运的枢纽需要接收从其他枢纽发运过来的货物，也需要将货物发往其他枢纽。把各个枢纽连接起来就是多式联运的网络。构建枢纽之间的透明连接，目的是方便各个枢纽准确预测将来的货物流量规模，也方便对货物进行追溯。基于多式联运枢纽的透明连接，再与运输工具进行透明连接，这样每一个多式联运的枢纽都可以准确预知将来的一段时间内有多少货物进港或出港，便于各个枢纽做好货物中转的计划。

3）承运主体的透明连接。多式联运涉及多个承运主体，需要构建承运主体之间的透明连接，以便于实现多式联运的协同。多式联运的承运主体有铁路运营公司、航空公司、远洋运输公司、港口运营公司以及各种物流公司等。承运主体之间的透明连接，核心是主体之间的业务系统对接。例如，公路运输转铁路运输或水路运输时，需要将公路运输的业务单据传递给铁路运输承运人或水路运输承运人。从多式联运服务的完整性及连贯性要求来看，货主面对的可能是单一承运人，但其他相关承运人也需要向货主提供业务执行过程的服务信息。所以先得实现各个承运主体之间的业务系统对接，才能够保证服务的完整性及连贯性。

案例 4-14
多式联运数据
贯通促进物流
降本增效

（2）多式联运的互联网化运作

多式联运的互联网化运作基于数据驱动。因为没有任何一个单一主体或企业能全盘驾驭多式联运的资源和业务。比较科学的方式就是通过数据来驱动多式联运的运作和管理。

1）根据货源大数据来布局多式联运的网络。对当下的多式联运而言，一方面没有直接的货源大数据，所以需要通过透明连接来积累数据；另一方面需要通过间接的货源大数据来规划多式联运网络。当多式联运互联网化之后，就会有货源的相关数据，再基于数据来优化多式联运的网络布局。

2）根据数据来驱动多式联运的系统运转。因为在多式联运互联化的条件下，各个承运主体之间已经构建了透明连接，各种运输方式及联运枢纽之间也构建了透明连接。只要货主向多式联运体系中的任意一个承运主体派发任务，就会在整个多式联运体系中产生连锁反应。于是可以借助业务订单数据驱动多式联运流程，通过业务流程数据驱动多式联运资源，从而实现数据驱动多式联运的多方协同，达成多式联运的高效运作。

案例 4-15
"义新欧"班
列多式联运新
通道

4.4.3　智能驾驶货运

智能驾驶货运，作为物流领域的一大创新，为传统货运行业带来了显著的变革。智能驾驶货运通过集成先进的传感器技术、人工智能算法、高精度地图以及远程通信技术，实现货物运输的自动化与智能化。这种货运方式能够在无人干预的情况下，完成货物的自动装载、运输和卸载，大大提高物流效率。

案例 4-16
京铁云智慧物
流平台

1. 智能驾驶货运工具

智能驾驶货运工具主要包自动驾驶货车、智能驾驶货轮和无人运输机等三大类。

（1）自动驾驶货车

自动驾驶货车是在公路上行驶的主要无人驾驶运输工具。它们利用先进的传感器、导航系统和人工智能技术，实现自主导航、智能避障和自动驾驶。无人驾驶货车可以 24h 不间断工作，大幅度提高货运效率。商业化运营中的典型自动驾驶货车有智加科技自动驾驶重卡和上汽智能重卡等。

案例 4-17
智加科技自动
驾驶重卡

（2）智能驾驶货轮

智能驾驶货轮是通过集成先进的传感器、导航、控制和通信技术，实现自主导航、智能决策和安全运行的货轮。它是物流行业智能化、自动化的重要表现，代表了航运领域技术发展的新趋势，典型代表有欧洲的高级无人驾驶船舶应用开发计划（AAWA）项目和挪威的自主航行集装箱船 Yara Birkeland 等。我国上海洋山深水港、深圳盐田港等港口已经成功引入了智能驾驶货轮技术，实现了货物的快速、安全、高效运输。

案例 4-18
AAWA
（Autonomous
All Weather
All Sea）项目

（3）无人运输机

无人运输机是一种无须驾驶员在机舱内操纵就能自主完成货物运输任务的航空器。它集成了先进的自动驾驶技术、高精度导航定位技术、智能感知技术以及远程监控与管理技术等，能够实现货物的自动化、智能化运输。无人运输机的典型代表有 HH-100 商用无人运输机和 TP500 无人运输机等，专门为物流领域设计的无人运输机有顺丰的大型固定翼无人机（FH-

案例 4-19
Yara Birkeland
无人集装箱船

案例 4-20
"智飞"号国
内首艘自主航
行集装箱船-
新浪网

98）、京东 JDY-800 "京鸿" 货运型固定翼无人机、中通快递的鸿雁 HY100 无人机。

2．技术特征

（1）自主导航与定位

智能驾驶货运工具利用激光雷达、摄像头等传感器实时感知周围环境，结合高精度地图进行自主导航和定位，确保运输工具能够在复杂的运输环境中准确行驶。

案例 4-21
TP500 无人运输机

案例 4-22
FH-98 大型固定翼无人机

（2）智能决策与控制

基于深度学习、强化学习等人工智能技术，智能驾驶货运工具能够实现对车辆（船舶、飞机）的智能决策和控制，包括速度调节、刹车控制、转向控制等，确保行驶的安全性和高效性。

（3）远程监控与管理

通过云平台和数据传输技术，智能驾驶货运系统能够实现远程监控和管理，包括对车辆（船舶、飞机）状态的实时监测、对行驶轨迹的记录和回放等，为运营者提供全方位的数据支持。

3．技术优势

（1）提高运输效率

智能驾驶运输工具通过智能调度和优化算法，能够实现对运输任务的智能分配和路径规划。它们能够根据实时交通信息和货物需求，自动选择最佳的行驶路线和出发时间，从而提高运输效率。此外，智能驾驶车辆还能实现 24h 不间断工作，进一步缩短货物的运输时间。

（2）降低运营成本

智能驾驶技术的应用可以降低物流行业的运营成本。无人驾驶货车和无人机可以减少人力和燃油等方面的成本支出。此外，无人驾驶技术的应用还可以减少因为人为错误和事故造成的维修和赔偿费用。

（3）提高安全性

智能驾驶运输工具通过智能传感技术和智能驾驶系统，显著提升了运输安全性能。它们能够实时感知车辆周围环境，预测潜在的危险情况，并自动采取避让、减速等安全措施。此外，智能驾驶系统还能对驾驶员进行实时监控和提醒，减少人为因素导致的安全事故。

（4）环保节能

智能驾驶运输工具具备节能环保的特性。首先，它们通过智能调度和路径规划，减少了不必要的行驶距离和停车时间，从而降低了燃油消耗和尾气排放。其次，智能驾驶车辆采用先进的能源管理系统和节能技术，如高效发动机、轻量化车身等，进一步提高了能源利用率和环保性能。最后，智能驾驶技术还能够实现车辆的智能协同和编队行驶，降低道路拥堵和能源消耗。

本章小结

运输作为现代供应链管理的核心环节，具有产品转移和短时储存的功能。基础运输方式主要有公路运输、铁路运输、水路运输、航空运输和管道运输等。

在全球化与电子商务的双重推动下，传统运输模式正经历着一场深刻的智慧化变革。智慧运输是一种基于新一代信息技术，如物联网、云计算、大数据和人工智能等，对运输过程进行智能化管理和优化的新型运输作业模式。与传统运输相比，其在提升效率、降低成本、增强安全性、提升透明度、增强可持续性等方面均有明显的优势，已经在公路货运、铁路货运、航空货运、水路货运和管道运输等不同场景中得到广泛应用。

智慧运输系统一般由运营管理、智能驾驶、交通管理、电子收费、交通信息服务和交通运输安全等6个部分构成，可以划分为感知对象、感知手段、通信网络、数据体系、综合服务和服务对象等6个层次。其所涉及的决策和优化问题主要包括车货匹配、货物配载、运输资源调度、运输路径规划和运输过程监控等。

近年来，在市场需求拉动和技术进步推动的双重作用下，智慧运输发展迅速，取得了一系列建设成果，也催生出一系列新的模式，典型代表有网络货运、多式联运和智能驾驶货运等。这些新业态不仅提高了物流效率和服务质量，还降低了物流成本和环境影响，为货运行业的可持续发展注入了新的动力。

课后练习

一、思考题

1. 什么是运输？它具有哪些功能？
2. 运输的基础方式有哪些？
3. 智慧运输具有哪些优势？
4. 智慧运输系统由哪些模块构成？
5. 智慧运输系统可以划分为哪些层次？
6. 智慧仓储中的决策与优化问题主要有哪些？
7. 网络货运平台的主要类型有哪些？

二、讨论题

1. 试分析传统运输与智慧运输之间的区别和联系。
2. 试举例分析不同运输方式中智慧运输的发展与应用情况。
3. 试分析并讨论运输管理中主要决策与优化问题的技术发展现状。
4. 试分析不同类型网络货运平台之间的区别与联系。
5. 试分析并讨论发展多式联运的障碍及突破的办法。
6. 试分析并讨论智能驾驶货运技术在商业化应用中需要注意的问题。

三、案例分析

互联网+物流：福佑卡车的创新承运模式

福佑卡车是一家专注城际整车运输的互联网交易平台，于2015年3月上线。平台的主要功能是为货主（以三方物流企业为主）、经纪人（信息部、车队）、卡车司机提供一套基于移动互联网技术的线上信息及交易系统。与其他只做货主与司机之间撮合交易的平台不同，福佑卡车在货主与司机之间实际上是"撮合+担保"的角色。本质上，福佑卡车是一家物流承运平台，通过赚取上游货主和下游司机端的差价来获取利润。

传统的物流行业存在小、乱、散、杂的特点，信息严重不对称，经常出现货主找不到司机、司机找不到货主的情况，货主和司机两端需要到"信息大厅"（一种货主和司机会发布行程及货源信息的线下交易场所）进行匹配，效率低下，双方也很难达成信任。因此，行业中顺势出现了一种类似"信息黄牛"的角色。黄牛手中握有大量司机资源，货主依靠黄牛来找到司机，司机则通过黄牛来获取订单。2013 年之后，随着智能手机的大范围普及，移动互联网开始真正兴起，运满满、货车帮等"互联网+物流"模式的公司都是在此时进入了发展的快车道。

互联网经常会以一种暴风般的速度重塑传统行业。物流行业当时盛行的一个讨论是"信息黄牛"的角色是否还有存在的必要，是否可以用互联网直接对接司机及货主。

福佑卡车是行业中为数不多的选择保留"经纪人"这一角色的平台。经纪人通过平台可以获取订单。"他们过去关注货源和司机两端，现在只需要关注司机的资源。"据福佑卡车联合创始人叶逸飞介绍，原本经纪人过去一天只能做到 4.6 单，在福佑卡车平台上可以提高至 10.8 单/天。

简单而言，福佑卡车就是一个为物流公司提供运力支持的承运平台，上游对接物流公司，下游整合货运资源。服务对象包括货主、经纪人及卡车司机三类。货主在平台上发布货运需求，经纪人以竞价模式通过平台承接货运需求，并将运输任务分派给卡车司机。

平台通过各种技术手段收集货物运输过程中的状态变化信息，为货主和经纪人提供实时监控服务，当货物运输任务完成后，由平台进行业务相关方的费用核算、支付和结算。

2017 年，福佑卡车的年交易额突破 40 亿元，平台上拥有 2.6 万个经纪人及 30 多万名司机。此外，福佑卡车目前还同京东、德邦等几十家物流企业达成合作，平均能为货主节省 8%的综合运输成本，请车时间平均节省了 1h 以上。

问题：

1. 福佑卡车的运营模式是什么？

2. 福佑卡车保留经纪人这一角色的原因和价值是什么？

第5章 智慧配送

学习目标
- 能够准确解释配送和智慧配送的概念。
- 能够准确复述配送的特点、分类和作业活动。
- 能够简要描述智慧配送的发展历程。
- 能够详细介绍智慧配送的主要特点及行业应用情况。
- 能够准确复述智慧配送系统的构成。
- 能够正确列举并描述智慧配送中的决策与优化问题。
- 能够正确认识和分析智慧配送的创新模式。

在快节奏的现代生活中，消费者对配送服务的要求日益提高，传统的配送模式已难以满足市场需求。因此，智慧配送作为一种新型的配送方式应运而生。它借助大数据、物联网、人工智能等前沿技术，实现了配送路径的智能规划、配送资源的优化配置以及配送过程的实时监控。智慧配送不仅提升了配送效率，降低了运营成本，还为消费者提供了更为便捷、高效的购物体验，成为推动物流行业发展的重要力量。

5.1 配送概述

5.1.1 配送的概念

配送是物流活动中一种非单一的业务形式，它与商流、物流、资金流紧密结合，并且主要包括商流活动、物流活动和资金流活动，可以说它是包括物流活动中大多数必要因素的一种业务形式。

从物流来讲，配送几乎包括了所有的物流功能要素，是物流的一个缩影或在某个小范围中物流全部活动的体现。一般的配送集装卸、包装、保管、运输于一身。

可以从以下两个方面来认识配送的概念：

1）从经济学资源配置的角度，可以将配送表述为：配送是以现代送货形式实现资源的最终配置的经济活动。配送是资源配置的一部分，在社会再生产过程中的位置是处于接近用户的那一段流通领域，接近顾客是其经营战略至关重要的内容。

2）从配送的实施形态角度，可以将配送表述为：配送是按用户订货要求，在配送中心或其他物流节点进行货物配备，并以最合理方式送交用户。

我国国家标准《物流术语》将配送定义为：根据客户要求，对物品进行分类、拣选、集货、包装、组配等作业，并按时送达指定地点的物流活动。

5.1.2 配送的特点

作为一项独特的物流功能活动，配送具有以下主要特点：

1. 需求导向

配送是从物流节点（如配送中心等）至客户（或门店）的一种特殊的送货方式，它是按照客户或门店的要求来组配货与送货的。

2. 功能多样

配送不同于一般的送货与运输，而是"配"与"送"的有机结合。配送除了具备货物组配与送货两项基本功能，还要从事大量的分货、拣选、加工、分割、配装等工作。运输、配送、送货的区别如表5-1所示。

表5-1 运输、配送、送货的区别

项目	内容	
	主要业务	一般特点
运输	集货、送货、运输方式和运载工具选择、运输路线和行程确定、车辆调度	干线、中长距离、少品种、大批量、少批次、长周期的货物移动
配送	进货、储存、分货、配货、送货、运输方式和运载工具选择、运输线路规划、行程确定、车辆调度	支线、接近客户的那一段流通领域、短距离、多品种、小批量、多批次、短周期的货物移动
送货	一般意义上的货物递送，通常由供应商承担	简单的货物递送活动，技术装备简单，有什么送什么，是被动的

3. 配送是在经济合理区域范围内的送货

配送不宜在大范围内实施，通常仅局限在一个城市或地区范围内进行，提供的是一种"门到门"的服务。

5.1.3 配送的分类

为满足不同产品、不同企业、不同流通环境的需要，可以采取各种配送形式。

按照实施配送的主体，配送可分为配送中心配送、仓库配送、商店配送以及生产企业配送。其中，商店配送又可分为兼营配送（销售兼配送）和专营配送（只配送不零售）两种形式。

按照所配送的商品种类及数量，配送可分为单（少）品种大批量配送、多品种小批量配送以及配套成套配送。后者如供应商将装配机器设备所需的全部零部件配齐后向装配型生产企业进行配送。

按照配送的时间和数量，配送可分为定时配送、定量配送、定时定量配送、定时定路线配送以及即时配送。其中，定时配送又有当日配送（简称日配）、准时制配送及快递式配送三种形式。准时制配送是指将所需的货物在客户所指定的时间以指定的数量送达指定地点的配送方式。即时配送是指立即响应用户提出的即刻服务要求并且短时间内送达的配送方式。

5.1.4 配送的作业活动

配送是物流中的综合性作业活动，包括集货、分拣、配货、配装、配送运输、送达服务和配送加工等一系列作业过程。

1. 集货

集货是将分散的或小批量的物品集中起来，以便进行运输、配送的作业。集货是配送的重要环节，为了满足特定客户的配送要求，有时需要把从几家甚至数十家供应商处预订的物品集中，并将要求的物品分配到指定容器和场所。集货是配送的准备工作或基础工作。配送的优势之一就是可以集中客户的货物进行一定规模的集货。

2. 分拣

分拣是将物品按品种、出入库先后顺序进行分门别类堆放的作业。分拣是配送不同于其他物流形式的功能要素，也是决定配送成败的一项重要支持性工作。它是完善送货、支持送货的准备性工作，是不同配送企业在送货时进行竞争和提高自身经济效益的必然延伸。所以，也可以说分拣是送货向高级形式发展的必然要求。通过分拣，可以大大提高送货服务水平。

3. 配货

配货是使用各种拣选设备和传输装置，将存放的物品按客户要求分拣出来，配备齐全，送入指定发货地点。

4. 配装

在单个客户配送数量不能达到车辆的有效运载负荷时，就存在如何集中不同客户的配送货物进行搭配装载以充分利用运能、运力的问题，这就需要配装。与一般送货的不同之处在于，通过配装送货可以大大提高送货水平，降低送货成本，所以配装也是配送系统中具有现代特点的功能要素，也是现代配送与传统送货的重要区别之一。

5. 配送运输

配送运输属于运输中的末端运输、支线运输，和一般运输形态的主要区别在于：配送运输是较短距离、较小规模的运输形式，一般使用汽车作为运输工具。与干线运输的区别是，配送运输的路线选择问题是一般干线运输所没有的，干线运输的干线是唯一的运输线，而配送运输由于配送客户多，一般城市交通路线又较复杂，如何组合成最佳路线，如何使配装和路线有效搭配等，是配送运输的特点，也是难度较大的工作。

6. 送达服务

将配好的货物运输到客户所在地还不算配送工作的结束，这是因为货物送达和客户接货往往会出现不协调，使配送前功尽弃。因此，要圆满地实现运达货物的移交，并有效地、方便地处理相关手续并完成结算，还应考虑卸货地点、卸货方式等。送达服务也是配送独具的特性。

7. 配送加工

配送加工是按照配送客户的要求所进行的流通加工。在配送中，配送加工这一功能要素不具有普遍性，但往往是有重要作用的功能要素。这是因为通过配送加工，可以大大提高客户满意度。配送加工是流通加工的一种，但配送加工有它不同于流通加工的特点，即配送加工一般只取决于客户要求，其加工目的较为单一。

5.2　智慧配送的发展与应用

智慧配送是指运用现代科技手段，特别是云计算、大数据、物联网等先进技术，对配送过程进行智能化管理和优化,以提高配送效率、降低成本、提升客户满意度的配送模式。

5.2.1 智慧配送的发展历程

智慧配送的发展历程经历了从起步阶段到系统化发展、电子化转型、智能化雏形以及智慧物流时代的演进。随着技术的不断进步和市场的不断变化,智慧配送将继续向着更加高效、智能、绿色的方向发展。

1. 起步阶段

20世纪50年代至70年代,配送行业主要处于起步阶段。此时期,配送活动多以传统的物流运输为主,包括简单的货物运输和基本的仓储管理。由于缺乏信息化支持,配送过程中的效率和准确性难以保证,配送服务的覆盖范围也较为有限。然而,这一阶段的经验积累为后续的物流发展奠定了基础。

2. 系统化发展

20世纪70年代至80年代,配送行业开始朝着系统化的方向发展。随着计算机技术的引入,企业开始运用计算机系统进行订单处理、库存管理以及运输计划安排。此外,供应链管理理念的提出,使得配送不再是一个孤立的环节,而是成为连接供应商、制造商、分销商和消费者的重要纽带。系统化的配送管理不仅提高了效率,还降低了成本,推动了物流行业的快速发展。

3. 电子化转型

20世纪90年代至2000年,随着互联网的普及和电子商务的兴起,配送行业迎来了电子化转型的浪潮。互联网技术的发展使得信息获取更加便捷,企业能够实时了解市场动态和客户需求,从而做出更加精准的配送决策。同时,电子商务的崛起也为配送行业带来了巨大的市场需求。在这一阶段,物流信息化水平大幅度提升,配送效率和服务质量得到了显著提升。

4. 智能化雏形

进入21世纪后,随着物联网、大数据、云计算等新一代信息技术的快速发展,配送行业开始展现出智能化的雏形。这些技术的应用使得配送过程更加智能化、自动化和精细化。例如,通过物联网技术,企业可以实时监控货物的位置和状态;通过大数据技术,企业可以分析历史配送数据,预测未来的配送需求;通过云计算技术,企业可以实现全球范围内的资源共享和协同作业。在这一阶段,配送行业的智能化水平不断提升,为智慧物流时代的到来奠定了基础。

5. 智慧物流时代

自2009年以来,随着人工智能、无人机、自动驾驶等前沿技术的不断涌现和应用,配送行业正式迈入智慧物流时代。在这一阶段,智慧配送系统具备了更高的智能化、自动化和集成化水平。人工智能技术使得配送决策更加精准、高效,无人机和自动驾驶技术的应用则极大地提高了配送的效率和安全性。同时,物联网、大数据、云计算等技术的融合应用也使得智慧配送系统具备了更强的可扩展性和灵活性。在智慧物流时代,配送行业正迎来前所未有的发展机遇和挑战。

5.2.2 智慧配送的主要特点

与传统配送相比,智慧配送具有以下特点:

1．敏捷性

智慧配送系统是建立在互联网、物联网、车联网、大数据、云平台以及 RFID 等现代技术基础之上的，各节点要素是在科学选址、优化决策的流程下进行的，必然能够对客户的个性化需求做出快速响应。作为智慧配送系统，其资源要素必然需要有效整合，体系内的节点在对外竞争时具有一致合作性，但内部节点间又存在竞争性，这种竞合状态无疑强化了配送体系的反应能力。因此，敏捷性构成了智慧配送系统的主要特征。

2．协同性

智慧配送是在信息共享的前提下展开的活动，是以需求拉动的各环节同步运作，这促成了配送企业的协同合作，降低了成本，提升了效益。智慧配送系统的市场终端，在电商平台支撑下，其个性化色彩更加浓厚。因此，智慧配送系统的高效运作必然依赖系统各要素自发调整，在整体绩效上协同一致。所以，协同性构成了智慧配送系统的又一重要特征。

3．开放性

智慧配送系统是一个开放的系统。通过开放，推进社会参与，在开放的公共物流配送信息平台上，实现与消费者密切相关的信息共享，同时，也为末端配送市场提供了一个开放、平等和便捷的平台。在政府宏观政策引导下，数据平台、服务流程、质量监控和诚信交易等环节更加透明。一方面，公共设施的数字化水平迅速提升，城市无线网的覆盖范围快速扩大，在宏观上提供了系统开放的条件；另一方面，企业的经营管理理念更趋于供应链化，而供应链管理本身就是一种开放性管理。因此，智慧配送系统具有开放性特色。

4．安全性

互联网平台高效、便利，但同时在互联网营销、购买、支付、验货和收货等环节也引来了诸多风险，城市配送体系的安全性引起了人们的高度重视。智慧配送系统的物流、资金流和信息流必须是在安全的环境下完成的。物流的作业流程是在全程监控之下的，作业设施和设备具有较为鲜明的数字化特征，云平台时刻汇聚相关信息，不安全的因素会及时排除。资金流伴随风险的预测和严密监管，第三方金融支付及监管平台确保交易双方资金的合法转移。信息流设置了严格的操作流程，对产品信息的假冒伪劣经过了严格的过滤。随着 O2O（线上线下商务）的推进，其线下体验店进一步强化了对产品质量的监督。因此，安全性已成为智慧配送系统的又一内在属性。

5．经济性

所谓经济性，是指在提供一定量的产品和服务过程中所占用的资源和费用最小。智慧配送系统作为智慧物流这一大系统的子系统，其自身的构建和运作均达到了科学优化的水平，无疑提升了体系自身的绩效，增加了该体系的内部经济性。同时，对节点企业和全体用户均产生成本降低、资源优化、获得便利的作用，这就产生了巨大的经济性，构成了智慧配送系统的又一鲜明特征。

6．生态性

智慧配送系统作为现代经济文明建设的重要组成部分，必然在生态性方面呈现优势。首先，优化的节点选址有利于配送路径的优化，这在客观上降低了能源的消耗，为经济生态做出贡献。其次，智能化的调度系统强化了共同配送和协同配送，减少了不必要的重复运输。再次，现代化的通信技术提升了配送体系节点间的信息沟通，有利于产品和服务的资源整合。因此，生态性成为智慧配送系统的重要特征。

5.2.3　智慧配送的行业应用

智慧配送的行业应用场景非常广泛，涵盖了多个领域。以下是智慧配送在不同行业的主要应用场景。

1. 电商配送

随着电商行业的蓬勃发展，电商配送已成为物流行业的重要组成部分，它不仅是商品流通的桥梁，更是提升消费者购物体验的关键环节。

（1）电商对配送的要求

在电子商务迅速发展的今天，配送服务作为电子商务的重要一环，直接影响着消费者的购物体验和企业的竞争力。为了满足消费者日益增长的需求，电子商务对物流配送提出了更高的要求。

1）配送网络要完善。电子商务的物流配送网络需要覆盖广泛的地域范围，以满足不同地区的客户需求。这要求配送网络具有高度的灵活性和可扩展性，能够根据市场变化和客户需求进行快速调整和优化。同时，配送网络的建设还需要考虑成本效益，通过合理规划配送路线和配送点，降低物流成本，提高物流效率。

2）订单处理要高效。电子商务环境下，订单处理的速度直接影响客户体验和企业竞争力。因此，物流配送系统需要具备高效的订单处理能力，包括快速接收订单、准确核对订单信息、自动分配库存和运输资源等。

3）配送过程要可控。在物流配送过程中，企业需要能够实时监控货物的状态和位置，确保货物安全、准时地送到客户手中。这要求物流配送系统具备完善的跟踪和追溯功能，以及完善的应急预案和风险控制机制。

4）配送方式要灵活。电子商务的配送方式需要根据不同的商品特性和客户需求进行选择。这要求物流配送系统具备灵活多变的配送方式，如普通快递、特快专递、定制配送等。同时，企业还需要关注新型配送方式的发展，如无人机配送、无人车配送等，以适应未来电子商务的发展趋势。

5）售后服务要配套。完善的售后服务是提升客户满意度和忠诚度的重要手段。在物流配送过程中，企业需要提供完善的售后服务，包括退换货服务、投诉处理、客户咨询等。

（2）关键技术应用情况

物联网、大数据、人工智能以及无人配送等先进技术的应用，正在深刻地改变着电商物流行业的面貌。这些技术不仅提高了物流效率和服务质量，还为行业的可持续发展注入了新的动力。

物联网技术的应用为电商物流行业带来了革命性的变化。通过物联网技术，配送车辆、仓库等物流设施得以实时监控和管理，这不仅显著提高了配送效率，还有效地减少了物流过程中不必要的延误和损失。例如：在仓库管理中，物联网传感器能够实时监控库存情况，确保货物的及时补充和调配；在配送环节，物联网技术也能帮助追踪货物的位置和状态，保障配送的准确性和时效性。

大数据技术的运用则进一步提升了电商物流的智能化水平。通过对订单数据、配送路线等信息的深入分析和优化，电商物流企业能够实现更为精准的智能调度和路径规划。这不仅有助于降低物流成本，还能在繁忙的购物季节或特殊情况下，提供更为高效的配送服务。

在实际操作中，大数据技术还能帮助企业预测未来的订单趋势，从而提前做好库存和人力资源的调配。

人工智能技术在仓储、分拣等环节的应用，更是将电商物流的自动化和智能化推向了新的高度。借助先进的机器人技术和智能识别系统，电商物流企业能够大幅度减少对人力的依赖，降低人力成本，同时提高操作的精准度和效率。在分拣环节，智能分拣系统能够快速准确地识别和分类货物，大大缩短了处理时间，提升了整体物流速度。

无人配送技术的逐步成熟，也为电商配送体系带来了新的变革。无人机、无人车等新型配送工具的使用，不仅提高了配送的灵活性和便捷性，还能在恶劣天气或特殊地形条件下，提供更为可靠的配送服务。这些技术的应用，无疑将进一步推动电商物流行业的发展和创新。

案例 5-1
京东物流

案例 5-2
天猫商城

2. 新零售配送

新零售配送是指在新零售模式下，通过利用先进的技术和创新的物流手段，为消费者提供高效、便捷、个性化的配送服务。新零售配送结合了电子商务和实体店的优点，实现了线上线下融合，为消费者提供了更丰富的购物选择和更优质的购物体验。

（1）新零售对配送的要求

在新零售背景下，配送作为连接商品与消费者的重要环节，其时效性、准确性、安全性和环保性等方面的要求也日益提升。

1）时效性要强。新零售强调快速响应和即时满足消费者需求，因此配送时效性成为关键要素。要求配送系统能够迅速处理订单，快速完成拣货、打包、配送等流程，确保商品在最短时间内送到消费者手中。

2）准确性要高。在新零售模式下，消费者对商品的准确性和完整性有着更高的要求。因此，配送系统需要确保每个订单中的商品种类、数量、规格等信息准确无误，避免因配送错误导致的退货、换货等问题。

3）安全性要高。新零售对配送的安全性要求同样严格。在配送过程中，需要确保商品不受损坏、不被盗窃或丢失。为此，配送系统应建立完善的商品保护措施，如使用防盗包装、加强运输途中的监管等。同时，配送人员也需要接受专业培训，了解商品保护知识，确保商品在配送过程中的安全。

4）环保性要强。随着环保意识的日益提高，新零售对配送的环保性要求也越来越高。配送系统需要采用环保包装材料，减少包装废弃物对环境的污染。同时，通过优化配送路线和运输方式，降低能源消耗和碳排放量，实现绿色配送。此外，配送系统还可以开展回收和再利用项目，将废弃包装进行回收处理，降低资源消耗和环境污染。

5）服务质量要优。新零售注重提供个性化的购物体验，配送服务也需要相应地进行优化。配送系统需要建立完善的客户服务体系，提供多种配送方式和服务选项，满足不同消费者的需求。例如，提供定时送达、指定地点自取、货到付款等服务。同时，配送人员还需要具备良好的沟通技巧和服务意识，及时解答消费者的问题和疑虑，提升客户满意度。

（2）关键技术应用情况

新零售配送中的关键技术涉及物联网、大数据、人工智能、自动化与机器人技术以及移动应用与定位技术等多个方面。这些技术的应用不仅提高了配送效率和服务质量，也提升了用户体验和企业竞争力。

物联网技术在新零售配送中发挥着核心作用，它使得商品、设备和系统之间能够互联互通，实现数据的实时采集、交换和分析。在配送过程中，物联网技术通过安装在配送车辆、货物上的传感器实时收集和传输位置、温度、湿度等关键信息，确保货物在运输过程中的安全和品质。

大数据技术在新零售配送中的应用主要体现在数据分析与处理方面。通过对海量数据的收集、存储、处理和分析，企业可以深入了解用户需求、市场趋势等信息，为配送服务的优化提供有力支持。例如：通过分析用户的购物行为和偏好，企业可以预测用户的订单需求，提前进行库存和配送资源的调配；通过分析配送员的工作效率和路线选择情况，企业可以优化配送路线和配送时间，提高配送效率和服务质量。

人工智能技术在新零售配送中的应用主要体现在智能调度系统和个性化推荐等方面。智能调度系统通过大数据分析和 AI 算法，预测物流需求和优化资源分配，实现智能化调度。例如，根据历史数据和实时信息，预测各社区的购买需求和配送量，提前安排合适的车辆和人员，也可以根据交通状况和天气预报，动态调整配送路线和时间，减少等待和空驶。此外，AI 技术还可以用于个性化推荐，通过分析用户的购物习惯和偏好，为用户提供个性化的商品推荐和定制服务。

自动化与机器人技术在新零售配送中的应用日益广泛，它们能够替代人力完成繁重、烦琐的配送任务，提高配送效率和质量。例如：配送机器人可以自主完成取货、送货等任务，特别是在校园、社区等场景中应用广泛；自动化分拣系统可以快速、准确地完成货物的分拣和打包工作，提高配送速度和准确性。

移动应用与定位技术在新零售配送中为用户提供了更加便捷的服务体验。通过智能手机等移动应用，用户可以实时查询订单状态、预约送货时间等；通过定位技术，用户可以准确追踪货物的位置和状态，确保货物能够准时送达。此外，移动应用与定位技术还可以为配送员提供更加高效的路线规划和导航服务，提高配送效率和服务质量。

案例 5-3
盒马鲜生

3. 餐饮外卖配送

餐饮外卖行业作为近年来发展最为迅猛的服务行业之一，已深入我们日常生活的方方面面。它以便捷、快速及多样化的餐饮选择满足了现代人们不断增长的就餐需求，并取得了巨大成功，得到了广泛认可。然而，随着科技和消费者需求的不断演变，餐饮外卖行业正面临着许多新的机遇和挑战。

（1）餐饮外卖对配送的要求

随着餐饮外卖行业的快速发展，消费者对配送服务的要求也日益提高。为了确保良好的用户体验和满意度，餐饮外卖在配送方面应满足以下要求：①时效性。消费者希望外卖订单能够尽快送达，尤其是在午餐和晚餐高峰期。②准确性。准确的配送服务是确保消费者满意度的关键。这包括准确地将外卖送达指定的地址，并确保订单内容与消费者所选完全一致。任何误差都可能导致消费者的不满和投诉。③安全性。食品安全是餐饮外卖行业的核心。在配送过程中，应确保食物不受污染、不破损，并维持适宜的温度。此外，配送员应遵守交通规则，确保自身和消费者的安全。④服务性。配送员作为外卖服务的最后一环，其服务态度和服务质量直接影响消费者的用餐体验。⑤可追溯性。消费者希望能够实时了解外卖订单的状态和位置信息。通过提供配送追踪功能，消费者可以实时查看订单的配送进度，增强消费体验。

（2）关键技术应用情况

随着科技的不断进步，餐饮外卖行业也在不断引入新技术来提升配送效率和服务质量。①智能调度系统。通过大数据和算法技术，智能调度系统可以实现对配送员的实时调度和路线规划，以优化配送效率和减少配送时间。同时，智能调度系统还可以根据历史数据和实时数据预测未来的订单量和配送需求，为外卖平台提供决策支持。②无人配送技术。随着无人机、无人车等技术的不断发展，无人配送逐渐成为外卖行业的新趋势。无人配送不仅可以提高配送效率，还可以降低人工成本和提高配送安全性。目前，已有一些外卖平台在部分地区试点了无人配送服务。③物联网技术。物联网技术可以将配送过程中的各个环节进行连接和互通，实现信息的实时共享和协同作业。例如，通过物联网技术，外卖平台可以实时监测餐品的制作进度、配送员的位置和状态以及消费者的用餐情况等，从而实现对整个配送过程的精准控制和管理。④智能保温箱。智能保温箱通过先进的保温技术和智能控制系统，可以确保餐品在配送过程中保持适宜的温度，从而保持其原有的口感和品质。同时，智能保温箱还具有智能报警和远程监控等功能，提高了配送的安全性和便捷性。

案例 5-4
美团外卖的配送管理与服务质量

5.3 智慧配送系统

智慧配送系统是一个由配送网络、配送设备和配送信息平台等多个方面组成的复杂系统。这些方面相互协作、相互配合，共同实现了对配送过程的实时监控、优化管理和数据分析等功能，从而提高了配送效率和服务质量。

5.3.1 智慧配送网络

智慧配送系统的配送网络是其运行的基础，主要包括智慧配送园区、智慧配送中心和智慧配送站。这些节点在配送网络中形成层次分明的架构，确保货物能够高效、快速地送达目的地。

1. 智慧配送园区

智慧配送园区是指运用物联网、大数据、人工智能等先进技术对传统配送园区进行智能化改造和升级，实现配送运作的高效、智能化管理。智慧配送园区是一种现代化的特殊物流园区（基地），具有货物集聚和仓储、电商平台营建等功能。在选址条件上，智慧配送园区的规划选址主要基于城市道路网的布局，有利于供应商、生产商和经销商等商家的集货运输。

智慧配送园区的显著特点体现在以下几个方面：①智能配送。采用智能化管理，通过大数据分析和人工智能算法，优化配送路径和计划，提高配送效率和准时率。同时，实时监控货物的运输过程，提供实时的配送信息，方便客户跟踪货物的位置和状态。②智能安防。通过视频监控、人脸识别等技术，实现对园区的全方位监控和安全管理。智能安防系统能够及时发现和报警异常情况，保障园区的安全和稳定运行。③智能环保。注重环保和可持续发展，通过节能减排和资源循环利用等措施，降低园区的能耗和环境污染。④智能服务。通过物联网技术和大数据分析，实现对客户需求的精准识别和个性化服务。

2. 智慧配送中心

在一般意义上，配送中心是物流、信息流和资金流的综合设施，它在流通领域具有很重要的地位。配送中心作为运输的节点，它把干线运输与支线运输衔接起来，把运输的"线"变成了配送的"面"，把分散的物流节点编织成为密密麻麻的"网"。配送中心把单一的运输、仓储、装卸搬运、包装、流通加工和信息通信有效地结合了起来，使物流各项作业之间协调运作，形成了一个十分精细而科学的运行系统，实现了从单一功能提升到整体功能发挥的转变，使系统得到了升华。

智慧配送中心是基于"互联网+"的理念、建立在先进的物流技术和信息技术基础之上的、从事配送业务的物流场所或组织，是城市智慧配送系统的重要节点。它同时满足一般配送中心的基本要求，即主要为特定的客户服务，中心配送功能健全，拥有完善的信息网络，以配送为主、储存为辅，多品种、小批量，辐射范围小。

3. 智慧配送站

智慧配送站是智慧配送系统中最接近最终用户的末端配送服务场所。它是配送企业独立设置或与社区服务机构、具有一定规模的住宅小区、连锁商业网点、大型写字楼、企业营销机构、机关事业单位和大学校园等单位开展广泛合作设立的物流末端配送服务节点，有时还体现为自助电子快递箱、智能快递站等形式。

智慧配送站要求现代物流技术的支撑，应严格遵循城市智慧配送流程运作规范，尤其是有自动寄存功能的站点设施，还应具有自动安全监测装置。

5.3.2 智能配送设备

智能配送设备是实现高效配送的关键，主要包括无人配送车、配送无人机和智能快递柜等。

1. 无人配送车

无人配送车是一种搭载先进的传感器、控制器、执行器等装置，并融合现代通信与网络技术的智能汽车。它具备复杂环境感知、智能决策、协同控制等功能，无须人类主动操作即可实现自动、安全行驶，进行商超配送、外卖配送、快递配送等工作。

无人配送车的具体优势包括：①高效率。无人配送车可以实时优化配送路线，有效缓解物流快递员的配送压力，提高配送效率。例如，某些无人配送车的运载能力可以达到普通三轮车的3倍以上。②安全性。无人配送车具备复杂环境感知和智能决策能力，可以自动避让障碍物，减少交通事故的发生。同时，无接触配送的方式也可以降低人际传播疾病的风险。③灵活性。无人配送车可以根据应用场景搭配多种货柜，满足不同场景下的配送需求。

案例 5-5
京东物流的无人配送车

2. 配送无人机

配送无人机是一种利用无线电遥控设备和自备的程序控制装置操纵的无人驾驶的低空飞行器，主要用于物品的运输和配送服务。

无人机配送作为现代物流行业的一项创新技术，正在逐步改变传统的配送模式。相较于传统配送方式，无人机配送具有诸多优势：①快速高效。无人机配送可以避开地面交通拥堵，实现快速、高效的配送服务。特别是在偏远地区或紧急情况下，无人机配送可以迅速将货物送达目的地。②降低成本。无人机配送可以降低人力成本和运输成本，提高物流效率。同时，无人机配送还可以降低车辆排放和能源消耗，实现绿色物流。③广泛覆盖。无人机配送可以覆盖传统配送难以到达的地区，如山区、海岛等。这些地区的居民可以享受到更加便捷、快速的配送服务。④提高客户体验。无人机配送可以实现快速、准确的送达服务，提高客户满意度和忠诚度。同时，无人机配送还可以提供个性化的配送服务，满足客户的特殊需求。

尽管无人机配送具有诸多优势，但在实际应用中仍面临一些挑战。①法律法规。无人机配送涉及航空法规、隐私保护、消费者权益等多个方面的法律法规。目前，相关法律法规尚不完善，需要进一步完善和规范。②安全问题。无人机配送在飞行过程中可能会遇到各种意外情况，如飞行故障、天气影响等。这些意外情况可能导致无人机失控或坠毁，对人员和财产造成损失。因此，如何确保无人机配送的安全是亟待解决的问题。③技术难题。无人机配送的技术应用涉及多个领域，如航空技术、通信技术、计算机技术等。这些领域的技术难题可能会限制无人机配送的应用范围和性能。因此，需要不断推进技术创新和研发，提高无人机配送的技术水平。④公众接受度。无人机配送作为一种新兴的配送方式，其公众接受度还需要进一步提高。一些人对无人机配送存在疑虑和担忧，如隐私泄露、噪声扰民等。因此，需要加强宣传和教育，提高公众对无人机配送的认识和接受度。

近年来，无人机配送在国内外得到了广泛应用。例如，亚马逊推出的无人机配送服务Prime Air，已经在一些地区进行了试运行。通过无人机配送，亚马逊可以为客户提供更加快速、便捷的送货服务。京东作为国内电商巨头之一，也在积极探索无人机配送的应用，已经在全国多个城市推出了无人机配送服务，实现了快速、准确的送货服务。顺丰快递也已开始使用配送无人机进行快递配送，其通过三段式航空运输网络将实现 36h 快递通达全国。美团于 2017 年开始探索无人机配送，其 FP400 系列机型配有 6 套螺旋桨、6 个电机和 6 大动力系统，能够保障无人机的安全航行与降落。

案例 5-6
美团-第 4 代
无人机介绍

3．智能快递柜

智能快递柜是一种联网的储物系统，由储物终端与平台管理系统组成，具备智能存件、智能取件、远程监控、信息管理、信息发布等多项功能。

与传统快递柜相比，智能快递柜具有以下优势：①24h 不间断服务。用户可以随时取件，不受时间限制，提高了快递服务的便捷性和效率。②智能识别与操作。用户通过扫描二维码或输入取件码即可轻松取件；柜子能够自动识别和验证用户信息，确保安全性。③容量大、存储灵活。智能快递柜可以根据实际需求配置不同大小的柜子，可以存放多种大小和形状的包裹。④实时监控与信息管理。柜子配备摄像头和传感器，可以实时监控包裹状态和用户操作；管理系统可以记录包裹信息、用户信息、取件记录等，方便查询和管理。⑤节能环保。智能快递柜采用节能设计，降低能耗；柜子表面材料采用环保材质，减少环境污染。

智能快递柜具有广泛的适用性，已经在多个场景得到广泛应用。①住宅小区。居民可以通过智能快递柜随时取件，无须等待快递员上门，提高了小区的安全性和居民的生活质量。②学校、医院等公共场所。师生、患者等可以方便地通过智能快递柜收取快递包裹，避免了包裹堆积和错领等问题。③商业中心、写字楼。员工和客户可以通过智能快递柜快速取件，节省时间，提升了企业的形象和服务水平。④特殊场景应用。如在车站、机场等交通枢纽场所设置智能快递柜，方便旅客随时取件；在偏远地区或山区等难以到达的地方设置智能快递柜，解决快递配送难题。

智能快递柜在应用过程中也存在多方面的问题，包括安全性、运营成本、用户体验以及设备设计等。为了规范智能快递柜的管理，自 2024 年 3 月 1 日起，交通运输部修订的《快递市场管理办法》施行，对智能快递柜的使用做出规定，经营快递业务的企业未经用户同意，不得擅自将快件投递到智能快件箱、快递服务站等快递末端服务设施。

5.3.3 智慧配送信息平台

智慧配送信息平台是智慧配送系统的核心。智慧配送信息平台是一个以数据为核心驱动力、具备高度智能化和自动化特点的综合性管理平台。它将各类配送资源进行有效整合并提供实时准确的数据支持，帮助参与者做出更加合理的决策，推动整个配送行业的转型升级。

1．主要功能

智慧配送信息平台一般具有以下功能：

（1）数据共享与互联互通

智慧配送信息平台能够实现各方参与者之间的数据共享和互联互通，包括车辆信息、交通信息、地理信息、订单信息、顾客信息及快递员信息等。

（2）配送方案优化

智慧配送信息平台通过对系统积累数据的深度分析和挖掘，为客户提供最优的配送方案，实现路径优化、可视化追踪、智慧分析等功能。

（3）快递员评价与管理

智慧配送信息平台提供客户对快递员的评价功能，包括投诉事项、服务态度、服务质量等。同时，平台会对每个快递员进行实名制验证和定期审核评估，以确保顾客安全和服务质量。

（4）智能调度与监控

智慧配送信息平台通过运用 GPS、BDS、GIS、传感器技术等手段，实现货物及车辆的实时监控和智能调度，提高配送效率和准确性。

（5）统计分析与预测

智慧配送信息平台通过运用云计算、知识数据库等技术手段，实现各类数据信息的统计与分析预测功能，为参与者提供决策支持。

2．技术特点

与传统的配送信息管理系统相比，智慧配送信息平台在技术上具有明显的优势和显著的特点。

（1）数据驱动与共享

智慧配送信息平台以数据为核心驱动力，实现所有物流要素的互联互通和数字化、智能化管理。所有数据业务化并以"数据信息"驱动管理决策与执行，为物流生态体系赋能。

（2）独立管理与学习提升

智慧配送信息平台通过软件定义物流实现自主决策，推动物流配送系统向程控化和全自动化方向发展。同时，利用大数据技术、云计算技术与人工智能技术创建"物流大脑"，在感知中决策、在执行中学习、在学习中优化，实现持续升级和学习提升。

（3）高效协作与调度

智慧配送信息平台支持跨集团公司、跨企业、跨组织之间的深度协同合作，基于全局性提升的人工智能算法使参与者能够高效明确地分工协作，实现高效率运行。

5.3.4　配送管理中的智能决策与优化

配送作为物流体系中的关键环节，其效率和质量对企业运营和客户满意度至关重要。为了提高配送效率、降低成本，并实现资源的最优配置，配送管理中的智能决策与优化问题成为现代物流行业关注的焦点。它涉及多个方面，包括订单分配、货物集拼、运力调度、路径优化、时间窗口管理等。

1．订单分配

订单分配涉及如何合理地将大量订单分配给不同的配送员或配送中心，以确保订单的及时送达。为了提高配送效率和客户满意度，智能决策在订单分配方面发挥着越来越重要的作用。智能分单基于先进的数据分析、预测和优化算法，能够自动化地分配订单和调度资源，确保配送过程的高效、准确和及时。

（1）订单分析处理

智能分单系统首先需要对接收到的订单进行分析处理。这包括对订单的基本信息（如配送地址、货物数量、配送时间等）进行提取和整理，同时对订单的特性进行分类和标识。通过对订单的全面分析，系统能够更好地理解订单需求，为后续的分单决策提供数据支持。

（2）分单规则设定

分单规则是智能分单系统的核心。规则设定需要考虑多种因素，如配送区域的划分、配送员的配送能力、配送时间的优先级等。通过设定合理的分单规则，系统能够根据订单特性和配送资源情况，将订单分配给最合适的配送员。

（3）分单效率提升

智能分单系统通过自动化、智能化的处理方式，可以显著提高分单效率。系统能够快速地处理大量订单，减少人工分单的时间和错误率。同时，通过优化分单规则和路线规划，可以进一步提高配送效率，缩短配送时间。

（4）数据统计分析

智能分单系统需要对分单过程中的数据进行统计和分析。通过对分单数据、配送数据、异常数据等进行分析，可以了解分单系统的运行状况和问题所在。同时，这些数据也可以为改进分单规则和算法提供数据支持。

（5）配送员工作量均衡

智能分单系统需要考虑配送员的工作量均衡。通过合理分配订单和路线，可以避免配送员工作量过大或过小。这有助于提高配送员的工作积极性和效率，同时也有助于保持企业的运营稳定。

2．货物集拼

集拼，即将不同货主且流向相同的小批量货物集中起来、分类整理，并拼装至同一集装单元器具或同一载运工具的业务活动。在现代物流配送体系中，集拼是一个关键环节，其优化能够显著提升运输效率、降低成本，并提升客户满意度。随着人工智能和大数据技术的发展，智能决策在集拼过程中发挥着越来越重要的作用。

（1）数据收集

为了实现智能决策，需要收集并整理大量的相关数据。这些数据包括：①运输工具数据，如载重量、容积、油耗等。②货物数据，包括货物的尺寸、重量、价值、运输要求等。③路线数据，包括各配送点的位置、距离、路况等信息。④历史数据，如历史集拼方案、运输时间、成本等。

（2）需求分析

在进行决策之前，需要明确物流配送集拼过程中的实际需求。需求分析应涵盖以下几个方面：①运输工具的特性，包括载重量、容积、运输成本等。②货物的属性，包括尺寸、重量、价值、运输要求等。③配送路线和目的地，即确定货物的运输路径和最终目的地。④时间和成本约束，即考虑运输时间和成本对集拼决策的影响。

（3）优化算法

优化算法是实现智能决策的核心。根据需求分析和收集的数据，选择合适的优化算法进行集拼决策。常见的优化算法包括：①启发式算法，如遗传算法、蚁群算法等，适用于解决复杂优化问题。②线性规划，适用于具有线性约束和目标函数的优化问题。③整数规划，处理货物数量、运输工具数量等整数约束的优化问题。通过优化算法，可以生成合理的集拼方案，达到优化运输成本、提高效率等目的。

（4）决策引擎

决策引擎是智能决策系统的核心组件，负责将优化算法应用于实际问题中，生成集拼方案。决策引擎应包括以下几个功能：①数据处理。对收集的数据进行清洗、整合和预处理，为优化算法提供高质量的数据输入。②算法调用。根据实际需求选择合适的优化算法，并调用算法进行计算。③方案生成。根据优化算法的输出结果，生成具体的集拼方案。④方案评估。对生成的集拼方案进行评估，包括成本、效率、稳定性等方面的指标。

（5）反馈与迭代

为了不断提高智能决策系统的性能和效果，需要进行反馈与迭代。反馈与迭代应包括以下几个方面：①用户反馈。收集用户对系统的使用反馈和意见，了解系统的优点和不足。②数据分析。对系统产生的数据进行深入分析，发现潜在的问题和改进点。③算法优化。根据反馈和数据分析结果，对优化算法进行改进和优化，提高系统的决策能力。④系统迭代。将优化后的算法和功能集成到系统中，进行迭代更新，提升系统的整体性能。

3．运力调度

运力调度是指根据客户需求和物流运输情况，对配送车辆进行科学合理的规划、调度和管理，以确保货物能够及时、准确地送达目的地。在现代物流配送领域，智能调度已成为提升运输效率、降低运营成本的重要手段。运力智能调度系统通过集成先进的智能算法，实现了对配送资源的智能化管理和优化分配。

（1）路径规划优化

路径规划是配送运力智能调度的核心环节。通过运用智能算法，智能调度系统可以根据实时交通状况、车辆状态、货物特性等因素，为每辆配送车辆规划出最优的行驶路径。常用的智能算法包括遗传算法、蚁群算法、模拟退火算法等。这些算法通过模拟自然进化或社会行为过程，不断优化路径规划方案，使车辆行驶距离最短、时间最短或成本最低。

（2）智能配送策略

智能配送策略是指根据客户需求、订单量、货物特性等因素，自动制订配送计划和调度方案。智能算法在智能配送策略中的应用主要体现在以下几个方面：①订单聚类。通过聚类算法将相似订单进行合并，减少配送次数和成本。②优先级排序。根据订单的重要性和紧急程度，为车辆分配优先级，确保重要订单优先配送。③装载优化。通过装载算法优化货物的装载顺序和方式，提高车辆装载率和运输效率。

（3）调度算法应用

调度算法是配送车辆智能调度的关键。常用的调度算法包括基于规则的调度算法、基于优化的调度算法和基于学习的调度算法。这些算法可以根据车辆状态、客户需求、交通状况等因素，自动调整配送计划和车辆调度，实现资源的最优配置。

（4）实时交通监控

实时交通监控是确保配送车辆高效运行的重要手段。通过运用智能算法和物联网技术，智能调度系统可以实时监控车辆的位置、速度和行驶轨迹等信息。同时，系统还可以根据实时交通数据和历史数据，预测未来的交通状况，为车辆提供实时导航和路径规划建议。

（5）需求预测与调整

需求预测与调整是智能调度系统的重要功能之一。通过运用大数据分析和机器学习算法，系统可以预测未来的订单量和客户需求，为车辆调度提供有力支持。同时，系统还可以根据实时数据和预测结果，自动调整配送计划和车辆调度，以适应客户需求的变化。

（6）异常处理机制

在配送过程中，可能会出现各种异常情况，如车辆故障、交通拥堵、天气变化等。智能调度系统需要具备异常处理机制，以应对这些突发情况。通过运用智能算法和人工智能技术，系统可以自动识别异常情况，并自动采取应对措施，如重新规划路径、调度其他车辆进行替补等，以确保配送任务能够顺利完成。

案例 5-7
饿了么基于
"智慧运输调
度系统"的综
合解决方案

4．路径优化

配送中的智能路径规划是指利用先进的信息技术和算法，综合考虑各种因素，如交通状况、配送点分布、货物特性等，为配送车辆规划出最优的行驶路径。其目标是在确保货物安全、及时送达的前提下，实现配送效率的最大化、成本的最小化。

智能路径规划中常用的典型方法和技术主要包括以下几种：①遗传算法。它是一种模拟自然界进化过程的优化算法，通过编码、交叉、变异等操作，寻找满足条件的最优解。在配送路径规划中，遗传算法可以用于求解满足配送需求、总配送时间最短等目标的优化问题。②神经网络。它是一种模拟人脑神经元结构的计算模型，具有良好的自学习和自适应能力。神经网络可以用于预测配送过程中的动态信息，如交通状况、天气变化等，从而调整配送路径和计划。③基于距离的路径规划算法。这种算法主要根据配送员当前位置和目标地址的距离来规划路径，通常会选择距离最近的下一个目的地。这种算法简单易实现，但在复杂的城市环境中可能会导致频繁地切换路线。④基于网络优化的路径规划算法。这种算法将城市道路网络视为一个图，通过图论方法寻找最优路径。⑤基于实时数据的路径规划算法。这种算法考虑实时交通情况和配送员当前位置，通过预测未来交通状况，动态调整配送路线。

在实际应用中，典型代表有顺丰快递、菜鸟网络和百世快递等。顺丰快递利用 GIS 等技术，推出了智能路径规划系统。在实际配送过程中，系统将根据客户要求和交通状况，自动规划配送路线，提高配送效率。菜鸟网络推出了"积木地图"系统，通过收集历史数据和实时交通状况，制定最优路径，提高配送效率。同时，系统还可以自动识别建筑物类型，优化送货路径。百世快递利用智能算法和实时交通预测等技术，制定最优路径规划方案。同时，快递员还可以通过手持终端实时接收路径规划信息，缩短路程和等待时间。

5．时间窗口管理

时间窗口又称为服务时间窗或交货时间窗，是指配送服务提供商与客户约定的一段服务时间范围。时间窗口管理是指对于需要在规定时间内送达的订单，进行合理的时间规划和安排。在物流配送领域，时间窗口管理是保证配送效率、降低运输成本并提升客户满意度的关键要素。随着人工智能（AI）和大数据技术的应用，实现配送中的智能时间窗口管理已经成为可能。

（1）时间窗口设定

智能时间窗口设定是基于历史数据、客户需求以及配送资源等多方面因素的综合考量，具体实现方式如下：①客户需求分析。通过收集客户的配送需求和偏好，了解其对于配送时间窗的期望和要求。②数据分析。运用大数据技术对历史配送数据进行深入分析，挖掘配送时间的规律性和变化趋势。③智能预测。基于机器学习算法，对客户的配送时间需求进行预测，为时间窗口的设定提供依据。

（2）配送规划

配送规划是实现智能时间窗口管理的核心环节，包括车辆调度和路径规划等。基于时间窗口的车辆调度，需要根据客户的配送需求和智能时间窗口，对配送车辆进行合理调度，确保车辆资源的充分利用。同时，利用智能算法，如遗传算法、蚁群算法等，结合实时交通信息，为配送车辆规划最优路径，减少配送时间。

（3）实时监控

实时监控是实现智能时间窗口管理的有效手段，能够确保配送过程按照预定计划进行，包括车辆监控、进度跟踪和异常处理等。在配送过程中，通过 GPS、BDS 等定位技术，实时监控配送车辆的位置和状态；利用监控平台对配送进度进行实时监控，确保配送任务在时间窗口内完成；对于配送过程中出现的异常情况，如交通拥堵、车辆故障等，及时进行处理并调整配送计划。

（4）风险管理

风险管理是确保配送中智能时间窗口管理稳定性的关键，包括风险识别、风险评估和风险应对等。风险识别即通过历史数据和实时监控，识别潜在的风险因素，如天气变化、交通状况等。风险评估即对风险因素进行评估，确定其对配送时间窗口的影响程度。风险应对是指针对不同的风险因素，制定相应的应对策略和预案，降低这些风险因素对配送效率的影响。

（5）数据反馈

数据反馈是实现智能时间窗口管理持续改进的关键环节，包括数据收集、数据分析和策略调整等。首先，收集配送过程中的各种数据，包括配送时间、配送成本、客户满意度等。其次，对收集到的数据进行深入分析，了解配送过程中的问题和不足。最后，根据数据分析结果，对配送策略和时间窗口设定进行调整和优化，提高配送效率和客户满意度。

案例 5-8
美团外卖的
ETA 预估技术

5.4　智慧配送的创新模式

随着大数据、云计算、物联网等先进技术的深度融合，智慧配送的创新模式不断涌现，其不仅重塑了物流运作的每一个环节，更通过智能化、精准化的手段，极大地提升了配送效率与服务质量，为消费者和企业带来了前所未有的便捷与高效体验。

5.4.1　互联网+众包物流

"互联网+众包物流"是指通过互联网平台，将原本由传统物流企业承担的配送任务，通过众包模式分配给社会上的非专业配送人员，实现快速、灵活的物流服务。众包物流利用社会上的闲置资源，将个体与物流需求直接连接，形成一种全新的物流服务模式。

1. 实现途径

（1）搭建平台

首先，需要搭建一个具备高度可定制性和扩展性的众包物流平台。这个平台需要能够支持各种配送业务操作，包括订单管理、配送管理、支付结算、评价反馈等。

（2）整合资源

通过平台吸引并注册大量的兼职快递员或个体配送员，形成众包物流的配送队伍，从而整合社会上的闲散配送资源。

（3）健全机制

抢单机制和报酬制度是众包模式实现的关键。抢单机制即在平台上发布物流订单，让注册的配送员自由抢单，能够激发配送员的积极性，提高配送效率。通过综合考虑配送距离、货物重量、时间要求等因素计算报酬，建立公平、透明的报酬制度，既能保障配送员的利益，又能确保物流服务的质量。

（4）流程管控

借助物联网技术实时监控货物的运输状态，确保货物的安全和及时送达。实时监控还能及时发现并解决运输过程中可能出现的问题。同时，利用大数据技术对物流数据进行分析，发现潜在的问题和优化空间。通过数据分析，可以优化配送路径、减少配送时间、降低物流成本。

2. 运作流程

从事众包物流活动的主体主要有订单发起人、众包承运人、众包物流企业、货物接收者、保险公司、金融机构等。从事承运业务的人员可以是社会兼职人员，众包物流企业提供服务平台，其性质类似于物流中介。

"互联网+"环境下的众包物流，实际运作流程一般包括六个环节：①发起人提交物流需求订单；②抢单，根据众包承运人所处位置、到取货点和收货点的距离等因素分配承运人；③上门取货，众包 App 根据移动客户端 GPS 定位为承运人规划最合理的路线，到达取货地点后确认信息，完成包装扫码；④配送，同样根据 App 所提供的路线到达指定地点，核对个人信息后完成货物的投递，更新订单信息，以短信的方式通知订单发起人已完成货物投递；⑤结算，根据委托配送物品的重量、体积、路程、时间等因素在 App 上完成货款结算，向众包承运人支付一定的酬劳；⑥若承运过程中出现货物损坏或丢失，则应根据责任划分进行赔偿。

图 5-1 所示为即时配送平台智能运输调度系统示意图。

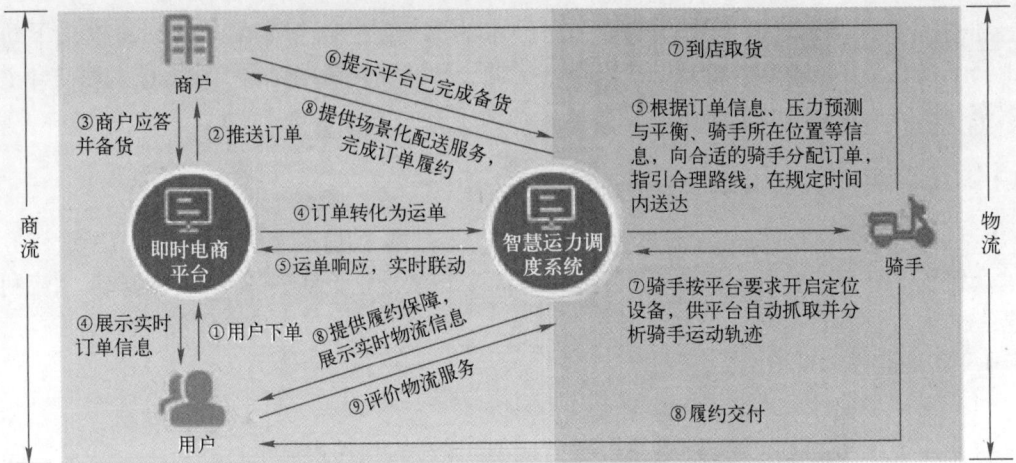

图 5-1　即时配送平台智能运输调度系统示意图

3. 主要优势

（1）人力资源配置最优化

众包模式在人力资源优化方面主要体现为合理利用了社会的闲散劳动力，优化社会可利用资源。以京东众包为例，作为创新型的社会化物流体系，京东众包将原应分配给专职快递员的配送工作，经由互联网平台转包给兼职人员来做，最大限度地利用了社会闲置的人力资源，实现资源配置最优化。

（2）物流成本最小化

传统的物流配送模式，其成本一般是固定的，且支付给物流人员的费用较高，而众包模式则可以通过对物流配送人员需求的预测，适时变动配送人员数量，达到降低物流成本的目的。如 UU 跑腿，融合"互联网+跑腿"的特点，同样采用社会化众包模式，打通需求者与闲散者之间信息沟通的障碍，在为城市个人与商户提供更高效的物流及跑腿服务的同时，也在一定程度上降低了物流成本。

（3）配送过程高效化

众包物流平台经过对客户信息与快递员信息的收集整理，依托"互联网+"与大数据，能够定位客户附近的兼职快递员，从而对客户进行精准服务。与传统配送方式不同的是，众包模式将大大缩短快递在途运输的时间，让配送变得更加高效与精确。利用互联网与 GPS 的结合，参考距离、路况等情况，快速拟定出最优的配送路线来实现货物零担物流和门到门服务。同时，客户可以通过平台的 App 追踪商品的所在位置，掌握收货时间，及时签收，减少不必要的配送等待时间。

（4）社会效益最大化

众包物流模式最大限度地整合了社会可利用资源，并运用于电商平台"最后一公里"的整个物流体系。它为许多失业者创造了大量的就业机会，一定程度上维护了社会稳定，同时也改变了人们的生活方式以及物流企业的运营模式，对我国物流市场的发展创新具有重要的实践意义。

4．潜在问题

（1）服务质量问题

保障服务质量是现阶段众包物流企业发展中最重要的一个问题。虽然一些大型众包物流企业在制定规章时都有相应的规范和体系，但由于配送人员多为兼职，准入门槛较低，缺乏系统化、专业化培训，在配送过程中时常会出现因操作失误或保管不当而导致的货物损坏等现象，因接单后未能及时配送等违反约定的情况也时有发生。

（2）技术水平问题

众包物流平台能够平稳运行主要归功于先进的技术支持。若技术水平落后，则会阻碍众包物流的发展。众包物流对技术的要求相对较高，而在不久的将来，想要更好地完成订单和定价的动态结合，必定会驱使企业在软件系统和硬件设施等方面得到显著提升。

（3）法律与安全机制不够完善

配送人员的不固定性，无论是对物品本身还是对各方利益安全都会构成相应的威胁。除此之外，各大众包平台的兴起使众包物流行业竞争加剧，不法分子可能会利用此行业的法律与安全机制尚不健全这一大弊病，扰乱行业及市场秩序以达到其非法目的。

5.4.2　互联网+共同配送

共同配送是指由多个企业或其他组织整合多个客户的货物需求后联合组织实施的配送方式。"互联网+共同配送"是一种基于互联网平台的物流配送新模式，它通过整合多个企业或个人的物流资源，实现配送任务的共同承担和资源共享。

1．实现途径

（1）搭建配送平台

共同配送的实现需要建立一个高度可定制和可扩展的互联网平台，用于支持共同配送业务的全过程，包括订单管理、配送调度、货物追踪、支付结算等功能。同时，利用云计算、大数据、物联网（IoT）和人工智能（AI）等先进技术，优化平台性能，提高数据处理和分析能力，实现智能调度、路线优化和实时追踪等功能。

（2）整合配送资源

共同配送的实现需要将多个物流企业的资源进行整合，形成一个统一的共同配送网络，实现资源的共享和优化配置。

（3）服务质量管理

对于整合的物流企业，需要制定共同配送的服务标准和流程，确保所有合作伙伴都遵循统一的服务质量标准，提供标准化的配送服务。同时，对于平台而言，应该能够根据不同客户的需求，提供个性化的配送服务，包括定时、定点、特殊包装等。为了不断改进服务质量，还需要建立客户评价和反馈机制，及时了解客户的需求和意见。

（4）配送过程管控

配送过程管控包括智能调度、路线优化、实时追踪和安全管理等。①智能调度。利用AI 和大数据技术，对订单进行智能分析，实现订单的自动分配和调度，提高配送效率。②路线优化。基于实时交通信息和订单数据，运用算法优化配送路线，减少配送时间和成本。③实时追踪。通过物联网技术，实现货物的实时追踪和定位，确保货物的安全和及时送达。④安全管理。通过加强对配送员和车辆的安全管理和培训，确保配送过程中的安全。同时，建立完善的应急处理机制，应对可能出现的风险和问题。

（5）配送生态建设

通过合作与联盟的方式，不断完善共同配送生态体系建设，促进共同配送的可持续发展。一是加强与物流企业合作，与各类物流企业建立紧密的合作关系，共同开展共同配送业务，实现互利共赢。二是加强与电商平台合作，建立战略合作关系，共享资源和信息，共同推动"互联网+共同配送"的发展。三是加入相关的行业协会和组织，加强与其他企业和机构的交流和合作，共同推动行业的健康发展。

2. 技术特点

"互联网+共同配送"的特点主要体现在技术整合与智能化、资源整合与协同化、服务提升与定制化、需求整合与成本优化、绿色环保与可持续化等方面。这些特点共同构成了"互联网+共同配送"的独特优势，使其能够满足市场对高效、便捷、安全的物流服务的需求。

（1）技术整合与智能化

"互联网+共同配送"通过整合物联网、大数据、云计算和 AI 等技术，能够提高配送的智能化水平。例如：通过物联网技术能够实现货物的实时追踪与定位，确保货物的安全和及时送达；通过智能传感器和 RFID 等技术可以提高仓储和配送的自动化水平；利用大数据技术对海量物流数据进行分析，通过云计算提供强大的数据处理能力，能够实现智能调度、路线优化等功能；AI 技术可以用于订单的智能分析、自动分配和调度，提高配送效率。

（2）资源整合与协同化

共同配送将多个物流企业的仓储、运输、配送等资源进行整合，形成一个统一的共同配送网络，实现资源的共享和优化配置。同时，利用网络平台实现信息共享，加强物流企业之间的沟通与协作，共同应对市场变化和客户需求。

（3）服务提升与定制化

通过制定共同配送的服务标准和流程，确保所有合作伙伴都遵循统一的服务质量标准，提高服务质量和客户满意度。同时，也可以根据不同客户的需求，提供个性化的配送服务，如定时、定点、特殊包装等，满足客户的多样化需求。

（4）需求整合与成本优化

共同配送随着网络的扩大和订单量的增加，可以实现规模效应，进一步降低单位成本。同时，共同配送通过整合配送需求，合理调度配送资源，能够减少车辆空驶现象，降低配送成本。

（5）绿色环保与可持续化

一方面，共同配送有利于推广使用环保包装和绿色运输方式，减少对环境的影响。例如，采用可降解的包装材料，使用新能源车辆进行配送。另一方面，共同配送通过优化配送路线和减少车辆空驶，能够降低能源消耗和碳排放，促进可持续发展。

3. 潜在问题

（1）技术挑战与标准缺失

首先，不同物流企业之间的信息系统、数据格式、技术标准存在差异，导致技术整合难度大，影响共同配送的效率和效果。其次，在智能共同配送领域，缺乏统一的规范标准，不仅会增加智能共同配送体系构建的成本，还会在运营时产生众多阻碍。

（2）资源整合与协同不足

首先，整合不同物流企业的仓储、运输、配送等资源存在难度，需要克服资源分散、信息不透明等障碍。其次，当前物流企业之间的协同化水平较低，缺乏有效的协同机制和合作平台，导致共同配送的效率和效果难以达到预期。

（3）服务标准化与定制化难题

首先，在共同配送过程中，缺乏统一的服务标准和流程，导致服务质量参差不齐，影响客户满意度。其次，在满足客户个性化需求方面，目前共同配送的定制化服务能力有限，难以满足客户的多样化需求。

（4）需求预测与成本优化挑战

首先，由于市场变化和客户需求的不确定性，导致需求预测不准确，影响采购和库存管理的效果。其次，在共同配送过程中，由于资源整合、路线优化等问题的存在，导致成本优化难度大，难以实现规模效应和降低成本。

（5）绿色环保与可持续发展问题

首先，随着环保意识的提高，物流行业面临着减少碳足迹、实现绿色物流的双重压力。其次，"互联网+共同配送"在可持续性方面还存在不足，如新能源车辆普及率低、包装材料不环保等问题。

5.4.3　基于"无人机+自助快递柜"的无人化配送系统

基于"无人机+自助快递柜"的无人化配送系统主要应用于快件配送服务，能有效提高配送效率，减少人力、运力成本，提高服务质量。

1．系统构成

基于"无人机+自助快递柜"的无人化配送系统主要由无人机、自助快递柜、快递盒、集散分点、集散基地和调度中心构成，如图 5-2 所示。

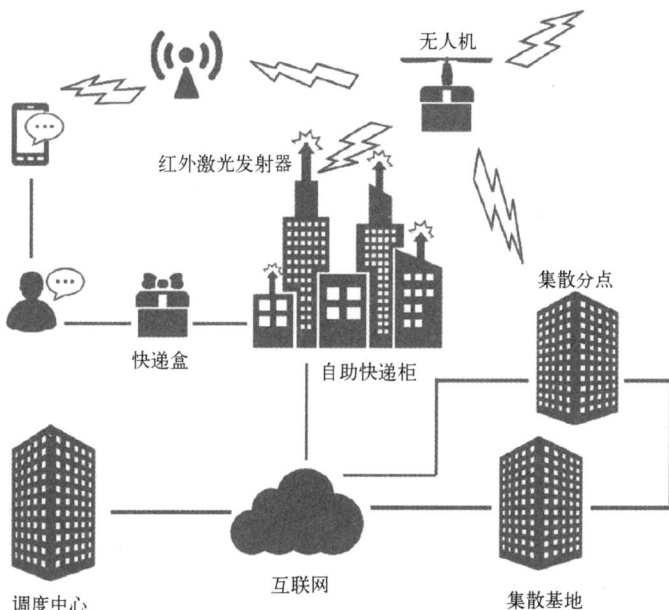

图 5-2　无人化配送系统构成

（1）无人机

四旋翼或八旋翼飞行器，配有 GPS 自控导航系统、iGPS（室内 GPS）接收器、各种传感器以及无线信号发收装置。

（2）自助快递柜

自助快递柜配备有一台计算机、无人机排队决策系统、快递管理系统、iGPS 定位系统、无人机着陆引导系统、装卸快递停机台、临时停机台、一套机械传送系统、自助快递终端和多个快递箱等。自助快递柜顶部的所有停机台都具有快速充电功能。无人机向自助快递柜发送着陆请求、本机任务报告和本机运行状态报告后，自助快递柜将无人机编号、该机任务以及任务优先权等信息输入系统，由排队决策系统分配停机平台，再由无人机着陆引导系统引导无人机降落，或者向无人机发出悬停等待指令。无人机收到自助快递柜接收着陆指令后，将持续将本机上 iGPS 接收器收到红外激光定位信号和本机编号回传给自助快递柜，自助快递柜将精确掌握无人机坐标信息，并引导无人机精准着陆。

（3）快递盒

快递盒内配置蓝牙和信息存储模块，主要用于装载快件，便于无人机运输。

（4）集散分点

各快递集散分点负责不同区域的快件集散。无人机接收调度中心的指令，将异地快件运往集散分点，集散分点发出相关指令引导无人机进行降落、卸件，卸下的快件将被整理运往机场。同时，调度中心将相关快递信息更新到目的区域的调度中心。另外，集散分点还负责辖区内无人机的安检、维修、临时停放、快速充电等工作。

（5）集散基地

异地快递在送达本区域后将先运往集散基地，集散基地根据快递盒输入的快件信息将快件进行分类，并将其运往相关集散分点，同时集散基地实时更新到达的快递信息，并将数据发送到调度中心。

（6）调度中心

调度中心管理本区域所有快件的接收与投放，同时对无人机进行系统维护、数据更新。调度中心也实时监测无人机和自助快递柜的链接状态，对出现的问题进行及时处理。

2. 运作流程

根据无人机的续航能力、快递业务量的地理分布、通信的实时可靠性、系统的容积能力以及建设成本等诸多因素，将整个无人化配送系统划分为若干区域，区域内部独立运作，区域之间协同运作。

（1）区域内快递收发

终端自助快递柜在收到用户放入的快件后向调度中心发送收件请求，调度系统自动派出合适的无人机，并向无人机发送相关任务指令以及目的地坐标，无人机收到任务指令后飞往目的地，终端自助快递柜将实时引导无人机着陆并进行自动装卸快件，快件在送达目的快递柜之后，终端自助快递柜智能系统将向用户发送领件信息。具体流程如图 5-3 所示。

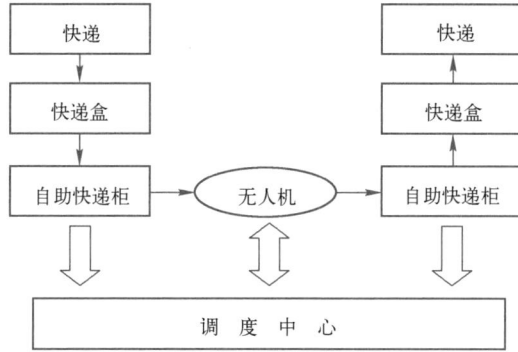

图 5-3 区域内快递收发流程

（2）区域间快递收发

调度中心在收到发往其他区域的快递信息后，将指引无人机收件后就近送往本区域的集散分点，集散分点自动将快递按区域分类，并装箱后送往机场，由大型飞机送往目的区域的集散基地，集散基地在收到快递箱以后拆分，集中将同一片区的快递送往该片区的集散分点，再由调度中心调度无人机送往目的自助快递柜。具体流程如图 5-4 所示。

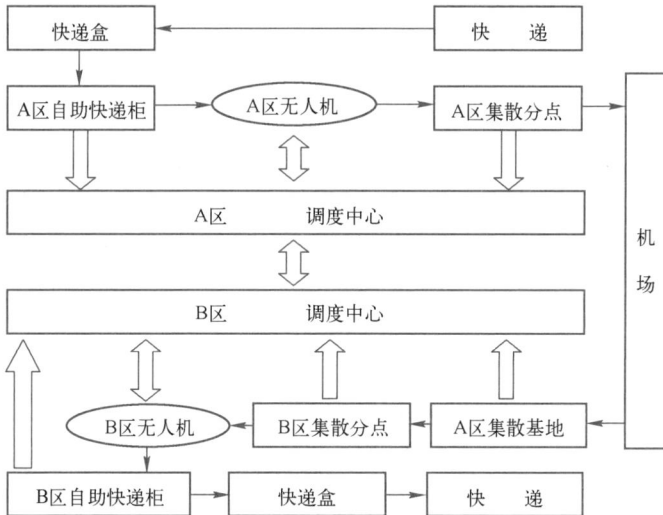

图 5-4 区域间快递收发流程

3. 调度策略

系统调度策略的核心是建立无人机状态列表，包括无人机编号、当前坐标、当前任务状态、运行状态、续航能力等。建立自助快递柜状态列表，包括自助快递柜编号、地理坐标、运转状态、拥塞程度等。

其具体方法为，关联无人机状态列表和自助快递柜状态列表，为每一组自助快递柜生成一张预设半径范围内无人机到达时刻表，此表包括无人机编号、预计到达时间（通过对停泊装卸时间、平均飞行速度的统计，以及无人机当前坐标、当前任务和快递柜坐标估算求得）、预计续航能力、停机位状态等。停机位包括三种状态：停在装卸平台、停在临时平台以及悬浮态。该表按预计到达时间、预计续航能力和停机位状态排序。半径的设置视无人机群规模统计优化而定，目的在于优化系统、缩短响应时间，在无人机群规模较小的情况下可设为全区域。建立快递投送列表，包括快递编码、所在自助快递柜编号、目的自助快递柜编号、所需续航能力、快递优先级等，按优先级排序，优先级由快递等级和收件时间确定。

调度流程如下：①无人机实时向调度中心发送状态信息，调度中心实时更新无人机状态列表。②自助快递柜收到快递后向调度中心发送收件信息，调度中心更新快递投送表。③从投送表中取出优先级最高的快递编码，及其所在的自助快递柜编号和目的自助快递柜编号。④从此自助快递柜的无人机到达时刻表中取出具备续航能力且最快到达的无人机编号。⑤调度中心给无人机发送指令，给出收件坐标位置和投件坐标位置。⑥无人机到达目标位置后，向自助快递柜发送着陆请求。⑦利用 iGPS 定位系统，自助快递柜精确引导无人机对接着陆装卸快件。⑧无人机装卸后将向调度中心发送快递到位报告（或无人机收件成功，或快件送达目的地）。⑨无人机如任务未完成或有其他任务，将继续执行任务，如飞往目的自助快递柜投送快递，在此自助快递柜收件，或飞离此自助快递柜。⑩无人机如无其他任务，将接收自助快递柜引导停靠临时停机台的让位指令，自助快递柜会在收到其他无人机发出着陆请求时发出让位指令。⑪自助快递柜在快递入柜后将向调度中心发送快递到位确认报告，并同时向用户发送手机短信，提醒用户及时收取，内容包括提取密码以及超时收费和退还原地的提示。⑫超过系统设定时限未被取走的快递将按照无人查收的方式退回原地，并短信通知用户，退回后超时无人取走的快递将送往就近的集散分点储存。

5.4.4　城市地下物流配送系统

地下物流配送系统是一种新兴的运输和供应系统，是现代物流创新发展的新技术，是一种具有革新意义的物流配送模式。在城市道路日益拥挤，拥堵越来越严重的情况下，地下物流配送系统具有巨大的优越性。

1. 运作流程

目前一些发达国家，包括美国、德国、荷兰、日本等在地下物流配送系统的可行性、网络规划、工程技术等方面展开了大量的研究和实践工作。研究表明，地下物流配送系统不仅具有速度快、准确性高等优势，而且是解决城市交通拥堵、减少环境污染、提高城市货物运输的通达性和质量的重要有效途径，符合资源节约型社会的发展要求，是城市可持续发展的必要选择。

地下物流配送系统是指运用自动导引车和客货两用车等承载工具，通过大直径地下管道、隧道等运输通路，对固体货物实行运输及分拣配送的一种全新概念物流系统。在城市，地下物流配送系统与物流配送中心和大型零售企业结合在一起，实现网络相互衔接。客户通过互联网下单，物流中心接到订单后迅速进行高速分拣，通过地下管道物流智能运输系统和分拣配送系统进行运输或配送。也可以与城市商超结合，建立商超地下物流配送。

地下物流配送系统末端配送可以与居民小区建筑运输管道相连，最终发展成一个连接城市各居民楼或生活小区的地下管道物流运输网络，并达到高度智能化。当这一地下物流配送系统建成后，人们购买任何商品都只需要点一下鼠标，所购商品就像自来水一样通过地下管道很快地"流入"家中。

2. 系统构成

地下物流配送系统的开发技术主要包括管道和轨道两种。管道运输又分为气力管道运输和液体管道运输。由于一些国家，如英国、德国等已经存在大量的地下管道设施，而且它们的管道运输技术也比较成熟，因此，在这些国家，地下物流配送系统开发技术的侧重点在于整合原有管道系统、扩大系统应用范围等方面。其他国家的地下物流配送系统规划和建设起步较晚，主要关注轨道运输，结合地铁的轨道运输有很大的发展空间。

地下物流配送系统包括三个模块。模块1：结合轨道交通完成从港口、火车站、高铁站、空港城到各城区的主干道输送。模块2：结合综合管廊增加物流输送功能，一次开挖，共享复用，完成从区集散点经次干道至各小区、各建筑物的输送。模块3：与园区地产结合，通过楼宇自动化完成到户到家的终极目标。以上三个模块也可以反向运行。

3. 创新模式

近年来，地下物流配送系统技术开始向智慧化和自动化方向发展，出现了一些新的创新模式，如荷兰出现了创新性的地下物流配送系统实施方案和概念。

1）多核系统（Multi-core System）。该系统是指在一个管道内放置几根小的管子和电缆，可以在其中传输不同的物质。采用这种多核系统的好处是，在该系统内增加铺设一些小的管子和电缆，不会增加太多的成本。

2）共同承运人（Common Carrier）。这是一个新的组织概念，指管道由几家公司合资经营。这种方式避免了过去那种由每家公司独立经营自己的管道系统的弊端，把原来各个独立的管道连接起来，形成一个管道网，大家共同经营。

与此同时，原有的地下物流配送系统技术也出现了一些新的特点：①开始使用卷桶型集装箱和托盘；②实现了全自动运输和自动导航系统，包括自动转换到无轨系统；③管道长度扩展到50km；④形成一个独立的运输环境。这些新的概念和实施方案为我国的地下物流配送系统建设提供了很好的启示和借鉴。

4. 应用意义

地下物流配送系统可以有效地解决经济发展和环境污染、道路拥挤之间的矛盾，提高城市居民的生活质量，减少环境污染、道路拥挤及交通事故的发生率，保护城市的历史风貌和各级文物古迹。另外，从投资成本来看，建设地下物流配送系统比地铁和地上高架路的投入低，其未来收益很大。因此，地下物流配送系统是一种可行的、新的绿色物流方式，是可以替代中短距离道路运输的一种有发展前途的运输方式，值得推广建设。

地下物流配送系统凭借其低成本、高效、准时的优势，很好地解决了制约电子商务发展的城市物流配送"最后一公里"物流瓶颈问题。一方面，地下物流能够对地面货运交通进行分流，促进货物运输的通畅性；另一方面，地下物流不受气候和天气的影响，可以实现智能化、无中断的物流运输，使运输过程得到有效衔接。未来，地下物流配送系统将作为一种可行的、创新的绿色物流方式，成为物流行业进行模式创新的重要方向。

据悉，在我国雄安新区的建设中，我国科学家已经提出了在雄安新区建设和运营中开始建设智能地下物流配送系统的规划方案，提出了雄安新区应用地下物流配送系统来解决城市物流配送带来的拥堵问题的建议，希望从雄安新区开始，探索和应用智慧的地下物流配送创新模式，让我国地下物流配送系统取得跨越式发展。

案例5-9
地铁物流 轨道交通物流探索与应用研究

本章小结

配送是根据客户要求，对物品进行分类、拣选、集货、包装、组配等作业，并按时送达指定地点的物流活动。在快节奏的现代生活中，消费者对配送服务的要求日益提高，传统的配送模式已难以满足市场需求。因此，智慧配送作为一种新型的配送方式应运而生。

智慧配送是指运用现代科技手段，特别是云计算、大数据、物联网等先进技术，对配送过程进行智能化管理和优化，以提高配送效率、降低成本、提升客户满意度的配送模式。相较于传统配送，其具有敏捷性、协同性、开放性、安全性、经济性和生态性等特点，在电商、新零售和餐饮外卖等领域发展迅速并得到充分应用。

智慧配送系统是一个由配送网络、配送设备和配送信息管理平台等多个方面组成的复杂系统。配送网络是智慧配送系统运行的基础，主要包括智慧配送园区、智慧配送中心和智慧配送站等。这些节点在配送网络中形成层次分明的架构，确保货物能够高效、快速地送达目的地。智能配送设备是实现高效配送的关键，主要包括无人配送车、配送无人机和智能快递柜等。智慧配送信息平台是智慧配送系统的核心，它是一个以数据为核心驱动力、具备高度智能化和自动化特点的综合性管理平台。配送管理中的智能决策与优化问题包括订单分配、货物集拼、运力调度、路径优化和时间窗口管理等。

随着大数据、云计算、物联网等先进技术的深度融合，智慧配送的创新模式不断涌现，典型的创新模式有"互联网+众包物流""互联网+共同配送"、基于"无人机+自助快递柜"的无人化配送系统以及城市地下物流配送系统等。

课后练习

一、思考题

1. 什么是配送？它具有哪些特点？
2. 配送的分类标准有哪些？分别包括哪些具体的形式？
3. 智慧配送具有哪些特点？
4. 智慧配送系统是如何构成的？
5. 配送管理中的智能决策与优化问题主要有哪些？
6. 智慧配送的创新模式主要有哪些？

二、讨论题

1. 试分析传统配送与智慧配送之间的区别和联系。
2. 试举例分析智慧配送的行业应用情况。
3. 试分析并讨论配送管理中主要决策与优化问题的技术发展现状。
4. 试分析并讨论"互联网+众包物流"的特点和优势。
5. 试分析并讨论"互联网+共同配送"的特点和优势。
6. 试分析并讨论基于"无人机+自助快递柜"的无人化配送系统的特点与优势。
7. 试分析并讨论城市地下物流配送系统的特点与优势。

三、案例分析

美团无人配送：构建无人配送产业生态圈

自从京东的无人配送车在北京海淀区京东上地配送站上路之后，美团也紧随其后，发布了自己的美团无人配送车。"无人配送的落地，会带来技术挑战，但在这其中最难的挑战是将技术与商业、用户体验有效结合，这也是我们推出无人配送开放平台的原因。"美团相关负责人说。

美团相关负责人介绍，美团所发布的无人配送车不同于京东的，美团是一个开放的平台。美团希望通过这一无人配送开放平台构建一个完整的产业生态圈，通过开放自身多重场景与能力，联合各界合作伙伴共同打通无人配送在"产学研用"全生命周期链上的关键环节。美团所说的开放平台，主要是指与无人配送企业的合作。据了解，在美团的开放合作平台中，优地、Segway 配送机器人、智行者-蜗（Ω）、Roadstar、AutoX、深兰科技-小蚂哥等均已加入该开放平台，这些无人车的服务范围覆盖了酒店、餐馆、医院等众多日常生活服务场景。

从数据看，2018 年美团的单日外卖交易数超过 2100 万笔，截至 2017 年第四季度，每日平均活跃配送骑手数量为 53.1 万。骑手与订单比例严重失衡。骑手的短缺成为制约用户体验的重要因素。美团的骑手成本由 2016 年的 51 亿元增加至 2017 年的 183 亿元，人工骑手的配送成本不断增加。无论是美团的外卖订单还是京东的商品配送订单，订单的增加也意味着配送员的增加。急剧飙升的人工成本已经成为企业的一项重大支出。

然而，无人配送并不能真正代替人工。"未来很长时间内，都会是人车混送的方式。"美团无人配送部总经理表示。无人配送车是对骑手的有效补充，它可以持续工作，比如承担更多夜间配送的工作，而骑手更为灵活，可以处理一些较为复杂的场景。骑手与无人配送车可以发挥各自优势，提升效率与优化用户体验。

在流量增速放缓的背景下，如何维持现有市场，提升用户体验成为各大平台所面临的新问题。提升"最后一公里"的配送效率也就成为这其中的重要一环。

美团负责人介绍，随着无人配送车的逐渐成熟，平台将需要大量的维护人员，此时各地的部分外卖骑手可以很快转化为无人配送车运营团队，与无人配送落地无缝衔接。在美团的生态中，占比高达 62% 的外卖业务是美团流量的重要来源。服务好这部分客户，也就意味着留住了流量。

问题：

1. 如何理解美团所构建的无人配送产业生态圈？
2. 结合个人认识，谈一谈无人配送的应用前景及发展重点。

第6章　智慧装卸搬运

学习目标

- 能够准确解释装卸搬运和智慧装卸搬运的概念。
- 能够准确复述装卸搬运的特点、方式和重要性。
- 能够简要描述智慧装卸搬运的发展历程。
- 能够详细介绍智慧装卸搬运的特点及行业应用情况。
- 能够准确复述智慧装卸搬运系统的模块构成。
- 能够正确列举并描述智慧装卸搬运中的决策与优化问题。
- 能够正确认识和分析智慧装卸搬运的创新模式。

随着物流行业的快速发展，装卸搬运环节作为物流过程中不可或缺的一环，正面临着效率提升与成本优化的双重挑战。在这样的背景下，智慧装卸搬运技术的出现为物流行业的装卸搬运环节带来了革命性的变革。它利用物联网、大数据分析和人工智能等先进技术手段，实现了对装卸搬运设备的智能控制、路径优化和实时监控。智慧装卸搬运技术的应用，将极大地提高装卸搬运的效率和安全性，降低人工成本，为物流行业的持续发展注入新的活力。

6.1　装卸搬运概述

6.1.1　装卸搬运的概念

装卸是一种以垂直方向移动为主的流通活动，是指在指定地点以人力或者机械将物品装入运输装备或者从运输装备内卸下的作业活动。搬运则是指在同一场所内，对物品进行的以水平方向移动为主的流通作业。装卸搬运是装卸活动和搬运活动的合称，是指在同一场所内改变物品的存放状态和支撑状态的活动。

装卸搬运活动是物流活动中不可缺少的环节，在物流活动中起着承上启下的作用。物流的各环节和同一环节不同作业之间都必须进行装卸搬运作业，正是装卸活动把物流各个阶段连接起来，使之成为连续的、流动的过程。在生产企业物流中，装卸搬运成为各生产工序间连接的纽带，它是从原材料设备等装卸搬运预备开始到产品装卸搬运为止的连续作业过程。

装卸搬运在物流成本中占有重要地位。在物流活动中，装卸活动是不断出现和反复进行的，它出现的频率高于其他物流活动。每次装卸活动都要花费很长时间，所以往往成为决定物流速度的关键。装卸活动所消耗的人力也很多，所以装卸费用在物流成本中所占的比重也较高。

6.1.2　装卸搬运的特点

1．附属性、伴生性

装卸搬运是物流每一项活动开始及结束时必然发生的活动，因而有时被人忽视，有时被看作其他操作不可缺少的组成部分。例如，一般而言的"汽车运输"实际上包含了相随的装卸搬运，仓库中泛指的"保管活动"也含有装卸搬运。

2．支持性、保障性

装卸搬运的附属性不能理解成被动的，实际上，装卸搬运对其他物流活动有决定性作用。装卸搬运会影响其他物流活动的质量和速度，例如，装车不当会引起运输过程中的损失，卸放不当会引起货物下一步运动的困难。许多物流活动在有效的装卸搬运支持下，才能实现高水平的运作。

3．衔接性

在任何其他物流活动互相过渡时，都是以装卸搬运来衔接的，因此装卸搬运往往成为整个物流的"瓶颈"，是物流各功能之间能否形成有机联系和紧密衔接的关键，而这又是一个系统的关键。建立一个有效的物流系统，关键看这一衔接是否有效。比较先进的系统物流方式（如联合运输方式）就是着力解决这种衔接而出现的。

6.1.3　装卸搬运的方式

1．吊上吊下方式

采用各种起重机械从货物上部起吊，依靠起吊装置的垂直移动实现装卸，并在吊车运行的范围内或回转的范围内实现搬运或依靠搬运车辆实现小搬运。由于吊起及放下属于垂直运动，所以这种装卸方式属于垂直装卸。

2．叉上叉下方式

采用叉车从货物底部托起货物，并依靠叉车的运动进行货物位移，搬运完全靠叉车本身，货物可不经中途落地直接放置到目的地。这种方式的垂直运动不大，主要是水平运动，属于水平装卸方式。

3．滚上滚下方式

利用叉车或半挂车、汽车承载货物，连同车辆一起开上运输工具，到达目的地后再从运输工具上开下，称为滚上滚下方式。利用叉车的滚上滚下方式，在卸货后，叉车必须离开，利用半挂车、平车或汽车，则拖车将半挂车、平车拖拉至船上后，拖车开下离船而载货车辆连同货物一起运到目的地，再原车开下或拖车上船拖拉半挂车、平车开下。

4．移上移下方式

移上移下方式是指在两车之间（如火车及汽车）进行靠接，然后利用各种方式，使货物不垂直运动，而靠水平移动从一个车辆上推移到另一个车辆上。移上移下方式需要使两种车辆水平靠接，需要对站台或车辆货台进行改变，并配合移动工具实现这种装卸。

5．散装散卸方式

一般从装点直到卸点，中间不再落地，这是集装卸与搬运于一体的装卸方式。

6.1.4　装卸搬运的重要性

装卸搬运活动在整个物流过程中占有很重要的位置。一方面，物流过程各环节之间以及同一环节不同活动之间，都是通过装卸作业有机结合起来的，从而使物品在各环节、各种活动中处于连续运动或所谓的流动状态；另一方面，各种不同的运输方式之所以能联合运输，也是因为装卸搬运的存在。在生产领域中，装卸搬运作业已成为生产过程中不可缺少的组成部分，成为直接生产的保障系统，从而形成装卸搬运系统。由此可见，装卸搬运是物流活动得以进行的必要条件，在全部物流活动中占有重要地位，发挥着重要作用。

1．影响物流质量

因为装卸搬运是使货物产生垂直和水平方向上的位移，货物在移动过程中受到各种外力作用，如振动、撞击、挤压等，容易使货物包装和货物本身受损，如损坏、变形、破碎、散失、流溢等，装卸搬运损失在物流费用中占有一定的比重。

2．影响物流效率

物流效率主要表现为运输效率和仓储效率。在完成一次运输循环所需的时间中，在发运地的装车时间和在目的地的卸车时间占有不小的比重，特别是在短途运输中，装卸搬运时间所占比重更大，有时甚至超过运输工具的运行时间，所以缩短装卸搬运时间对加速车船和货物周转具有重要作用。在仓储活动中，装卸搬运效率对货物的收发速度和货物周转速度产生直接影响。

3．影响物流安全

由于物流活动是物的实体流动，在物流活动中确保劳动者、劳动手段和劳动对象安全非常重要。装卸搬运特别是装卸作业，货物要发生垂直位移，不安全因素比较多。实践表明，物流活动中发生的各种货物破损事故、设备损坏事故、人身伤亡事故等，相当一部分是在装卸过程中发生的。特别是一些危险品在装卸过程中如违反操作规程进行野蛮装卸，很容易造成燃烧、爆炸等重大事故。

4．影响物流成本

装卸搬运是劳动者借助劳动手段作用于劳动对象的生产活动。为了进行此项活动，必须配备足够的装卸搬运人员和装卸搬运设备。装卸搬运作业量较大，往往是货物运量和库存量的若干倍，所需装卸搬运人员和设备数量也较大，即要有较多的活动和物化劳动的投入，这些劳动消耗要计入物流成本，若能减少用于装卸搬运的劳动消耗，就可以降低物流成本。

6.2　智慧装卸搬运的发展与应用

智慧装卸搬运是指采用智能机器人、自动化设备等先进装备，结合物联网、云计算、人工智能等先进技术手段，实现装卸搬运过程的自动化、可视化管理和智能优化。它不仅包括自动化作业，还强调人工操作与自动化操作的有机结合，以及环保、安全和高效的综合考虑。

6.2.1　智慧装卸搬运的发展历程

智慧装卸搬运作为现代物流业和生产流程中不可或缺的一环，其发展历程经历了从原始的人工操作到机械化、自动化、智能化和无人化的转变。这一转变不仅极大地提高了装卸搬运效率，降低了人力成本，还促进了物流行业的整体升级。

1．人工装卸搬运阶段

在人类文明的早期，装卸搬运工作几乎完全依赖人力完成。这一阶段，人们使用简单的工具如绳索、木杠、手推车等辅助搬运重物，劳动强度大，效率低下，且存在较高的安全风险。随着工业革命的兴起，虽然生产方式有了巨大变革，但在某些领域或特定条件下，人工装卸搬运仍然是主要的作业方式。

2．机械化装卸搬运阶段

进入 20 世纪中叶，随着机械化生产的普及，装卸搬运领域也迎来了机械化时代。叉车、起重机、输送带等机械化设备的广泛应用，极大地减轻了工人的劳动强度，提高了装卸效率。这一阶段的显著特点是设备的单一性、独立性较强，虽然实现了部分自动化操作，但设备之间缺乏协同与联动，整体智能化水平有限。

3．自动化装卸搬运阶段

随着自动化技术的不断发展，装卸搬运领域进入了自动化阶段。这一时期，自动化控制系统、传感器技术以及计算机技术的融合应用，使得装卸搬运设备开始具备自主控制和多机协同作业的能力。工厂内部通过构建自动化的生产线和物流系统，实现了生产流程与物流作业的无缝衔接，显著提高了装卸效率和生产精度。自动化装卸搬运阶段标志着装卸搬运向更高层次的智能化迈进。

4．智能化装卸搬运阶段

进入 21 世纪，随着物联网、大数据、云计算、人工智能等技术的飞速发展，装卸搬运领域正式迈入智能化阶段。在这一阶段，装卸搬运系统不仅实现了设备的自动化控制，还通过引入先进的控制系统、优化算法和人工智能技术，实现了对作业过程的实时监控、智能调度和故障预警。智能化装卸搬运系统能够根据生产需求和物流变化自动调整作业计划，优化资源配置，提高作业效率和质量。同时，通过数据分析与挖掘，还能为企业提供决策支持，推动物流管理的智能化升级。

5．无人化装卸搬运阶段

作为智慧装卸搬运的未来发展方向，无人化装卸搬运阶段将实现装卸搬运作业的全面无人化、自主化。在这一阶段，通过引入先进的机器人技术、机器视觉、自动导航技术等，装卸搬运设备将能够自主完成从货物识别、抓取、搬运到放置的全过程。无人化装卸不仅能够进一步降低人力成本，提高作业效率，还能在极端环境或危险条件下作业，保障人员安全。同时，无人化装卸搬运系统还将与物联网、云计算等技术深度融合，实现与整个物流系统的无缝对接和协同作业，推动物流行业的全面智能化、自动化发展。

6.2.2 智慧装卸搬运的特点

1．无人化

智慧装卸搬运的显著特点是无人化。智慧装卸搬运设备上装有自动导向系统、自动抓取系统，依靠无线传感、定位导航、视觉识别、力觉感知、自动控制技术等，可以保障系统在不需要人工引航、人工作业的情况下就能够沿预定的路线自动装卸、自动行驶，将货物或物料自动从起始点运送到目的地，完成装卸搬运作业活动。同时，智慧装卸搬运设备一般与其他物流设备有自动接口，可以实现货物和物料装卸与搬运全过程的自动化与无人化。这种自动化的操作过程，一方面节约了人力，提高了效率；另一方面满足了高危、狭小空间内的智能无人搬运需求。

2. 柔性化

智慧装卸搬运的另一个突出特点是柔性化。由于人工智能的加入，智慧装卸搬运的作业路径、作业样式、力度功率可以根据仓储货位要求、生产工艺流程、物流作业环境等改变而灵活改变，可以模拟人的思维进行智能判断，不断动态调整并选择优化运行方案。这种运行改变的费用与传统的、刚性的装卸搬运作业相比，减少了重新购置建设作业设备、作业线的时间和成本，体现出较好的经济性。

3. 协同化

智慧装卸搬运管理系统能够整体调度和监控装卸搬运作业流程，包括无人叉车、机器人、机械手以及辊道等；可支持多台机器人同时联动作业，保证相互避让以及最优路径的规划，防止拥堵；可通过作业流程节拍的控制，实现状态监控、增减机器人数量、地图布局修改及交通管制等功能，最大限度地实现制造工厂、物流仓库的装卸搬运作业优化，大幅度提高装卸搬运作业效率；可广泛应用于各生产、物流节点之间的物料搬运和工艺设备之间的水平垂直转运、自动上下料等环节，能与各种自动化设备进行对接，大幅度提高物流整体作业效率。

6.2.3 智慧装卸搬运的行业应用

智慧装卸搬运技术在不同行业场景中的应用广泛而深入，典型的应用场景包括制造业物流、仓储与配送中心、港口与码头等。随着技术的不断发展和创新，相信未来智慧装卸搬运将在更多领域发挥更大的作用。

1. 制造业物流

在制造业物流中，智慧装卸搬运的应用显得尤为重要。自动化装卸搬运设备可以有效减少人工作业量，提高物流效率；智能识别与跟踪技术确保产品在整个供应链中的准确追踪；优化装卸策略则有助于减少物料搬运过程中的损耗和浪费。

目前智慧装卸搬运设备在制造业的应用还处于初级阶段，主要用于仓库与生产线之间或生产线之间的物料自动运输，取代传统的叉车。一些比较有实力的制造业企业把智慧装卸搬运工具 AGV 作为智能化工厂建设的一部分，与装配工艺、ERP 系统结合在一起。智慧装卸搬运设备 AGV 在智能工厂的主要应用有如下几个方面：

（1）柔性装配线

传统生产线一般是由一条连续的刚性传送设备组成的，短则数米，长则数公里，如汽车装配线等。采用 AGV 之后，生产线更加灵活，当产品发生变动时，生产线只需要做少量改进或做程序调整就能随产品的变化而变化。不仅作为无人自动搬运车辆使用，也可当作一个个可移动的装配台、加工台使用，它们既能自由独立地分开作业，又能准确有序地组合衔接，形成没有物理隔断、能起动态调节作用的高度柔性的生产线。目前这种AGV 柔性装配线在轿车总装线、家电生产线、发动机装配线、试车线、机床加工线均有应用。

（2）物料搬运

在工厂的物料搬运中，AGV 能轻松运载车间物料，不需要人的参与，可以根据设定的站点随意放置物料。一台 AGV 的工作量是一个工人加一台叉车的 3～3.5 倍。使用 AGV 搬运物料，不仅能节约成本，还能提升产能。在生产线上往往需要 4 个人才能完成的搬运任务，只需要配备一台 AGV 就可以轻松搞定。

（3）特殊应用场合

AGV 无人自动搬运解决了一些不适宜人在其中生产或工作的特殊环境问题，如核材料、危险品（如有毒物品、腐蚀性物品、易燃易爆物品）等。在钢铁厂，AGV 用于炉料运送，减轻了工人的劳动强度。在核电站和利用核辐射进行保鲜储存的场所，AGV 用于物品的运送，避免了危险的辐射。在胶卷和胶片仓库，AGV 可以在黑暗的环境中准确可靠地运送物料和半成品。

2．仓储与配送中心

仓储与配送中心是智慧装卸搬运技术的主要应用场所。通过自动化装卸设备和智能调度管理系统，可以显著提高货物存储和分拣的速度和准确性。同时，数据分析与管理有助于预测库存需求，优化仓储空间布局。从具体应用案例上看，通过智慧装卸搬运技术的应用可以实现仓储货物的自动卸车、自动输送、自动分拣、自动取货、自动装车以及信息数据的自动更新等业务工作。下面以京东昆山无人分拣中心为例进行介绍，其整体布局如图 6-1 所示。

图 6-1　京东昆山无人分拣中心整体布局

1）自动卸车。京东物流车将昆山无人分拣中心周边地区所覆盖的 13 个仓内打包好的快递包裹（规格小于 500mm×500mm×500mm，种类为除液体、易碎品外的全品类商品）以带笼箱运输的方式运抵昆山无人分拣中心站台，系统自动为 AGV 派发卸车任务。AGV 将笼箱从车厢内叉取出来之后根据业务繁忙程度直接运至倾倒区或者送至包裹暂存区。

2）自动供包。AGV 利用自动倾倒设备将笼箱内的货物放置在输送线上，货物随输送线被送至单件分离区，空笼箱由 AGV 送至空笼存放区。

3）自动分离。输送线将包裹分流到三条带式输送机，通过自动化单件分离设备将包裹进行分离，并让包裹在输送线上自动靠边。包裹在到达分拣系统输送线的过程中自动居中，并由测量光幕测量包裹体积、重量等信息，上传智能生产管理系统（IPMS），同时可追踪视频监控系统（SVDT）可以实时查询追踪所有数据。

4）自动扫描。包裹随分拣系统输送线先经过底面扫描，后经过五面扫描装置，实现对包裹的六面扫描，保证面单信息被快速识别并上传系统。货物经输送线及六面扫描后进入交叉带分拣机系统。如果出现扫描异常件，系统则直接将其分配到异常件格口，落入笼箱后等待后续处理。

5）自动分拣及落包。系统根据包裹信息分配格口，同时控制交叉带分拣机，使其落入相对应的笼箱。由于格口与地面有一定距离，为了防止包裹跌落在笼箱外，同时对高速滑落的包裹进行一定缓冲从而保护包裹，在笼箱上部装有防跌落卷帘，当笼箱满半时，防跌落卷帘自动升起。

6）自动取货。笼箱内的感应装置可以感应货物装载情况，当装满时，会自动发送信号给控制系统，控制系统中止该格口的落包作业，并调度 AGV 前来取货。与此同时，系统会给另外的 AGV 下达指令，将暂存在空笼等候作业区的笼箱送至该格口，系统同时恢复该格口的落包指令。期间，笼箱会持续从存放区补货到待作业区。

7）自动装车。AGV 将装满货品的笼箱叉取至笼箱输送导轨上，导轨的电机提供动力将笼箱输送至 AGV 自发货区，同时导轨也能起到一定的笼箱缓存作用。发货站台上的 AGV 将笼箱从导轨上取下，经过 RFID 识别区，由系统识别是否有异常发货订单，如无异常，AGV 直接将笼箱送至等候在月台的京东物流车。京东物流车共有两种类型：一种在车厢里加装有笼箱输送导轨，AGV 将笼箱放入导轨即完成装车作业；另一种未加装导轨，AGV 则需要开进车内放置笼箱。为了更好地保护笼箱内的商品，车厢内两侧壁环进行了特殊处理，便于进一步用绳带固定笼箱。

昆山无人分拣中心可以显著提升分拣效率，分拣能力达到 9000 件/h，同时可以大幅度节省人员——在同等场地规模和分拣货量的前提下，据测算，该分拣中心可以节省 180 个员工。

3. 港口与码头

在港口与码头，智慧装卸搬运技术可以显著提高货物的装卸速度和效率。通过自动化装卸设备和智能调度管理系统，可以减少作业延误和事故，确保物流畅通无阻。下面以上海洋山港四期自动化码头（以下简称"洋山港四期"）为例进行介绍。

洋山港四期集装箱的装卸转运全部由智能设备完成。码头装卸作业采用"远程操控双小车集装箱桥吊+轨道吊+AGV"的生产方案。

（1）码头装卸

岸上的桥吊从岸边的集装箱船上抓起自动化码头运作的集装箱，集装箱移动到码头后，在计算机的控制下，桥吊将集装箱放置到中转平台。

中转平台的门架小车就位，将集装箱稳稳抓起移动到已经在地面等候的 AGV 上方（见图 6-2），然后集装箱缓缓落下，箱子四角的锁扣与 AGV 连接，整个过程耗时不到两分钟。

（2）水平运输

AGV 在地面磁钉的引导下，载着集装箱开往目标箱区域。AGV 根据磁钉位置可以准确找到所在位置，并且根据预设路径高精度运作。

通过"智能大脑"，AGV 可以自定行车路线，有效规避碰撞。洋山港四期的锂电池驱动

AGV 采用了前沿技术，除了无人驾驶、自动导航、路径优化、主动避障，还支持自我故障诊断、自我电量监控等功能。

图 6-2　AGV 等候装载集装箱

（3）堆场装卸

到达指定的堆场之后，堆场机械、轨道吊准备就绪，把集装箱吊到指定的堆场位置。所有过程通过自动程序完成。

针对运量结构和装卸特点，洋山港四期的自动化堆场装卸设备采用无悬臂、单悬臂、双悬臂三种轨道吊，无悬臂箱区和带悬臂箱区间隔布置。无悬臂轨道吊可在箱区两端与水平运输设备进行交互，而悬臂式轨道吊在具备无悬臂轨道吊所有功能的同时，还可以直接和位于自身悬臂下的水平运输设备进行交互，让现场作业的机动性和灵活性大大增强，目前这一模式在全球的自动化码头中是独一无二的。

（4）智能控制

上港集团自主研发的全自动化码头智能生产管理控制系统（ITOS），成为洋山港四期的"大脑"。ITOS 覆盖了自动化码头全部业务环节，衔接上海港的各大数据信息平台，可以提供智能的生产计划模块，实现实时作业调度及自动监控和调整，高效率地组织码头现场生产，现时 ITOS 还可以实现桥吊边装边卸作业，大大提高作业效率。

6.3　智慧装卸搬运系统

智慧装卸搬运系统是一种应用先进技术的装卸搬运解决方案，它集成了机械化、自动化、智能化等多个方面的技术，旨在提高装卸搬运的效率、准确性和环保性。

6.3.1　智慧装卸搬运系统的模块构成

智慧装卸搬运系统的模块构成通常包括信息感知、智能执行、可视化监控、智能调度、智能控制、网络通信、人机交互以及数据交互等关键部分，这些模块共同协作以实现装卸搬运过程的自动化、智能化和高效化，如图 6-3 所示。

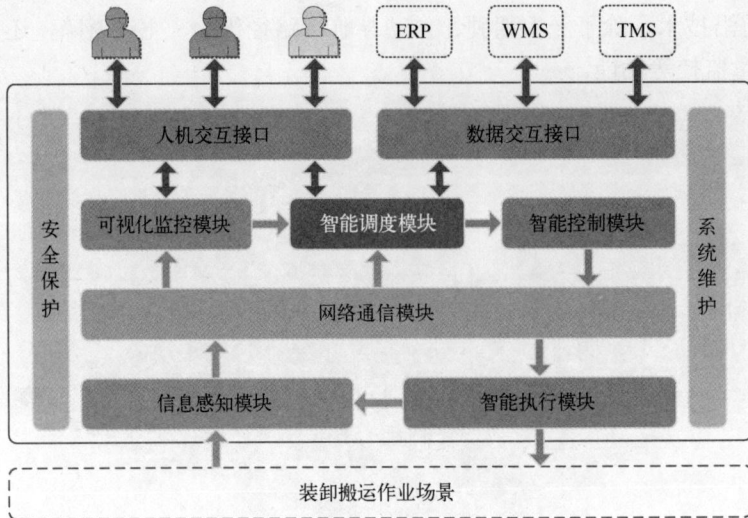

图 6-3　智慧装卸搬运系统的模块构成

1. 信息感知模块

信息感知模块位于智慧装卸搬运系统的前端，负责收集装卸搬运作业场景中的各类数据，包括设备状态、货物信息、作业进度等，为可视化监控模块和智能调度模块提供必要的数据支撑。

信息感知模块主要由各类传感器和摄像头等图像采集设备构成。常用的传感器主要有激光传感器、红外传感器、视觉传感器和力传感器等，用于实时感知和获取货物的位置、形状、重量等信息。图像采集设备用于捕捉货物的图像和视频信息，通过图像处理和识别技术，实现货物的精准定位和识别。

2. 智能执行模块

智能执行模块也位于智慧装卸搬运系统的前端。其接收智能控制模块的指令，自动执行装卸搬运作业。

智能执行模块主要由自动化装卸搬运设备、智能夹具和输送装置等构成。常用的自动化装卸搬运设备主要有无人叉车、自动导引车（AGV）、自动堆垛机和智能搬运机器人等，其能够按照预设的程序或指令自动完成货物的装卸、搬运和堆垛等工作。智能夹具是用于夹取、搬运货物的专用工具和设备，能够根据货物的形状、尺寸和重量自动调整，确保搬运过程中的稳定性和安全性。输送装置主要包括带式输送机、辊道输送机、链板输送机、悬挂式输送机和自动化立体仓库输送机等，用于实现货物的近距离搬运。

3. 可视化监控模块

可视化监控模块是装卸搬运系统中用于实时展示和监控作业情况、设备状态、人员位置、环境参数等信息的子系统，在提高作业效率、增强安全性、降低成本和提升管理水平等方面发挥着重要作用。①实时监控。通过传感器、摄像头等设备实时采集数据，对装卸搬运过程中的各个环节进行实时监控。②可视化展示。将采集到的数据以图形化、图像化的形式展示出来，使操作人员能够直观地了解作业情况。③异常预警。当监测到异常情况（如设备故障、人员违规操作等）时，及时发出预警信号，提醒操作人员采取措施。④数据分析。对历史数据进行分析，为优化装卸搬运流程、提高作业效率提供数据支持。

4．智能调度模块

智能调度模块是装卸搬运作业智能化的核心组成部分。它接收上层应用系统（ERP、WMS、TMS 等）的作业计划，基于对装卸搬运作业场景数据的实时分析和处理，实现资源的优化配置和作业的智能调度，确保各设备之间的协同作业。

智能调度模块的主要功能包括：①任务分配。根据作业计划和资源可用性，自动或辅助人工将装卸搬运任务分配给合适的设备和人员。②路径规划。基于作业现场布局、设备性能、交通规则等因素，为装卸搬运设备规划最优的行驶路径，减少行驶距离和时间，提高作业效率。③资源调度。实时监控装卸搬运过程中的资源（如设备、人员、物料等）使用情况，动态调整资源分配，确保作业顺利进行。④异常处理。对作业过程中出现的异常情况（如设备故障、人员缺席等）进行快速响应和处理，减少作业中断和延误。

5．智能控制模块

智能控制模块将调度策略和作业计划转化为对装卸搬运设备的控制指令，指挥装卸搬运设备完成相应的装卸搬运操作。

智能控制模块有中央控制和分布式控制两种控制方式。中央控制方式由单一控制节点负责整个装卸搬运系统的监控和管理。在某些大型或复杂的装卸搬运系统中，则采用分布式控制策略，将控制系统分为多个子系统或控制单元，分别负责不同区域或设备的控制和管理。

6．网络通信模块

网络通信模块是装卸搬运系统中不可或缺的重要组成部分，它实现了系统中各设备之间以及系统与外部网络之间的数据传输和通信。通过选择合适的通信方式和模块类型，并进行有效的集成和调试，可以构建一个高效、稳定、安全的装卸搬运系统，提高作业效率和安全性。

常用的通信方式可分为有线通信（如以太网）和无线通信（如 WiFi、蓝牙、ZigBee、LoRa、4G/5G 等）两种。在选择网络通信模块时，需要根据装卸搬运系统的具体需求来确定合适的通信方式和模块类型。例如，对于需要远距离传输和高速率通信的场景，可以选择 4G 或 5G 通信模块；对于设备间距离较近且需要低功耗通信的场景，可以选择 ZigBee 或 LoRa 通信模块。

7．人机交互接口

装卸搬运系统中的人机交互（Human-machine Interaction）接口是连接人与装卸搬运系统（包括各种设备、软件和控制系统）之间的桥梁，它允许操作人员通过特定的输入设备（如键盘、触摸屏、手柄等）与系统进行交互，并向系统发出指令或输入数据，同时系统通过输出设备（如显示器、指示灯、声音提示器等）向操作人员反馈状态和结果。

人机交互接口实现了操作人员与装卸搬运系统之间的双向信息交换，包括指令输入和状态反馈；允许操作人员通过简单的操作实现对装卸搬运设备的控制，如启动、停止、调整参数等。同时，人机交互接口实时显示装卸搬运系统的运行状态、工作进度和故障信息等，帮助操作人员及时了解系统情况；通过提供丰富的数据和信息，辅助操作人员做出更准确的决策，提高装卸搬运效率和安全性。

8. 数据交互接口

数据交互接口主要负责与其他企业管理系统（如 ERP、WMS 等）的数据集成与交互。通过数据接口和通信协议，实现装卸搬运系统与其他系统之间的数据共享和互通互联，提高整体物流管理的协同性和效率。数据交互模块增强了系统的扩展性和兼容性，使得装卸搬运系统能够与其他管理系统无缝对接，实现全面的信息化管理。

6.3.2 装卸搬运中的智能决策与优化

随着科技的不断进步，智能化已成为提升装卸搬运管理效率的关键。通过智能决策技术，企业能够实现对装卸搬运过程中的任务分配、路径规划、资源调度、多智能体协同和自适应码垛策略等方面的优化。

1. 任务分配

装卸搬运中的任务分配是一个复杂而细致的过程，需要综合考虑任务需求、资源状况、人员技能、设备性能以及安全规范等多个因素。通过科学合理的任务分配策略，可以确保装卸搬运作业的顺利进行，提高物流效率和服务质量，降低运营成本和安全风险。

（1）任务需求分析

首先，需要清晰界定装卸搬运的具体任务目标，包括搬运的货物类型、数量、重量、体积以及搬运的起始点和终点等。然后，根据任务目标进一步分析任务的紧急程度、优先级、特殊要求（如易碎品、危险品处理等），为后续的资源评估和任务排序提供依据。

（2）资源评估

资源评估的对象包括人员、设备和环境等。首先，评估现有搬运人员的数量、技能水平、体能状况等，确保人员能够胜任分配的任务。其次，检查装卸搬运设备的种类、数量、性能及可用性，确保设备能够满足任务需求并处于良好运行状态。最后，还需要考虑作业现场的环境因素，如空间布局、地面条件、天气状况等，以确保任务执行的安全性和效率。

（3）任务排序

任务排序可划分为优先级排序和时间窗口规划。优先级排序，即根据任务的紧急程度和重要性，对多个任务进行排序，确保关键任务得到优先处理。时间窗口规划，即为每个任务设定合理的时间窗口，确保任务能够按时开始和完成，减少等待时间和资源闲置。

（4）资源匹配

资源匹配即给特定的任务安排对应的作业人员和设备。人员匹配，即根据任务特性和人员技能水平，合理匹配搬运人员，确保任务能够高效、准确地完成。设备适配，即根据货物特性和搬运需求，选择合适的装卸搬运设备，如叉车、吊车、手推车等，并确保设备与人员之间的有效配合。

智能匹配算法是智慧装卸搬运的核心。通过综合考虑任务特性、资源能力、成本效益、作业时间窗口等因素，设计高效的匹配算法，实现人员、设备、货物之间的精准匹配。常见的资源智能匹配算法有遗传算法、基于神经网络的算法、基于深度学习的算法以及混合智能算法等。

（5）监控与调整

在任务执行过程中，需要通过监控系统或现场巡查，实时掌握任务执行情况和资源利用状态，及时发现并解决问题。同时，需要根据任务执行过程中的实际情况，动态调整任务分配和资源配置，确保作业顺利进行。

2．路径规划

搬运路径规划的智能决策是指通过算法和数据分析，为搬运作业规划出最优的路线。这包括减少无效移动、避免拥堵区域、预测交通状况等，从而确保货物快速、安全地到达目的地。智慧物流环境下，动态化和智能化是搬运路径规划的发展方向。

搬运路径规划的智能决策过程包括环境感知、数据收集、路径规划、路径评估、路径执行和实时监控与调整等环节。①环境感知。系统通过传感器、摄像头等设备感知作业环境，包括货架位置、货物分布、通道宽度等信息。②数据收集。收集与搬运路径相关的数据，如货物类型、数量、重量、搬运起点和终点等。③路径规划。基于收集到的数据，系统运用智能算法进行路径规划，生成多种可能的搬运路径。④路径评估。根据预设的评价指标（如路径长度、搬运时间、能源消耗等），对生成的路径进行评估，选择最优路径。⑤路径执行。将选定的最优路径发送给搬运设备，指导其进行搬运操作。⑥实时监控与调整。在搬运过程中，系统实时监控搬运设备的运行状态和环境变化，必要时对路径进行动态调整。

搬运路径规划的智能决策所使用的技术主要包括物联网技术、路径规划算法、仿真模拟以及实时监控等技术。通过使用物联网设备能够感知作业环境，收集与搬运路径相关的数据。使用路径规划算法，如 A*算法、Dijkstra 算法、遗传算法等，可以生成和优化搬运路径。通过仿真模拟技术，可以对生成的搬运路径进行验证和评估，确保其可行性和有效性。通过实时监控技术，可对搬运过程进行实时监控和调整，确保搬运任务的顺利完成。

3．资源调度

资源调度作为物流装卸搬运中的核心环节，直接关系到物流作业的效率、成本及安全性。随着科技的进步，智能方法逐渐应用于装卸搬运资源调度，相比传统方法展现出显著优势。

传统装卸搬运资源调度方法主要依赖于人工经验和简单规则，具有以下几个特点：①人工决策。调度员根据经验、直觉或简单的算法手动分配任务和资源。②静态规划。调度计划往往基于固定的作业模式和预测数据制定，缺乏灵活性。③信息孤岛。不同系统间的信息共享不足，导致资源利用效率低下。④反应迟缓。面对突发情况和变化，传统方法难以迅速调整调度计划。

智能装卸搬运资源调度方法则运用先进的信息技术和人工智能技术，实现资源的智能分配与优化，具有以下特点：①数据驱动。基于大数据分析，实时收集和处理作业现场的数据，为调度决策提供有力支持。②智能算法。采用遗传算法、神经网络、深度学习等智能算法，实现任务的自动分配。③动态调整。根据作业现场的实时变化，动态调整调度计划，确保作业的连续性和高效性。④系统集成。将智能调度系统与 ERP、WMS 等系统集成，实现数据共享和流程协同。

4．多智能体协同

随着智慧物流的快速发展，装卸搬运过程中的多智能体协同问题变得越来越重要。多智能体协同涉及多个智能体（如自动化搬运设备、机器人等）之间的协作与配合，以实现高效、安全和可靠的物流操作。多智能体协同包括任务分配与优化、路径规划与导航、协同搬运策略、实时信息交互、冲突检测与解决、安全保障措施、系统性能评估以及智能体协同控制等。通过全面考虑和解决这些问题，可以实现多智能体之间的高效协同和配合，提高装卸搬运过程的效率和安全性。

（1）任务分配与优化

协同决策的首要任务是合理分配搬运任务给各个智能体。这需要考虑智能体的能力、状态以及任务的紧急程度和优先级。通过优化算法，如遗传算法、蚁群算法等，可以实现任务分配的最优化，确保各智能体能够高效地完成各自的任务。

（2）路径规划与导航

在协同搬运过程中，路径规划与导航至关重要。智能体需要根据仓库布局、货物位置以及障碍物等信息，规划出最优的搬运路径。同时，导航技术要精确可靠，确保智能体能够准确地到达指定位置。

（3）协同搬运策略

协同搬运策略涉及多个智能体之间的配合与协作。例如，可以通过团队协作、任务分解等方式，实现多智能体之间的有效配合，提高搬运效率。此外，还可以考虑引入学习算法，让智能体在搬运过程中不断学习和优化协同策略。

（4）实时信息交互

实时信息交互是实现协同决策与控制的基础。各智能体之间需要实时交换位置、状态、任务等信息，以确保彼此之间的协同配合。通过高速、稳定的数据传输技术，可以实现实时信息的准确传递，为协同决策与控制提供有力支持。

（5）冲突检测与解决

在协同搬运过程中，可能会出现智能体之间的冲突和碰撞。因此，冲突检测与解决机制是不可或缺的。通过冲突检测算法，可以实时检测各智能体之间的冲突情况，并采取相应的冲突解决策略，如调整路径、改变搬运顺序等，以避免碰撞和冲突的发生。

（6）安全保障措施

安全是协同搬运过程中必须考虑的重要因素。为了保障协同作业的安全，需要采取一系列的安全保障措施，如设置安全区域、引入紧急停车机制、实施安全监控等。同时，还需要定期对智能体进行安全检查和维护，确保其处于良好的工作状态。

（7）系统性能评估

为了评估协同决策与控制的效果，需要对系统进行性能评估。这包括评估任务完成时间、资源利用率、智能体之间的协同效率等指标。通过性能评估，可以发现系统中的瓶颈和问题所在，为后续的优化和改进提供依据。

（8）智能体协同控制

智能体协同控制是实现协同决策与控制的关键环节。通过对各智能体的运动轨迹、速度、加速度等进行精确控制，可以实现多智能体之间的紧密配合和高效协作。同时，还需要考虑控制系统的稳定性和鲁棒性，以应对各种不确定性和干扰。

5. 自适应码垛策略

自适应码垛策略是基于拆码垛机器人的智能码垛系统中的核心组成部分，它负责根据货物的特性和需求，自动选择合适的码垛方式。这一策略的实现过程和原理如下：

（1）码垛需求分析

自适应码垛策略的首要步骤是对码垛需求进行深入分析。这包括了解货物的种类、数量、尺寸、重量等基本信息，以及码垛作业的目标，如稳定性、空间利用率、作业效率等。此阶段还需要考虑仓储空间的实际限制，如货架高度、宽度和长度等。

（2）货物特性识别

通过对货物的视觉识别和传感器检测，系统能够获取货物的形状、尺寸、重量等详细信息。这些信息对于后续的码垛规则制定和空间优化至关重要。

（3）码垛规则制定

基于货物特性识别结果和码垛需求分析，系统制定一系列的码垛规则。这些规则包括货物的摆放方式、层与层之间的间距、垛与垛之间的排列等。规则的制定需要综合考虑稳定性、空间利用率和作业效率等多个因素。

（4）空间优化算法

在规则制定之后，系统通过空间优化算法进一步确定货物的最佳摆放位置和姿态。这通常涉及复杂的计算和优化过程，旨在最大化利用仓储空间，同时保证码垛的稳定性和效率。

（5）运动轨迹规划

根据空间优化算法的结果，系统为码垛机器人的执行机构规划出最优的运动轨迹。运动轨迹规划需要考虑机器人的自身特性、货物的位置和姿态以及仓储空间的布局等多个因素，以确保机器人能够以最高效、最安全的方式完成码垛作业。

（6）码垛执行监控

在码垛作业执行过程中，系统对机器人的运行状态和作业情况进行实时监控。这包括对机器人状态参数的监测，以及对货物码垛过程的视频和图像分析。监控数据用于实时评估码垛作业的效果，并在必要时进行调整。

（7）码垛效果评估

在完成码垛作业后，系统对码垛效果进行全面评估。评估指标包括码垛的稳定性、空间利用率、作业效率等。评估结果将作为策略调整优化的重要依据。

（8）策略调整优化

基于码垛效果评估结果和实时监控数据，系统对自适应码垛策略进行调整和优化。这包括更新码垛规则、调整空间优化算法和运动轨迹规划策略等。通过持续的优化过程，系统能够不断提升码垛作业的效果和效率。

6.4　智慧装卸搬运的模式创新

一般来说，根据作业特点的不同，装卸搬运作业包括堆垛拆垛、拣选输送、搬运移动等作业内容，智慧物流技术手段应用于上述作业场景，由此形成智慧装卸搬运系统。下面介绍其中典型的作业系统。

6.4.1　智慧装卸作业系统

智慧装卸作业系统是指运用物联网、大数据、自动化控制等先进技术，实现对货物装卸作业的智能化管理和自动化操作的系统。该系统可以实时监控货物的位置和状态，控制装卸设备的运行，优化作业流程，提高装卸效率，降低人力成本和安全风险。这里主要介绍两种常用的智慧装卸作业系统。

1. 智能收货系统

收货是厂内物流作业的第一站,是指物料由外部的货车经过卸载后运入厂内的过程。传统的收货过程是:货车抵达对应的卸货月台后,货车车厢开启,人工进入车厢将货物流卸载,随后用各物流设备将物料运入厂内进行暂存或者入库。随着智慧物流的不断发展,传统收货系统逐步向智能收货系统进化。智能收货系统是一种利用先进的信息技术和自动化技术来提高货物接收效率的系统。对照传统收货流程,智能收货系统的过程可划分为三个阶段,如图 6-4 所示。

图 6-4 智能收货系统组成示意图

（1）月台智能化调度系统

月台是物流仓储企业中非常重要的环节,它是货物进出仓库的必经之路,因此月台的作业效率直接影响整个物流运作的效率。月台智能化调度系统是一种运用先进的信息技术和自动化技术来优化物流仓储企业中月台作业流程的系统,用于解决多个货车与多个月台之间的资源最佳匹配问题。

传统的月台作业中,车辆装卸货的管理比较混乱,常常导致月台拥堵,作业效率低下。月台智能化调度系统通过运用智能算法,包括分配算法、动态调整算法和人工微调等,对月台进行智能调度,实现月台资源的最大化利用,提升作业效率,避免拥堵和混乱等问题。

月台智能化调度系统还具有线上预约功能,司机和月台管理者可以通过系统实时查看月台当前的作业状况,实现车辆即到即卸或即到即装,避免了车辆排队等待的情况。此外,系统还可以实现任务协同,充分协同园区、车辆、仓库等不同角色间的作业衔接和数据互联互通,优化作业流程,降低企业管理成本,提升园区管理水平。

在作业监控方面,月台智能化调度系统通过月台布局摄像头和智能算法,准确识别装卸车辆、设备和人员,监控装卸作业,实现月台作业可视化,并为事后问题追溯提供依据。此外,系统还可以联动摄像头、温湿度、地磁等设备,实现装卸过程的实时监管和月台状态的实时更新,形成完整的数字化管理系统。

（2）物料自动化装卸系统

物料自动化装卸系统用于实现货车内物料装卸过程的无人化,主要通过车厢和物料标准化、物料的智能识别定位技术并结合特殊的装卸机构实现物料的自动化装卸。由于货车属于非厂内的设施,实现标准化有一定的难度,卸货过程会伴随着很多不确定的因素,因此,智能化卸货收货目前还没有大规模应用。

针对料箱的装卸主要是结合人工智能、机器视觉、机械手和自动搬运或输送设备构成自动车辆装卸系统（ATLS）。ATLS 是一种集成了多种软硬件技术的物料搬运系统,由车辆上安装的系统和月台上的系统两部分组成。月台上除了安装与货车对应的输送装置,还装有视觉扫描定位系统、过渡桥、信号灯及货车控制系统、控制箱、货车导向装置、安全防护栏等设备。采用 ATLS,不再需要装卸人员,驾驶员使用一个简单的控制单元操作系统,最短几分钟就可以自动完成整车货物装卸。

　　针对托盘，按装卸的连续性可以划分为输送机式自动收货系统和离散式自动收货系统两种类型。输送机式自动收货系统将货车的车厢作为上游设备，将厂内接驳收货的设施作为下游设备，一般都为连续输送机，如图 6-5 所示。离散式自动收货系统中，一般使用叉车式 AGV 代替人工卸货作业，如图 6-6 所示。常规叉车式 AGV 本身不能自主动态地扫描托盘的准确位置。因此，一方面需要货车停靠时位置固定统一，另一方面要求车厢内摆放的位置遵循系统的设定规则。随着人工智能技术的不断发展，结合机器视觉识别的智能算法，智能卸载收货系统可以自动识别货车上每个托盘的具体位置，并发送指令给叉车式 AGV 去卸载。

案例 6-1
Q_Loader 自
动装卸货系统

案例 6-2
波士顿动力
stretch 自动卸
货机器人

图 6-5　输送机装卸接驳方式

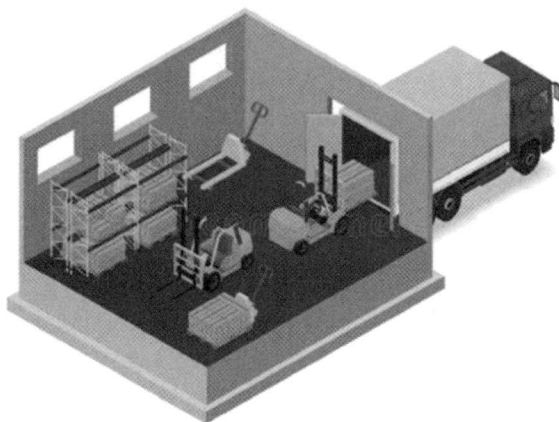

图 6-6　叉车式 AGV 装卸接驳方式

　　（3）收货下游的智能化集成系统

　　收货下游的智能化集成主要是指物料进入厂内后，根据厂内物流业务的实际需求，在入库前将物料单元通过自动化设备进行重组和信息化采集。本部分也是物料信息管理和后续厂内物流智能化开展的起点。

2. 龙门吊自动装卸系统

龙门吊自动装卸系统是一种运用自动化和智能化技术，实现对集装箱等货物进行自动化装卸的系统。该系统通常包括龙门吊、自动化控制系统、传感器、定位系统等多个部分，可以实现对货物的自动抓取、搬运、堆放等操作，大大提高了龙门吊的装卸效率和准确性。

在传统的龙门吊作业中，操作员需要凭经验判断集装箱的高度和位置，手动操作龙门吊进行货物的抓取和搬运，这种方式效率低下，且容易受到人为因素的影响。龙门吊自动装卸系统通过运用自动化和智能化技术，可以实现对货物的自动识别、定位、抓取、搬运和堆放等操作，大大提高了装卸效率和准确性。

龙门吊自动装卸系统的核心技术包括自动化控制、机器人技术、传感器技术、机器视觉等。其中，自动化控制技术是实现龙门吊自动装卸的核心，通过对龙门吊的精确控制，实现自动化操作和管理。机器人技术可以实现货物的自动抓取、搬运和堆放等操作，提高装卸效率。传感器技术可以实现对货物位置、高度、重量等信息的实时感知和测量，为自动化装卸提供数据支持。机器视觉技术则可以通过对货物的图像识别和处理，实现对货物的自动分类和识别。

龙门吊自动装卸系统主要实现以下功能：利用机器视觉系统自动获取到达装卸位置的集卡及集装箱身份标识信息，由码头、场站操作系统根据标识将装卸位置指令发送给信息处理系统；机械运动控制系统依据激光扫描系统探测区域堆放集装箱的情况及装卸位置指令，优化装卸运动轨迹并控制机械运行，实现龙门吊自动装卸控制。龙门吊自动装卸系统如图6-7所示。

图6-7 龙门吊自动装卸系统

龙门吊自动装卸系统还需要配合数字堆场技术，实现对堆场内的集装箱等货物进行精确的定位和管理。数字堆场技术通过建立数字模型，实现对堆场内的集装箱等货物的实时监控和管理，包括集装箱的位置、数量、状态等信息。通过与龙门吊自动装卸系统的配合，可以实现集装箱等货物的自动化、智能化管理，提高码头的装卸效率和运营水平。

龙门吊自动装卸系统主要适用于港口码头、铁路站台集装箱装卸过程。系统建成后，集卡到达龙门吊装卸位置下方后的数据获取、与码头（场站）操作系统的信息交互、转堆和收发箱指令执行及确认、小车装卸运动轨迹优化、运动过程驾驶控制等一系列原来由龙门吊司机操作的环节全部实现自动化，从而实现集装箱装卸高效节能、安全可靠。

6.4.2 智慧搬运作业系统

智慧搬运作业系统是利用 AGV 进行物流搬运的作业系统。AGV 是一种柔性化和智能化物流搬运机器人，国外于 20 世纪 50 年代在仓储业开始使用，目前已经在制造业、港口、码头等领域得到普遍应用。AGV 智能搬运机器人如图 6-8 所示。

图 6-8 AGV 智能搬运机器人

1. 系统结构

AGV 控制系统分为地面控制系统、车载控制系统及导航/导引系统。其中，地面控制系统指 AGV 系统的固定设备，主要负责任务分配、车辆调度、路径（线）管理、交通管理、自动充电等功能；车载控制系统在收到地面控制系统的指令后，负责 AGV 的导航计算、导引实现、车辆行走、装卸操作等功能；导航/导引系统为 AGV 提供精确的定位和导航服务。AGV 控制系统结构如图 6-9 所示。

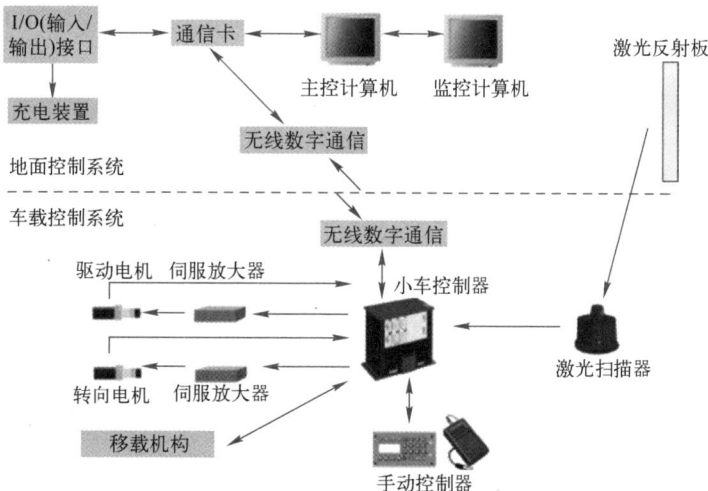

图 6-9 AGV 控制系统结构

AGV 系统是一套复杂的控制系统，加之不同项目对系统的要求不同，更增加了系统的复杂性，因此，系统在软件配置上设计了一套支持 AGV 项目从路径规划、流程设计、系统仿真到项目实施全过程的解决方案。地面控制系统提供了可灵活定义 AGV 系统流程的工具，可根据用户的实际需求来规划或修改路径或系统流程。此外，地面控制系统还提供了可供用户定义不同 AGV 功能的编程语言。

2. 地面控制系统

地面控制系统（Stationary System）即上位控制系统，是 AGV 系统的核心。其主要功能是对 AGV 系统中的多台 AGV 进行任务管理、车辆管理、交通管理、通信管理、车辆驱动等。

（1）任务管理

任务管理类似计算机操作系统的进程管理，它提供对 AGV 地面控制程序的解释执行环境；提供根据任务优先级和启动时间的调度运行；提供对任务的各种操作，如启动、停止、取消等。

（2）车辆管理

车辆管理是 AGV 管理的核心模块，它根据物料搬运任务的请求，调度 AGV 执行任务，根据 AGV 行走时间最短原则，计算 AGV 的最短行走路径，并控制指挥 AGV 的行走过程，及时下达装卸货和充电命令。

（3）交通管理

根据 AGV 的物理尺寸、运行状态和路径状况，提供 AGV 互相自动避让的措施，同时避免车辆互相等待的死锁方法和出现死锁的解除方法。AGV 的交通管理主要有行走段分配和死锁报告功能。

（4）通信管理

通信管理提供地面控制系统与 AGV、地面监控系统、车辆仿真系统及上位计算机的通信功能。地面控制系统和 AGV 间的通信使用无线电通信方式，需要建立一个无线网络。AGV 只和地面系统进行双向通信，AGV 间不进行通信。地面控制系统采用轮询方式和多台 AGV 通信，与地面监控系统、车辆仿真系统、上位计算机的通信采用 TCP/IP。

（5）车辆驱动

车辆驱动负责 AGV 状态的采集，并向交通管理发出行走段的允许请求，同时把确认段下发至 AGV。

3. 车载控制系统

车载控制系统（Onboard System）即单机控制系统，在收到上位控制系统的指令后，负责 AGV 的导航、导引、路径选择、车辆驱动等。

（1）导航

AGV 通过自身装备的导航器件测量并计算出所在全局坐标中的位置和航向。

（2）导引

AGV 根据当前的位置、航向及预先设定的理论轨迹来计算下个周期的速度值和转向角度值，即 AGV 运动的命令值。

（3）路径选择

AGV 根据上位控制系统的指令，通过计算预先选择即将运行的路径，并将结果报送上位控制系统，能否运行由上位控制系统根据其他 AGV 所在的位置统一调配。AGV 行走的路径是根据实际工作条件设计的，由若干"段"（Segment）组成。每一"段"都指明了该段的起始点、终止点以及 AGV 在该段的行驶速度和转向等信息。

（4）车辆驱动

AGV 根据导引的计算结果和路径选择信息，通过伺服器件控制车辆运行。

4．导航/导引系统

AGV 之所以能够实现无人驾驶，导航/导引系统对其起到了至关重要的作用。随着技术的发展，能够用于 AGV 的导航/导引技术主要有以下几种：

（1）直接坐标导引

直接坐标导引是指用定位块将 AGV 的行驶区域分成若干坐标小区域，通过对小区域的计数实现导引。直接坐标导引一般有光电式（将坐标小区域以两种颜色划分，通过光电器件计数）和电磁式（将坐标小区域以金属块或磁块划分，通过电磁感应器件计数）两种形式。其优点是可以实现路径的修改，导引的可靠性好，对环境无特别要求；缺点是地面测量安装复杂，工作量大，导引精度和定位精度较低，且无法满足复杂路径的要求。

（2）电磁导引

电磁导引是较为传统的导引方式之一，仍被许多系统采用。它是在 AGV 的行驶路径上埋设金属线，并在金属线上加载导引频率，通过对导引频率的识别来实现 AGV 的导引。其主要优点是引线隐蔽，不易污染和破损，导引原理简单且可靠，便于控制和通信，声光无法形成干扰，制造成本较低；缺点是路径难以更改扩展，对复杂路径的局限性大。

（3）磁带导引

与电磁导引相近，磁带导引是用在路面上贴磁带替代在地面下埋设金属线，通过磁感应信号实现导引。其灵活性比较好，改变或扩充路径较容易，磁带铺设简单易行，但此导引方式易受环路周围金属物质的干扰，磁带易受机械损伤，因此导引的可靠性受外界影响较大。

（4）光学导引

光学导引是在 AGV 的行驶路径上涂漆或粘贴色带，通过对摄像机采入的色带图像信号进行简单处理而实现导引。其灵活性比较好，地面路线设置简单易行，但对色带的污染和机械磨损十分敏感，对环境要求较高，导引可靠性较差，精度较低。

（5）激光导引

激光导引是在 AGV 行驶路径的周围安装位置精确的激光反射板，AGV 通过激光扫描器发射激光束，同时采集由反射板反射的激光束来确定其当前的位置和航向，并通过连续的三角几何运算来实现 AGV 的导引。其优点是定位精确，地面无须其他定位设施，行驶路径可灵活多变，能够适合多种现场环境，是国外许多 AGV 生产厂家优先采用的先进导引方式；缺点是制造成本高，对环境要求相对苛刻（外界光线、地面要求、能见度要求等），不适合室外（尤其是易受雨、雪、雾的影响）。

（6）惯性导航

惯性导航是在 AGV 上安装陀螺仪，在行驶区域的地面上安装定位块，AGV 可通过对陀螺仪偏差信号（角速率）的计算及地面定位块信号的采集来确定自身的位置和航向，从而实现导引。此项技术在军方较早运用，其主要优点是技术先进，相比有线导引，地面处理工作量小，路径灵活性强。其缺点是制造成本较高，导引的精度和可靠性与陀螺仪的制造精度及其后续信号处理密切相关。

（7）视觉导航

视觉引导式 AGV 是正在快速发展和成熟的 AGV，这种 AGV 装有摄像机和传感器，在车载计算机中设置有 AGV 欲行驶路径周围环境图像数据库。在 AGV 行驶过程中，摄像机动态获取车辆周围环境图像信息并与图像数据库进行比较，从而确定当前位置，并对下一步行驶做出决策。这种 AGV 不要求人为设置任何物理路径，因此在理论上具有最佳的引导柔性。随着计算机图像采集、储存和处理技术的飞速发展，这种 AGV 的实用性越来越强。

（8）GPS 导航

GPS 导航是通过卫星对非固定路面系统中的控制对象进行跟踪和制导。此项技术还在发展和完善，通常用于室外远距离的跟踪和制导，其精度取决于卫星在空中的固定精度和数量，以及控制对象周围环境等因素。由此发展出来的是 iGPS（室内 GPS）和 dGPS（用于室外的差分 GPS），其精度要远远高于民用 GPS，但地面设施的制造成本是一般用户无法接受的。

案例 6-3
合力（叉车）
智慧物流搬运
系统

6.4.3　智慧拣选作业系统

智慧拣选作业系统是按照订单要求，以基于人工智能算法的软件系统为核心，通过机器人、堆垛机、输送机等自动化、智能化拣选设备等工具，将商品从存储的货架或货垛中取出并放到指定位置，完成用户配货要求的作业系统。从拣选作业方式特点来看，智慧拣选作业系统主要包括自动分拣系统、机器人分拣系统和货到人拣选系统三类。

1.　自动分拣系统

自动分拣系统（Automatic Sorting System）是利用自动控制技术完成产品分拣与输送的输送设备，是先进配送中心所必需的设施条件之一，如图 6-10 所示。自动分拣系统具有很高的分拣效率，通常每小时可分拣商品 6000～12000 箱，是提高物流配送效率的关键。

图 6-10　自动分拣系统

当供应商或货主通知物流中心按配送指示发货时，自动分拣系统须在最短的时间内从庞大的高层货架存储系统中准确找到要出库的商品所在位置，并按所需数量出库，并将从不同储位上取出的不同数量的商品按配送地点的不同运送到不同的理货区域或配送站台集中，以便转运或装车配送，实现快速输送分拣功能。

自动分拣系统一般由控制装置、自动识别装置、分类装置、输送装置及分拣道口组成。

（1）控制装置

控制装置是传递处理和控制整个分拣系统的指挥中心。自动分拣的实施主要靠它把分拣信号传送到相应的分拣道口，并指示启动分拣装置，把被拣商品送入道口。分拣机的控制方式主要采用脉冲信号跟踪法。

（2）自动识别装置

自动识别装置是物料实现自动分拣的基础系统。在物流配送中心，广泛采用的自动识别系统是条码系统和无线射频系统。条码自动识别系统的光电扫描装置安装在分拣机的不同位置，当物料进入扫描器可见范围时，自动读取物料上的条码信息，经过对码软件即可翻译成条码所表示的物料信息，同时感知物料在分拣机上的位置信息，这些信息自动传输到后台计算机管理系统。

（3）分类装置

分类装置是根据控制装置发出的分拣指示，当具有相同分拣信号的商品经过该装置时，该装置动作，使其改变在输送装置上的运行方向，进入其他输送机或进入分拣道口。分拣设备分类包括摆臂式、弹出轮式、滑块式、翻盘式、交叉带式、推杆式、直角移载式、斜导轮式等。不同的装置对分拣货物的包装材料、包装重量、包装物底面的平滑程度等有不完全相同的要求。

（4）输送装置

输送装置的主要组成部分是传送带或输送机，其主要作用是使待分拣商品鱼贯通过控制装置、分类装置，并在输送装置的两侧，一般要连接若干分拣道口，使分好类的商品滑下主输送机（或主传送带），以便进行后续作业。输送设备主要有带式输送机、网带输送机、滚筒输送机、钢带输送机、链条输送机、链板输送机、伸缩式输送机、倍速链输送机。

（5）分拣道口

分拣道口是已分拣商品脱离主输送机进入集货区域的通道，一般由钢带、传送带、滚筒等组成滑道，使商品从主输送装置滑向集货站台，在那里由工作人员将该道口的所有商品集中后或是入库储存，或是组配装车并进行配送作业。

案例 6-4
中国邮政华东
物流仓储中心
自动化分拣
系统

2．机器人分拣系统

基于快递物流客户高效、准确的分拣需求，机器人分拣系统应运而生。将机器人分拣系统与工业相机的快速读码及智能分拣系统相结合，可实现包裹称重/读码后的快速分拣及信息记录交互等工作。机器人分拣系统可大量减少分拣过程中的人工需求，提高分拣效率及自动化程度，并大幅度提高分拣准确率。随着大数据算法的日趋完善、快递邮件信息逐步标准化、智能控制系统集成化，机器人分拣系统已成为与物流业由劳动密集型产业向批量智能化转型高度契合的产物。

机器人分拣系统主要应用于快递分拣领域，将大量的包裹通过快速条码扫描，连接电商物流数据平台或手工录入获取物流出口信息，通过调度分配 AGV 在工作场地内进行自主定位和无人导航，以最优路径将快递运送到指定分选点，分拣出口下设集中打包站，当快递积累到一定数量后打包并运送到上车点，实现快递的自动分拣。机器人分拣系统如图 6-11 所示。

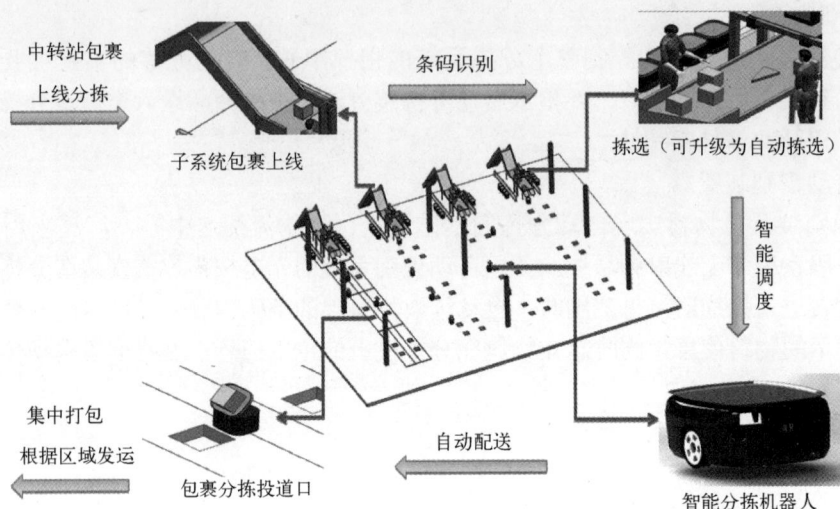

图 6-11 机器人分拣系统

机器人分拣作业流程主要包括以下内容：

（1）揽件

包裹到达分拣中心后，卸货至带式输送机，由工作人员控制供件节奏，包裹经带式输送机运送至拣货区工位。

（2）放件

工人只需要将包裹以面单朝上的方向放置在排队等候的自动分拣机器人上，机器人搬运包裹过龙门架进行面单扫描以读取订单信息，同时机器人可自动完成包裹称重，该包裹的信息将直接显示并上传到控制系统中。

（3）机器人分拣

所有分拣机器人均由后台管理系统控制和调度，并根据算法优化为每个机器人安排最优路径进行包裹投递。分拣机器人在分拣作业过程中可完成互相避让、自动避障等功能，系统根据实时的道路运行状况尽可能地使机器人避开拥堵。当机器人运行至目的地格口时，停止运行并通过机器人上方的辊道将包裹推入格口，包裹顺着滑道落入集包区域。目的地格口按照城市设置，未来随着业务量的增加，可灵活调节格口数量，甚至一个城市分布多个格口。

（4）集包装车

集包工人打包完毕后，将包裹放到传送带上，完成包裹的自动装车。

机器人分拣系统里有一种"小黄人"矩阵分拣系统，是把 AGV 放到矩阵上进行分拣，主要进行散件的分拣，比如杭州的立骠、海康等公司，京东无人仓，以及申通的分拣仓，都采用了"小黄人"矩阵分拣系统。"小黄人"矩阵分拣系统如图 6-12 所示。

图 6-12　"小黄人"矩阵分拣系统

3．货到人拣选系统

货到人（Goods to Person or Goods to Man，G2P or G2M）拣选，即在物流拣选过程中，人不动，货物被自动输送到拣选人面前，供人拣选。货到人拣选是物流配送中心一种重要的拣选方式，与其对应的拣选方式是人到货（P2G or M2G）拣选。

货到人拣选有超过 40 年的发展历史。最早的货到人拣选是由自动化立体库完成的，托盘或料箱被自动输送到拣选工作站，完成拣选后，剩余的部分仍然自动返回立体库储存。这种拣选方法一直沿用到现在，并逐渐显示其重要性。

在所有涉及分拣库区的业务流程中（包括上架、补货、拣货、盘点、退货等），员工都无须进入分拣区内部，只需要在工作站等待，系统会自动指派移动机器人将目标货架运到工作站，待员工在系统指导下完成业务后，再将货架送回分拣库区。系统会对接用户订单系统，订单下达后，所有资源调度与业务流程的推进均由系统主导，所有的数据流也由系统创建并维护，无须人工介入，员工只需要在系统的指示下完成商品从货架上拣选、扫码、装箱等动作。基于 AGV 的货到人拣选系统如图 6-13 所示。

图 6-13　基于 AGV 的货到人拣选系统

货到人拣选系统由三部分组成，即存储系统、输送系统、拣选工作站。

（1）存储系统

存储系统从过去比较单一的立体库存储，目前已发展到多种存储方式，包括平面存储、立体存储、密集存储等。存储形式也由过去主要以托盘存储转变为主要以料箱（或纸箱）存储。然而，不管是哪一种存储方式，存储作业的自动化是实现货到人的基础。

（2）输送系统

货到人拣选系统的关键技术之一是解决快速存储与快速输送之间的匹配问题。对于以电子商务为特点的物流系统来说，要求匹配每小时 1000 次的输送任务，采用多层输送系统和并行子输送系统的方式，可完成多达每小时 3000 次以上的输送任务。

（3）拣选工作站

拣选工作站的设计非常重要。一个工作站要完成每小时多达 1000 次的拣选任务，依靠传统的方法是无法想象的。目前设计的拣选工作站采用电子标签、照相、RFID、称重、快速输送等技术进行拣选，基本能够满足实际需求。

本章小结

装卸搬运活动是物流活动中不可缺少的环节，起着承上启下的作用，具有附属性、伴生性、支持性、保障性以及衔接性等特点。典型的装卸搬运方式有吊上吊下方式、叉上叉下方式、滚上滚下方式、移上移下方式和散装散卸方式等五种，其对物流质量、物流效率、物流安全和物流成本均具有重要的作用。

智慧装卸搬运是指采用智能机器人、自动化设备等先进装备，结合物联网、云计算、人工智能等先进技术手段，实现装卸搬运过程的自动化、可视化管理和智能优化。它经历了人工操作到机械化、自动化、智能化和无人化等多个发展阶段，具有无人化、柔性化和协同化等典型特征，在制造业物流、仓储与配送中心、港口与码头等场景中得到广泛应用。

智慧装卸搬运系统是一种应用先进技术的装卸搬运解决方案，它集成了机械化、自动化、智能化等多个方面的技术，旨在提高装卸搬运的效率、准确性和环保性。它通常包括信息感知、网络通信、可视化监控、智能调度、智能控制、智能执行、人机交互以及数据交互等关键部分，这些模块共同协作以实现装卸搬运过程的自动化、智能化和高效化。通过智能决策技术，企业能够实现对装卸搬运的任务分配、路径优化、资源调度、多智能体协同和自适应码垛策略等方面的优化。

当前，典型的智慧装卸搬运系统主要有智能收货系统、龙门吊自动装卸系统、智慧搬运作业系统，以及自动分拣系统、机器人分拣系统和货到人拣选系统等智慧拣选作业系统。

课后练习

一、思考题

1. 什么是装卸搬运？它具有哪些特点？
2. 装卸搬运的方式有哪些？
3. 智慧装卸搬运具有哪些特点？
4. 智慧装卸搬运系统是如何构成的？
5. 智慧装卸搬运中的决策与优化问题主要有哪些？
6. 智慧装卸搬运的创新模式主要有哪些？

二、讨论题

1. 试分析传统装卸搬运与智慧装卸搬运之间的区别和联系。

2. 试举例分析智慧装卸搬运的行业应用情况。

3. 试分析并讨论装卸搬运中主要决策与优化问题的技术发展现状。

4. 试分析并讨论智慧装卸系统的发展现状。

5. 试分析并讨论智慧搬运系统的发展现状。

6. 试分析并讨论智慧拣选系统的发展现状。

三、案例分析

智能机器人赋能物流行业

快仓智能机器人广泛应用于电商、新零售、小件物流、汽车物流、医药物流等各个领域，大大提升了仓储搬运效率。

1）电商：天猫超市智慧仓。由快仓打造的广州惠阳菜鸟天猫超市智慧仓，可保障华南地区天猫超市当日达和次日达的业务，仓库内运行两百台智能机器人，日均处理 8 万个订单，大促时每天可以处理 12 万个订单，拣选效率相当于人工作业的 3 倍，大大提升了客户满意度，为提高电商物流时效做出了重要贡献。

2）电商：eWTP 东南亚智能机器人仓。2017 年 11 月，菜鸟联合 Lazada、马来西亚邮政设立的 eWTP 首期智能机器人仓库在吉隆坡投入运行。该仓库内启用的智能仓储机器人由快仓公司自主研发生产完成，通过机器人来完成全自动拣货作业，在智能算法的指引下，机器人精准地运送货架，可减少仓库内工人拣货、上下架等环节的人力，工作效率提升 3 倍，从而显著提升仓库运营效率。

3）新零售：盒马鲜生。盒马鲜生是阿里巴巴对线下超市完全重构的新零售业态，通过智能化物流及输送设备来替代人工，颠覆了传统零售业的业务模式。目前，快仓为盒马鲜生打造的新零售智能机器人系统已经成功在全国部署多个智慧物流仓，通过智能调度、动态优化，完成订单拣选作业仅需 9min，为盒马鲜生 30min 达、天猫超市 60min 达等分钟级配送保驾护航。

4）新零售：大润发。大润发作为国内知名的商超零售企业，也是阿里巴巴新零售重要战略成员之一，正在进行向新零售的转型，此次由快仓打造的智能机器人项目是大润发智能物流仓，面积 $1000m^2$，存储商品 900 多种。机器人区按拣货任务单拣选，同一拣选单同时包含整箱及拆零拣选，拣选完成后与其他区域任务合并，然后统一装车配送至门店。

5）新零售：东南亚某办公用品供应商。办公用品市场变化很快，每个季度甚至每个月的畅销品都不同。拣选员只需要留在工作站，无须行走，快仓智能仓储系统会自动指派移动机器人将目标货架移至工作站，待员工在系统指导下完成业务后，再将货架送回分拣库区。同时，系统会根据门店订单波次以及业务特性，动态调整货位位置，根据不同商品 SKU[⊖] 的热销度来安排货架位置，以最大限度地优化机器人搬运距离，提高出入库效率。本项目存在多个货主，同一个出库单会存在多个货主的货物，快仓智能仓储系统支持不同货主的独立管理模式。

6）小件物流：菜鸟美妆智能仓。阿里巴巴菜鸟网络武清园是阿里巴巴华北运营中心，为天猫超市及其商家提供"当日达""次日达""夜间配送"等服务。2017 年"双11"前首批自主研发的快仓智能仓储机器人在这里率先投入使用，使快件分拣打包速度

⊖ SKU 的全称是 Stock Keeping Unit，即最小存货单位。

更快，每个订单只需 3min 就可完成分拣和打包，据悉目前武清园日均出单量已超过 10 万单。

7）汽车物流：长安民生智能仓。面积达 6000m^2，投入 40 台快仓智能机器人——玄武 M100，采用机器人替代人工进行零件搬运，减少人员走动距离，实现零件的自动化归位、拣选管理，由"人找货"到"货找人"进行转变，在国内处于行业领先水平，引领汽车物流行业的转型升级，向智慧物流、智能仓储发展。

8）医药物流：国药集团。快仓与国内知名系统集成商一同携手打造的国内医药行业"货到人"机器人项目——国药平顶山智能仓储机器人系统，项目面积 1600m^2，机器人 10 台，实现了由"人找货"到"货找人"的转变，解决了传统医药物流劳动强度大、作业效率低、运作可拓展性低等弊端，提升了国药平顶山的物流整体运作水平，率先在医药行业树立了标杆，加速推动了整个医药行业智能化发展进程。

问题：

1. 智能机器人应用于物流装卸搬运的意义和作用是什么？
2. 思考智能搬运机器人的应用领域和主要功能。

第7章 智慧包装

学习目标

● 能够准确解释包装和智慧包装的概念。
● 能够准确复述包装的分类和作用。
● 能够简要描述智慧包装的发展历程。
● 能够详细介绍智慧包装的主要特点及行业应用情况。
● 能够正确列举并描述典型的智慧包装技术。
● 能够准确复述物流包装作业智能化的关键技术与实现过程。

随着消费者对商品品质和物流体验的要求不断提升，智慧包装作为智慧物流的重要组成部分，正逐渐受到业界的广泛关注。智慧包装不仅关注包装材料的选择和设计的创新，更强调通过物联网、大数据和人工智能等技术的应用，实现包装过程的智能化、自动化和可视化。智慧包装能够提升包装效率，降低包装成本，同时确保商品在运输过程中的安全性和完整性，为消费者带来更加优质的购物体验。

7.1 包装概述

7.1.1 包装的概念

包装是指在流通过程中，为了保护产品、方便储运、促进销售，按一定的技术方法所采用的容器、材料和辅助物等的总称。包装的主要目的是确保产品在运输和存储过程中的安全，同时提升其吸引力，促进销售。

包装涉及多个领域，如物流、工业设计、市场营销等。在工业设计领域，包装的结构和外观设计都需要考虑到产品的特性和目标市场的需求。在市场营销领域，包装被视为产品的一部分，可以影响消费者的购买决策。

包装要素有包装对象、材料、造型、结构、防护技术、视觉传达等。一般来说，商品包装应该包括商标或品牌、形状、颜色、图案和材料等要素。商标或品牌是包装中最主要的构成要素，应在包装整体上占据突出的位置。适宜的包装形状有利于储运和陈列，也有利于产品销售，因此，形状是包装中不可缺少的要素。包装颜色是包装中最具刺激销售作用的构成元素。突出商品特性的色调组合，不仅能够加强品牌特征，而且对顾客有强烈的感召力。包装图案在包装中如同广告中的画面，其重要性不言而喻。包装材料的选择不仅影响包装成本，也影响商品的市场竞争力。标签上一般印有包装内容和产品的主要成分、品牌标志、产品质量等级、厂家、生产日期和有效期、使用方法等。

7.1.2 包装的分类

包装可以根据不同的标准进行分类。每一类包装都在不同的场景下具有其他包装所不具备的功能和特点，满足不同商品的需求。以下是一些常见的分类方式。

1. 按包装层次分类

按包装层次，包装可以划分为单件包装、中包装和外包装。单件包装指直接与商品接触的包装形式，通常与商品装配成一个整体。中包装也称为内包装，位于个包装和外包装之间，是指将若干个单体商品或个包装组合成一个小整体包装的包装形式。外包装也称为运输包装或大包装，是指商品的最外层包装，主要起保护商品和方便运输的作用。本章中主要关注外包装。

2. 按功能分类

按功能分类，包装可以划分为运输包装、销售包装和贮藏包装。运输包装是指用于商品运输和仓储的包装方式。这类包装主要考虑到商品在运输过程中受到振动、摩擦等影响，需要具备较好的抗冲击、防挤压等性能。例如，纸箱、木箱、托盘等。销售包装是指直接用于商品销售和展示的包装方式。这类包装主要考虑到商品在吸引消费者注意力、提升商品形象等方面的功能。例如，产品外包装盒、瓶子、罐子等。贮藏包装是指为了保护产品在储存过程中的品质、延长其保质期并确保产品安全性而采用的包装方法。贮藏包装不仅要能够承受外部环境的影响，如温度、湿度、光照、振动等，还要能够防止产品的氧化、受潮、霉变、虫害等问题。

3. 按包装材料分类

按包装材料分类，包装可以划分为纸类包装、塑料包装、玻璃包装和金属包装等。纸类包装是指以纸张或纸板作为主要材料的包装方式。这类包装通常适用于轻型商品，具有环保、易回收等优点。塑料包装是指以塑料作为主要材料的包装方式。这类包装通常适用于轻型商品，具有良好的抗湿、保鲜性能。玻璃包装是指以玻璃作为主要材料的包装方式。这类包装通常适用于液体商品，具有透明、耐高温等特点。金属包装是指以铁、铝等金属作为主要材料的包装方式。这类包装通常适用于食品、饮料等商品，具有良好的防潮性、气密性。

4. 按包装形式分类

按包装形式分类，包装可以划分为盒式包装、袋式包装、瓶形包装、罐形包装等。盒式包装是指以盒子作为主要形式的包装方式。这类包装通常用于商品的销售和展示，具备较好的包装效果。袋式包装是指以袋子或直立式包装袋作为主要形式的包装方式。这类包装通常便于携带和保存。瓶形包装是指以瓶子作为主要形式的包装方式。这类包装通常适用于饮料、化妆品等商品，具有良好的密封性能。罐形包装是指以罐子作为主要形式的包装方式。这类包装通常适用于食品、饮料等商品，具备较好的保鲜性、防潮性。

7.1.3 包装的作用

包装在商品的生产、流通和消费过程中都发挥着重要的作用，它不仅能够保护商品，提高商品的储运效率，还能增加商品的吸引力，促进销售，提高商品的附加值。

1. 保护商品

包装可以防止商品在运输和储存过程中受到损害，如振动、撞击、刺穿、挤压等物理环境造成的损伤，以及淋雨、浸水、湿度、温度、腐蚀、虫蛀、鼠害、辐射等自然环境的损害。

2．便于储运

包装使商品更易于运输和储存。一些商品由于其形状、状态（如液态、气态、粉状）等原因，如果不进行包装，将无法进行有效的运输和储存。包装可以方便地将商品集合起来，提高在物流过程中的操作效率。

3．增加吸引力

销售包装的形式多种多样，大小适宜，便于消费者携带、保存和使用。这为消费者提供了极大的便利，同时也增加了商品的吸引力。

4．促进销售

商品包装，特别是销售包装，被视为无声的推销员，它在商品和消费者之间起到了媒介的作用。精美的包装可以提高商品的吸引力，从而激发消费者的购买欲望，促进销售。

5．提高附加值

随着消费者收入水平和生活水平的提高，他们往往愿意为良好的包装带来的方便、美感、可靠性和声望多付钱。因此，良好的包装不仅可以促进销售，还可以提高商品的附加值，为企业增加利润。

7.2　智慧包装的发展与应用

智慧包装是现代科技与传统包装行业相结合的产物，其将包装延伸和扩展到物品与物品之间进行信息交换和通信的一种技术。它不是传统意义上的包装，而是一种具有"额外附加"功能的组件，这些组件可以是任何事物或技术，以达到生产商想要的目的，如延长保质期、呈现产品溯源信息、进行产品营销宣传等。

7.2.1　智慧包装的发展历程

智慧包装的发展大致可以划分为以下几个阶段：

1．概念起源

智慧包装的概念起源于 21 世纪初，随着互联网和物联网技术的飞速发展，传统包装行业开始思考如何将先进技术融入传统包装中，以提供更多的附加功能和价值。最初的智慧包装主要侧重于产品的信息展示和追溯，旨在提升产品的透明度和消费者的信任度。

2．技术探索

在技术探索阶段，智慧包装领域涌现出了各种新技术和解决方案。例如，RFID 技术、NFC（近场通信）技术、二维码等被广泛应用于产品包装上，使得消费者可以通过扫描或接触包装上的标识，快速获取产品的详细信息、真伪验证等。这一阶段的技术探索为智慧包装的发展奠定了坚实的基础。

3．功能拓展

随着技术的不断进步，智慧包装的功能也在不断拓展。除了基本的信息展示和追溯功能，智慧包装还可以实现个性化营销、防伪溯源、智能提醒等功能。例如：一些食品包装上可以显示食品的保质期和新鲜度，提醒消费者及时食用；一些化妆品包装上可以展示产品的使用方法和注意事项，提升消费者的使用体验。

4．行业应用

智慧包装在众多行业中得到了广泛的应用。在食品行业，智慧包装可以帮助企业实现产品的快速追溯和召回，保障消费者的食品安全；在医药行业，智慧包装可以提升药品的可追溯性和防伪性，确保药品的质量和安全；在零售行业，智慧包装可以实现个性化的营销和推广，提升产品的市场竞争力。

5．绿色环保

在智慧包装的发展过程中，绿色环保成为一个重要的方向。通过采用可降解材料、减少包装废弃物等方式，智慧包装在实现功能的同时，更加注重环保和可持续发展。此外，一些智慧包装还可以通过智能提醒功能，鼓励消费者减少浪费和合理使用产品，进一步推动绿色环保理念的普及和实践。

6．智能化升级

随着人工智能、大数据等技术的不断发展，智慧包装的智能化升级成为趋势。通过将这些先进技术融入智慧包装中，可以实现更加智能化的产品管理和服务。例如，通过分析消费者的扫描数据和行为习惯，企业可以更加精准地进行产品推荐和营销策略制定。同时，智慧包装还可以与智能家居等设备相连通，实现更加智能化的生活方式。

7.2.2　智慧包装的主要特点

智慧包装的特点主要体现在智能化、信息化、个性化、环保性以及交互性等方面。这些特点使得智慧包装在现代社会中具有广泛的应用前景和市场潜力。

1．智能化

智慧包装借助内置的传感器、RFID 等技术，能够实时监测包装内的产品状态，如温度、湿度、压力等，确保产品在运输和储存过程中的安全。同时，智慧包装还能通过智能算法预测产品的需求量和销售情况，为企业提供数据支持，实现智能化管理和运营。

2．信息化

通过二维码、NFC 等技术，智慧包装能够为消费者提供丰富的产品信息，如生产日期、成分表、使用方法等。消费者只需要扫描包装上的二维码或接触 NFC 标签，即可轻松获取相关信息，这既方便了消费者的购买和使用，也提高了产品的透明度。

3．个性化

智慧包装借助数字化技术，可以实现个性化的包装设计和产品信息传递。企业可以根据消费者的喜好和需求，定制个性化的包装颜色、图案以及产品信息的传递方式，提升消费者的购买体验和品牌忠诚度。

4．环保性

为了减少对环境的污染和浪费，智慧包装采用可降解或可回收的材料，确保包装材料的安全性和可持续性。同时，智慧包装还通过优化包装结构和使用环保材料等方式，降低包装对环境的影响。

5．交互性

通过二维码、RFID 等技术，智慧包装能够实现消费者与产品之间的互动和信息共享。消费者可以扫码或读取 RFID 标签，了解产品信息、购买信息、生产信息等各方面的详细情况，增强了消费者与产品之间的互动性和黏性。

7.2.3　智慧包装的应用场景

智慧包装在食品安全追溯、物流运输优化、智能库存管理、产品信息展示、环保节能和防伪鉴别等方面具有广泛的应用前景和市场潜力。随着技术的不断发展和创新，智慧包装将为各行各业带来更多的便利和价值。

1．食品安全追溯

智慧包装在食品安全领域的应用尤为突出。通过内置的传感器和 RFID 技术，智慧包装能够实时记录食品从生产到销售的全过程，包括温度、湿度、生产日期、保质期等信息。当消费者购买食品时，只需要扫描包装上的二维码或接触 NFC 标签，即可查看食品的完整追溯信息，确保食品的安全性和可靠性。

2．物流运输优化

智慧包装在物流运输方面也具有重要作用。内置的传感器可以实时监测包装内的温度和湿度，确保产品在运输过程中的稳定性和安全性。同时，通过 GPS、BDS 定位技术，智慧包装还可以实时追踪货物的位置，为物流公司提供精确的物流信息，帮助其优化运输路线和降低运输成本。

3．智能库存管理

智慧包装的应用有助于实现智能库存管理。通过对包装数据的收集和分析，企业可以实时了解产品的库存情况、销售情况以及市场需求等信息。这为企业提供了精准的数据支持，帮助其制订更加合理的生产计划、采购计划和库存管理策略，降低库存成本和提高运营效率。

4．产品信息展示

智慧包装可以通过二维码、NFC 等技术为消费者提供丰富的产品信息。消费者只需要扫描包装上的二维码或接触 NFC 标签，即可轻松获取产品的使用方法、成分表、生产日期等详细信息。这不仅方便了消费者的购买和使用，也提高了产品的透明度和可信度。

5．环保节能

随着环保意识的日益增强，智慧包装在材料选择上也更加注重环保和节能。采用可降解或可回收的材料制作包装，减少了对环境的污染和浪费。同时，智慧包装还通过优化包装结构和使用节能材料等方式，降低包装对环境的影响，实现绿色可持续发展。

6．防伪鉴别

智慧包装在防伪鉴别方面发挥着关键作用。通过内置的 RFID 芯片和二维码等技术，智慧包装可以为产品提供唯一的身份识别码，确保产品的真实性和来源可靠性。消费者可以通过扫描识别码来验证产品的真伪，有效防止假冒伪劣产品的流通。

7.3　智能包装技术

智慧包装通过先进材料、新型结构及信息系统对内装物的质量和包装安全性进行干预与保障。从工作原理来看，智慧包装可分为三种类型：信息型智能包装、功能材料型智能包装和功能结构型智能包装。

7.3.1 信息型智能包装

信息型智能包装是智慧物流包装中最为重要、最为普遍的应用形式，主要是指以反映包装内容物品质变化信息为主的新型包装。信息型智能包装可以实现对产品的精细化管理，对产品存储、运输到销售整个过程中的质量、环境、参数信息进行追踪，为产品安全提供更高强度的保障。

信息型智能包装体系包括智能包装元件、数据层、数据处理和供应链通信网络。实现信息型智能包装体系的前提是智能包装元件，其赋予包装获取、存储和传输数据的新能力；数据层、数据处理和供应链通信网络一起构成决策支持系统。智能包装元件和决策支持系统协同工作，监控包装内外部环境的变化和交流物品状态信息，及时做出决策或采取合理的处理措施。

信息型智能包装主要通过包装数字化技术、包装可视化技术和包装大数据平台进行构建。

1. 包装数字化

包装数字化主要指的是在商品包装上实施的数字化策略，包括在商品包装外观上印制信息码，如条码、二维码、点阵码、图像特征码等，或者在包装中嵌入 RFID、NFC 电子标签或其他传感器，使该商品包装具备数据采集和信息交互功能。也就是说，包装数字化是以包装为载体，利用二维码、特征图像、RFID、NFC、时间-温度传感器（TTI）、智能传感器等感知元件，对商品的原材料、生产、仓储、物流、销售、消费等全生命周期进行数据采集和信息传递，给智慧物流大数据平台提供数据源，从而使包装成为实现万物互联的入口。包装数字化技术包括以下内容：

（1）图形码技术

对根据编码规则得到的一组包含特定信息的图形标识符进行表达和识别。该技术主要是将商品的选购和使用信息以数字形式存储于编码中，使消费者能用手机便捷地获取商品信息。该技术使消费者实现了方便的采购行为，在商品零售中得到了广泛应用。目前，主要的图形码有一维条码和二维码。例如，在物流包装中，通过在每个商品包装上印制具有唯一性的二维码，在装箱时关联到箱码，箱码再和集中物流的托盘码关联，这样商品出入库时只需要扫描托盘码就可以关联经销商数据到每一个单独商品上。

（2）图像特征识别技术

在商品包装外观上印制特殊处理的图形图像，通过扫描或拍照等方式，提取和识别包装外观图像中嵌入的相关信息，也可以实现包装流通的数字化跟踪、追溯、防伪、多媒体互动等功能。阿里巴巴和京东大力推广的新零售概念和无人超市的方案中，为了解决快速结算问题就采用了计算机图像自动识别技术。

（3）RFID 技术

RFID 技术就是在商品和物流单体中安装具有独占性和唯一性的芯片，以实现商品的生产、仓储、物流、销售环节的信息完整录入，同时构建自动纠错的智能系统、查询系统、防伪系统、防窜货系统和促销系统。

（4）NFC 技术

NFC 是由非接触式 RFID 和互连互通技术整合演变而来，在单一芯片上集成感应式卡片、感应式读卡器和点对点通信功能，利用移动终端设备实现移动支付、门禁人脸识别、移动身份识别、电子票务、防伪等应用。NFC 智能包装操作简单，无须打开应用，无须扫描，只需要靠近即可使用。

（5）其他智能传感识别技术

对于在物流链中必须严格控制环境温度的商品，可选择使用 TTI 对商品整个货架期中的一些关键参数进行监控和记录，通过时间温度积累效应指示冷链食品药品的温度变化历程。为了保证重要物资或商品的运输监控，可在包装上安装 GPS、北斗卫星定位芯片，利用该技术可记录商品运输的移动轨迹，也可实时查到商品所处的地理位置。对湿度有严格要求的商品，则可在包装中加入湿度传感器，以记录和监控包装流通过程中的湿度变化。食品包装中使用 CO_2 传感器可监测内装食品的新鲜状态。对承压和振动敏感的商品，则可在包装中安装压力和振动传感器，以记录商品在包装流通过程中所受的压力或振动及跌落的强度和频次情况。

（6）多传感器集成的组合型感知系统

为了实现全方位多元数据的采集和信息记录，可以在一个包装上集成多种传感器和信息识别技术。例如：一些嵌入了 RFID 芯片的包装上通常会印制二维码，这样既可适应 RFID 的非接触信息识别和数据传输场合，也可进行扫码识别、记录和互动；一些包装上采用条码、二维码及图像特征码等多种信息码，以适应不同的扫码设备和满足不同的 AR（增强现实）扫描识别需求；将 RFID 与 TTI、CO_2 传感器等组合使用，则可同时记录和传输食品的新鲜度、温度等数据；在 RFID 防伪系统中加入 GPS 和 GIS，构成基于 GPS 和 GIS 的信息追溯服务系统，系统的跟踪、监控和防伪能力得到提高。

（7）印刷电子及印刷传感器技术

印刷电子技术即利用具有导电功能的油墨印制电路。它能在柔性包装材料（薄膜、薄片、纸、复合包装材料）上印制电子元件（RFID 标签、传感器、显示器、电池等）。印刷传感器技术即以导电材料、智能感知材料等为油墨，以先进的印刷技术为手段，将敏感元件印制于柔性包装材料上。该技术是制作传感器的最佳方法。这类柔性印刷传感器的制作成本低，且与包装材料和包装结构的融合很好，将促进智能包装的开发和生产。预计未来在大部分的智能包装应用中，印刷电子技术的融入将使更多"智能"属性的实现成为可能，如记录仓储、运输、销售过程中的质量信息等。智能包装具有柔性、环保、低成本等优势。

2. 包装可视化

包装可视化是指利用数字化技术将商品的位置、状态及原材料、生产、仓储、物流、销售等全生命周期的数字化信息，以文字、图像、图形、动画及音视频等可视化的方式，在包装盒体、终端设备或后台屏幕上能实时呈现，以达到实时监控、交互、分析、调整和决策的目的。

包装盒体的外表面是最基本的可视化载体。最初的包装可视化是在包装盒上印刷图像和文字，以传递有关商品的名称、功能、生产日期等基本信息。智慧物流包装的可视化则是通过一些智能标签实时显示包装体内的温度、湿度及新鲜度等随时间变化的情况，或者通过智能传感器获得的数据，在系统平台的显示终端上实现商品的仓储、流通及位置和环境等各类信息的可视化。

包装可视化有两层含义：一是将智能包装采集和处理的数字信息以便于使用者（人

类）认知的方式展现出来，实现数字信息与用户及管理者之间的沟通交流；二是包装商品的性质、状态、位置、流通、消费等信息都是实时跟踪和显示的，即通过智能包装使商品的状态透明化和可监控。通过包装可视化，能够观察和监控商品在仓储、流通及销售过程中的状态（监控管理功能），能够向用户传达信息并实现与用户的互动（自媒体功能），能够通过大数据来分析商品的营销状况及规律，进而做出相应决策（分析预测及辅助决策功能）。

智能包装的可视化显示介质包括智能标签本身的颜色变化，嵌入在包装上的电子屏对数据或图案的显示，智能包装信息平台上的移动终端（手机/PDA）或后台管理终端的显示设备（计算机屏幕/投影屏幕）等。

同时，AR 技术在智能包装上的应用为消费者带来了全新的体验。AR 是将计算机生成的虚拟物体、场景或系统提示信息叠加到真实场景中，从而实现对现实的增强，给人"身临其境"的感觉，是一种全新的人机交互模式。例如，一款儿童电动牙刷包装盒，通过 AR 技术，打开 App 扫一扫，就能出现叠加在现实画面中的炫酷动画，还能通过手机屏幕了解牙刷的使用方法、注意事项等信息，使商品的品牌价值得到最大化体现。

3. 包装大数据平台

智慧物流包装是"互联网+芯片+包装"的应用，能够收集商品全生命周期大数据（包括供应链大数据、防伪溯源大数据等）。构建基于互联网和云计算的智慧物流包装大数据平台，收集、处理和应用大数据，是智慧物流包装的核心技术与功能之一。

智慧物流包装大数据平台主要包括以下模块及功能：①商品防伪。平台提供扫码识别认证功能，通过一物一码及防伪码赋予包装商品的信息唯一性，让造假者无从下手，商家及消费者均可查询了解商品被查次数及时间，帮助消费者辨别真伪。②追踪溯源。平台通过一物一码及防伪码实现对商品生产、运输、销售等全过程追溯追踪管理，实现来源可查、去向可追、责任可究、风险可控。③渠道管控。平台通过防伪码与物流码的对应关系，让企业掌握商品的流向，一旦有窜货发生，系统便可自动报警，增加渠道管控力，使市场价格规范化。④个性化营销。一物一码是数字营销活动的入口，借助微信红包、积分、大转盘、小游戏等活动，打通多源数据对接，实现商品个性化及大数据营销。⑤决策支持。通过扫码历史以及各类数字营销活动的数据，调整商品投放地域及活动类型，实时掌握市场动态，调整企业决策方向。⑥其他服务。例如，商品使用方法介绍、注意事项提醒、咨询回复及新商品推介等。

有了智慧物流包装大数据平台，生产商基于消费者大数据分析，可以深度挖掘数据价值，洞察市场行情，寻找潜在商业机会，优化库存及供应链管理，实现生产到市场的快速响应，并可辅助商业决策，拓展市场方向，进而增加商品销售。智慧物流包装大数据平台使企业实现了从存储数据到探索数据的转变，通过大数据实现防伪溯源、商品追踪、防窜货、数字营销、品牌传播、新零售、用户画像分析等一系列功能，让商品管理更高效。

总之，智慧物流包装大数据平台通过对包装商品的数据采集、存储及整合，实现了对包装商品从源头到终端每一个环节真实可靠的信息管理，可以为消费者提供智能化的防伪溯源服务，为政府及行业监管机构提供数据平台支持，为包装印刷企业提供低成本、高效益的转型方案，为商品生产企业提供商品营销大数据分析，为订单、物流、结算、售后等提供智能化管理服务。

7.3.2　功能材料型智能包装

功能材料型智能包装，是指应用新型包装材料对产品包装进行设计，通常采用光电、温敏、湿敏、气敏等功能材料与包装材料复合制成，使得包装对环境因素具有某种"识别""判断"和"控制"的功能，可以智能识别和指示包装微空间内的温度、湿度、压力、密封程度、保存时间等重要参数，还能自适应器物本身的不同特质和突变或渐变的外部环境，自动调整包装内部环境。

与传统材料相比，智能包装材料有以下三个特点：①感应性。智能包装材料对周围环境的变化十分敏感。②识别性。智能包装材料对不同影响因素能够加以识别并做下一步动作。③调控性。智能包装材料能够根据环境变化调整自身条件以适应环境变化带来的影响。

功能材料型智能包装是一种以材料为基础的智能化包装形式，基于对材料本身及其应用在智能包装上所表现出来的功能特征，可分为变色材料包装、发光材料包装、智能水凝胶材料包装、活性材料包装等。

1．变色材料包装

变色材料包装是指在包装上应用变色材料，如光敏变色材料、温敏变色材料、电敏变色材料、气敏变色材料等，使包装在受到光、电、温度、压力、溶剂以及化学环境等特定外界激发源作用时，通过颜色的变化来做出反馈，可以实现包装的图案显示、信息记录、警示提醒、美化装饰、防伪安全、互动娱乐等功能。

例如，一款可指示易变质包装产品实时质量的"智能变色标签"是一种智能温敏变色材料在包装上的应用，适用于对温度敏感的包装。在一般情况下，标签呈红色代表产品新鲜度达 100%，呈黄色代表新鲜度已降为 50%，呈绿色则代表产品已变质，这一过程能够反映由于食品超过保质期或因温度改变等造成的变质，并通过颜色直观地表现出来。

2．发光材料包装

发光材料包装是指在包装上应用发光材料，如光致发光材料、力致发光材料、化学发光材料、电致发光材料等，这些材料能够以某种方式吸收能量，并以发光的形式表现出来，进而通过包装本体颜色以及与环境光的颜色进行叠加后的第三方色彩来实现包装视觉的传达，形成一种动态色彩的多样性表达。在实际应用中，发光材料主要的应用形式有发光油墨、发光涂料、发光陶瓷、发光玻璃、发光塑料、发光纤维、发光薄膜等，使包装可以实现安全警示、多维展示、防伪以及互动娱乐等功能。

例如，一款利用荧光油墨进行防伪的香水包装设计，该香水瓶的外包装运用了荧光油墨材料，在没有环境光、自然光等外部光源的时候，香水外包装呈原本的银色，但香水包装一旦接触到光线，颜色就会转换为枚红色，并显示出香水的 Logo（标识），既可达到防伪的效果，又充分展现了该香水品牌独特的韵味和特性。

3．智能水凝胶材料包装

智能水凝胶是一类由智能高分子通过物理或者化学交联形成三维网络结构的聚合物，它可以吸收大量的水并溶胀至平衡体积而仍保持其形状，其对环境信息的微小变化具有响应功能，如温度、pH 值、葡萄糖浓度、光、电变化等，产生相应的体积变化或者其他物理化学性质的变化，可应用于形状记忆、自愈合聚合物、组织工程、药物输送、智能涂层、化学反应开关等领域。因智能水凝胶材料在受到外部特定因素刺激时会发生突跃式的变化，可用于灵敏传感的装置，在包装领域有很大的应用前景，该类包装被称为智能水凝胶材料包装。

例如，一种用于 pH 值传感的水凝胶涂层 LPFG（长周期光纤光栅），可测量的 pH 值范围为 2～12，可用于测量包装内部环境的 pH 值。

4. 活性材料包装

活性材料是指在材料中加入一些活性组分，并在特定的条件下，如环境的温度、pH 值、湿度等，可以有计划地吸收或释放特定的气体或物质，在包装中加以应用能够用于改变食品的包装环境（氧气与二氧化碳的浓度、温度、湿度和微生物等）以延长储存期，改善食品安全性和感官特性，同时保持食品品质不变。这类应用活性材料的包装可以称为活性材料包装，也可称为活性包装。

活性包装分为吸收型系统和释放型系统，吸收型系统如氧气去除型、二氧化碳清除型、乙烯去除型、水分吸收型、异味清除型等，释放型系统如抗菌型、乙烯产生型、二氧化碳产生型、乙醇产生型等。活性包装可应用于生鲜食品、果蔬、医药及日用品等领域，具有延长食品保质保鲜日期，为生鲜活物跨地运输提供保障，以及减少对人体带来的潜在性生物危害等功能。常见的活性包装有动物类和植物鲜花类的包装，如肉类包装、鲜鱼类包装、动物雏苗包装、菜苗包装、果（树）苗包装等。

例如，Fresh Max®氧气吸收剂是世界上第一种自动粘贴氧气吸收剂，将其粘贴于需要保护的食品包装内，可以有效防止食品酸败和营养价值损失，在包装行业已获得国内和国际大奖。日本的三菱瓦斯化学公司推出了一款二价铁氧气清除剂，将该清除剂贴于包装内即能有效去除包装内的氧气成分。

7.3.3　功能结构型智能包装

功能结构型智能包装是指为满足安全的产品包装、可靠的物流运输等某些特定需求，对包装结构进行相应的增加或改进的一类智能型包装。相较于功能材料型智能包装的研发，功能结构型智能包装多依靠生物化学原理，通过创新整合使得食品包装更具有简便性和安全性，为其提供更好的市场效果。在功能结构型智能包装中，比较典型的有自动报警包装、自动加热包装和自动冷却包装。

1. 自动报警包装

在自动报警包装体系中，包装袋底部嵌有依靠压力作用实现报警的封闭报警系统。当包装袋内的食品品质发生变化时，其膨胀产生的压力会大于预设的压力值，报警系统就会被启动，这样可以提示消费者食品已出现质量问题，同时商家也可依此将商品下架。

2. 自动加热包装

自动加热的即食餐包装是智能包装的一个重要应用，自动加热包装是一种利用压铸形成的多层、无缝的容器，容器内层分多个隔间，该包装利用简单的化学原理，在没有外部热源的情况下释放热量自动加热食品。日本自动加温的清酒罐，在饮用前只需要在罐底的小孔内插入"附用"的塑料小棒，水便会在瞬间与生石灰混合到一起，只需要 3min 就能将一罐清酒加热至 58℃。

3. 自动冷却包装

自动冷却包装内置一个冷凝器、一个蒸发格及一包干燥剂，冷却时由催化作用产生的蒸汽及液体会贮藏于包装的底部，利用产生的蒸汽和液体可在短时间大幅度降低食品温度。

Crown Cork & Seal 公司和 Tempra 公司合作开发的自动冷却罐，能在 3min 内使一罐 355mL 的啤酒温度下降到 16.7℃。

7.4　物流包装作业智能化

物流包装作业智能化是指通过集成智能化技术，如自动识别技术、物联网、大数据分析等，使物流包装过程实现自动化、信息化和智能化。这种智能化作业方式不仅提高了包装效率，减少了人工失误，还通过实时监控和数据分析优化了包装流程，确保了物流运输的安全性和可追溯性。

7.4.1　智能包装机械

智能包装机械一般也称为包装机器人，是指包装作业中结合先进的工控技术，融合机电一体化，为产品包装提供自动开箱—自动套膜—自动装箱—在线称重—自动贴标—自动封箱—自动打包捆扎等自动化作业的无人化、智能化包装设备。应用智能包装机械能够有效提高工作效率，提升包装品质，降低用人成本，优化工作环境。

1．基本构成

智能包装机械能够进行开箱、装箱、封箱、捆扎、码垛、自动分半、托盘货物拉伸膜缠绕等工序流程作业，包括具有自动控制功能的缠绕机、打包机、码垛机、贴标机、托盘分配机、封箱机、真空机、收缩机和封口机等。包装机器人如图 7-1 所示。

2．功能特点

1）适用性强。当产品的尺寸、体积、形状及托盘的外形尺寸发生变化时，只需要在触摸屏上对智能包装机械稍做设定即可适应不同产品，不会影响正常运行。传统机械式的码垛机更改非常麻烦，甚至无法实现。

2）高可靠性。智能化包装机械重复操作能够始终维持同一状态，不会出现类似人的主观性干扰，因此其操作的可靠性比较高。

图 7-1　包装机器人

3）自动化程度高。智能化包装机械的操作依靠程序控制，无须人工参与，自动化程度高，节省了大量的劳动力。

4）准确性好。智能化包装机械的操作控制精确，其位置误差基本处于毫米级以下，准确性非常好。

5）应用范围广。智能化包装机械的用途非常广泛，它可以完成抓取、搬运、装卸和堆垛等多项作业活动。

6）高效率。智能化包装机械的工作速度比较快，而且没有时间间断，因此其工作效率比较高。

7）占地面积少。智能化包装机械设置在狭窄的空间即可有效地使用，有利于流水线的布置，并可留出较大的库房面积。

3．作业优势

1）控制的精确性。智能包装机械的机器人手臂被固定安装在坚固的机座之上，多轴机器人的轴均经过伺服马达和齿轮控制进行转动，这就确保了机器人在工作半径范围内可全方位灵活自由地确定工位，只需要确定抓取点以及摆放点，由计算机控制两点之间的运动轨迹，定位十分精准。伺服系统保证在实现高重复精度的动作要求下，最大限度地降低工作时产生的噪声，机器人可以移动到人操作方便的方位和高度，很容易实现灵活操作。

2）操作的简便性。系统通过 PLC（可编程逻辑控制器）完成对机器人、机械手爪以及传送带的控制。系统配备了专门的触摸屏用来显示生产过程中的信息。系统采用先进的人机界面，操作人员可以很容易地在界面上进行参数修改以及程序选用的工作。

3）作业的灵活性。机器人手爪被安装在法兰中心，可以设计成一个固定的工具，也可以通过自动换手装置进行更换，以便适应特殊的任务。多功能手爪适用于组合工作，如抓瓶式、夹钳式、抓纸箱的真空吸盘式手爪，以及装瓶和码垛一体式手爪等。机器人只需要根据实际包装过程中的需求，更换安装不同的手爪，就可以满足柔性包装的需要。机器人还可以配合激光视觉检测系统，识别工件种类，以及定位工件。

7.4.2　包装箱型智能推荐

包装箱型智能推荐，即根据包装物的属性、数量、重量、体积等信息，通过智能打包系统的算法支持，自动选择合适箱型及数量进行匹配，以达到减少耗费、节约成本、方便物流的目的。当前包装箱型智能推荐系统在菜鸟物流、苏宁物流等得到充分应用。

装箱问题在物流与生产系统中是一个经典且非常重要的优化问题。系统通过包装推荐功能找到合适大小的包装箱推荐给业务操作人员来包装客户的商品，而包装推荐就是装箱问题的一个典型应用，其本质是如何合理地放置商品以达到包装箱的装填率最大化。

装箱问题是复杂的离散组合最优化问题。一般来说，组合优化问题通常带有大量的局部极值点，往往是不可微的、不连续的、多维的、有约束条件的、高度非线性的 NP 完全问题，装箱问题也不例外，同许多组合最优化问题一样属于 NP 困难问题。包装箱型智能推荐，就是要求把一定数量的物品放入容量相同的一些箱子中，使得每个箱子中的物品大小之和不超过箱子容量，并使所用的箱子数目最少。通常用到数学规划法、构造法、数值优化方法、遗传算法、模拟退火算法等方法进行求解。

案例 7-1
菜鸟物流的"智能装箱算法服务"

案例 7-2
苏宁物流的"智能包装解决方案"

7.4.3　可循环使用的智能包装系统

可循环使用的智能包装系统，即依托可回收、可折叠、可重复使用的包装箱进行物流作业活动，同时在包装箱内部嵌入传感器、控制器等智能硬件，能够实现端到端的无纸化操作、智能防护和跟踪溯源，实现包装箱的可视化管理和智能调度。

1．功能特点

可循环使用的智能包装系统为企业提供一套完整的可追溯软硬件解决方案，内容如下：①面向企业的智能可循环物流箱，通过 RFID 在生产环节录入数据，实现闭环管理，循环使用；②面向终端消费者的智能包装盒，每一件产品都拥有一个芯片，可以通过手机等智能移动通信设备实现信息的查询及数据反馈；③线上智能包装数据云平台，将智能可循环物流箱和智能包装盒的数据串联，并在云端存档备份。

2．基本构成

可循环使用的智能包装系统包括远程云服务器、移动终端、管理终端和包装盒。远程云服务器包括信息接收模块、信息发送模块、数据存储模块和数据处理模块。移动终端包括注册模块、支付结算模块、操作模块、信息发送模块及信息接收模块。管理终端包括信息接收模块、信息发送模块、数据统计模块和支付结算模块。包装盒包括可拆装盒体、密码锁和二维码。

从技术架构上看，可循环使用的智能包装系统包括感知层、传输层和应用层（人机交互）三个层次，具体如图 7-2 所示。

3．运营模式

针对"信息不对称、数据盲区、低周转率、高丢失率"等物流包装行业痛点，可循环使用的智能包装系统可提供管箱、租箱、拼箱三种服务进行改善。

（1）管箱服务

可循环使用的智能包装系统可为上下游用户提供实时的数据服务。用户可以在智能终端安装 App，或者在 PC（个人计算机）端对流动着的物流包装进行实时监控，上游用户可以掌握其下游客户网点中包装的数量、空满状态。这消除了双方的数据盲区，从而让上下游用户能做出相互呼应的包装调配计划，并大大提高年周转率。

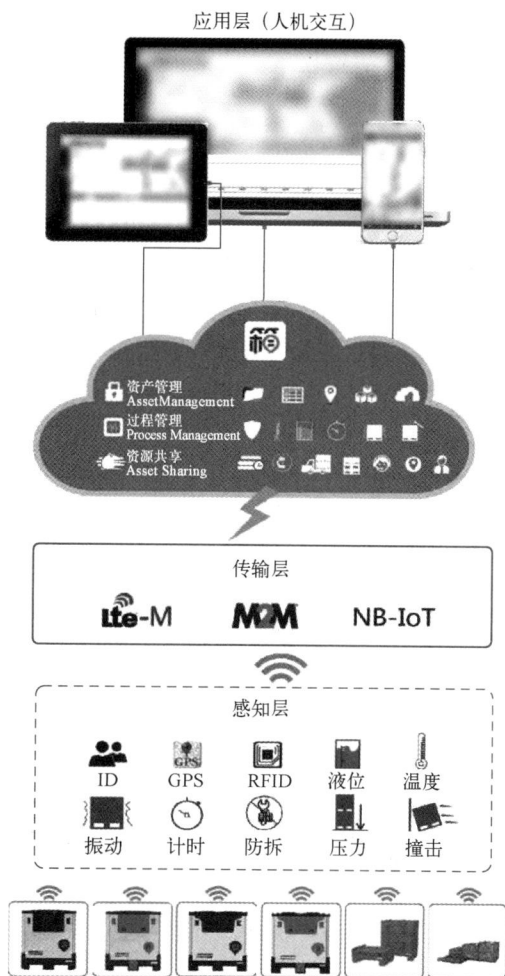

图 7-2　可循环使用的智能包装系统技术架构

另外，结合关系网点及路径分析算法，可循环使用的智能包装系统还提供对物流包装防丢失、防偷盗的提醒功能，能及时引起管理各方的注意，帮助用户快速开展责任追查及箱体找回，降低了丢失及被偷盗的概率。

（2）租箱服务

基于物联网化及数据透明化，可循环使用的智能包装系统可提供包装箱租赁服务。可循环使用的智能包装系统平台中，物流包装资产池、各收发箱物流及服务网点等信息都是实时公开的，系统平台为用户提供包装年租和按次租赁服务。用户可以基于自身所处地理位置调用离自己最近的空箱资源。如果用户有收箱的要求，随时可以通过平台，指示距离待收箱点最近的第三方物流公司提供收箱和清洗服务。空箱资源分布透明、服务资源在线响应、服务价格透明等特点，大大降低了用户获取空箱及相关服务的门槛，提高了服务效率，降低了包装成本。

（3）拼箱服务

在传统的租赁模式下，用户无法知晓租赁服务商的物流包装资产数据，物流包装的调度和优化管理都由出租人独立完成，平均年度周转率较低。但可循环使用的智能包装系统实现了包装实时数据的全面公开，不同供应链的上下游用户的需求驱动并优化了包装资源的分布和使用，没有一个既定的数据中心点，而是一个扁平化的自组织，云端的数据分析及算法与线下的需求形成了优化资产流动的力量。对于在时间、路线以及数量等方面有较大匹配关系的不同用户群，平台将发出"同程拼箱"建议。通过加入拼箱计划，用户可以出让包装的空闲时段，免除回程费用，减少回程途中占用时间，最大化降低了过程费用，并达到了年周转率倍增的目的。

本章小结

包装在商品的生产、流通和消费过程中都发挥着重要的作用，它不仅能够保护商品，提高商品的储运效率，还能增加商品的吸引力，促进销售，提高商品的附加值。随着消费者对商品品质和物流体验的要求不断提升，智慧包装作为智慧物流的重要组成部分，正逐渐受到业界的广泛关注。

智慧包装是现代科技与传统包装行业相结合的产物，其将包装延伸和扩展到物品与物品之间进行信息交换和通信的一种技术。与传统的包装技术相比，智慧包装具有智能化、信息化、个性化、环保性以及交互性等特点，在食品安全追溯、物流运输优化、智能库存管理、产品信息展示、环保节能和防伪鉴别等方面具有广泛的应用前景和市场潜力。

从工作原理来看，智慧包装可分为信息型智能包装、功能材料型智能包装和功能结构型智能包装等三种类型。信息型智能包装主要通过包装数字化技术、包装可视化技术和包装大数据平台进行构建。功能材料型智能包装基于对材料本身及其应用在智能包装上所表现出来的功能特征，可分为变色材料包装、发光材料包装、智能水凝胶材料包装、活性材料包装等。功能结构型智能包装是指为满足安全的产品包装、可靠的物流运输等某些特定需求，对包装结构进行相应的增加或改进的一类智能型包装，比较典型的有自动报警包装、自动加热包装和自动冷却包装等。

在物流过程中，物流包装作业也朝着智能化的方向发展，其通过集成智能化技术，如自动识别技术、物联网、大数据分析等，使物流包装过程实现自动化、信息化和智能化。这种智能化作业方式不仅提高了包装效率，减少了人工错误，还通过实时监控和数据分析优化了包装流程，确保了物流运输的安全性和可追溯性。

课后练习

一、思考题

1. 什么是包装？它主要包括哪些类型？

2. 包装的作用有哪些？

3．智慧包装具有哪些特点？

4．典型的智能包装技术有哪些？

5．物流过程中，智能包装技术具有哪些特点？

6．可循环使用的智能包装系统是如何构成的？

二、讨论题

1．试分析传统包装与智慧包装之间的区别和联系。

2．试举例分析智慧包装的行业应用情况。

3．试分析并讨论智能包装技术的发展趋势。

4．试分析并讨论如何实现物流包装的智能化作业。

三、案例分析

智能包装：无人超市背后的科技力量

无人超市让消费者"剁手"于无形，这样的事情在以前简直就是在科幻片中才能发生的，随着近年来科技的发展，已经不是什么难事了。可以说，支撑起无人超市的是智能包装技术的进步。

无人超市技术有多神？简单来说，无人超市就是一个缩小的"天眼系统"，包括集成计算机视觉、机器学习、物联网等技术，如今的人工智能系统让超市没有售货员和收银员，顾客选好商品拿了就走，手机会自动结算。

在"即买即走"的极致体验背后，其实是人像识别、商品识别、自助支付、大数据分析、IoT（物联网）、区块链等技术的支持。简单来说，利用计算机视觉和生物识别来确认身份，店内遍布的摄像头和传感器能够记录人和物品的移动。

RFID 是目前最适合无人超市的技术，如果 RFID 芯片成本进一步降低，则廉价的商品也可以采用，RFID 应用将会更加广泛。

智慧物流包装通过云计算、移动互联网、物联网等技术，在产品包装上使用二维码，实现商品信息的数字化和创意营销功能。这些还是基础性的应用，商品消费背后大数据的挖掘才是真正的金矿。

无人超市对智慧物流包装的发展是绝好的机会，智慧物流包装作为新零售生态格局中的一员，技术和应用场景将不断被重构，最终会带来无人超市购物的完美体验。

问题：

1．无人超市中主要运用了哪些智慧物流包装技术？

2．智慧物流包装技术的发展将会对商业模式的改革创新带来哪些影响？

第8章　智慧物流信息平台

学习目标

● 能够正确区分物流管理信息系统和物流信息平台。

● 能够准确复述物流信息平台的分类和作用。

● 能够简要描述智慧物流信息平台的发展历程。

● 能够详细介绍智慧物流信息平台的特征和行业应用情况。

● 能够详细复述智慧物流信息平台的功能与结构。

● 能够详细分析智慧物流信息平台的运营与管理情况。

在信息化、网络化的时代背景下，物流行业正迎来前所未有的发展机遇。智慧物流信息平台作为物流信息化的重要载体，不仅为物流行业提供了高效、便捷的信息交互和共享渠道，更通过整合各类物流资源，优化物流运作流程，实现物流行业的高效协同和可持续发展。通过智慧物流信息平台，企业能够实时监控物流状态，精准预测物流需求，从而提升物流效率，降低成本，增强市场竞争力。

8.1　物流信息平台概述

物流信息平台是一个集中了物流信息的综合性平台，主要目的是提高物流行业的效率和透明度。它通过各种技术手段，将分散在各个环节的物流信息进行整合、处理和分析，为物流行业的相关参与者提供全面、准确、实时的信息支持。

8.1.1　物流信息平台的特点

与物流信息系统相比，物流信息平台具有以下几个特征：

1. 公共性

物流信息平台主要提供基础公共服务，核心是实现物流信息的交换与共享。平台应该充分满足服务对象的功能需求。功能设计要深入智慧物流园区的管理实际，同时确保界面友好，易于操作，信息标准统一。

2. 开放性

物流信息平台不是一个封闭的系统，必须通过接口与其他平台相连接，在平台建设中应充分进行外界信息系统交换的需求分析，保证既能满足功能需要，又具有与外界系统进行信息交换与处理的能力，能够向全社会提供服务，不局限于特定行业、特定作业环节和特定服务。

3．共享性

物流信息平台能够实现不同部门、不同行业、不同地区、不同物流信息系统间信息交换与共享，减少信息孤岛和重复建设。同时，物流信息平台能组织物流的各部门及运输、存储、装卸、包装、配送等各个环节的运输过程。

8.1.2　物流信息平台的分类

根据物流信息平台运维主体的不同，可以将物流信息平台划分为政府主导型、市场主导型和产学研一体化三种类型。

1．政府主导型

政府主导型物流信息平台是由政府全额投资并拥有所有权，负责平台的规划、建设及运维。这种平台具有较强的公益性质，不涉及企业利益，其主要目标是提高物流行业的整体效率和透明度，推动物流行业的健康发展。

政府主导型物流信息平台的主要特点包括：①公益性强。平台的建设和运营主要由政府承担，以提高物流行业的整体效率和公共福利为目标，而不是追求盈利。②信息共享。平台致力于实现物流信息的共享和互通，提高信息的透明度，降低信息的不对称性，从而帮助物流企业和货主更好地进行决策。③政策导向。政府主导型物流信息平台往往会根据国家的物流政策和发展战略，对平台的发展方向和功能进行规划和调整，以推动物流行业的转型升级。

然而，政府主导型物流信息平台也存在一些挑战和问题。首先，政府需要投入大量的资金和资源进行平台的建设和运营，这对于财政的压力较大。其次，由于平台具有较强的公益性质，缺乏商业激励，可能会导致平台的运营效率和服务质量不如市场主导型平台。此外，政府主导型平台在数据的收集和使用方面也可能面临一些法律和伦理问题。

为了解决这些问题，政府主导型物流信息平台可以采取一些措施。例如：通过引入市场机制，吸引更多的社会资本参与平台的建设和运营；加强平台的商业化运营，提高平台的服务质量和效率；加强对数据的保护和管理，确保数据的合法性和安全性。

典型的政府主导型平台是交通运输部筹建的物流公共信息平台。2013 年 11 月，交通运输部印发《交通运输物流公共信息平台建设纲要》等三个文件。国家交通运输物流公共信息平台由交通运输部和国家发展改革委牵头，各地交通运输厅（局）也纷纷建设本地物流公共信息平台，如浙江平台、内蒙古平台、福建平台、黑龙江平台、山东平台等。

2．市场主导型

市场主导型物流信息平台是由企业全额投资并拥有所有权，负责平台的规划、建设及运维。与政府主导型物流信息平台不同，市场主导型物流信息平台更侧重于追求商业利益，通过提供高效、可靠的物流服务来获得收益。

市场主导型物流信息平台的主要特点包括：①商业导向。平台的建设和运营主要基于市场需求和商业利益，旨在提供优质的物流服务，满足客户的需求，并实现盈利。②灵活性高。平台由企业自主运营，因此在面对市场变化时能够更加灵活地调整策略，迅速响应市场需求。③创新性强。市场主导型平台通常具有较强的创新意识和能力，能够引入先进的技术和管理模式，提升物流行业的整体效率和服务水平。

然而，市场主导型物流信息平台也面临一些挑战和问题。首先，由于追求商业利益，可能会忽视一些公益性和社会责任，导致物流行业的公平性和可持续发展受到影响。其次，由于市场竞争激烈，平台可能面临较大的经营压力和风险。此外，市场主导型物流信息平台在数据的收集和使用方面也需要遵守相关法律法规和道德规范，确保数据的合法性和安全性。

为了应对这些挑战和问题，市场主导型物流信息平台可以采取一些措施。例如：加强与政府的合作，共同推动物流行业的健康发展；注重履行社会责任，积极参与公益事业，提升企业的社会形象和信誉；加强对数据的管理和保护，确保数据的准确性和安全性。

市场主导型物流信息平台目前有两种典型做法。一种是大型电子商务运营企业扩展服务链条，延伸建设的物流公共信息平台，如菜鸟物流，该物流公共信息平台着力打造全国性物流数据交换平台，实现与各物流公司信息系统对接。其成功的基础在于抓住市场终端，大量消费者通过 B2B（企业对企业，如阿里巴巴平台）、B2C（企业对用户，如天猫平台）、C2C（用户对用户，如淘宝平台）购物，物流商愿意将物流信息提供给菜鸟物流网络。另一种是以第四方物流商为定位做精、做深物流公共信息平台，如传化物流。其成功的基础在于全国布点物流区，早期从传统物流所积累的车源、货源信息，以及集约化、专业化管理经验，有较深厚的线下积累，再通过物流信息平台线上构建，解决物流企业各自为战、运营成本高、车辆空驶率高的问题，缩短配货时间、减少空驶、缓解交通拥堵和整合物流资源。

3. 产学研一体化

产学研一体化物流信息平台是一种将政府、产业界和学术界紧密结合的物流信息平台模式。在这种模式下，政府、企业和高校等研究机构共同参与平台的规划、建设和运营，以实现资源共享、优势互补和协同创新，推动物流行业的科技创新和转型升级。

产学研一体化物流信息平台的主要特点包括：①资源共享。平台实现政府、企业和高校之间的资源共享，包括技术、设备、数据等资源，以提高物流行业的整体效率和创新能力。②优势互补。政府、企业和高校各自具有不同的优势和资源，通过产学研一体化模式，可以实现优势互补，共同推动物流行业的发展。③协同创新。平台为政府、企业和高校提供了一个协同创新的平台，可以促进技术创新、模式创新和制度创新，推动物流行业的转型升级。

产学研一体化物流信息平台的主要问题是资本实力不强，体制机制理顺比较困难，产品在市场上推广速度较缓，后劲不足。由于平台本身不直接经营物流或电子商务业务，与供应链业务链接难以贯通。

总的来说，产学研一体化物流信息平台是一种具有创新性和前瞻性的物流信息平台模式，能够推动物流行业的科技创新和转型升级。然而，在实践中，需要注重政府、企业和高校之间的合作与协同，确保平台的顺利建设和运营。

8.1.3 物流信息平台的作用

物流信息平台在促进信息共享、优化资源配置、降低运营成本、提高物流效率、增强决策支持、提升服务质量和保障物流安全等方面发挥着重要作用。随着技术的不断进步和应用场景的拓展，物流信息平台将继续为物流企业和供应链各参与方带来更多优势和价值。

1．促进信息共享

物流信息平台促进了供应链各参与方之间的信息共享。通过平台，各方可以实时获取物流信息，了解货物的运输状态、库存情况等。这有助于消除信息不对称，增强供应链各方的协同合作，提高整体运营效率。

2．优化资源配置

物流信息平台能够将供应方和需求方进行有效的匹配，实现资源的优化配置。平台通过实时采集和分析物流数据，了解各环节的需求和供应情况，帮助企业做出更合理的资源配置决策。这不仅有助于减少资源浪费和库存积压，还能提高物流效率和服务质量。

3．降低运营成本

物流信息平台通过提高物流效率和优化资源配置，帮助企业降低运营成本。首先，平台通过自动化、智能化的技术手段减少了人力和物力成本。其次，通过优化运输路线和配送计划，降低了运输成本。此外，平台还能帮助企业减少库存积压和浪费现象，进一步降低运营成本。

4．提高物流效率

物流信息平台通过自动化、智能化的技术手段，显著提高了物流效率。首先，平台可以实时监控货物的运输状态和位置，确保货物按时到达目的地。其次，平台通过优化运输路线和配送计划，减少了运输时间和成本。此外，自动化仓储系统也提高了货物存储和取货的速度和准确性。这些改进措施共同提高了物流效率，使物流企业能够更快速、更准确地满足客户需求。

5．增强决策支持

物流信息平台提供了丰富的数据分析和决策支持功能。通过对海量物流数据的深度挖掘和分析，平台能够揭示出隐藏在数据背后的规律和趋势，为企业制定更合理的物流策略提供依据。这有助于企业提高决策质量和准确性，增强市场竞争力。

6．提升服务质量

物流信息平台通过提高物流效率、优化资源配置和增强决策支持等方式，有助于提升服务质量。首先，平台能够实时监控货物的运输状态和位置，确保货物按时到达客户手中。其次，通过优化运输路线和配送计划，提高了送货的准确性和时效性。此外，平台还能为客户提供个性化的物流服务，满足不同客户的需求和期望。

7．保障物流安全

物流信息平台通过先进的加密技术和安全措施，确保了物流信息的安全性和可靠性。平台能够实时监控货物的运输状态和位置，及时发现异常情况和潜在风险。同时，平台还能提供风险评估和预警功能，帮助企业及时应对各种安全挑战。这些措施共同保障了物流过程的安全和稳定运行。

8.2　智慧物流信息平台发展与应用

智慧物流信息平台，是指利用先进的信息技术和数据分析方法，在物流信息的集成、管理和优化的基础上，逐步实现物流资源的集成、管理和优化，从而提高物流运作效率、降低成本、增强供应链协同能力和提升客户满意度的综合性平台。

8.2.1 智慧物流信息平台的发展历程

智慧物流信息平台是物流行业信息化的重要成果，其发展历程涵盖了起步期、发展期、成熟期和创新期等多个阶段。

1．起步期

在起步期，智慧物流信息平台主要完成了基础设施的建设和初步的数据收集。此阶段，平台主要聚焦于物流基础数据的整合，如订单信息、运输状态、库存情况等。通过简单的数据处理和分析，平台开始为物流行业提供基础的信息服务。同时，这一时期的平台功能相对简单，用户群体也相对有限。

2．发展期

进入发展期，智慧物流信息平台开始实现系统集成和功能拓展。平台不仅整合了更多的物流信息系统，还引入了大数据分析、云计算等先进技术，提升了数据处理能力和效率。此外，平台还不断拓展其功能，如物流规划、调度、跟踪等，以满足物流行业日益多样化的需求。随着平台功能的不断完善和用户群体的扩大，其在物流行业中的地位逐渐提升。

3．成熟期

在成熟期，智慧物流信息平台已经具备了较为完善的功能和较高的数据处理能力。平台通过优化算法、提升用户体验等方式，进一步提高了运行效率和服务质量。此外，平台还开始与其他相关系统进行互联互通，形成了紧密的物流生态系统。在这一阶段，平台已经成为物流行业不可或缺的一部分，为行业的智能化升级提供了有力支持。

4．创新期

进入创新期，智慧物流信息平台开始探索新的技术和应用，如人工智能、区块链等。这些新技术和应用的引入，使得平台能够更好地处理海量数据，提供更精准的物流信息和预测。同时，平台还注重环保和可持续发展，通过优化物流路径、减少空驶率等方式，降低物流行业的能耗和排放。在这一阶段，平台的智能化水平和安全性得到了进一步提升。

8.2.2 智慧物流信息平台的主要特征

智慧物流信息平台与传统物流信息平台相比，具有许多显著的特征。

1．集成度更高

与传统物流信息平台相比，智慧物流信息平台在信息集成和资源集成两个方面集成度更高。

（1）信息整合能力更强

智慧物流信息平台通过应用先进的物联网、云计算、大数据等技术，可以实现对各种物流信息的全面整合和高效处理。这包括订单信息、运输信息、仓储信息、配送信息等各个环节的数据，能够将原本分散、孤立的物流信息进行有效连接，形成一个完整的物流信息链条。

（2）系统协同性更好

智慧物流信息平台可以实现物流各个环节之间的无缝对接和协同作业。通过统一的数据标准和接口规范，平台可以将不同的物流系统和设备进行有机整合，实现信息的实时共享和流程的无缝衔接。这有助于提高物流运作的整体效率，降低物流成本。

2．实时性更强

与传统物流信息平台相比，智慧物流信息平台中的实时性更强，这意味着智慧物流信息平台能够更快速、更准确地获取和处理物流信息，以及更及时地为用户提供相关信息。这种实时性的增强主要源于以下几个方面：

（1）物联网技术的应用

智慧物流信息平台通过广泛部署的物联网设备，如 RFID 标签、GPS 定位器等，可以实时获取货物、车辆、仓库等物流资源的状态和位置信息。这些设备能够实时采集数据，并通过网络传输到平台进行处理和分析，从而确保信息的实时性。

（2）大数据处理能力的提升

智慧物流信息平台具备强大的大数据处理能力，可以对海量的物流数据进行快速分析和处理。通过高性能计算和分布式存储等技术，平台可以实时处理来自各个渠道的数据，提取有价值的信息，为用户提供实时决策支持。

（3）云计算技术的支持

云计算技术为智慧物流信息平台提供了弹性的计算和存储资源，使得平台可以根据需求快速扩展处理能力。这意味着平台可以实时处理大量的物流数据，并确保数据的实时性和准确性。

（4）实时通信技术的应用

智慧物流信息平台采用了实时通信技术，如 MQTT（消息队列遥测传输）、Kafka 等，实现了物流信息的实时传输和共享。这些技术可以在网络不稳定或延迟较高的情况下，依然保证信息的实时传输，确保用户能够及时获取最新的物流信息。

3．灵活性更强

与传统物流信息平台相比，智慧物流信息平台在技术架构、数据处理、业务流程、系统集成和定制化服务等方面表现出更强的灵活性。这种灵活性使得平台能够更好地适应不断变化的市场环境和企业需求，推动企业的创新和发展。

（1）技术架构的灵活性

智慧物流信息平台通常采用微服务、容器化等现代技术架构，这些架构允许平台快速扩展、灵活调整，以适应不断变化的业务需求。与此相反，传统物流信息平台可能采用较为固定的技术架构，扩展和调整相对困难。

（2）数据处理的灵活性

智慧物流信息平台能够处理来自各种来源、格式和规模的数据，包括结构化数据、非结构化数据等。这种灵活性使得平台能够应对复杂多变的物流环境，提供更为准确的信息。传统物流信息平台可能更侧重于处理特定类型的数据，灵活性相对较低。

（3）业务流程的灵活性

智慧物流信息平台支持多种物流业务模式，如运输、仓储、配送等，并可以根据业务需求进行灵活调整。这有助于企业快速适应市场变化，提高运营效率。相比之下，传统物流信息平台可能更多地依赖于固定的业务流程，灵活性受限。

（4）系统集成的灵活性

智慧物流信息平台可以与多种第三方系统进行集成，如企业资源规划（ERP）、仓库管理系统（WMS）等，以实现数据的共享和交换。这种灵活性有助于企业实现信息的互联互通，提高整体运营效率。传统物流信息平台在系统集成方面可能面临较大的挑战，灵活性不足。

（5）定制化服务的灵活性

智慧物流信息平台能够根据不同用户的需求，提供定制化的解决方案和服务。这种灵活性使得平台能够更好地满足用户的特定需求，提高用户的满意度。传统物流信息平台可能更侧重于提供标准化的解决方案，灵活性相对较低。

4．决策支持能力更强

与传统物流信息平台相比，智慧物流信息平台中的决策支持能力更强。这主要得益于先进的数据分析技术、数据驱动的决策方法、预测性分析、高级可视化工具以及实时反馈和调整等方面的优势。这些优势使得智慧物流信息平台能够为企业提供更加准确、及时和有效的决策支持，推动物流行业的创新和发展。

（1）先进的数据分析技术

智慧物流信息平台利用先进的数据分析技术，如机器学习、人工智能和深度学习等，对海量的物流数据进行处理和分析。这些技术可以帮助识别数据中的模式和趋势，从而提供更准确、更有价值的见解。

（2）数据驱动的决策

智慧物流信息平台不仅仅提供数据，更基于数据为管理者和决策者提供实时、准确的洞察。这种数据驱动的决策方法使得决策更加科学、合理，并且能够在变化的市场环境中快速做出响应。

（3）预测性分析

通过利用大数据和先进的算法，智慧物流信息平台能够进行预测性分析，例如预测货物流通的时间、路径优化、库存管理等。这种预测性分析有助于企业提前做好准备，降低运营风险，提高整体效率。

（4）高级可视化工具

智慧物流信息平台通常配备高级的可视化工具，如仪表板、数据地图等，使得用户可以直观地查看和分析数据。这种可视化工具使得复杂的数据更容易被理解和消化，提高了决策的速度和准确性。

（5）实时反馈和调整

与传统物流信息平台相比，智慧物流信息平台更注重实时反馈和调整。它可以根据实时的物流数据和市场变化，及时调整决策，确保决策始终与实际情况保持一致。

8.2.3　智慧物流信息平台的行业应用

智慧物流信息平台通过实时收集、处理和分析物流数据，为物流企业提供决策支持，优化物流资源配置，提高物流作业效率，降低物流成本。其应用广泛覆盖电商、医药、冷链、工业制造等多个领域。

1．电商物流

智慧物流信息平台在电商物流中的应用主要体现在订单处理与分配、库存管理与预测以及物流追踪与查询等方面。

（1）订单处理与分配

智慧物流信息平台通过智能算法，自动分析订单信息（如商品类型、收货地址、买家要求等），结合物流资源（如车辆、人员、仓库库存）的实时状态，自动将订单分配给最合适的物流节点和运输线路。在仓库内，智慧物流信息平台与自动化分拣设备连接，实现订单的快速准确分拣。通过扫描订单信息，自动分拣系统能将商品按照订单要求投放到相应的包裹中。

（2）库存管理与预测

智慧物流信息平台能够实时更新库存数据，包括库存数量、存放位置、库存周转率等信息。通过物联网技术，仓库管理人员可以实时查看库存状态，避免缺货或积压。基于大数据分析，平台可以分析历史销售数据、市场趋势、促销活动等因素，预测未来一段时间内的商品需求，为电商企业提供库存管理建议。

（3）物流追踪与查询

消费者通过电商平台的物流查询功能，可以实时查看包裹的物流轨迹。智慧物流信息平台提供从仓库出库、运输、分拣、派送到签收的全程可视化服务。在运输过程中，如果出现包裹丢失、损坏或延误等异常情况，平台会及时通知消费者和电商企业，并提供解决方案或补偿措施。

2．医药物流

智慧物流信息平台在医药物流中的应用主要体现在温控管理与药品追溯、应急响应与快速配送等两个方面。

（1）温控管理与药品追溯

智慧物流信息平台采用高精度温控技术，确保药品在储存和运输过程中的温度符合规定要求。通过实时监测和报警机制，平台能够及时发现并处理温度异常情况，保障药品的质量安全。

平台为药品分配唯一的追溯码，并与生产、批次、有效期等信息关联。消费者或监管机构可以通过扫描追溯码查询药品的详细信息，包括生产厂家、生产日期、有效期等关键信息，确保药品的合法性和安全性。

（2）应急响应与快速配送

针对突发自然灾害等紧急情况，智慧物流信息平台能够迅速启动应急响应机制，调度医疗资源和运输车辆，确保急需的药品能够快速送达医疗机构或患者手中。

平台还提供冷链物流服务，确保需要冷藏或冷冻的药品在运输过程中的品质安全。通过优化运输路线和装载计划，降低运输成本和减少运输时间，提高运输效率。

3．冷链物流

智慧物流信息平台在冷链物流中的应用主要体现在多温区管理与实时监控、智能调度与路径规划等两个方面。

（1）多温区管理与实时监控

智慧物流信息平台支持多温区管理功能，能够根据不同货物的储存和运输需求设置不同的温度范围。通过物联网技术实时监测温度数据并调整运输条件（如温度、湿度等），确保货物在运输和储存过程中的品质安全。

实时监控功能使得冷链物流企业能够随时掌握运输车辆的位置和状态信息，包括温度、湿度、车速等关键指标。这有助于及时发现并处理异常情况，确保冷链物流的顺畅进行。

（2）智能调度与路径规划

基于大数据和人工智能技术，智慧物流信息平台能够预测未来的交通状况和天气变化等因素对运输的影响。通过智能算法优化运输路线和装载计划，减少运输时间和成本并提高运输效率。

在运输过程中，平台可以根据实时路况和交通信息动态调整运输计划。例如，在拥堵路段或恶劣天气下选择更合适的路线或运输方式，以确保货物的准时送达。

4．工业制造

智慧物流信息平台在工业制造中的应用主要体现在供应链协同与信息共享、精细化生产与定制化服务等两个方面。

（1）供应链协同与信息共享

智慧物流信息平台连接供应链上下游企业，实现信息的实时共享和协同作业。通过整合供应链资源提高整体运作效率并降低运营成本。平台还提供供应链可视化工具，帮助企业了解供应链各环节的运作情况并进行优化调整。

通过与生产系统的无缝对接实现生产物流的协同作业。根据生产计划和物料需求等信息自动调度运输设备和人员，以确保生产过程的顺畅进行。

（2）精细化生产与定制化服务

智慧物流信息平台能够协助企业实现精细化生产管理。通过实时收集和分析生产数据，帮助企业了解生产过程中的瓶颈和浪费情况并进行改进优化。同时，平台还提供定制化服务，以满足客户的个性化需求，提高客户满意度和市场竞争力。

在定制化生产过程中，平台能够快速响应市场变化和客户需求，调整生产计划和生产工艺，确保产品的质量和交期符合客户要求。同时，平台还提供灵活的物流配送方案，确保产品能够及时送到客户手中。

8.3 智慧物流信息平台的功能与结构

8.3.1 智慧物流信息平台的功能

智慧物流信息平台的主要功能可以划分为基础功能、拓展功能和辅助功能三类，以满足物流行业的多样化需求，提高物流效率，降低物流成本，提升物流服务质量。

1．基础功能

智慧物流信息平台的基础功能主要围绕信息的管理和服务展开，包括数据采集、数据存储、数据交换、数据处理、数据分析、信息服务和信息安全等功能。这些是物流信息平台一般都具备的功能。

（1）数据采集

数据采集是物流信息平台的第一步，其主要目标是收集并整合来自不同来源的数据。这些数据可能来自物流体系内部（如仓库管理系统、运输管理系统等），也可能来自外部（如供应商、客户、第三方服务提供商等）。与物流管理信息系统不同的是，信息平台更侧重于对多源数据的整合。

（2）数据存储

在数据采集之后，物流信息平台需要确保这些数据能够安全、有序地存储下来。这通常涉及数据库管理，包括选择适当的数据库系统、设计数据库结构、实施数据存储策略等。

（3）数据交换

数据交换是物流信息平台的核心功能，提供与第三方电子数据交换的途径，可灵活地配置数据导入导出的方式，一般支持 TXT 文本、XML 文本和 Excel 等多种文件格式。

（4）数据处理

数据处理是物流信息平台的核心功能之一。它涉及对采集到的原始数据进行清洗、转换、整合等操作，以便生成对物流运作有价值的信息。

（5）数据分析

数据分析是物流信息平台的高级功能，旨在通过对历史数据的深入分析，发现物流运作中的规律、问题和改进点。数据分析结果可以为企业的决策提供支持，如优化运输路线、提高仓库利用效率等。

（6）信息服务

信息服务是物流信息平台的基本功能，也是物流综合信息平台在建设初期的核心功能。信息服务主要表现为对各类物流信息提供录入、组织、维护、发布、查询、交流等服务，如综合公共信息、企业业务交易信息、货物跟踪信息、车辆调度跟踪等信息的查询等。

（7）信息安全

信息安全是物流信息平台必须重视的问题。由于物流信息平台涉及大量的敏感数据（如货物信息、客户信息等），因此必须采取一系列安全措施来保护数据的安全性和完整性。这可能包括数据加密、访问控制、安全审计等措施。

2. 拓展功能

伴随着现代物流业的不断发展，智慧物流信息平台的功能不断拓展，从最初的以信息管理和服务为主，逐渐拓展到在线交易和业务管理等领域。

（1）资源整合

此处的资源主要指的是物流系统中的实体资源，包括运力资源、仓储资源、配送资源等。物流信息平台在现代物流体系中扮演着资源整合者的角色。资源整合以信息整合为基础，从而集中和优化配置各种资源，实现物流运作的高效化和智能化。

资源整合包括货源整合、车源整合、仓储资源整合和配送资源整合等。①货源整合。物流信息平台能够将来自不同供应商、生产商和分销商的货源信息进行整合，形成一个统一的货源信息池。这有助于货主快速找到合适的物流解决方案，同时也为物流服务提供商提供了更多的业务机会。②车源整合。平台能够整合各类运输车辆的信息，包括车型、载重、可用时间、地理位置等，为货主提供丰富的车源选择。同时，通过智能匹配算法，将货源与车源进行高效匹配，降低空驶率和等待时间。③仓储资源整合。物流信息平台能够将分散的仓储资源进行整合，实现仓库的集中管理和优化利用。通过实时更新仓库的库存状态、作业能力和位置信息，帮助货主和物流服务提供商更好地规划和执行仓储操作。④配送资源整合。平台能够整合各类配送资源，包括快递、零担、整车等不同类型的配送服务。通过智能调度和优化算法，确保货物能够快速、准确地送达目的地，提高配送效率。

（2）交易撮合

基于资源信息的整合，智慧物流信息平台为供需双方提供其所需的信息，进行交易撮合。例如，平台可以为货源方和承运方提供交易撮合服务，通过平台上的信息发布和匹配机制，促进双方的合作，实现物流资源的优化配置。

（3）在线交易

在线交易是指物流信息平台为供需双方提供一个虚拟的交易平台，有利于规范市场运作，整合物流资源，并可确保 B2B 和 B2C 在网络上的安全协作。在线交易的主要功能有网上报价、网上下单、网上交易、网上配载、信息外包和项目招标等，实现网上购物、电视购物与城市配送的有机结合。

（4）物流管理

智慧物流信息平台不仅为各类物流信息提供共享接口，还具备配套管理系统，可对企业内部、外部资源进行计划与管理，并能面向企业供应链的全过程。物流管理功能包括库存控制、国际贸易物流管理、运输工具管理、财务管理等。物流综合信息平台必须面对客户的需求快速构建和集成端对端的物流管理功能，例如总成本计算模式和承运商的自动选择。

（5）辅助决策

利用物流信息平台积累的全面、长期的数据，通过建立物流业务的数学模型，对历史数据进行分析、挖掘，为用户在预测、规划、方案评估等方面提供决策支持。辅助决策支持功能包括全局或局部物流优化、各级客户地理分析、运输能力模型分析、交通物流资源优化、配送中心能力分析、配送网络方案分析、门到门服务分析优化、联运优化方案分析、代理网点设置优化、物流仿真分析模型、仓储能力分析、仓库选址模型、中转仓库优化方案等。

（6）金融服务

智慧物流信息平台的金融服务功能是现代物流领域与金融领域相结合的重要创新。它通过将金融服务嵌入物流信息平台中，实现了物流运作与金融服务的无缝对接，进一步提升了物流行业的效率和价值。金融服务具体包括融资服务、支付结算服务、保险服务、信用评估服务等。

随着大数据和人工智能等技术的应用，平台还可以为金融机构提供风险预测、市场分析等增值服务，帮助金融机构优化风险管理和产品设计。同时，平台还可以探索与区块链技术的结合，提高金融服务的透明度和可信度。

3. 辅助功能

辅助功能主要指系统管理和会员服务，同时也是智慧物流信息平台的必备功能。

（1）系统管理

系统管理对整个物流信息平台的数据进行管理，包括用户管理、角色管理、权限管理、用户登录管理、用户密码管理、安全管理等。系统安全管理主要包括数据加密和数字签名（有效性确认）。

（2）会员服务

为注册会员提供个性化服务，主要包括会员单证管理、会员的货物状态和位置跟踪、交易跟踪、交易统计、会员资信评估等。

8.3.2 智慧物流信息平台的结构

完整的智慧物流信息平台一般包括运输管理、仓储监管、配送管理、物流金融服务、安全管理与应急保障和大数据应用等模块。通过智慧物流信息平台，能够实现各应用系统的互联互通与信息共享，实现服务区域内的产业协同联动，从而降低成本，提高业务运营效率与管理水平，实现业务管控集中化、一体化、规范化、可视化与智能化的信息服务。智慧物流信息平台框架如图 8-1 所示。

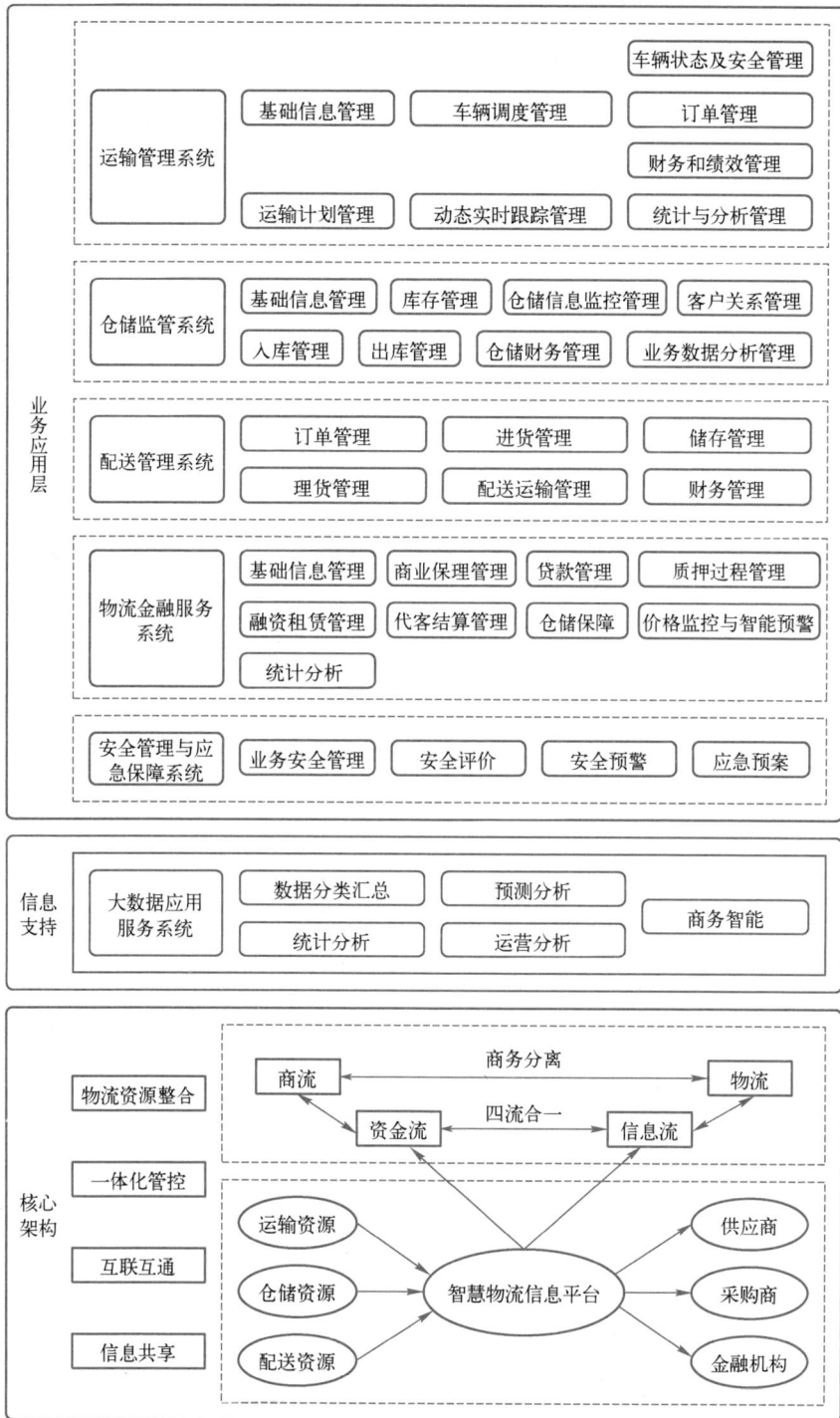

图 8-1　智慧物流信息平台框架

1．运输管理系统

运输管理系统就是利用现代信息技术，实现对运输计划、运输工具、运送人员及运输过程的跟踪、调度指挥等业务的有效管理，解决智能化综合运输的问题。该系统旨在将时间效率、便捷性、个性化需求作为衡量标准，综合各种运输方式的互补和相互促进作用，实现整个运输系统高效运转。同时，该系统能够协调各种运输方式之间的关系，进一步提高运输能力、运输速度和经济效益。

运输管理系统主要完成对运输工具和运送过程的管理，有利于提高物流运输的服务水平，在运输业务的智能管理方面，能够有效降低运输管理成本，提高运输过程中的服务质量，保障车辆和货品的安全并为决策支持系统提供相关依据；在保障运输体系的高效运转方面，能够实时掌控车辆、人员以及运输任务的完成情况，合理分配任务资源，减少在运输任务密集时间内车辆、人员和车队的空置现象，高效完成运输任务，提升车辆有效运载里程；在实现社会车辆的运力整合方面，能够提升车队、车辆的管理效率，降低管理成本，借助信息化手段和智能化管理方法，提高业务水平。

运输管理系统涵盖物流企业运输相关核心业务，是提高企业综合能力、降低运输成本、发掘经济增长点的重要环节和切入点。运输管理系统主要包括基础信息管理、运输计划管理、车辆调度管理、动态实时跟踪管理、车辆状态及安全管理、订单管理、财务和绩效管理、统计与分析管理等子系统。运输管理系统主要功能架构如图8-2所示。

（1）基础信息管理子系统

基础信息管理子系统包括系统用户管理、车辆信息管理、货物信息管理、运输人员信息管理、客户信息管理、用户反馈信息管理等功能模块，旨在通过对业务往来企业、车辆以及用户反馈信息的组织管理，在计划编制、运输以及信息在各部门之间流通和传递的过程中提供支持。

（2）运输计划管理子系统

运输计划管理子系统包括车辆管理计划、装车计划、运输计划、车辆调度计划、运输量计划、人员分配计划等相应功能模块，旨在通过对运输需求整合、分类、再分配，对车辆、人员和运输业务进行初步规划，制订相应计划，指导车辆调度作业，在一定程度上提高运输作业的效率，更好地指导车辆调度工作，保障运输任务的顺利完成。

（3）车辆调度管理子系统

车辆调度管理子系统包括行车指导、运输车辆选择、车辆应急调度管理、司机信息管理、车辆安全与维护等功能模块，旨在根据运输任务和运输计划，通过有效的调度管理，使自有车辆和社会车辆形成一个有机整体，最大限度地发挥运输潜力，并根据掌握的货物流量、流向、季节性变化等情况，针对运输计划，全面细致地安排车辆运输任务，保证安全、高效、快速地完成运输任务。

（4）动态实时跟踪管理子系统

动态实时跟踪管理子系统包括货物和车辆实时跟踪管理、运输监控管理、货物与车辆在途状态查询、运输通信管理等功能模块，旨在通过动态实时跟踪管理对在途车辆及其信息进行管理，反馈车辆状态和货物运输状态，对在途车辆、车载终端、运输人员等设施设备和运输货物位置、运抵时间、货物状态等进行管理和控制，实现和车辆调度的完美衔接，使运输信息传递形成完整闭环。

图 8-2　运输管理系统主要功能架构

（5）车辆状态及安全管理子系统

车辆状态及安全管理子系统包括车辆信息管理、车辆信息采集、车辆信息跟踪、车辆状态查询、车辆安全预警、车辆安全应急处理六个模块，旨在对车辆状态等进行管理，反馈得到车辆是否在维修、是否达到检修时限、车辆状态评估结果等信息，并且在车辆状态不合格时进行安全预警。

（6）订单管理子系统

订单管理子系统包括订单生成管理、订单状态管理、订单审核管理、单证实时查询四个模块，旨在对实际运输业务订单产生、发展、建立、确认、完成、信息储存的全过程进行信息化处理，同时实现运输业务数据流程的完整性。

（7）财务和绩效管理子系统

财务和绩效管理子系统主要是对运输成本进行核算，对运输人员及驾驶员进行绩效考核和分配，实现了对运输价格的掌握，辅助绩效管理，有利于实现企业经营目标，产生良好的激励效应，实现对公司内业务的良好管控，有助于领导层对经营事务的把握和对经营决策的选择。

（8）统计与分析管理子系统

统计与分析管理子系统包括运输量统计分析、运输日志管理、行车记录管理、财务指标统计分析、核心指标统计分析五个模块，旨在通过对日常产生的各类数据进行读取、分类、分析和计算等环节，辅助支持公司决策，同时为物流企业提供咨询建议。

2. 仓储监管系统

仓储监管系统集库存管理、货物进出库管理、客户统计等功能于一体，并充分运用数据仓库、数据共享、数据挖掘等大数据技术和智能化技术。这一系统可以提高仓储作业的效率，降低仓库运营成本，实现业务流程的透明化和可视化，确保信息的高效处理、有效利用和及时共享，并能运用智能终端、信息平台等对仓储的运作情况进行实时统计和数据分析，形成相应的仓储产品指数，对仓储企业及上下游企业业务的合理运行进行监管。

仓储监管系统作为物流信息的枢纽，是控制库存、降低库存成本、提高经济效益的关键一环。为确保仓储管理业务的顺利开展，仓储监管系统应基于上下游企业的需求进行有效的库存管理，并根据配送需求进行高效的出入库作业，还应能够为供应链上各节点企业提供决策支持信息。仓储监管系统主要包括基础信息管理、入库管理、库存管理、出库管理、仓储信息监控管理、仓储财务管理、客户关系管理、业务数据分析管理八个子系统。仓储监管系统主要功能架构如图 8-3 所示。

图 8-3 仓储监管系统主要功能架构

（1）基础信息管理子系统

基础信息管理子系统主要包括四个功能模块，分别为权限设置管理、用户信息管理、库存信息管理和货物信息管理。该子系统主要用于对仓储监管系统中的基础信息进行管理和统计，对各类系统用户提供系统权限管理等。这一系统中所包含的信息将贯穿整个仓储监管系统，是货物入库管理、库存内部管理、出库管理和数据分析等具体业务的基础。

（2）入库管理子系统

入库管理子系统的具体功能包括货物检验、仓位分配、入库作业、入库查询四个模块。该子系统主要用于对货物入库的前期准备工作和入库作业工作进行管理和记录。由工作人员根据货物采购单确定货物准确无误，再由系统根据货物的种类、货物特性、保管方法等统筹分配相应的仓位、入库时间和入库操作人员，以达到入库流程标准化、信息化的目的。

（3）库存管理子系统

库存管理子系统主要包括货物查询、库存调拨、货物盘点、仓位信息查询四个功能模块。该子系统主要用于对在库货物的管理和查询，即通过货物盘点功能可以实时追踪仓库中货物的库存情况，为用户提供最新的货物库存信息，实现多仓库之间的货物调拨，以适应多品种货物和多仓库环境的监管要求，实现在库货物的有效管理。

（4）出库管理子系统

出库管理子系统包括出库准备、拣货备货、货物检验、生成出库单四个功能模块。该子系统主要用于对货物出库前的准备工作和出库作业工作进行管理和记录。根据客户所需要的货物名称和数量，由工作人员对货物进行检验，以确定库存足够，由系统根据货物的出货时间、出货种类等，统筹安排备货和货物出库，并生成相应的出库单据，以达到提高出库效率、改善服务水平、实现出库作业流程标准化和信息化的目的。

（5）仓储信息监控管理子系统

仓储信息监控管理子系统分为货物基础信息、货物状态信息、设备状态信息、业务流程信息、库存预警、作业环境监控六个功能模块。该子系统主要用于实现各种仓储信息的初步处理、展示和查询，且对仓库监管系统等其他子系统中的数据进行分类处理和实时更新，以达到全方位监控货物在库、运输、移库等过程，提高仓储服务水平的目的。

（6）仓储财务管理子系统

仓储财务管理子系统包括费用结算、采购管理、销售管理、结算管理和财务信息检索查询五个功能模块。该子系统主要根据相关法规制度，对仓库的仓储成本（仓储费用、吊装费用、库存调拨费用、装卸费用等）、租赁费用等相关费用标准和企业的采购、销售需求等相关数据进行统计和计算，并按照财务管理的原则组织企业财务活动、处理财务关系，对结算情况进行分析，生成相关财务报表与业务运行统计图，以达到仓储企业财务信息自动化管理的目的，为决策提供支持。

（7）客户关系管理子系统

客户关系管理子系统包括客户资料、仓储报价、收款明细、合同管理、到货提醒和欠款提醒六个功能模块。该子系统主要通过客户关系数据库对客户的历史业务数据进行统计分析和客户评价，以实现分析客户需求、提供个性化服务、改善服务质量、为决策提供支持等作用。

（8）业务数据分析管理子系统

业务数据分析管理子系统包括联机登录、容积计算、损毁登记、状态报告四个功能模块。该子系统结合数据仓库、数据挖掘与数据分析等大数据技术和智能化技术，对仓储监管中的所有数据进行系统化分析，将库房利用率、设备利用率、中转率、货物进出量、仓储收入等信息数据以报表、图表等形式反馈给系统操作人员，着重改善仓储业务服务水平，提高仓库利用率。

3. 配送管理系统

配送管理系统是对订单处理、备货、储存、拣货、配货、送货等作业过程中的信息进行分析和处理的信息管理系统。配送管理系统通过多种信息化技术手段，围绕配送一体化管理，借助于系统的统计和分析功能，以提高配送综合效益为目标，实现配送的集约化、信息化、智能化管理，从而达到对不同商品或货品配送过程降本增效的目的。配送管理系统主要由订单管理、进货管理、储存管理、理货管理、配送运输管理、财务管理六个子系统构成。配送管理系统主要功能架构如图8-4所示。

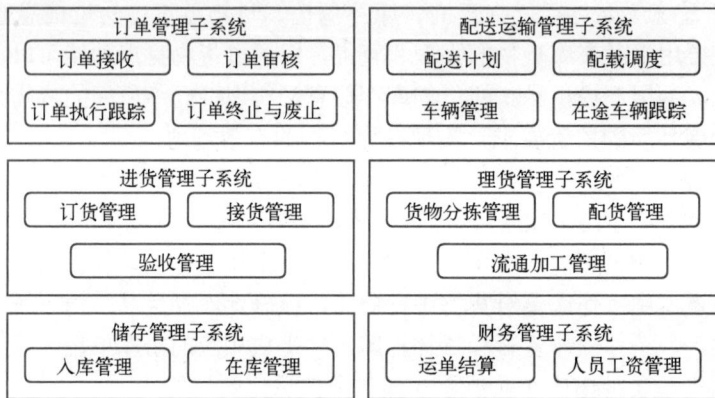

图8-4 配送管理系统主要功能架构

（1）订单管理子系统

订单管理子系统包括客户订单的接收、审核、执行跟踪、终止与废止等功能，为客户提供周到的服务，尽量满足客户的需要。订单接收是指接收客户订单，对订单信息进行登记，包括客户信息、需求单位的信息等。根据订单信息，对客户分布、商品性质、品种数量及送货频率等资料进行分析，以此确定所需配送的货物的种类、规格、数量和配送时间等，并进行信息入库，及时制订补货计划等。订单审核是指对订单的有效性进行审核，如有订单不符合规范，则进行修改或拒收。订单执行跟踪是指对订单的执行情况进行跟踪，及时掌握订单处理状态。

（2）进货管理子系统

进货管理子系统是配送的准备工作或基础工作，进货工作包括筹集货源、订货及有关的质量检查、交接等。进货管理主要包括订货管理、接货管理和验收管理。配送中心首先根据客户订购的商品种类、数量和库存水平及时向供应商订货或补货，也可以根据客户需求预测情况提前向供应商订货。确定适合的商品订货数量，既能满足客户需求，又要尽可能降低库存积压。然后对不同供应商的供货时间、地点、商品种类、数量等进行跟踪管理，根据这些信息提前安排人力、物力接收货物。最后，根据合同条款要求和有关质量标准，对商品的种类、规格、数量、质量、包装等内容进行验收。商品验收合格后，办理有关登账、录入信息及货物入库手续，组织货物入库。

（3）储存管理子系统

储存管理子系统主要包括入库管理和在库管理。入库管理包括预定入库数据处理和实际入库数据处理。预定入库数据处理主要包括根据采购单上的预定入库日期、货物种类及数量，定期打印出预定入库数据报表。实际入库数据处理主要包括根据采购单号、厂商名称、货物基本信息等，完成入库货物验收信息的记录及验收中意外情况的处理记录，制订入库月台及卸货地点安排表。在库管理主要包括货物分类分级管理、订购批量及订购时间的确定、库存跟踪管理、盘点管理和预警管理。货物分类分级管理就是按货物类别统计其库存量，并按库存量排序和分类。订购批量及订购时间的确定是指根据货物名称、单价、现有库存信息、采购提前期及配送成本等数据计算确定订购批量及订购时间。库存跟踪管理主要是从现有的数据库中调用现有库存的储存位置、储存区域及分布状况等信息，生成货物库存量查询报表、货位查询报表、积压存货报表等。盘点管理主要包括定期打印各类货物盘点计划表、输入盘点数据、打印盘盈盘亏报表、库存损失率分析报表等。预警管理是对商品库存数量、保质保鲜、滞销畅销情况等进行预警处理。

（4）理货管理子系统

理货管理子系统包括货物分拣管理、配货管理和流通加工管理。分拣管理是针对顾客的订单要求和配送计划，配送中心迅速、准确地将商品从其储位拣取出来，并按照一定的方式进行分类集中、合理规划与管理分拣，有利于提高配送中心作业效率和降低作业成本。为了充分利用运输车辆的容积和载重能力，提高运输效率，可以将不同用户的货物组合配装在同一辆载货车上，因此，在出货之前还需要完成组配或装载作业。有效的混载与配装，不但能降低送货成本，而且可减少交通流量，改变交通拥挤状况。流通加工管理主要包括根据客户的订单内容及拣货与流通加工资源信息，制定拣货规划、流通加工规划，记录拣货人员或流通加工人员的实际工作情况，制作并打印实际工作报表等。

（5）配送运输管理子系统

配送运输管理子系统主要包括配送计划、配载调度、车辆管理和在途车辆跟踪。配送计划主要是明确客户的配送物资品类、规格、包装形式、运量和发运时间以后，制订相应的计划，包括配送时间、装载方式、车型选择和车辆安排等。配载调度是指根据运力资源的实际情况，对配送运输作业任务进行调度安排，生成相应的运输作业指令和任务，具体指根据货物的重量、体积、目的地、车辆情况、驾驶员情况及线路情况，制订出车辆、货物和路径的最优组合。配载调度模块包括线路选择、装载规则及车辆调度三个功能。车辆管理主要包括车辆业绩统计、车辆档案管理、车辆保养、车辆消耗、路线管理、车辆维修管理等功能。可以通过卫星定位系统对车辆在途状况进行监控，及时了解并记录车辆位置和状况，如正常行驶、故障、中途卸货、扣留等。通过在途车辆跟踪，可以查询任意指定订单的车辆在途情况。

（6）财务管理子系统

财务管理子系统包括运单结算、人员工资管理。运单结算是指对完成的运单进行结算处理。货物出库后，配送中心根据出货数据制作应收账单，并将账单转入会计部门，当客户收到货物并确认无误后，订单任务完成，可进行结算。对配送各环节的人员工作情况进行统计，财务会计部门在向员工支付工资时，必须出具工资明细清单。

4. 物流金融服务系统

随着我国经济的发展和政策的逐步完善，物流金融逐渐成为经济发展的重要一环，特别是在物流业发展迅猛的今天，物流金融已经形成巨大的市场需求。物流金融服务系统是根据物流金融业务需求，针对相应的物流金融业务，结合金融机构实时监管的需要，提供各类基础信息、银行贷款信息、投保信息、质押过程信息等管理，并对质押物品的价格进行实时监控的信息管理系统。

物流金融服务系统可以保证物流、信息流、资金流在物流企业、金融机构、融资企业之间无障碍流转和共享，改善信息共享水平；可以对物流金融业务从立项开始到项目结束的合同、票据、贷款发放、资金流向、质押过程、保障等信息进行全程追踪，以保证监管方、银行、生产商、经销商等多方利益，提高风险管理水平，最终提高物流金融业务运转效率，提高自身的盈利能力和管理水平，拓宽中小型企业的融资渠道，提高金融机构的竞争力，实现供应链服务水平的提升。

物流金融服务系统主要包括基础信息管理子系统、融资租赁管理子系统、商业保理管理子系统、代客结算管理子系统、贷款管理子系统、仓储保障子系统、质押过程管理子系统、价格监控与智能预警子系统和统计分析子系统等。物流金融服务系统主要功能架构如图8-5所示。

基础信息管理子系统	融资租凭管理子系统	商业保理管理子系统
申贷机构基础信息管理	审查信息管理	账款管理
金融机构基础信息管理	租前信息管理	账款催收
质押物基础信息管理	租后信息管理	信用管理
票据信息管理	合同管理	合同管理

贷款管理子系统		代客结算管理子系统	质押过程管理子系统
贷款申请管理	贷款审核管理	代收货款	质押审核
贷款发放管理		垫付货款	巡查管理
贷后信息管理		沉淀资金管理	解押管理
贷款明细管理		合同管理	保全管理

仓储保障子系统	价格监控与智能预警子系统	统计分析子系统
保单信息管理	价格监控	业务分析
投保管理	价格预测	市场分析
理赔信息管理	智能预警	报表生成

图8-5　物流金融服务系统主要功能架构

（1）基础信息管理子系统

基础信息管理子系统包括申贷机构基础信息管理、金融机构基础信息管理、质押物基础信息管理和票据信息管理。该子系统实现了对各种信息的查询、修改、添加和报表生成等，是对基础业务信息的集成化、标准化管理，为业务的开展和数据分析提供了数据基础。

（2）融资租赁管理子系统

融资租赁管理子系统包括审查信息管理、租前信息管理、租后信息管理和合同管理，主要用于车辆售后回租业务。该子系统实现了对车辆售后回租的各个环节的信息化管理与控制，并对租赁客户、担保人、供应商的租赁信息、车况、还款信息和产权转移等流程进行可视化管理，以提升融资租赁的效率和管理水平。

（3）商业保理管理子系统

商业保理管理子系统具体功能包括账款管理、账款催收、信用管理和合同管理。通过建立商业保理管理子系统，可以实现对商业保理中的账款催收、账款转移、信用管理、合同管理等过程的信息化管控，从而减少坏账，提高商业保理的业务水平和质量，也可以实现前期风险管控、明确关键时间节点、对账款进行全程追踪，进而提高业务运作水平。

（4）代客结算管理子系统

代客结算管理子系统包括代收货款、垫付货款、沉淀资金管理和合同管理。该子系统实现了代收货款、垫付货款等流程的标准化管理，并对沉淀资金的流向进行全程监控，从而为客户提供优质、高效的代客结算业务，降低客户的资金交易风险，保障资金安全，利用沉淀资金周转带来的效益实现供应链整体效益的提高。

（5）贷款管理子系统

贷款管理子系统具体功能包括贷款申请管理、贷款审核管理、贷款发放管理、贷后信息管理和贷款明细管理。该子系统实现了对贷款的申请、审核、发放以及贷款跟踪检查等环节的管理，使得各环节及相关业务数据的管理规范化、高效率，从而准确评估每笔贷款的实际价值和风险程度，追踪贷款的流量流向，降低贷款风险，提高贷款质量，增加信贷收益。

（6）仓储保障子系统

仓储保障子系统包括保单信息管理、投保管理和理赔信息管理。该子系统实现了对保单、投保、退保、理赔过程的查询和管理，确保业务运营风险可控，降低风险事件带来的损失。同时，可以通过这一子系统销售相关仓储保险产品，为客户提供全方位的服务。

（7）质押过程管理子系统

质押过程管理子系统包括质押审核、巡查管理、解押管理和保全管理。该子系统实现了对质押过程中货物的审查、管理、解押、保全等业务环节的数字化、智能化管理，从而减少货物在库过程中的损失，提高质押水平，以确保仓单质押业务稳健、高效开展。

（8）价格监控与智能预警子系统

价格监控与智能预警子系统包括价格监控、价格预测和智能预警。该子系统实现了对质押物品市场情况和商业价格的实时监控与智能预警，提高业务风险掌控能力，减少因市场波动而造成的损失，进而保障贷款机构与申贷机构的商业利益，并为数据分析提供数据基础。

（9）统计分析子系统

统计分析子系统包括业务分析、市场分析和报表生成。通过对物流金融业务的活动情况和资料进行收集、整理，并结合企业发展需求和业务开展情况对数据进行相应分析，将分析结果以报表、文档的形式反馈给企业，帮助企业分析物流金融业务运转水平、了解市场和客户需求，从而改善自身服务水平。

5. 安全管理与应急保障系统

随着互联网和大数据时代的到来，自然和社会等各方面风险、矛盾交织并存，信息安全越来越得到重视，同时在运输管理、仓储管理、配送管理及其他增值服务等日常业务中，安全管理与应急保障是企业必须要注重的方面。需要有一个相对完善的安全管理体系，在出现突发情况时，能够快速启动应急流程，依据相关应急预案以最快的速度进行处理，将损失降到最低，切实保障智慧物流信息平台的安全性和可控性。

安全管理与应急保障系统可以为综合运输、仓储监管、集约配送等业务制定安全有效的处理办法，保障各项业务顺利开展，是保障企业正常运作的重要系统支撑和保障手段。同时，当遇到突发情况时，系统将快速接收突发事件的相关信息，并及时通知相关管理人员，进入突发事件的应急处理程序，跟踪事件的处理过程并及时反馈，以求用最有效的方式快速解决突发事件，有效提高企业事故处理、紧急响应能力。安全管理与应急保障系统包括业务安全管理子系统、安全评价子系统、安全预警子系统和应急预案子系统，如图8-6所示。

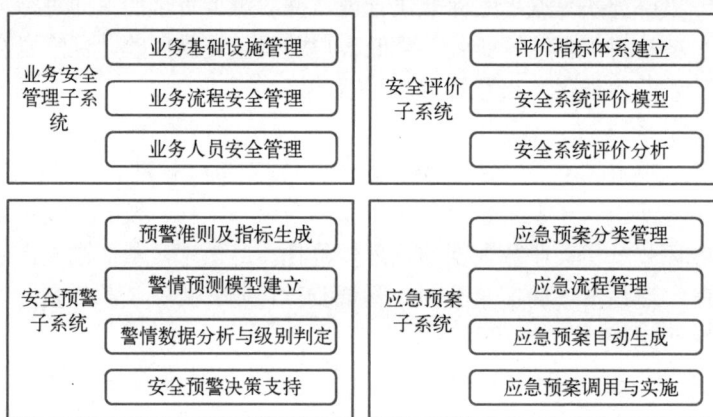

图 8-6　安全管理与应急保障系统主要功能架构

（1）业务安全管理子系统

业务安全管理子系统主要包括业务基础设施管理、业务流程安全管理、业务人员安全管理三个模块。该子系统主要是针对业务流程、业务人员安全权限的管理，满足企业对运输、配送、仓储等业务的安全管理需求，保障企业用户物流运输、配送、仓储等业务安全、可靠地运行。

（2）安全评价子系统

安全评价子系统包括评价指标体系建立、安全系统评价模型、安全系统评价分析三个模块。该子系统主要是对安全信息及统计信息进行安全评价，为安全预警提供相应的指标数据，对企业的安全预警、应急预案启动起到一定的指导作用。

（3）安全预警子系统

安全预警子系统主要包括预警准则及指标生成、警情预测模型建立、警情数据分析与级别判定、安全预警决策支持四个模块。依据预警指标体系、警源类型和警情分析模型，对企业物流运输、配送、仓储等业务的安全状况进行分析，确定报警类型和报警级别，并根据分析结果对外发布警情。

（4）应急预案子系统

应急预案子系统主要包括应急预案分类管理、应急流程管理、应急预案自动生成及应急预案调用与实施四个模块。该子系统可根据报警级别或临时警报，确定是否启动应急预案，通过决策支持辅助相关人员实施应急措施，并进行事故的情况评估，同时将成功实施的对策添加到决策支持库中，提高应急响应的速度与质量。

6.大数据应用服务系统

企业的运营过程会产生大量的数据，特别是在物流全程的运输、仓储、装卸搬运、配送、物流金融等业务环节都会产生巨大的信息流。这就需要以物联网、云计算、数据仓库、数据挖掘、地理信息系统、商务智能等技术为支撑，对日常物流活动运作过程中产生的数据进行汇总、分类分析等处理，以挖掘隐藏在数据背后的潜在规律，对企业分析、预测和决策起到至关重要的作用。

大数据应用服务系统能够实现众多系统的交互和大量信息协调，并通过数据分析和处理来挖掘数据背后的信息，用图表的形式为企业提供深层次的业务分析和运行水平分析，并为平台其他用户提供信息服务。这就能够帮助企业了解客户的市场策略、供应链运作情况和销售策略，设计具有针对性的个性化服务，进而提高服务水平、巩固客户关系、增强客户信赖、提高客户忠诚度和客户黏性，同时通过对业务运行数据的收集、分析处理，企业可以了解自身业务的运作情况、发展趋势、利润水平、增长速度、市场需求量和新的业务需求方向等信息，辅助管理人员及时调整发展策略与决策，实现低成本、高效率、优质服务、绿色环保等多元化发展目标。大数据应用服务系统主要包括数据分类汇总、统计分析、预测分析、运营分析和商务智能五个子系统，如图8-7所示。

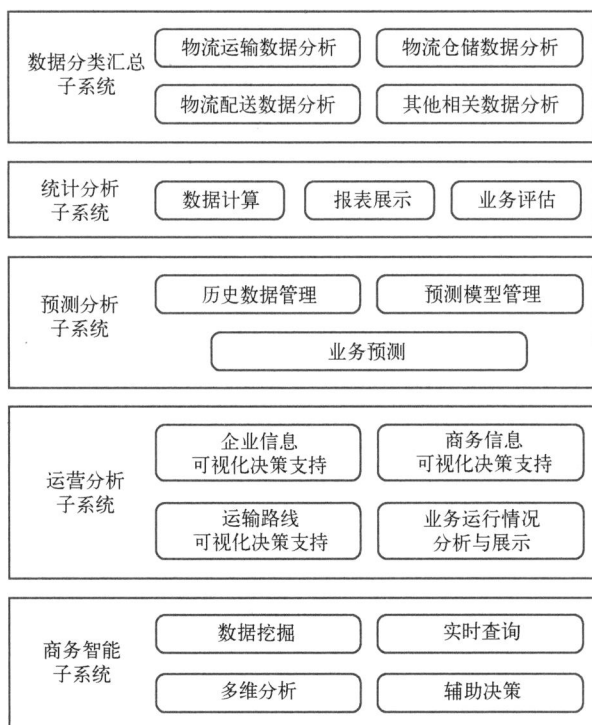

图8-7 大数据应用服务系统主要功能架构

（1）数据分类汇总子系统

数据分类汇总子系统包括物流运输数据分析、物流仓储数据分析、物流配送数据分析和其他相关数据分析四个模块。该子系统主要用于对物流业务运作过程中所产生的数据进行分类和初步处理，通过全面梳理物流数据，使纷繁复杂的数据变得有序，为后续统计分析等打下坚实的基础。

（2）统计分析子系统

统计分析子系统包括数据计算、报表展示、业务评估三大模块。该子系统的数据来源于数据分类汇总子系统，经过汇集、过滤、整理后，通过数据计算、报表展示与业务评估，实现对业务的数字化与图形化分析，并为其他相关业务提供数据基础。

（3）预测分析子系统

预测分析子系统包括历史数据管理、预测模型管理、业务预测三大模块。该子系统主要用于历史数据管理、预测模型管理和预测分析，即根据用户相关业务的开展情况和运营数据，结合现代预测方法与技术，以为决策者提供较为可靠的预测分析结果为目的，设计并构建相应的预测分析模型，实现对核心业务、辅助业务与增值业务发展趋势的预测。

（4）运营分析子系统

运营分析子系统包括企业信息可视化决策支持、商务信息可视化决策支持、运输路线可视化决策支持、业务运行情况分析与展示四个模块。该子系统主要结合 GIS 技术和电子地图实现用户的企业信息可视化，并将分析结果以图表的方式直观展现给用户。

（5）商务智能子系统

商务智能子系统包括数据挖掘、实时查询、多维分析、辅助决策四大模块。该子系统通过数据挖掘、实时查询、多维分析以及辅助决策等技术和方法，将业务数据转化为具有商业价值的信息，提高用户对核心业务、辅助业务与增值业务分析的智能化程度。

8.4　智慧物流信息平台的运营与管理

从 21 世纪初的全国货运配载网络华夏交通在线、960 纵横、科利华到今天的八挂来网、上海陆上货运交易中心或者国家物流平台"1+32+nx"的模式，智慧物流信息平台建设引起社会各方的广泛探讨。目前，智慧物流信息平台主要划分为交易信息服务型、园区节点型、产品服务型、加盟型和物流一体化公共平台等五种类型。不同类型的平台在运营与管理方式上各有特点。

8.4.1　交易信息服务型公共平台

交易信息服务型公共平台是一种专门为物流交易提供信息服务的平台。它不仅提供了基本的物流信息整合和共享功能，还通过引入交易机制，促进了物流供需双方的有效对接和合作。交易信息服务型平台是以国内 20 世纪 90 年代末出现的货运配载信息中心为雏形，将原先通过电话、寻呼机、传真等方式传递信息放在了互联网上面，基本盈利模式仍然是收取货代（货主、司机）的会员费，然后将完整的信息传送给信息需求方。代表性的平台有八挂来网、锦程物流网、物流汇、中国物讯网、好多车等。

交易信息服务型公共平台的投资运营方一般为网络信息企业，采用会员制管理。会员多为中介机构和货代，个别服务于货源方（货主）、车源方（司机、物流公司）。平台不保证信息的有效性，撮合交易但不保证交易的成功。对于信息所造成的后果，平台也不承担任何责任。车货双方线下谈判、交易。平台只是信息发布的场所，不承担信息造成的任何法律后果。

交易信息服务型公共平台的主要功能包括：①发布车货配载信息，会员可以发布车源和货源信息，也能够查找自己所需要的信息；②发布物流行业政策信息、行业动态信息；③企业宣传，提供企业黄页，刊登企业广告，提升企业知名度。该平台的盈利模式主要有三种：第一种是通过会员制收取会员费，为注册会员有偿提供车货配载信息；第二种是收取广告费，即部分运输企业、物流设备制造企业、物流管理软件企业等在网站上刊登宣传企业的广告，网站收取广告费；第三种是收取代办费，即帮助会员代办车辆审验、保险、贷款等事项，收取一定的服务费。

8.4.2　园区节点型公共平台

园区节点型公共平台依托物流园区、货运场站建立公共信息平台，服务于入驻园区站场内的专线业户和司机，其服务对象成为平台会员。平台为会员提供车货信息、停车信息、专线信息、招标信息、信用信息等，甚至一些平台能够为会员提供专属定制信息。平台虽然收取一定的会员费，但一般线上信息服务几乎很难盈利，而主要依靠园区内的各类配套服务盈利。代表性的平台有林安物流网、传化物流公路港等。

该类平台投资方为物流园区管理企业，由园区管理企业或专门成立的运营公司负责运营。入驻园区的专线业户、司机成为平台会员，办理园区一卡通，进入园区时刷卡，一卡通记录会员在园区内的活动并传送到平台中。会员基本信息和定制信息存储在平台服务器中，会员将平台 App 下载并安装到手机中，平台会根据会员定制信息推送所需信息。平台保证信息的真实有效性，会员在园区内成交信息会被记录，并将车货双方评价作为其信用记录。

该平台的基本功能包括：①车货速配呼叫中心。会员通过电话定制所需信息，平台将快速响应。②信息查询。平台提供车源信息、货源信息、专线信息、信用信息、招标信息、价格信息、物流资讯等信息查询服务，满足不同会员的需求，保证信息资源真实有效。③信息发布。会员发布车源信息、货源信息、交易评价信息等。平台通过信息处理、核实，主要发布信用信息、企业宣传信息、专线信息、价格信息、物流资讯等。此外，部分园区还提供保险、金融等增值服务。

依托园区节点型公共平台，将入驻园区的业户纳入平台管理，成为平台会员。由于园区具有封闭性，降低了管理难度，能够保证信息的有效性。同时，通过交易双方评价系统，能够将虚假信息、违规承运人和发货人等曝光，加大了市场中不良主体的信用成本，保证了平台信息的真实性。为提升园区服务水平，需要投入大量的人力、财力，单纯依靠平台自身难以盈利，但是平台良好的信息服务提升了园区的服务水平，增加了入驻者的黏性，园区通过提供其他配套服务获得盈利。林安物流园区创造的园区+平台的"林安模式"，就是园区节点型公共平台管理的典范。

8.4.3　产品服务型公共平台

产品服务型公共平台依托信息化产品服务，将制造商贸企业、物流公司、司机联系起来，制造商贸企业通过平台呼叫中心快速寻找车源，平台车联网系统将需求信息传输到最近的物流公司和司机，实现车货对接。平台集合了大量制造商贸企业作为货源方，另一端整合大量运力资源。平台提供在线支付、网上投保、在途跟踪、可视化监控等综合服务，实质上是第四方物流。代表性的平台有路歌、汇通天下、易流等。

平台投资运营方一般是以生产信息化产品（软件与硬件）为主业的企业，其功能为：通过货运物流信息化产品，为物流需求和供给双方提供专业化的信息服务和管理服务，提升物流企业的运作效率，降低物流成本。以路歌物流交易平台为例，该平台提供了管车宝、途视宝和好运宝三大产品，连接了经诚信认证和安全认证的车辆、制造企业 ERP、路歌运输管理系统、第三方物流公司，实现了综合服务功能。

该平台的盈利模式为：①销售软件和硬件产品，包括物流管理软件、车货跟踪软件及设备、GPS 设备、车联网设备等；②系统维护收费，包括系统升级收费、系统售后服务收费（如维修费、配件更换费用、软件调试费等）；③信息服务收费，为物流公司、司机推送货源信息并据此收费；④数据流量费，对制造商贸企业在途监控货物运行所产生的数据流量收取数据流量费。

该平台通过一系列软件系统产品，一端整合货源，一端整合物流资源，实现物流服务供需双方的对接，减少了交易环节，节约了物流成本。平台实质是虚拟的第四方物流。平台的盈利点较多，既有销售软件和硬件的盈利，又有后期售后服务的盈利，以及数据流量费用（与电信部门分成），能够为平台运营持续提供盈利。该平台通过运用先进互联网技术，将物流服务供需双方直接联系起来，根据客户需求提供综合性运输服务，大大提升了客户体验，是互联网与货运业结合的先进模式。

8.4.4 加盟型公共平台

加盟型公共平台的基础是信息平台"天网"和枢纽节点"地网"。平台核心企业是平台的投资方和运营方。平台统一品牌、统一管理、统一标准，采用加盟制吸纳社会专线和运力资源，开展网络化运输，是紧密型的物流联盟企业。平台采用的信息系统与产品服务型公共平台基本一样，但是弱化了软件产品功能。平台提供统一的运输产品服务，能够为社会提供标准化、一站式的运输服务。代表性的平台有卡行天下、安能物流、天地汇等。

该平台的投资运营方为平台核心企业，其经营理念为信息化、产品化、标准化。信息化是指平台提供统一的智能信息系统，统一结算体系，打通各个运输成员的信息流与资金流，实现运输服务的在线全程可视化。产品化是指平台与成员联合将服务打造为产品，通过资源整合提供更加优惠的服务价格，例如德邦的"卡航"、天地华宇的"定日达"等。标准化是指平台为不同的产品制定统一的服务标准，并以此为依据，由系统自动评价服务执行情况，从而保障整体运输服务的质量。

该平台的收入来源为加盟费、管理费、增值服务收入及其他收入。加盟费是指加盟平台需要在加盟合同期内一次性收取的费用，包括品牌使用费、履约保证金、品牌管理费等。管理费是指成员加入平台后，平台按照一定比例收取的平台管理费和系统使用费。平台管理费和系统使用费保证平台日常运营，费率设定较低，对物流专线的经营成本没有影响。增值服务收入是指保险代理费、金融服务费、代收货款服务费。其他收入是指广告费、枢纽内的门面租赁费、装卸费、包装费、仓储费等。

该模式是产品服务型公共平台的升级版，实现了"天网"＋"地网"的双覆盖，对运输线路和运力资源的管控更有利，随着平台管理的复杂化，平台需要设立专门的管理机构和枢纽分支机构，对总平台和枢纽进行管理。平台管控能力强于前者，通过成员加盟的形式，建立管控体系，淘汰不合格成员，保证产品服务的质量。平台盈利点也较多，收益主要来自管理费与增值服务费。双网模式使得平台建设的投资强度更大，面临的风险也更大。该模式实现了货运的品牌化、网络化和规模化，代表了未来公路货运的一个发展方向。

8.4.5　物流一体化公共平台

物流一体化公共平台包含两个层次：①电子商务平台+物流平台，二者深度融合，为采购经理人提供一站式服务；②企业 ERP+第四方物流平台，供应链深度融合全程可视化，为企业提供一站式服务。阿里物流是目前电子商务平台+物流平台的代表，中国智能物流骨干网是未来实现供应链+电子商务+物流一体化的综合公共平台。

阿里物流由阿里巴巴投资运营，其主要业务包括线路查询、物流企业查询、运费查询、网点查询和物流跟踪等，其收入来源主要为会员费和广告费。阿里物流是电子商务平台+物流平台的雏形，两个平台实现对接，关键的交易功能没有整合，即商品交易和物流交易是分离的，未来发展是两种交易"合二为一"，采购经理人购买商品的价格包含了物流费用，商品购买和物流服务实现"一笔付费、一站式运达"。

中国智能物流骨干网的目标和定位可以概括为实现一个战略目标，突出两个战略重点，构建三个支撑体系（简称"123 战略"）。一个战略目标指持续改善电商用户体验，全面提升电商用户满意度；两个战略重点为提升物流服务品质和降低物流服务成本；三个支撑体系包括构建衔接顺畅的物流仓储网络体系、互联互通的物流信息体系和优质高效的物流运营服务体系。中国智能物流骨干网将在全国 130 个城市建设满足电子商务物流需求的仓储物流设施，形成三级电商物流仓储节点网络体系，作为覆盖全国的电商交易商品储运中心、物流过程管理监控中心、物流环节衔接转换中心和电商客户商品体验中心，最终建设成为能够支撑单日 1 亿单、高峰日 2 亿单物流订单处理的物联网仓储信息数据平台。其收入来源为仓储收入、物流综合服务收入、信息服务收入。仓储收入包括将仓库出租给合作电商和联盟企业的费用，以及仓库承租者使用仓储服务的配套设备租用。物流综合服务收入是指通过快件包裹的装卸搬运和分拣包装工作向电商收取的费用。信息服务收入是指云平台向联盟企业提供云平台服务器及服务器信息而收取的费用。

本章小结

物流信息平台是一个集中了物流信息的综合性平台。与物流管理信息系统相比，物流信息平台具有公共性、开放性和共享性。物流信息平台在促进信息共享、优化资源配置、降低运营成本、提高物流效率、增强决策支持、提升服务质量和保障物流安全等方面发挥着重要作用。根据物流信息平台运维主体的不同，可以将物流信息平台划分为政府主导型、市场主导型和产学研一体化三种类型。

智慧物流信息平台是指利用先进的信息技术和数据分析方法，在物流信息的集成、管理和优化的基础上，逐步实现物流资源的集成、管理和优化，从而提高物流运作效率、降低成本、增强供应链协同能力和提升客户满意度的综合性平台。智慧物流信息平台是物流行业信息化的重要成果，其发展历程涵盖了起步期、发展期、成熟期和创新期等多个阶段。与传统物流信息平台相比，智慧物流信息平台的集成度更高、实时性更强、灵活性更强、决策支持能力更强，其在电商物流、医药物流、冷链物流和工业制造等诸多领域都有非常广泛的应用。

智慧物流信息平台的主要功能可以划分为基础功能、拓展功能和辅助功能三类。其中，基础功能主要围绕信息的管理和服务展开，包括数据采集、数据存储、数据交换、数据处理、数据分析、信息服务和信息安全等功能；拓展功能包括资源整合、交易撮合、在线交易、物流管理、辅助决策和金融服务等；辅助功能主要指系统管理和会员服务，也是智慧物流信息平台的必备功能。完整的智慧物流信息平台一般包括运输管理、仓储监管、配送管理、物流金融服务、安全管理与应急保障和大数据应用等模块。

目前，智慧物流信息平台主要划分为交易信息服务型、园区节点型、产品服务型、加盟型和物流一体化公共平台等五种类型。不同类型的平台在运营与管理方式上各有特点。

课后练习

一、思考题

1. 什么是物流信息平台？它具有哪些特点？
2. 根据物流信息平台运维主体的不同，物流信息平台可以划分为哪些类型？
3. 在现代社会经济发展中，物流信息平台具有哪些作用？
4. 与传统物流信息平台相比，智慧物流信息平台具有哪些特征？
5. 智慧物流信息平台的基础功能有哪些？
6. 智慧物流信息平台的拓展功能有哪些？

二、讨论题

1. 试分析物流管理信息系统和物流信息平台的区别和联系。
2. 试举例分析智慧物流信息平台的行业应用情况。
3. 试分析并讨论智慧物流信息平台的体系结构。
4. 试举例分析并讨论智慧物流信息平台的运营与管理策略。

三、案例分析

天津港：打造智慧港口的数字物流引擎

天津港作为我国北方国际航运中心和国际物流中心的核心载体，是世界十强之一的港口，是我国北方的 2 亿 t 大港。区域合作的增强、经济发展的互动、建设国际物流中心的目标要求天津港的现代物流信息化建设必须向更高层次的物流中心迈进，坚持用信息技术、网络技术促进港口现代化管理，提高港口的综合能力和国际、国内竞争能力，构建融商流、物流、信息流、资金流的流通功能于一体，高效、便捷、完善服务的现代物流信息系统。

目前，天津港已建成内部的信息化办公系统，可进行快速统计、库场图形化展示、GPS/GIS 定位；EDI（电子数据交换）中心可与船代、船公司、码头和海关、商检等政府监管部门进行数据交换；建成了外部的门户网站，可以进行信息发布、宣传并可对各种港口业务信息进行查询。

但是，天津港港口物流服务尚处于发展初期，还缺乏能适应航运交易、货品交易、金融结算、数据传输、文件传送等社会化信息服务要求的信息网络，缺乏具有较强组织协调能力和相当服务规模的经营主体及大规模、集中发展相关物流业的合理空间，现有相关系统功能单一、规模偏小、服务层次较低、系统化的物流服务能力欠缺。

根据天津港、保税区和电子口岸等物流基地建设及其外部信息交换服务的需要，运用先进的现代物流技术，优化和整合港口、船务公司、箱站、船代、检验检疫局、海关、海事局等用户的信息资源，为用户提供信息互动和信息共享的公共应用平台，即天津港数字物流信息系统，以实现电子报关、网上托管、国际中转审批等一系列功能。天津港现代物流信息平台的建设已成当务之急。

问题：

1. 你认为天津港现代物流信息平台应由哪几部分构成？各构成部分有何作用？应具备哪些基本功能？

2. 物流信息平台的建设将对天津港物流发展起到哪些重要作用？

第9章 智慧物流园区

学习目标
- 能够准确解释物流园区和智慧物流园区的概念。
- 能够准确复述物流园区的类型和特点。
- 能够简要描述智慧物流园区的发展历程。
- 能够举例分析智慧物流园区的基本特征和行业应用情况。
- 能够详细复述智慧物流园区的体系结构和决策优化问题。
- 能够详细分析智慧物流园区的运营与管理内容。

在物流行业迅猛发展的当下，智慧物流园区以其高效、智能的运营管理模式正成为推动物流行业创新发展的重要力量。智慧物流园区借助物联网、大数据、云计算等先进技术手段，实现了对园区内各项物流活动的智能化监控和管理。它不仅提升了物流资源的利用效率和作业效率，还通过优化运输路径、降低能耗排放等方式，推动了绿色物流的发展。同时，智慧物流园区还为企业提供了便捷的信息交互和协同作业平台，有助于构建更加紧密的物流生态圈。

9.1 物流园区概述

9.1.1 物流园区的概念

物流园区最早出现在日本东京，又称物流团地。日本从 1965 年起在规划城市发展的时候，政府从城市整体利益出发，为解决城市功能紊乱的问题，缓解城市交通拥挤，减轻产业对环境压力，保持产业凝聚力，顺应物流业发展趋势，实现货畅其流，在郊区或城乡边缘带主要交通干道附近专辟用地，确定了若干具有集约运输、仓储、市场、信息、管理功能的物流团地，通过逐步配套完善各项基础设施、服务设施，提供各种优惠政策，吸引大型物流（配送）中心在此聚集，使其获得规模效益，对整合市场、实现降低物流成本经营起到了重大作用，同时减轻大型配送中心在市中心分布所带来的种种不利影响，成为支撑日本现代经济的基础产业。

在欧洲，物流园区被称为货运村（Freight Village）。货运村是指在一定区域范围内，所有有关商品运输、物流和配送的活动（包括国际运输和国内运输）通过各种经营者实现。这些经营者可能是建在那里的建筑和设施（如仓库、拆货中心、存货区、办公场所、停车场等）的拥有者或租赁者。同时，为了遵守自由竞争的规则，一个货运村必须允许所有与上面陈述的业务活动关系密切的企业进入。一个货运村也必须具备所有公共设施以实现上面提及的所有运作。如果可能，它也应当包括对员工和使用者的设备的公共服务。为了鼓励商品搬运的多式联运，货运村必须提供更适宜的多样性的运输模式（如陆路运输、铁路运输、深海/深水港运输、内河运输、空运等）。最后，一个货运村必须通过一个单一的主体经营，或者公共的，或者私有的。

在国内，第一个物流园区是始建于 1998 年的深圳平湖物流基地，第一次提出了"物流基地"这个概念，那时叫作"建设物流事业基础的一个特定区域"，它的特征有三：一是综合集约性；二是独立专业性；三是公共公益性。物流基地即从事专业物流产业、具有公共公益性、相对集中的独立区域。

国家标准《物流术语》（GB/T 18354—2021）对物流园区的概念做了较全面的解释：由政府规划并由统一主体管理，为众多企业在此设立配送中心或区域配送中心等，提供专业化物流基础设施和公共服务的物流产业集聚区。

9.1.2 物流园区的类型

按照依托的物流资源和市场需求特征，根据服务对象和功能，物流园区可划分为货运枢纽型、商贸服务型、生产服务型、口岸服务型和综合服务型等 5 种类型。

1. 货运枢纽型物流园区

货运枢纽型物流园区一般依托交通枢纽，具备两种（含）以上运输方式，能够实现多式联运，具有提供大批量货物转运的物流设施，为国际性或区域性货物提供中转服务。

2. 商贸服务型物流园区

商贸服务型物流园区一般依托城市大型商圈、批发市场、专业市场，能够为商贸企业提供运输、配送、仓储等物流服务，以及商品展示、电子商务、融资保险等配套服务，满足一般商业和大宗商品贸易的物流需求。

3. 生产服务型物流园区

生产服务型物流园区一般毗邻工业园区或特大型生产制造企业，能够为制造企业提供采购供应、库存管理、物料计划、准时配送、产能管理、协作加工、运输分拨、信息服务、分销贸易及金融保险等供应链一体化服务，满足生产制造企业的物料供应与产品销售等物流需求。

4. 口岸服务型物流园区

口岸服务型物流园区一般依托口岸，能够为进出口货物提供报关、报检、仓储、国际采购、分销和配送、国际中转、国际转口贸易、商品展示等服务，满足国际贸易企业物流需求。

5. 综合服务型物流园区

综合服务型物流园区一般具有两种（含）以上运输方式，能够实现多式联运和无缝衔接，至少能够提供货运枢纽、商贸服务、生产服务、口岸服务中的两种以上服务，满足城市和区域的规模物流需求。

9.1.3 物流园区的特点

物流园区具备以下 5 个特点：

1. 集合多模式运输手段

多模式运输手段即多式联运，以海运-铁路、公路-铁路、海运-公路等多种方式联合运输为基本手段发展国际、国内的中转物流。物流园区也因此呈现一体化枢纽功能。

2. 综合多状态作业方式

物流园区的物流组织和服务功能不同于单一任务的配送中心或具有一定专业性的物流中心，其功能特性体现在多种作业方式的综合、集约等特点，包括仓储、配送、货物集散、集拼箱、包装、加工以及商品的交易和展示等诸多方面，同时也体现在技术、设备、规模管理等方面的综合。

3. 协调多种运行系统

运行系统的协调表现为对线路和进出量调节。物流园区的这一功能体现为其指挥、管理和信息中心功能，通过信息的传递、集中和调配，使多种运行系统协调共同为园区各物流中心服务。

4. 满足多种城市需求

物流园区与城市发展呈现互动关系，物流园区如何协助城市理顺功能，满足城市需求是物流园区又一功能特征。物流园区的配置应着眼于其服务区域的辐射方向、中心城市的发展速度，从而保证物流园区的生命周期和城市发展协调统一。

5. 配套多种服务手段

物流园区应具备综合的服务性功能，如结算功能、需求预测功能、物流系统设计咨询功能、专业教育与培训功能、共同配送功能等。多种服务手段的配套是物流组织和物流服务的重要功能特征。

9.2 智慧物流园区的发展与应用

智慧物流园区是指面向物流产业链，应用互联网、物联网和大数据技术手段，通过系统集成、平台整合，将园区相应的控制点与政府部门、供应链上下游企业、物流企业、金融机构等互联互通，实现物流数据交换和物流服务整合，具备信息感知、传递和处理能力，智能分析与智能决策能力，以及提供全方位服务能力的先进物流园区。

9.2.1 智慧物流园区的发展历程

智慧物流园区的发展源于对传统物流园区的升级与改造，以满足日益增长的物流需求和应对日益复杂的市场环境。智慧物流园区的发展阶段可以分为以下几个关键时期，每个时期都有其独特的特点和发展重点。

1. 基础建设阶段

这是智慧物流园区的起始阶段，主要侧重于基础设施的建设。这一阶段包括土地规划、道路网络的建设、仓库和其他相关设施的建设。在这个阶段，还会铺设光纤等通信网络，以便日后数据的高速传输。此外，还会安装必要的硬件设备，如传感器、摄像头等，为后续的信息化和智能化打下基础。

2. 信息系统建设阶段

在这一阶段，智慧物流园区开始引入各种先进的技术，如物联网、云计算、大数据等，建立信息系统平台。物流信息平台实现了园区内部各种资源的统一管理和调度，如仓库、车辆、人员等。同时，通过物联网技术，园区可以实时监控货物的状态和位置，确保物流过程的透明度和可追溯性。在这一阶段，还会对园区的各个环节进行数据收集和分析，为后续的智能化升级提供数据支持。

3. 智能化升级阶段

在完成了基础设施建设和信息系统建设后，智慧物流园区开始进入智能化升级阶段。这一阶段主要引入人工智能、机器学习等先进技术，对园区的各个环节进行智能化改造。例如，通过智能调度系统，园区可以自动分配车辆和人员资源，提高物流效率。通过智能分析系统，园区可以对收集到的数据进行分析和预测，为决策提供支持。此外，还会引入自动化设备，如无人叉车、自动化仓库等，进一步降低人力成本和提高运营效率。

4. 管理与运营模式创新阶段

随着智能化水平的提高，智慧物流园区的管理和运营模式也开始发生变革。园区开始尝试新的管理和运营模式，如共享物流、协同物流等。这些新模式可以更好地整合园区内外的资源，提高物流效率和服务质量。同时，园区还会加强与上下游企业的合作，共同打造高效、绿色的供应链体系。

5. 持续优化与升级阶段

智慧物流园区的发展是一个持续的过程。在完成了上述几个阶段后，园区还需要根据市场需求和技术发展进行持续的优化和升级。这包括引入更先进的技术、优化信息系统、更新硬件设施等。通过不断的优化和升级，智慧物流园区可以保持其竞争优势，为客户提供更优质、高效的服务。

9.2.2　智慧物流园区的基本特征

智慧物流园区是成熟物流园区转型升级的典范，智慧化不仅提升园的吸引力，而且促进园区可持续发展，为物流产业发展奠定基础，顺应信息技术创新与应用趋势，这是传统物流园区所不具有的。智慧物流园区的基本特征主要体现在以下几个方面：

1. 智慧技术泛在化

智慧型物流园区秉持"智慧"理念，充分运用物联网、大数据、云计算、人工智能等技术，广泛采用 GPS/BDS 位置服务、GIS 地理信息服务、ASP（应用服务提供商）租赁、RFID 射频扫描、无线视频传送、一卡通服务等技术手段，将信息化管理覆盖到园区每个角落、每个控制点，使人、车、物从入园到离开都实现数字登记、网络查询、数据库管理，使人与车、车与货、货与路在智慧的网络中运行，相互联动、信息撮合、服务集成。

2. 数据服务系统化

智慧物流园区依靠感知节点及网络设施部署，为用户提供数据采集服务；依靠采集而来的海量数据，加大信息存储能力，使产品流、信息流和资金流等数据得到有效收集并储存，从而为用户分析决策提供有用数据支撑；构建包含各业务环节、全面覆盖物流园区的数据管理平台以及公用信息模型，使园区数据实现无缝流转，提高数据中心结构化数据、空间数据、非结构化数据、实时数据的计算能力，从而提高数据集成管控能力；运用先进的数据分析挖掘技术实现数据的使用价值。这样，智慧物流园区将人工的、延时的、碎片化的数据分析转化成智能的、即时的、系统的数据分析，为园区各业务主体的问题分析、运营优化以及设备评估等提供稳定、客观、迅速的依据,从而实现在大数据基础上的智能分析、智能决策,使得信息数据服务成为物流园区重要的产品利润来源和增值服务内容。

3.整体运营智能化

智慧物流园区运营管理的智能化主要分为三个层面:一是园区管理智能化,通过车辆智能道闸系统、月台等物联网信息采集设备,使园区操作与仓库运营一体化,实现园区导航、自动打单、自动计量等;二是仓库运营管理智能化,仓库内装卸、分拣、包装等通过采用自动化设备降低人力输出,提升运作效率;三是货物管理智能化,通过 WMS,打通客户端,实现数据实时共享,建立库存策略,实施安全库存与循环补货等存货管理方案,把整个物流系统和产销系统进行有效的连接,做到真正的物流一体化管理,降低库存,提高服务品质。

4.资源共享平台化

智慧物流园区作为有效的集合点,需要建立服务平台和服务窗口,通过协调多方资源的共享智能服务平台,进行运力整合、设备共享,以有效的平台化运作满足客户的服务、信息、金融需求。智慧物流园区可以利用产业及其土地的物业和服务功能与增值服务等资源,以"智慧化"状态和"智能化"技术,整合资源,并实现价值最大化。概而言之,智慧物流园区最大的特征是利用物联网、云计算等先进技术将与园区相关的物流要素、信息连接起来,从而实现信息的高度共享,有效解决当下各物流园区存在的信息孤岛、资源浪费等问题,同时帮助园区解决在车源、交易、零担、商机、仓储配送、后勤保障、行政服务、物业管理等方面面临的种种难题,全面提升物流园区的管理质量和核心竞争力。

5.产业服务全程化

智慧物流园区以"网上交易、业务管理、商务协同"为核心,面向物流产业链,整合上游货运厂商、下游物流公司客户,以全程电子商务平台为载体,融入电子商务交易、大屏幕货运信息交易、园区物业管理系统、园区公共服务管理系统、智能停车场、智能一卡通等子业务模块,有效提供物流产业链的全程服务,全面提升园区价值及竞争力。智慧物流园区依托全程物流电子商务平台,园区与平台双向协调,园区与园区信息共享,建设成为具有高效物流处理能力的智慧节点。

9.2.3 智慧物流园区的行业应用

智慧物流园区的行业应用广泛,涉及物流、电商、制造、零售等多个领域。除此之外,智慧物流园区还可以应用于医疗、农业、能源等多个领域,为各个行业提供高效、智能的物流支持和服务。以下是几个典型的行业应用介绍:

1.物流行业

智慧物流园区作为物流行业的重要组成部分,通过集成物联网、大数据、云计算等技术,为物流企业提供高效、智能的物流解决方案。首先,在仓储管理方面,智慧物流园区能够实现货物的集中管理和整合,通过物联网、RFID、GPS 等技术手段,实现自动化、智能化的库存管理,包括自动拣货、排序等,从而大大提高仓储效率和准确度,降低人力成本。其次,在物流配送方面,智慧物流园区可以依赖大数据和 AI 技术,进行精准的需求预测和最优的物流路径规划,实现快速、准确的货物配送。物联网技术还可以实时监控货物的状态和环

案例 9-1
杭州传化
公路港

境条件，确保货物的安全。此外，智慧物流园区还可以提供实时的物流信息系统，跟踪和管理货物的流动情况，包括货物的来源、目的地、运输工具等信息，为客户提供全面的物流服务。最后，智慧物流园区还可以实现绿色、环保的运营模式，应用节能、环保技术，降低能源消耗，减少环境污染。

2. 电商行业

智慧物流园区为电商企业提供全方位的物流支持，包括仓储、配送、退货等服务。通过智能仓储系统和配送网络，园区可以实现快速、准确的订单处理和配送，提高客户满意度和忠诚度。具体应用体现在以下几个方面：①数据整合和分析。智慧物流园区可以整合电商平台上产生的海量物流数据，并运用大数据技术对这些数据进行分析。这不仅可以帮助电商企业更好地理解消费者的购物习惯和需求，还能预测未来的销售趋势。例如，根据用户购物的历史数据，可以预测用户可能的购物需求，从而提前准备商品库存，减少物流时间，提供更快速的配送服务。②物流配送优化。智慧物流园区通过物联网技术和 AI 技术，可以实时追踪和监控货物的运输状态，确保货物能够准时、安全地送到消费者手中。同时，智慧物流园区还能根据实时的物流数据，智能地规划配送路线，降低运输成本，提高物流效率。③智能仓储管理。智慧物流园区通过物联网技术，可以实现货物的自动化、智能化管理。例如，通过智能传感器监测货物的温度、湿度等环境指标，以及货物的位置等信息，确保货物在仓储过程中的安全。此外，智慧物流园区还可以提供实时的库存信息，帮助电商企业实现库存的最优管理。

案例 9-2
京东绿色物流园区

3. 制造行业

智慧物流园区可以为制造企业提供原材料采购、库存管理、生产物流等一站式服务。通过集成供应链管理系统和智能仓储系统，园区可以实现原材料的快速入库、出库和库存管理，确保生产线的顺畅运行。具体应用主要体现在以下几个方面：①制造业数字化转型的关键载体。随着全球制造业面临数字化、智能化转型，智慧物流园区成为助力制造业数字化转型、构建智能制造生态圈的重要平台。通过将制造业与智慧物流园区深度融合，形成以物流为核心的制造业生态圈，推动制造业从"简单加工"向"智能制造"的转变。②智能化管理和效率提升。智慧物流园区通过端对端信息打通，实现智能管理仓储、温度控制以及泊位分配等功能。这可以帮助制造业企业实现资源的优化配置，降低运营成本，提高生产效率。例如，通过自动化仓库管理系统，可以实现货物的快速、准确存取，减少人工操作错误和时间成本。③个性化物流服务。智慧物流园区将加强与大数据的融合，通过设计和开发跨平台的数据挖掘与分析系统，为制造业企业提供个性化的物流服务。这可以帮助制造业企业根据市场需求和供应链情况，灵活调整生产计划和物流方案，提高市场响应速度和客户满意度。④节能减排和可持续发展。随着环境保护意识的增强，智慧物流园区也注重节能减排方面的工作。通过优化物流方案、降低能耗和减少排放，推动制造业实现绿色、低碳、可持续发展。⑤全流程信息监控和安全管理。智慧物流园区将加强与物联网的融合，建立全流程信息监控系统，实现对物流货物、设备、人员的实时监控。这有助于提高物流安全和运作效率，降低事故风险，保障制造业企业的正常生产和运营。

4. 零售行业

智慧物流园区为零售企业提供高效的物流配送和库存管理解决方案。通过智能配送系统和销售数据分析，园区可以实现精准的商品配送和库存管理，提高销售效率和客户满意度。具体应用主要体现在以下几个方面：①优化库存管理。智慧物流园区可以通过先进的仓库管理系统和数据分析技术，实时跟踪和预测库存需求，从而优化库存结构，减少库存积压和浪费。这有助于零售商更好地管理库存，提高库存周转率，降低库存成本。②提高配送效率。智慧物流园区通过智能配送系统和路线优化算法，可以自动规划最优配送路线，减少配送时间和成本。同时，对配送车辆和人员的实时监控和调度，可以确保配送过程的顺利进行，提高配送效率和服务质量。③消费者体验提升。智慧物流园区通过提供多样化的配送方式、精确的配送时间和优质的售后服务，可以增强消费者的购物体验和信任度。同时，智慧物流园区还可以提供个性化的购物体验，如虚拟试衣、智能推荐等，进一步满足消费者的需求和期望。④促进线上线下融合。智慧物流园区可以将线上购物和线下实体店融合起来，为消费者提供全方位的购物体验。例如，消费者可以在线上下单并选择到店自提或享受送货上门服务，也可以在线下实体店试穿或体验商品后再选择线上购买。这种线上线下融合的模式有助于零售商拓展销售渠道，提高市场竞争力。⑤数据驱动的决策支持。智慧物流园区通过收集和分析大量数据，可以为零售商提供数据驱动的决策支持。例如，通过对销售数据、库存数据和消费者行为数据的分析，可以帮助零售商预测市场趋势和消费者需求，制定更加精准的市场营销策略。

5. 现代农业

智慧物流园区在农业中的应用是通过结合物联网、大数据、云计算等先进技术，优化农业生产、管理、销售等环节的效率和质量。这包括实现农业物资的智能化管理，确保物资的合理使用和及时补充；建立农产品溯源系统，增强消费者对农产品来源和品质的信任；通过智能仓储与配送系统，实现农产品的精准配送和高效仓储；提供农业信息服务平台，整合农业资源、市场信息和政策法规等信息，为农业生产者和消费者提供便捷的信息查询和交互服务；实现农业装备的自动化和智能化调度，提高装备利用率和作业效率；利用大数据技术对农业生产数据进行挖掘和分析，为农业生产提供决策支持和优化建议；通过物联网监控技术，实时监测农业生产环境，为农业生产提供精准的环境调控和病虫害防治方案；为农业电商提供强大的物流支持，满足消费者对农产品新鲜度和便捷性的需求，并促进农产品销售和品牌建设。这些应用共同推动农业领域的现代化和智能化发展。

9.3 智慧物流园区的体系结构与决策优化

9.3.1 智慧物流园区的总体架构

智慧物流园区将大数据、物联网、云计算等信息技术应用于物流园区建设与管理的各个环节，通过感知节点全面采集园区各方面信息，通过信息网络实现数据有效传输与共享，通过平台和数据中心分析处理数据信息并提供决策支持，通过应用系统解决物流园区业务管理中的若干问题，从而实现物流园区的智能化、网络化、自动化、可视化、系统化。从总体架构上看，智慧物流园区主要包括感知层、传输层、平台与计算层、应用层四个层次，如图9-1所示。

1. 感知层

感知层通过各种类型的信息采集装置，利用 RFID、条码、视频识别、传感器、GIS、GPS 等先进的物联网技术，完成初始数据的采集，并实时跟踪物流动态，及时反馈数据，实现初步的智慧感知,并为高层级的数据应用积累原始资料。

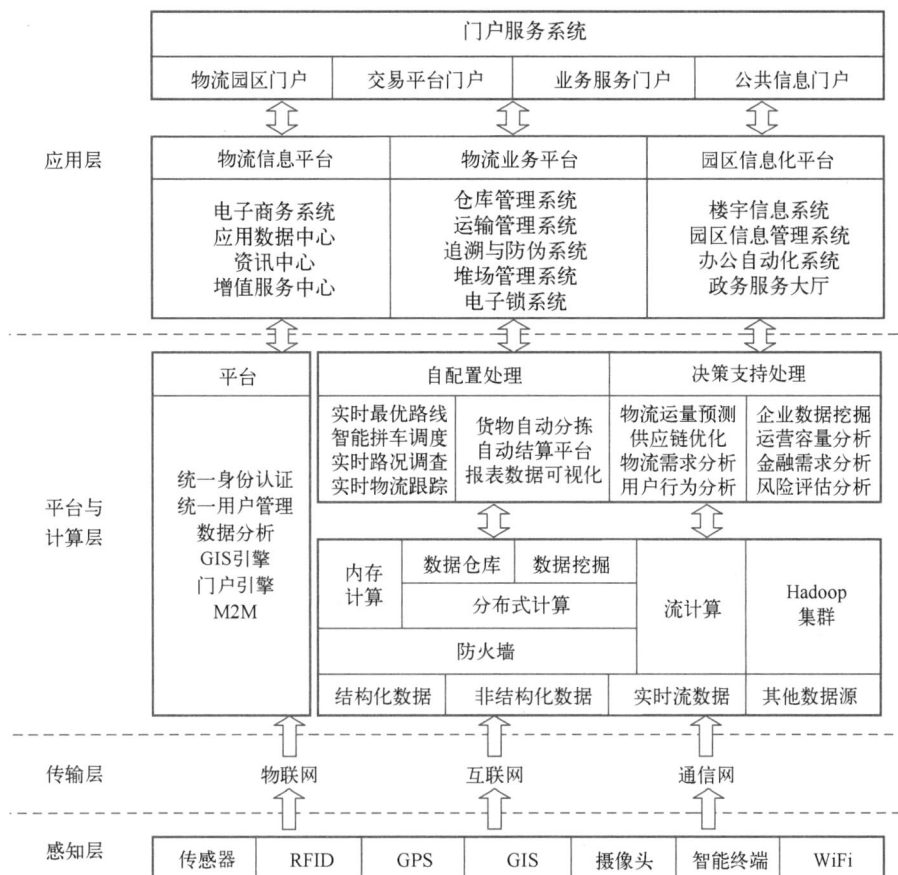

图 9-1 智慧物流园区总体架构

2. 传输层

传输层依靠物联网、互联网、通信网,实现采集数据的实时传输、资料信息的及时传递、用户资源的互联互通。

3. 平台与计算层

平台与计算层主要提供统一身份认证、统一用户管理、数据分析、GIS 引擎、门户引擎、M2M、移动互联支持等基础服务。其核心是运用大数据技术进行数据分析,并实现对传入数据的过滤和存储。通过电子数据交换、云计算、数据挖掘、数据仓库等技术,对海量信息进行储存、管理,并利用虚拟化技术、分布式处理技术、NoSQL(非关系型数据库)、实时流数据处理、智能分析技术等为数据分析提供强大快速的技术支持。通过自配置处理及决策支持处理对物流业务中产生的海量数据进行运输分析、仓储分析、交易分析、金融分析、管理分析,直观获得路线、拼车、库存、自动分拣等优化方案。

4. 应用层

应用层为最终用户提供应用服务,其目的是支持用户联网的应用要求,其中包括物流信息平台、物流业务平台、园区信息化平台和门户服务系统四个部分。

1）物流信息平台主要由电子商务系统、应用数据中心、资讯中心、增值服务中心构成。电子商务系统为园区用户提供交易平台服务，包括车货匹配、软件应用服务租赁、设备租赁、仓库租赁等服务。应用数据中心为园区用户提供信息查询服务，包括交易、路况、空运、水运、铁路、气象、物流标准等信息服务。资讯中心为园区用户提供行业资讯服务，包括市场动态、行业新闻、物流招标、行业政策等。增值服务中心为园区用户提供增值服务，包括货运跟踪、金融服务、报关代理、需求预测、应用托管等服务。

2）物流业务平台是物流运输、仓储等园区业务智能运行的管理系统，主要包括仓库管理系统、运输管理系统、追溯与防伪系统、堆场管理系统和电子锁系统等。物流业务平台基于业务活动的基本流程，依托自动化、智能化物流设施设备和技术手段，利用数据智能分析与智能处理结果，实现业务管理的网络化运行、自动化实施和智能化处理。

3）园区信息化平台是对物流园区进行信息化、智能化管理的依托平台，主要包括楼宇信息系统、园区信息管理系统、办公自动化系统、政务服务大厅等。楼宇信息系统主要对园区办公场所进行信息化管理，具有智能楼宇管理、电子巡更、报警系统、楼宇自控等功能。园区信息管理系统主要对园区设施进行信息化管理，具有智能安防、智能路灯管理、智能交通管理等功能。办公自动化系统主要为园区日常办公活动提供自动化技术支持，具有呼叫中心、融合通信、桌面云、视频会议等功能。政务服务大厅为物流园区企业和工作人员提供日常行政审批事项办理服务，增强服务便捷性，提高办事效率，实现一站式服务。

4）门户服务系统既是提供业务解决方案的平台，也是用户与信息平台进行信息交互、使用大数据资源的直接界面。用户通过计算机客户端、手机客户端、短信、电子屏幕及其他终端访问物流园区门户、交易平台门户、业务服务门户以及公共信息门户，获取各项目服务。

9.3.2 智慧物流园区的功能结构

依据上述总体架构，智慧物流园区除应提供传统物流园区所具有的水电气、交通、建筑等基础设施服务及日常办公服务外，还应具备信息化、智能化服务功能，具体如下：

1. 基础功能

1）数据处理。运用大数据技术对信息平台产生的海量数据进行数据分析及数据挖掘，并对感知层传入的数据进行过滤及存储。

2）安防电子监控。应用视频监控等技术从摄像到图像显示和记录构成独立完整的系统，能实时、形象、真实、智能地反映园区移动资产及园区固定资产的情况，为信息安全防护提供有效保障。

3）信息发布服务。通过人为操作或自动地发布物流园区及行业动态、招标投标、物流培训、自适应决策方案等信息。

4）园区资产管理。借助大数据技术及物联网技术，实现物流园区物业收费、停车管理、档口出租等资产的现代化、信息化和智能化管理。

5）办公自动化服务。为入驻企业提供办公自动化服务，包括单证管理、信息传达、视频会议、业务办理、交易统计、信用评估等。

2. 核心功能

1）智能运输管理。对订单信息及货物实时位置信息进行分析，给出最优化配送方案，解决路线的选择、配送的顺序等问题，实现对运输资源最大化的有效利用。对园区车辆进行智能监控，实现统一集中管理和实时监控调度。

2）智能仓储管理。采用传感器技术、RFID 技术、图像采集技术，实现货物入库、出库、盘点、货位、仓库环境的智能化管理，提高自动化作业水平。利用信息平台对整个供应链进行整合，对大量库存历史数据积累和分析，在考虑客户服务水平、库存成本、运输成本等因素情况下，使园区内物流企业库存量达到最优。支持货物可追溯、可追踪，保障货品质量，具备缺陷召回功能，可迅速实现缺陷货物召回，将损害与损失降至最低。

3）在线交易。为用户提供线上交易平台，交易双方利用平台发布供求资讯，实现信息的及时更新。同时，用户可以在系统上直接进行下单、付款、退订等商业行为，大大提高交易效率。

4）交易撮合。根据客户需求、浏览记录、历史交易等在用户页面上为其推送相关资讯、个性化产品、物流企业、物流方案、车货匹配方案等，以提高交易成功率，为客户节约搜寻时间。

5）决策分析。通过建立数学模型，在分析数据、控制变量条件下比较不同策略的优劣，并提供不同方案的结果预测，辅助管理人员制定决策。

3．拓展功能

1）金融服务。通过完善安全的金融服务系统，对供应链金融数据及企业信用数据进行分析及评估；通过物流信息平台网络为园区内物流企业提供诸如金融决策分析、保险、融资及质押业务等服务。

2）政府监控。政府部门通过监管信息系统对园区物流企业进行监管，并提供政策法规、行业标准等服务，包括网上报关、报检、许可证申请、结算、缴（退）税等，通过与政府部门的无缝对接，大大简化行政手续，缩短业务办理时间。

3）环境实况识别。各种传感器连接到运载工具、物流供应链中，会产生丰富的环境统计数据，其数据集可以包含货物状况、环境温湿度、交通密度、噪声、停车位利用率等。通过大数据技术，提取实时的传感器数据和视频等结构化、非结构化数据，对环境实况进行识别，不仅向物流供应商提供有价值的数据服务，还可以为社会提供有用的环境信息，形成新的由数据驱动的商业模式。

4）其他园区服务。通过加强与其他物流园区的联动，实现园区间的资源共享、业务协作，构建智慧型物流网。

5）数据接口服务。为智慧物流园区今后的升级改造预留标准化、可拓展的数据接口，如与政府、银行等的信息系统接口。

9.3.3　智慧物流园区中的智能决策优化

智慧物流园区中的智能决策优化是借助大数据、云计算、人工智能等先进技术，对园区内海量运营数据进行深度挖掘与分析，以支持高效、精准的决策制定。智能决策优化不仅提升了物流园区的运营效率与响应速度，还实现了资源的最优配置与成本的有效控制。同时，它还能为管理者提供数据驱动的决策支持，助力园区战略规划与业务创新，推动物流园区向更加智能化、绿色化、可持续化方向发展。

1. 园区选址优化

物流园区选址是指在一个包含多个供应点及多个需求点的经济区域内，选择一个合适的地点来设置物流园区的规划过程，其涉及数据分析与评估、成本效益分析、市场需求预测、政策与环境合规性分析、协同性与互补性分析以及风险评估与应对等多个方面。智能决策方法在物流园区选址优化中展现出了强大的优势和潜力。通过充分利用大数据、人工智能等先进技术，企业可以更加高效、准确地完成物流园区的选址决策工作，从而提升企业的运营效率和竞争力。

（1）数据分析与评估

传统模式下，交通流量、人口分布、经济发展水平等数据的收集、分析与评估工作主要依赖人工完成。同时，数据来源有限，往往仅限于官方统计数据或市场调研结果，而且分析过程烦琐，耗时较长，且易受主观因素影响。在智能决策技术的支持下，数据分析与评估工作效率和效果均有明显提升。利用大数据和人工智能技术，能够自动收集并分析海量数据；数据来源渠道拓宽，包括社交媒体、电商平台、物流追踪系统等；数据能够实时更新，确保分析的时效性和准确性。

（2）成本效益分析

传统模式下，成本效益分析一般基于历史数据和经验公式进行成本估算，难以全面考虑所有潜在成本因素，如环境成本、社会成本等。智能决策技术支持下，能够综合考虑土地成本、建设成本、运营成本及预期收益等多维度因素；能够运用经济学模型和算法进行精确计算，如净现值分析、敏感性分析等；能够动态调整成本效益分析模型，以应对市场变化和企业战略调整。

（3）市场需求预测

传统模式下，主要依靠市场调研和专家判断来预测市场需求，预测结果可能受主观因素影响较大，准确性有限。智能决策技术支持下，能够在综合考虑消费者行为、竞争对手动态、宏观经济环境等多方面因素的情况下，利用大数据分析和机器学习算法对市场趋势进行预测；能够实时更新预测模型，提高预测的准确性和时效性。

（4）政策与环境合规性分析

传统模式下，主要依靠人工查阅相关法律法规和政策文件来评估合规性，可能存在遗漏或误判的风险。智能决策技术支持下，能够利用自然语言处理技术和法律知识图谱等人工智能技术，自动识别和评估政策合规性；能够实时监测政策变化，确保选址方案的合规性。

（5）协同性与互补性分析

传统模式下，主要依赖人工经验和主观判断来评估协同性和互补性，难以全面考虑区域物流网络的整体布局和发展趋势。智能决策技术支持下，能够利用区域物流网络模型和算法进行协同性和互补性分析；能够综合考虑不同物流节点之间的空间关系、功能定位以及物流流量等因素；能够为企业推荐最具协同效应或互补关系的物流园区位置。

（6）风险评估与应对

传统模式下，主要依赖人工经验和直觉来识别潜在风险，难以全面考虑所有风险因素及其相互影响。智能决策技术支持下，能够利用风险评估模型和算法对潜在风险进行量化分析；能够综合考虑自然灾害、政治动荡、经济波动等多种风险因素；能够为企业提供风险预警和应对建议。

2. 园区布局规划

物流园区布局规划是指在特定的地理区域内，根据区域经济发展需求、物流市场需求、交通条件、土地资源状况及环境保护要求，对物流园区内的空间结构、功能分区、设施配置、交通组织、信息系统及绿色生态等方面进行系统性、前瞻性的规划与设计，以实现物流资源的高效整合、降低物流成本、提升物流服务质量、促进可持续发展等目标。智能决策方法在物流园区布局规划中具有显著优势，能够更快速、更准确地完成规划任务，并显著提升物流园区的运作效率和竞争力。

传统物流园区布局规划方法主要依赖于人工分析和专家经验。例如，在现场勘查与调研过程中，主要通过实地考察和问卷调查等方式，收集园区地理位置、交通状况、市场需求、土地资源等信息；在数据分析过程中，主要结合历史数据和专家经验，对收集到的信息进行定性分析，如判断园区的适合性、发展潜力等；在布局图制作过程中，主要使用 CAD 等工具进行手工制图，设计园区的功能分区、道路规划、建筑布局等。

相较于传统方法，物流园区布局规划的智能决策方法在效率、准确性及响应速度等方面均有显著提升。智能决策方法利用大数据、物联网、人工智能等先进技术，实现物流园区布局规划的智能化和精准化。例如：在数据收集与分析过程中，通过物联网、传感器等技术，实时收集园区内外的交通流量、货物吞吐量、企业运营状况等数据，并进行大数据分析，挖掘潜在规律；在模型建立与优化过程中，基于收集到的数据，建立物流园区布局规划的数学模型，并运用智能算法（如遗传算法、粒子群算法等）进行模型优化，找出最优布局方案；利用虚拟现实、三维建模等技术，对优化后的布局方案进行可视化仿真，直观展示布局效果，便于评估和调整。

3. 资源配置决策

资源配置决策旨在确保物流园区内各项资源（如人力、设备、仓储空间等）得到合理利用。智能决策系统通过数据分析，评估各资源的使用效率和瓶颈环节，进而制定资源配置策略。相较于传统方式，智能决策技术在数据分析与预测、资源优化分配、智能调度系统、风险预警与应对、动态调整机制以及绿色环保考量等方面均表现出明显的优势。这些优势不仅提升了物流园区的运营效率和管理水平，还促进了物流行业的可持续发展。

（1）数据分析与预测

传统模式下，数据分析与预测工作主要依赖于人工记录和统计，数据收集和处理效率较低；预测主要基于经验和主观判断，缺乏科学性和准确性。在智能决策技术支持下，能够利用大数据、云计算和机器学习等先进技术，对海量数据进行深度挖掘和分析；能够实时收集并处理物流园区的运营数据，包括库存量、订单量、运输车辆状态等；能够基于历史数据和实时数据，对未来趋势进行精准预测，为资源配置提供科学依据。

（2）资源优化分配

传统模式下，资源配置主要基于人工经验和简单计算，难以实现资源的高效利用和最优配置，导致资源浪费和成本增加。在智能决策技术支持下，能够自动计算并优化仓库空间布局、运输路线、人力及设备资源的分配，并通过算法模型实现资源在时间与空间上的最优配置，提升运营效率。

（3）智能调度系统

传统模式下，资源调度工作主要依赖于人工电话沟通和手动调整，调度效率低下，且容易出现人为错误和遗漏。在智能决策技术支持下，能够结合 GPS/BDS 定位、物联网技术等，实时监控运输车辆、仓储设备等的运行状态，能够根据实时数据动态调整调度计划，实现自动化和智能化的调度。

（4）风险预警与应对

传统模式下，风险预警与应对主要依赖于人工判断和临时决策，难以做到快速响应和有效应对，可能导致风险扩大和损失增加。在智能决策技术支持下，能够在系统中内置风险预警模块，识别潜在风险因素并提前发出预警，同时提供多种应急预案，确保在风险发生时能够迅速响应并降低损失。

（5）动态调整机制

传统模式下，资源配置策略的调整往往滞后于现场变化，难以做到快速响应和灵活调整，导致运营效率低下。在智能决策技术支持下，能够实时监测资源配置的效果，并根据实际情况进行动态调整，确保资源配置策略能够持续优化，以应对现场的实时变化。

（6）绿色环保考量

传统模式下，资源配置对环保因素的考量较少，资源配置往往以经济效益为主，可能导致环境污染和能源浪费等问题。在智能决策技术支持下，能够在资源配置过程中充分考虑环保因素，推动绿色物流的发展，通过优化运输路线、推广清洁能源车辆等措施降低碳排放和环境污染。

4. 客户服务优化

物流园区作为连接供应链上下游的关键节点，其客户服务的质量与效率直接影响着整个物流链的顺畅与客户满意度。物流园区通过引入智能管理技术优化服务，不仅能够提升服务效率与质量，还能提高客户满意度与忠诚度，为物流园区的可持续发展奠定坚实基础。

（1）智能客服系统

智能客服系统是提升物流园区服务响应速度与准确性的基石。系统利用自然语言处理（NLP）和机器学习算法，能够自动识别客户问题，提供即时且精准的解答。通过预设知识库与智能问答模型，智能客服能够 24h 不间断服务，大幅度减轻人工客服的压力，同时提高客户满意度。

（2）数据分析与预测

在物流园区客户服务中，数据分析与预测扮演着至关重要的角色。通过收集并分析客户咨询数据、投诉记录、服务时长等关键指标，可以洞察服务瓶颈与客户需求趋势。基于这些数据分析结果，系统能够预测潜在的服务需求高峰，提前调配资源，优化服务流程，实现服务的精准化、高效化。

（3）多渠道整合

为了满足不同客户的沟通偏好，物流园区需要实现客户服务渠道的全面整合。通过整合电话、邮件、在线聊天、社交媒体等多种沟通渠道，建立统一的服务入口，确保客户能够以最便捷的方式获得帮助。同时，多渠道数据同步更新，保证服务信息的准确性和一致性，提升客户整体服务体验。

（4）情绪识别与管理

情绪识别技术能够实时监测客户在与智能客服或人工客服交流过程中的情感变化，如不满、疑惑、满意等。通过这些情绪信号，系统可以及时调整沟通策略，提供更加贴心、个性化的服务。对于负面情绪较高的客户，系统可自动触发升级机制，由资深客服介入处理，有效化解矛盾，提高客户忠诚度。

（5）智能工单系统

智能工单系统实现了客服问题的快速流转与高效处理。当客户提出问题时，系统会自动生成工单，并根据问题类型、紧急程度等因素智能分配至最合适的处理人员。同时，系统全程跟踪工单处理进度，自动发送通知提醒，确保问题得到及时解决。此外，工单系统还支持数据分析，帮助管理者了解服务效率与质量，持续优化服务流程。

（6）个性化服务推荐

基于客户历史数据和行为分析，智能管理系统能够为客户提供个性化的服务推荐。例如：根据客户的物流需求历史，推荐更适合的运输方案或增值服务；根据客户的偏好，提供定制化的信息推送。个性化服务不仅能提升客户体验，还能促进物流园区的增值服务销售，增加收入来源。

（7）实时监控与反馈

实时监控技术确保物流园区客户服务的全程可视化管理。通过监控屏幕或管理界面，管理者可以实时查看服务状态、客户等待时间、客服工作效率等关键指标，及时发现并解决问题。同时，系统支持客户满意度调查与反馈收集，帮助园区持续改进服务质量，形成良性循环。

9.4　智慧物流园区的运营与管理

智慧物流园区作为现代物流行业的重要组成部分，其高效、智能的运营与管理模式是提升服务质量、降低运营成本、增强竞争力的关键。智慧物流园区的运营与管理主要包括运营环境管理、设施设备管理、租赁合同管理、费用与发票管理、安全与应急管理等五个方面。

9.4.1　运营环境管理

智慧物流园区的运营环境管理不仅关乎园区日常运作的顺畅与高效，更直接影响入驻企业的成本控制、运营效率及可持续发展能力。智慧物流园区通过能源管理、环境监控、安防保障、交通管理以及可持续发展等五个方面的努力，打造了一个高效、安全、环保、可持续发展的运营环境。这将为入驻企业提供更加优质的服务和更加广阔的发展空间，推动物流行业向更高水平迈进。

1．能源管理

智慧物流园区通过智能能源管理系统，实现对电力、水、燃气等能源资源的实时监测、优化调度和节能降耗。系统利用大数据分析技术，预测能源需求，动态调整能源供应计划，减少能源浪费。同时，推广使用太阳能、风能等可再生能源，以及高效节能设备，提升园区的能源利用效率和环保水平。

2．环境监控

为确保物流园区内环境质量达标，智慧园区部署了全面的环境监控系统。该系统集成了多种传感器，实时监测空气质量（如 PM2.5）、温湿度、噪声水平、水质状况等关键环境指标。一旦发现异常，系统立即发出警报，并自动启动应急措施，保障园区内外环境的健康与安全。

3．安防保障

安防是物流园区运营环境管理的重要组成部分。智慧园区采用先进的安防技术，如智能视频监控、人脸识别、入侵报警等，构建全方位、多层次的安防体系。系统支持远程监控、智能分析等功能，能够及时发现并处理安全隐患，确保园区内人员、财产及货物的安全。

4．交通管理

物流园区内交通繁忙，良好的交通管理是保障园区高效运作的关键。智慧园区采用智能交通管理系统，对园区内车辆进行实时监控、调度和管理。系统支持车牌识别、车辆轨迹追踪、交通信号控制等功能，能够优化车辆行驶路线，减少拥堵和等待时间，提高物流运输效率。

5．可持续发展

智慧物流园区注重可持续发展，通过实施节能减排、资源循环利用等措施，降低对环境的影响。园区推广绿色物流理念，鼓励使用环保包装材料，减少碳排放，同时加强废弃物管理和资源化利用，提高资源使用效率。此外，园区还注重生态建设，营造优美的园区环境，提升入驻企业的幸福感和归属感。

9.4.2　设施设备管理

园区内的设施设备是保障物流运营的重要基础。智慧物流园区采用智能设施设备管理系统，对仓库、货架、叉车、传送带等设备进行统一管理和维护。通过实时监测与数据分析、预防性维护、故障预警和维修管理与跟踪等功能，系统确保了设施设备的持续高效运行，为园区的可持续发展提供了有力支持。

1．实时监测与数据分析

系统通过安装在设施设备上的各类传感器，实时监测设备的运行状态、工作参数和性能指标，如温度、压力、振动、电流等。同时，利用大数据分析技术，对收集到的设备数据进行处理和分析，识别设备的异常行为和潜在故障，预测设备维护需求和维护周期。

2．预防性维护计划

系统根据设备的历史数据和实时状态，制订科学合理的预防性维护计划，包括维护内容、维护周期和维护人员等。系统自动或手动生成维护任务，并下发给相应的维护人员或团队，确保维护任务得到及时执行。

3．故障预警与快速响应

当设备出现异常或潜在故障时，系统能够及时发出预警信号，通知相关人员进行处理。维护人员接收到预警信号后，可迅速定位故障位置，了解故障情况，并准备相应的维修工具和材料，以实现快速响应和维修。

4．维修管理与跟踪

当设备发生故障时，维护人员可提交维修申请，并经过系统审批流程获得维修授权。系统可实时跟踪维修进度，包括维修开始时间、维修完成情况、维修结果等，确保维修工作按时完成。系统可记录每次维修的详细信息，包括维修时间、维修内容、维修人员、维修费用等，形成完整的维修记录档案，便于后续查询和分析。

9.4.3　租赁合同管理

智慧物流园区中的租赁合同管理是园区运营管理的核心环节之一，它直接关系到园区的收益稳定性、资源利用率以及租客满意度。智慧物流园区中的租赁合同管理通过数字化手段实现了全流程的闭环管理，提高了管理效率和服务质量。同时，系统还具备自动提醒与预警、灵活的租金计费与支付方式、电子签名与加密技术、合同到期提醒与自动续约、数据分析与决策支持等功能，为园区的运营决策提供了有力的支持。

1. 租赁合同管理功能

智慧物流园区的租赁合同管理系统涵盖了租赁合同的创建、审核、执行、归档及变更、续租、退租等全流程闭环管理。这一系统通过数字化手段实现了租赁合同的电子化存储与在线操作，大大提高了管理效率。

2. 自动提醒与预警

系统具备自动提醒和预警功能，能够实时监控租赁合同的执行情况，包括租金支付情况、合同到期时间等。当租金即将到期或逾期未支付时，系统会自动发送提醒通知给租客和园区管理者，确保租金的及时收取和合同的顺利履行。同时，对于即将到期的合同，系统也会提前进行预警，以便园区管理者提前做好续租或退租的准备。

3. 灵活的租金计费与支付方式

系统支持灵活的租金计费方式和周期设置，可以满足不同租客的需求。无论是按月、按季还是按年计费，系统都能轻松应对。此外，系统还提供了多种支付方式，包括线上支付、银行转账等，方便租客进行费用结算，提升缴费的便捷性和灵活性。

4. 电子签名与加密技术

为了确保租赁合同的安全性和可追溯性，系统采用了电子签名与加密技术。电子签名技术使得租赁合同的签署过程更加便捷和高效，同时也增强了合同的法律效力。加密技术则确保了合同数据在传输和存储过程中的安全性，降低了数据泄露和篡改的风险。

5. 合同到期提醒与自动续约

系统具备合同到期提醒与自动续约功能。当合同即将到期时，系统会自动发送提醒通知给租客和园区管理者，以便双方提前沟通续租事宜。如果双方达成一致意见并同意续租，系统还可以实现自动续约操作，无须人工干预即可完成合同的续签工作。

6. 数据分析与决策支持

通过租赁合同管理系统收集的数据，园区管理者可以进行深入的数据分析，了解园区的租赁情况、租客结构、租金收益等信息。这些数据为园区的运营决策提供了有力的支持，帮助管理者优化资源配置、提高收益水平。

9.4.4　费用与发票管理

智慧物流园区中的费用与发票管理是园区运营管理的重要环节，它直接关系到园区的财务健康和运营效率。智慧物流园区利用电子化财务管理系统，实现费用与发票的自动化处理。系统能够自动计算租金、物业费、水电费等各项费用，生成电子账单并通过邮件或短信通知租客。租客可通过系统在线支付费用，获取电子发票，既方便快捷又安全可靠。同时，系统还能提供详细的费用分析报表，帮助管理者了解成本结构，优化费用管理。

1．费用管理

（1）自动计费与核算

系统自动根据租赁合同、服务协议等条款，对园区内的各项费用（如租金、物业费、水电费、停车费等）进行精确计算和核算。系统能够自动生成费用账单，并通过电子方式发送给租户或相关方，减少人工操作，提高计费效率。

（2）在线支付与结算

系统支持多种支付方式（如网银、第三方支付平台等），租户或相关方可以通过在线平台轻松完成费用支付。系统实时更新支付状态，确保费用及时到账，避免逾期和欠费情况的发生。

（3）欠费管理与催缴

对于未及时支付的费用，系统自动生成欠费记录，并通过短信、邮件等方式提醒租户或相关方。同时，提供欠费催缴功能，包括发送催缴通知、执行催缴流程等，确保欠费问题得到及时解决。

（4）报表统计与分析

系统能够根据需求生成各类费用报表，如收入报表、欠费报表、费用结构分析等，帮助园区管理者清晰掌握财务状况。同时，通过数据分析，为园区管理者提供决策支持，优化费用结构和降低运营成本。

2．发票管理

（1）电子发票开具与交付

集成电子发票系统，支持发票的在线开具、传输、存储和查询。租户或相关方可以通过系统申请电子发票，并即时获取。同时，系统支持发票批量处理，提高发票开具效率，降低财务成本。

（2）发票查验与归档

系统提供发票查验功能，确保收到的发票真实有效。通过技术手段对发票抬头信息、商品明细等进行验证，防范税务风险。同时，系统支持发票的电子归档，既能以 XML 文件形式进行无纸化报销入账归档，又能满足打印数电发票纸质文件进行报销入账归档的需求。

（3）税务合规性管理

系统遵循国家税务法规，确保发票管理的合规性。系统自动记录发票开具、传输、存储和查询的全过程，为税务审计提供有力支持。

3．综合优势

（1）提高管理效率

自动化和智能化的费用与发票管理，减少了人工操作，提高了管理效率。

（2）降低运营成本

通过优化费用结构和提高发票处理效率，降低了园区的运营成本。

（3）增强用户体验

提供便捷的在线支付和发票服务，提高了租户或相关方的满意度和忠诚度。

（4）提高决策支持能力

详细的报表统计和分析功能，为园区管理者提供了有力的决策支持，帮助优化运营策略和提高管理水平。

9.4.5　安全与应急管理

安全与应急管理是智慧物流园区运营中的重中之重。在智慧化背景下，园区通过集成先进的信息技术和管理手段，构建了全方位、多层次的安全与应急管理体系，以确保园区内人员、财产及业务活动的安全。

1. 安全监控体系

智慧物流园区建立了全方位的安全监控体系，利用高清视频监控、智能分析算法等技术手段，对园区出入口、关键区域、仓储区、交通要道等进行 24h 不间断监控。系统能够自动识别异常行为、人员聚集等情况，并实时报警，为安全管理提供有力支持。

2. 入侵检测与报警

园区部署了先进的入侵检测系统，通过周界防范、门禁管理、人脸识别等多种技术手段，有效防止未经授权的访问和非法入侵。一旦检测到入侵行为，系统立即触发报警机制，通知安保人员迅速响应，并采取相应措施。

3. 火灾预防与响应

火灾是物流园区面临的重要安全隐患之一。智慧物流园区通过安装智能烟雾探测器、温度感应器等设备，实现对火灾隐患的早期发现和预警。同时，园区制定了详细的火灾应急预案，包括火灾报警、初期灭火、人员疏散等流程，确保在火灾发生时能够迅速、有序地应对。

4. 数据保护与隐私

随着智慧物流园区信息化程度的提高，数据安全和隐私保护成为重要议题。园区采用加密技术、访问控制、数据备份与恢复等措施，确保园区内各类数据的安全性和完整性。同时，严格遵守相关法律法规，保护用户隐私，防止数据泄露和滥用。

5. 应急疏散预案

为了应对突发事件，智慧物流园区制定了详细的应急疏散预案。预案明确了疏散路线、集合点、疏散顺序等关键信息，并定期组织人员进行演练。在紧急情况下，能够迅速启动预案，确保人员安全有序地撤离到安全区域。

6. 事故快速响应机制

园区建立了事故快速响应机制，确保在事故发生后能够迅速启动应急预案，组织救援力量进行处置。通过设立应急指挥中心、配备专业救援队伍、建立应急物资储备库等措施，提高事故应对的效率和效果。

7. 资源调配与协作

在应急管理中，资源调配与协作至关重要。智慧物流园区通过信息化手段实现资源的快速调配和高效协作。在紧急情况下，能够迅速调集人力、物力、财力等资源，确保救援工作的顺利进行。同时，加强与外部救援力量的协作与联动，形成合力，共同应对突发事件。

8. 培训与演练计划

为了提高园区人员的安全意识和应急能力，智慧物流园区制订了定期的培训与演练计划。通过组织安全知识培训、应急演练等活动，提高员工对安全规定的理解和遵守程度，增强应对突发事件的能力和信心。同时，通过演练不断检验和完善应急预案的可行性和有效性。

本章小结

物流园区是物流系统中重要的物流节点，是物流设施群与众多物流业者在地域上的物理集结地。根据服务对象和功能，物流园区可划分为货运枢纽型、商贸服务型、生产服务型、口岸服务型和综合服务型等5种类型，一般具有集合多模式运输手段、综合多状态作业方式、协调多种运行系统、满足多种城市需求和配套多种服务手段等特点。

智慧物流园区是应用互联网、物联网和大数据技术手段，具备信息感知、传递和处理能力，智能分析与智能决策能力，以及提供全方位服务能力的先进物流园区。与传统物流园区相比，它具有智慧技术泛在化、数据服务系统化、整体运营智能化、资源共享平台化和产业服务全程化等特征，在物流、电商、制造、零售等多个领域都有非常广泛的应用。

从总体架构上看，智慧物流园区主要包括感知层、传输层、平台与计算层、应用层四个层次，其除应提供传统物流园区所具有的水电气、交通、建筑等基础设施服务及日常办公服务外，还应具备信息化和智能化服务功能。智慧物流园区中的智能决策优化问题主要有园区选址优化、园区布局规划、资源配置决策和客户服务优化等。

智慧物流园区作为现代物流行业的重要组成部分，其高效、智能的运营与管理模式是提升服务质量、降低运营成本、增强竞争力的关键。智慧物流园区的运营与管理主要包括运营环境管理、设施设备管理、租赁合同管理、费用与发票管理、安全与应急管理等五个方面。数字化和智能化是智慧物流园区运营与管理的主要手段和重要方式。

课后练习

一、思考题

1. 什么是物流园区？它具有哪些类型？
2. 物流园区具有哪些特点？
3. 与传统物流园区相比，智慧物流园区具有哪些特征？
4. 智慧物流园区的核心功能有哪些？
5. 智慧物流园区运营与管理的主要内容有哪些？

二、讨论题

1. 试分析物流园区和智慧物流园区之间的区别和联系。
2. 试举例分析智慧物流园区的行业应用情况。
3. 试分析并讨论智慧物流园区的体系结构。
4. 试分析并讨论物流园区中的典型智能决策与优化问题。
5. 试举例分析并讨论智慧物流信息平台的运营与管理策略。

三、案例分析

林安智慧物流园

林安智慧物流园由广东林安物流集团创办，通过建设"网上+网下"有机结合的网下物流信息交易市场和网上中国物流信息交易平台，优化资源配置，实现了物流与金融、电商、产业的融合发展。园区由林安平台（含物联网应用、信息服务、电商网购）、物流金融中心、第三方总部经济中心、城市配送中心、甩挂调度中心、农产品冷链调度中心、电商仓储中心、生活配套中心等组成。

林安平台将当地特色产业信息与一、二、三方物流企业及相关企业需求整合起来，通过先进的信息处理技术，打造厂家、商家直接面向物流供应商的网络物流集中采购渠道、物流供应商面向厂家和商家的网络营销渠道、物流供应商之间的同行网络共赢合作渠道，提供供应链一体化服务方案，实现物流、信息流、商流、资金流、技术流"五流合一"。

搭建物流行业首个征信平台——林安征信，为物流业甚至制造业提供信贷评估，解决行业诚信难题，促使企业获得金融机构的贷款支持。拥有物流行业第一张互联网支付牌照——林安支付，拓宽物流企业的融资渠道，解决中小型物流企业融资难题，促进物流业发展。

建设物流总部经济孵化基地，培育扶持中小物流企业，以高质量的物流服务，降低制造企业成本，优化资源配置，推动供应链管理一体化。

发展面向流通企业和消费者的社会化共同配送。通过全国城际配送的林安班车、同城配送的林安货的以及高效便捷的林安支付，解决城市快递、配送车辆进城通行、停靠和装卸作业等问题，打造 O2O（线上线下商务）一站式物流信息交易平台，构建物流供应链上中下游服务体系。重点做好食品、农产品、日用品、药品、食盐和烟草等商品"五统一"（统一品牌、统一标志、统一规程、统一标准、统一结算的服务标准）配送，从而降低物流费用，提高物流运作效率，提高城市配送的专业化水平。

问题：

1. 分析林安智慧物流园的主要服务功能。
2. 思考如何优化和发展智慧物流园供应链服务体系。

第10章 智慧港口

学习目标

- 能够准确解释港口和智慧港口的概念。
- 能够准确复述现代港口的物流功能。
- 能够准确描述集装箱码头的一般布局和常用装卸机械。
- 能够简要描述智慧港口的发展背景与建设现状。
- 能够准确列举智慧港口的典型特征。
- 能够系统分析智慧港口的功能与结构。
- 能够举例分析港口管理中的典型智能决策问题。
- 能够熟练列举智慧港口典型应用成果。

随着全球化贸易的不断深化，港口作为物流枢纽的地位日益凸显。智慧港口作为现代港口发展的新方向，正以其智能化、自动化的运营管理模式引领着物流行业的创新变革。通过应用物联网、大数据分析和人工智能等技术，智慧港口实现了对港口作业流程的精准监控和智能调度，有效提升了港口作业效率和货物吞吐量。同时，智慧港口还注重环保和可持续发展，通过优化能源利用和减少排放，为构建绿色、高效的物流体系贡献力量。

10.1 港口概述

10.1.1 港口的含义与分类

港口英文"Port"一词源于古拉丁文"Porta"，原意为"位于海岸的门户，有水、陆接运"，现在指位于海、江、河、湖、水库沿岸，具有水路联运设备及条件，供船舶安全进出和停泊的运输枢纽。它是水陆交通的集结点和枢纽，工农业产品和外贸进出口物资的集散地，船舶停泊、装卸货物、上下旅客、补充给养的场所。

港口历来在一国的经济发展中扮演着重要的角色。运输将全世界连成一片，而港口是运输中的重要环节。世界上的发达国家一般都具有自己的海岸线和功能较为完善的港口，港口也成为一个国家或地区的门户。

港口根据不同的分类标准划分为不同的类型。港口按所在位置可分为海岸港、河口港和内河港，海岸港和河口港统称为海港；按服务对象分为商港、军港、渔港、工业港、避风港等；按潮汐的影响分为开敞港、闭合港和混合港；按运输功能分为客运港、货运港、综合港等；按地位分为国际性港、国家性港和地区性港。

本章中的港口主要指用于集装箱运输的货运港。

10.1.2　现代港口的物流功能

港口是重要的物流枢纽，是现代物流体系中的重要节点。现代港口的物流功能涵盖了从货物的接收、存储、装卸、运输到配送和信息处理的整个过程。这些功能共同构成了港口物流系统，确保了货物的顺畅流动和高效运作。

1. 运输和中转功能

港口作为货物的主要集散地，承担着将货物从起始地运输到目的地的任务。这包括使用公路、铁路和水路等多种运输方式，确保货物能够高效地从一个地方移动到另一个地方。对于需要通过多个运输阶段才能到达目的地的货物，港口扮演着中转站的角色。货物在港口被暂时存储，然后根据下一个运输阶段的要求，重新装载到不同的运输工具上，继续其行程。

2. 装卸搬运功能

港口配备了专业的装卸设备，如装卸机、叉车等，用于将货物从运输工具上卸下，或将其装上运输工具。这一过程需要确保货物的安全、完整和高效转移。一旦货物被卸下或装上运输工具，港口还需要进行内部搬运，将货物从一个位置移动到另一个位置，如从堆场到仓库，或从仓库到装货区等。

3. 仓储功能

港口通常设有仓库或堆场，用于暂时存储等待进一步处理的货物。这种短期存储有助于协调不同运输阶段的时间差，确保货物能够在合适的时间被装载到下一个运输工具上。除了短期存储外，港口还可能提供长期存储服务，以满足某些货物的特殊需求。例如，某些货物可能需要等待市场需求或其他因素合适时再进行销售或进一步处理。

4. 堆场功能

对于集装箱运输，港口通常设有专门的集装箱堆场。这些堆场用于存储集装箱，等待进一步处理或转运。集装箱堆场的服务包括备用箱储存管理、提箱及还箱服务、重箱堆存、集装箱货物检查以及拆拼箱等。

5. 配送功能

港口物流配送是指将货物从港口运送到最终目的地或客户的活动。这包括选择合适的运输方式、规划运输路线、组织货物的装载和卸载等。港口物流配送的目的是确保货物能够准时、安全地送达目的地，并满足客户的需求。

6. 流通加工功能

流通加工是指在货物流通过程中进行的各种加工活动，如包装、分拣、组装、贴标等。这些加工活动旨在提高货物的附加值、方便销售或满足客户的需求。通过流通加工，港口可以为货物增值，提高其市场竞争力。

7. 信息处理功能

信息处理是港口物流运作中不可或缺的一部分。港口需要处理大量的货物信息，如货物的名称、数量、重量、尺寸、运输方式、目的地等。通过信息化手段，港口可以实时更新和传递货物信息，为客户提供货物跟踪和查询等服务。这有助于提高物流效率、减少信息误差和延误，并提高客户满意度。

10.1.3 集装箱码头的一般布局

港口由陆域与水域两大部分组成。陆域用于构筑码头,设置装卸机械,布置库场和港区道路以及港口有关管理与服务设施等。水域则通常包括进港航道、锚泊地和港池。图 10-1 所示为集装箱码头的一般布局示意图。

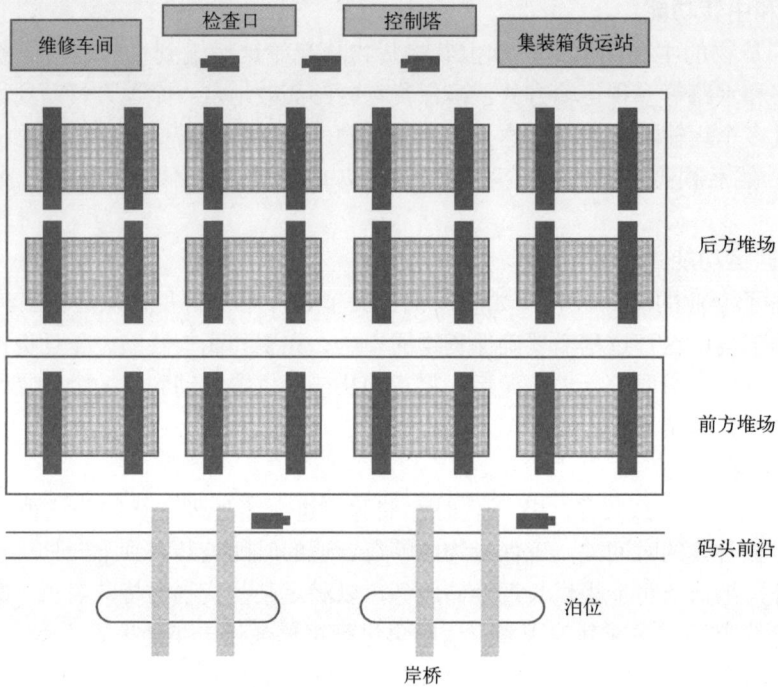

图 10-1　集装箱码头的一般布局示意图

在平面布局图中,码头前沿是指沿码头岸壁到集装箱编排场之间的区域,设置有岸桥及运行轨道,应当满足所设计船型吃水要求的前沿水深,至少为 12m。前方堆场是指为即将卸下及即将装船的集装箱排列待装所备好的堆存场所。为了确保船舶装卸集装箱作业不间断地进行,前方堆场通常布置在后方堆场与码头前沿之间。集装箱堆场又称为后方堆场,是指对集装箱码头内的集装箱进行安检、保管、交接的区域。集装箱堆放在码头的堆场位置称作"场箱位",场箱位是在场内依照集装箱的尺寸、箱型预设的标准区域,并用一组代码表示它的物理位置。检查口一般位于集装箱码头的出入口,在此处所有的集装箱都要进行安检、交接并制作单据。检查口也是与集装箱码头其他部门划分责任的场所。控制塔是一个集装箱码头的运营指挥中心,其主要职责是监管和指挥船舶装卸作业和堆场作业。控制塔设在码头的最高处,以便能准确、及时地观察到码头集装箱的各项作业状态,进而有效地进行调度和指挥作业。

10.1.4 集装箱码头的装卸机械

一般将集装箱码头的机械化系统划分为三个部分:码头前沿装卸设施、水平运输设备、码头堆场机械。

1. 码头前沿装卸设施

码头前沿主要是对集装箱进行装卸，以保证码头物流的正常运行。常用的码头前沿装卸设施是岸边集装箱起重机（Quayside Container Crane），简称"岸桥"，主要承担着将集装箱装卸在集装箱船舶上的作业任务。其装卸效率一般为 20～35TEU/h，起重量为 50t，外伸距离为 55m，内伸距离为 18m，轨距一般为 30m。图 10-2 所示为集装箱码头岸桥示意图。

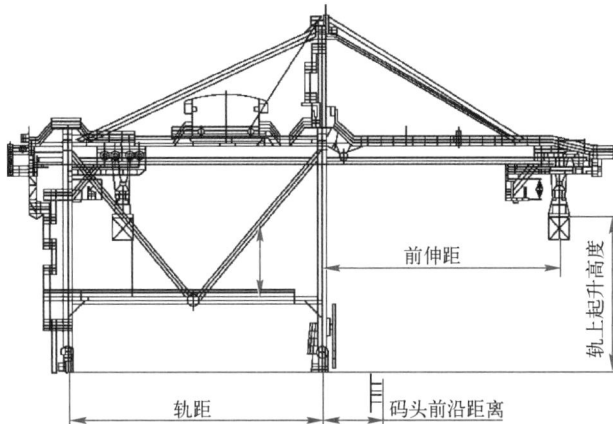

图 10-2　集装箱码头岸桥示意图

2. 水平运输设备

集装箱码头内的水平运输设备主要承担着运输和搬运码头内集装箱的任务。水平运输设备包括跨运车、牵引车、自动导引车（AGV）、智能导引车（Intelligent Guided Vehicle，IGV）等。其中，AGV 是在自动化集装箱码头使用最多的水平运输设备，IGV 是下一步的发展趋势。例如：2019 年，上海洋山港启动了全球首个"5G+L4" IGV 智能驾驶示范营区的建设；2022 年 1 月，西井科技助力厦门港实现全球首个 IGV 在传统集装箱码头全流程智能化改造项目落地的新标杆。在广州港南沙四期，针对货运码头的特定场景与特殊需求，一清创新提供定制化的智慧码头 IGV 导航方案，实现港口集装箱智能化搬运。图 10-3 所示为集装箱码头 AGV。

图 10-3　集装箱码头 AGV

3．码头堆场机械

码头堆场机械主要承担堆场内搬运、装卸、堆垛集装箱的任务。这些机械包括龙门起重机、集装箱叉车、集装箱正面吊运机、空箱堆高机等。其中，龙门起重机在堆场中起着重要作用。

龙门起重机又称"龙门吊"，包括轨道式和轮胎式两种形式，主要承担着堆场内集装箱堆垛和装卸的任务。

轨道式龙门起重机是集装箱码头堆场进行堆码和装卸集装箱的专用机械。其优点是可堆 4～5 层集装箱，可跨多列集装箱和一个车道，堆存能力高，堆场面积利用率高，采用自动控制的轨道式集装箱龙门起重机（ARMG），易于实现自动化；缺点是要沿轨道运行，灵活性差。

轮胎式龙门起重机主要承担着集装箱码头堆场内堆码和装卸集装箱的任务。其优点是机动灵活，可以从一个堆场转移到另一个堆场；缺点是自重比较大，轮胎易磨损。在自动化堆场常用的是自动控制的轮胎式龙门起重机（ARTG），垂直于码头布置，堆箱区采用封闭式、无人化管理。

10.2 智慧港口的发展与应用

智慧港口是以信息物理系统（Cyber-Physical Systems，CPS）为结构框架，利用物联网、云计算、大数据及移动互联网、人工智能等新一代信息技术，在信息全面感知和互联的基础上，使物流供给方和物流需求方共同融入集疏运一体化系统，实现车、船、货、港、人五大基本要素之间无缝连接与协同联动，以智能监管、智能决策和自动装卸为主要工作模式，并能为现代物流业提供高安全、高效率、高品质服务的现代港口形态。

10.2.1 智慧港口的发展背景

按照联合国贸发会议对整个港口的分类，现代港口的发展一共分为四个阶段（现在也有人提出第五代港口）。第一代港口最简单，具有两个功能：船舶靠泊、货物装卸。第二代港口在此基础上增加了若干商贸和专业化功能，码头分为集装箱码头、原油码头、散杂货码头等一些专业化码头。第三代港口在第二代港口的基础上增加了物流和金融方面的功能，港口成为物流中心。从 21 世纪开始，不再把港口看作一个物流中心，而是把港口看作供应链上的一个节点，从整个供应链的基础上来看待港口的功能，包括物联网、服务、技术等各个方面的创新，此为第四代港口。"智慧港口"是在第四代港口基础上的产物。

在国家层面，2013 年秋，习近平主席提出共建"丝绸之路经济带"和"21 世纪海上丝绸之路"重大倡议。港口作为我国连接国内外货运商贸、物流仓储以及信息服务等环节的重要载体，是"一带一路"倡议的关键节点。这为我国智慧港口提供了历史性的发展机遇。在行业政策层面，2014 年全国交通运输工作会议指出，当前和今后一个时期要全面深化改革，集中力量加快推进综合交通、智慧交通、绿色交通、平安交通"四个交通"的发展。港口是重要的交通枢纽，大力发展智慧港口，成为"四个交通"建设的重要内容。在市场环境层面，随着全球航运市场进入"船舶大型化""联盟超级化""港口网络轴辐化"以及"码头高等级化"的新常态，我国港口要想在激烈的市场竞争中赢得生存空间，推进智慧港口建设势在必行。2014 年 6 月，交通运输部发布的《交通运输部关于推进港口转型升级的指导意见》提出，促进智慧型港口建设，大力推进物联网、云计算、大数据等新一代信息技术在港口推广应用。目前，国内外许多港口结合物联网技术对港口进行了自动化建设与改造。2017 年年初，交通运输部发布的《交通运输部关于开展智慧港口示范工程的通知》提出，发挥信息化引领和支撑作用，加快港口信息化、智能化进程，促进港口提质增效升级。这对传统的港口企业提出了新要求和新挑战，也蕴含着新机遇。2019 年 1 月，习近平总书记在天津港调研考察时指出，要努力打造世界一流的智慧港口和绿色港口。2020 年 8 月，交通运输部印发《交通运输部关于推动交通运输领域新型基础设施建设的指导意见》，明确了智慧港口建设的任务是引导自动化集装箱码头、堆场库场改造，推动港口建设养护运行全过程、全周期数字化，加快港站智能调度、设备远程操控、智能安防预警和港区自动驾驶等综合应用。

10.2.2　智慧港口的建设现状

为顺应时代发展，我国上海洋山港、厦门港、青岛港、广州港、日照港、宁波港等港口以智慧港口建设为导向，采用先进的技术建设自动化码头，在此基础上重点打造智慧码头，目前已经取得了阶段性成就。

2017 年，世界最大单体自动化集装箱码头——上海洋山港四期投产，标志着智慧港口的发展进入了快车道，整体的设施设备和软硬件条件都达到与智慧港口发展相匹配的水平。从自动化码头应用发展起来的各种新技术和系统开始推广到传统码头智能化转型中，例如设备远程操控技术、视觉识别技术、大容量信号无线传输通信技术、高精度实时定位技术、设备远程数字化诊断技术、装卸设备实时调度系统、水平运输实时调度系统、智能生产管理控制系统（Intelligent Terminal Operation System，ITOS）和生产运营仿真预演系统等。

继上海洋山港四期之后，青岛港已建成自动化码头，重点搭建"口岸智慧监管平台"；天津港将开发以拥有自主知识产权的智能调度、智慧交通、智慧能源、智慧安防等为核心的智能码头操作系统；广州港的"互联网+港口物流智能服务示范工程"也被交通运输部于 2017 年列入智慧港口示范工程名单；日照港三期集装箱码头全面采用"自动化轨道吊+无人集卡+单小车远程控制岸桥"的智慧化控制方案；宁波梅山岛集装箱码头将在已有码头操作系统的基础上，进一步集成智能堆场分配、智能配载、智能调度、智能船控等功能。

2021 年，国内集装箱吞吐量前 10 名港口中，90%已落地自动驾驶水平运输。同时，撤除安全员的全无人规模化作业开始迎来试运营。2024 年，数字化智慧港口建设全面加速，全无人规模化水平运输迎来大范围落地应用。

世界各主要港口根据自身条件和特点形成了各具特色的智慧港口发展途径、发展优势和创新成果。荷兰鹿特丹港提出了"Smart Port"的建设战略，德国汉堡港和新加坡港也都提出了建设智慧港口的战略。其中，荷兰鹿特丹港更加注重集疏运体系构建以及港口持续创新能力的建设，德国汉堡港强调智慧物流、港口服务平台搭建以及港城融合发展，新加坡港则偏向于港航互联互通方面的建设。

案例 10-1
山东日照港-
无人港有
大智慧

10.2.3 智慧港口的典型特征

智慧港口能自动感知港口各类信息，并具备信息整合和自动处理能力，通过实时发布系统实现信息共享和透明，最关键的是应具有基于信息分析和处理的决策能力，能够为港口经营企业、港口服务企业及其他客户提供战略及运作决策支持。

1. 全面感知

全面感知是所有深层次智能化应用的基础，港口相关方根据作业流程需要，利用物联网和传感器网络等技术，全面感知、获取各生产环节及各作业对象的位置信息、状态信息，使现场信息全面数字化，并实现现场物联网、远程传输网络和数据集成管理（包括数据筛选、质量控制、标准化和数据整合等）。例如，在堆场仓储管理过程中，可以通过视频监控、识别传感器等技术的运用，全面了解货物的重量以及装卸的状态，充分保证港口发展的安全性。例如，上港集团利用物联网技术对设备进行智能化检测，通过大型装卸设备中预装的传感器收集设备数据，分析电机、主减速器、齿轮箱、滚筒、齿条等部件的振动情况，并结合润滑油油质分析等手段，对大型装卸设备的养护与操作提出预测性建议，使时间不确定的维护保养变得可按时间表完成。同时，互联互通的信息化平台为物流供应链的参与方提供商机和便利的商业环境，帮助物流供应链的参与方提升盈利能力，推动高附加值产业聚集。

2. 智能决策

智能决策是港口相关方在基础决策信息被感知收集的基础上，明确决策目标和约束条件，对复杂计划、生产调度、应急事件等问题快速做出有效决策，下达管理、操作指令并监控执行。一般来说，智能决策基于数据挖掘的知识发现，包括专家系统的知识库、智能优化的模型库。通过智能系统的应用实现港口快速、高效决策。例如，戴尔的智能应用通过建立"明察"（Clear View）系统，以及建立与地理数据系统的连接，帮助匹配服务派遣任务和零件储存位置，可以把暴风雨、零件运输中的航班延误、交通拥堵事件纳入考量，帮助客户及时制定应急处置预案。

3. 自主作业

自主作业是在智能决策基础上，港口相应设备自主识别确定作业对象、作业目的，并安全、高效、自动地完成作业任务。例如：在闸口控制上，智慧港口将箱号识别技术、RFID 车号识别技术以及 GIS 等技术有机结合，通过对港口集装箱车号、箱号的自动识别，实现过关卡不停车，从而提高港口检测的高效性；在码头装卸设备的管理控制方面，通过集成大型设备 PLC 的运行，可以实现设备系统的集中性监控，在一定程度上提高设备的安全性控制，并在网络管理的基础上实现港口远程监控以及故障的及时排除。

以集装箱出口为例，当载运集装箱的卡车以规定速度驶入检查桥时，该处的感知设备自动读取集装箱和集卡的相关信息，并通过无线网络与港口信息管理平台进行信息验证，验证通过后，港口信息管理平台将调度信息发送给相关计划生产的机械，并将路线信息以图形化方式显示在集卡的信息屏上，同时检查桥的电子限行杆自动升起，集卡司机根据信息屏上的路线信息将车辆驶往指定地点。此过程无须人工干预，可实现不停车即通过检查桥。当集卡到达堆场指定地点后，已经接到作业指令的场桥将集装箱吊离载运车辆。场桥感知设备自动读取集装箱信息，信息经验证通过后，计划箱位以图形化方式显示在场桥的信息屏上，场桥司机通过该界面获知集装箱的作业位置。集装箱落位后，感知设备自动读取集装箱和箱位信息，信息经验证通过后，集卡和场桥司机得到下一条作业指令。此外，载箱集卡之间可以实现物与物的信息交互，不需要人为参与，车辆之间可以互相给予安全距离的信息提示，能有效确保交叉路口的行车安全。

4. 全程参与

全程参与，即通过云计算、移动互联网技术的应用，使港口相关方可以随时随地利用多种终端设备，全面融入统一云平台。通过港口相关方的广泛参与和深入交互，港口综合信息平台能最大限度地优化整合多方需求与供给，使各方需求得到即时响应。例如，通过全程参与，货主可以随时随地通过智能手机掌握货物运到哪里，状态如何，什么时候可以通关，什么时候能装船，装载船舶在什么位置，什么时候能送到客户手上等信息。

5. 持续创新

通过港口相关方的广泛参与和深入交互，港口管理者与智能信息系统的人机交互，以及智能信息系统的自主学习，港口具备持续创新和自我完善的功能。持续创新是智慧港口最主要的特征之一。智慧港口创新模式包括以用户创新、开放创新、协同创新为主的大众创新，以及以自学习、自组织、人机交互为主的系统创新。

10.3 智慧港口的功能与结构

智慧港口是在信息感知、处理、共享的基础上，能够促进实施港口功能创新、技术创新和服务创新，进而提升港口的综合服务能力的现代港口运作和管理模式。

10.3.1 智慧港口的功能模块

智慧港口服务需求的主体是客户，按照实现"高效率、高安全性、高品质服务"的智慧港口运输模式要求，智慧港口系统必须最大限度地为客户提供港口物流信息服务。智慧港口功能模块如图 10-4 所示。

图 10-4　智慧港口功能模块

1. 客户服务系统

客户服务系统通过互联网利用港口物流信息平台，实现与客户的联系和交流，提供港口基本信息资料、客户服务指南、港口业务流程介绍、业务手续申请办理等信息。

2. 生产管理系统

生产管理系统通过内部网络与港口内部各业务管理软件业务数据进行信息交换，实现生产调度、组织和指挥，并通过视频监控技术对作业过程进行可视化监控。

3. 运营管理系统

运营管理系统进行港口运营管理决策，主要功能包括：①市场管理、货运管理、配送管理、客户管理、安全管理、财务与结算管理、自动化办公等；②对管理流程中的各个关键环节支持短信通知功能；③支持与考勤系统、安防系统对接，通过电子标签、摄像机等设备为管理提供基础数据；④可以通过人脸识别、轨迹跟踪智能分析、视频移动侦测等技术，配合广播、报警器等设备为安全管理提供保障。

4. 电子商务系统

电子商务系统通过互联网方式实现与港口物流相关的商务活动及各项业务。该系统支持与其他电子商务平台、船舶信息系统、拖车信息系统、仓库及物流公司等相关系统对接，实现信息共享。企业通过电子商务系统实时发布和更新业务信息，客户和港口可以根据实际情况选取相关服务。

5. 综合运输管理系统

综合运输管理系统通过与其他交通系统业务数据对接，解决水运与公路、铁路、航空等交通方式之间进行多式联运和水运中转的业务管理和决策问题，减少中转申办手续和环节，实现物流数据共享。

6. 资源管理系统

资源管理系统通过港口内部信息网和港口/航道视频监控、船舶定位导航、GIS 等技术，建立港口企业资源管理基础数据库，实现资源智能管理，通过电子地图、视频等方式呈现港口、航道和船舶行驶情况。

7. 口岸管理系统

口岸管理系统通过 GPS/BDS 技术、RFID 技术、人脸视频识别、视频移动侦测、轨迹跟踪等技术对进出港口车辆和人员进行管理，实现智能闸口功能。该系统为海关提供统一的口岸物流信息，实现港口物流信息平台与海关通关 EDI 申报系统信息共享和"大通关"服务一体化，优化或减少港口与海关之间的业务流程手续，提高效率。

10.3.2 智慧港口的系统结构

智慧港口的系统组成要素包括信息综合处理系统，以及内陆集疏运、港域水路运输、港口码头作业、堆场仓储作业、货物服务、口岸监管服务等信息库，如图 10-5 所示。港口内陆集疏运信息库负责整合公路、铁路及内河水运等信息；港域水路运输信息库负责整合船舶、航道等信息；港口码头作业信息库负责采集和整合港口泊位、生产计划、装卸情况等信息；堆场仓储作业信息库负责采集和整合集装箱及进出卡口的车辆信息；货物服务信息库负责采集和整合处理货物品类、特殊服务要求、运输目的地等信息；口岸监管服务信息库负责采集和整合海关、国检、边防等口岸服务信息。信息经过分析处理后，通过专用平台发布，实现信息共享。同时，港口企业、航运公司、货主等可以借助经过整合和处理的综合信息，进行战略及营运决策分析。

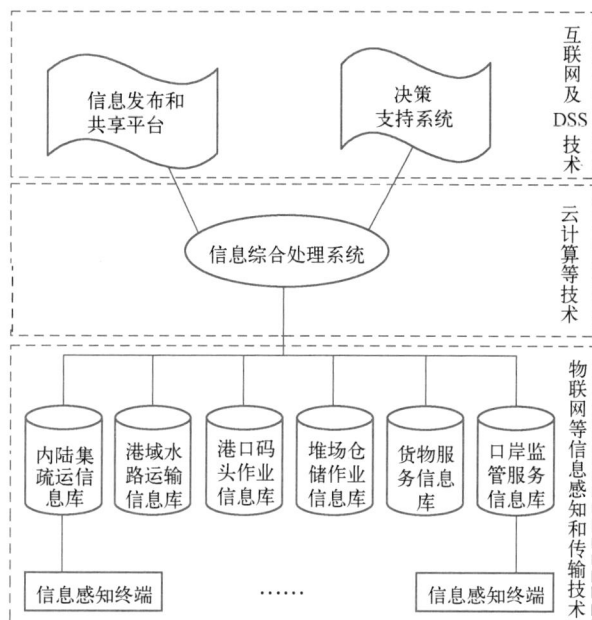

图 10-5　智慧港口的系统结构

注：DSS 即动态频谱共享。

1. 信息感知终端

信息感知终端主要依靠物联网技术，由各种传感器以及传感器网关构成，负责识别物体、采集信息。RFID 是目前信息感知主要且常用的技术，通过射频信号自动识别目标并获取所需数据，无须人工干预，可在各种恶劣环境下工作。RFID 系统由一个阅读器及多个标签组成，利用无线射频的方式在阅读器和标签之间进行非接触式双向传输数据来识别目标和交换数据，并通过识别高速运动的物体和同时识别多个标签来控制、检测和跟踪物体。

信息感知终端分别安装在港口各个作业现场，诸如码头机械、堆场卡口、集疏运工具等设施上，负责自动感知和采集船舶、货物以及工作状态信息。各个感知终端采集的信息通过港口内联网共享和整合后，可通过互联网在专用的口岸管理信息平台和港口公共信息平台上发布。智慧港口感知系统分布示意图如图 10-6 所示。

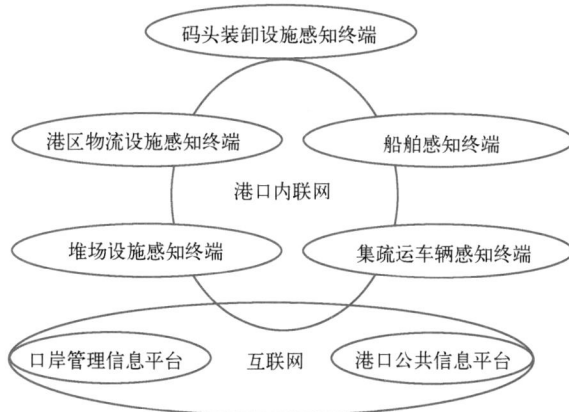

图 10-6　智慧港口感知系统分布示意图

2. 信息综合处理系统

信息综合处理系统的目的是共享、发布和决策支持。鉴于港口信息的庞杂性，信息综合处理系统的数据库采用分布式处理模式，在各个子信息库（内陆集疏运信息库、港域水路运输信息库、港口码头作业信息库、堆场仓储作业信息库、货物服务信息库、口岸监管服务信息库等）进行信息分类处理，在综合处理系统中进行信息整合。分类处理的主要目的是数据统计和整理，整合处理的主要目的是数据对比、挖掘分析等。

在信息数据库的建设过程中，可通过运用数据仓库技术，将基础应用系统的数据由原来分散的、无规则或规则不强的业务数据，处理为按照标准化要求的统一数据，为上层进行业务查询、统计、分析和决策提供依据。在综合处理系统的建设中，需要加入决策支持基础分析系统，智慧港口的一个重要功能便是为管理决策者提供科学高效的辅助决策支持。

信息整合和处理的目的还包括利用信息基础数据，对港口的业务流程进行分析与优化重组。删除多余的环节，建立规范化的流程，使港口内部的信息系统作为一个整体进行运作，避免出现信息孤岛。通过对港口信息系统的整合，实现信息共享，合理配置资源，提高效率，提高顾客满意度。

3. 信息发布和共享平台

信息发布和共享平台包括口岸管理信息平台和港口公共信息平台。口岸管理信息平台连接口岸管理部门（如海关、税收、检验检疫、海事局、外汇管理、交通局等）和相关服务企业（如船公司、船代、货代、货主、码头、场站等），是港口口岸管理的操作平台；港口公共信息平台连接与港口相关的银行和保险金融服务机构、生产企业和贸易企业等。

另外，信息发布和共享平台可以提供信息转换、传递、存储等业务，实现高效的监管和服务，并方便开展标准化、电子化的国际贸易和电子商务，从而达到减少操作流程、提高通关效率、降低交易成本、增加贸易机会、增强港口服务能力的目的。

4. 决策支持系统

决策支持系统是在数据处理的基础上，通过绩效分析等方法建立决策模型，为港口企业管理者提供经营分析和决策支持的工具，帮助港口企业实现经营分析和决策的数字化和科学化。决策支持系统是智慧港口的核心功能之一，可以分为不同的决策层次，包括战略决策、经营决策、操作决策等。

通过该系统跟踪港口企业的经营过程，及时发现问题并发出警示信息，从而引起经营者的关注，以便采取措施，化解经营风险。决策支持系统还可以帮助企业管理者对关键业绩指标进行多维度、多层面的分析，从计划控制的角度来分析企业经营的状况等。

10.3.3 港口管理中的智能决策

面对日益复杂的港口管理挑战，智能决策技术正逐步成为提升港口管理水平的关键力量。通过深度融合数据分析、风险评估、资源调度、策略调整、应急响应、用户行为预测及效果评估等多维度能力，智能决策在港口管理中展现出前所未有的优势与潜力。

1. 船舶调度管理

船舶调度决策的主要内容包括确定船舶的进出港时间、停泊位置、装卸作业的优先级以及与其他船舶的协调等。这些决策需要综合考虑船舶的类型、吨位、货物种类、目的地以及港口的实际运营情况等因素。智慧港口的船舶调度决策通常采用自动化和智能化的方式。

通过集成先进的信息技术、物联网技术和人工智能算法，系统可以自动分析船舶的实时信息、港口的运营数据和天气预报等数据，从而自动生成调度决策建议，旨在优化船舶在港口内的停靠、装卸和离港等操作，以提高港口的整体运营效率和安全性。其基本流程和主要工作如下：

（1）数据收集与处理

船舶调度决策首先依赖于大量、实时和准确的数据收集。智慧港口通过部署各类传感器、RFID 设备、摄像头等物联网设备，实现对船舶、港口设备和货物等的实时监控和数据采集。这些数据包括船舶的位置、航速、吃水深度、货物类型与数量、港口设备的工作状态等。同时，智慧港口还会收集天气预报、潮汐变化、交通状况等外部信息，为决策提供全面的数据支持。

（2）船舶调度计划制订

基于收集的数据，智慧港口利用智能算法和优化技术，如启发式算法、线性规划、整数规划等，制订船舶调度计划。计划的核心是确定船舶的进出港时间、停泊位置、装卸作业的优先级等。调度计划需要综合考虑船舶的优先级、货物的紧急程度、港口的作业能力、设备的可用性等因素，以最大化港口的吞吐量和效率。

（3）实时调度调整与优化

在实际运营中，由于天气变化、设备故障、交通拥堵等不可预测因素，船舶调度计划可能需要进行实时调整。智慧港口通过集成实时监控系统，可以实时监测船舶和港口设备的运行状态，以及货物的流动情况。一旦发现异常情况或偏离计划的情况，系统会立即触发调度调整机制，重新评估和调整调度计划，以确保港口的正常运营和货物的安全运输。

（4）多智能体协同决策

智慧港口的船舶调度决策通常涉及多个智能体的协同合作。这些智能体可能包括港口管理系统、船舶自动化系统、货物管理系统等。通过集成各智能体的信息和功能，可以实现跨系统的协同决策和优化。例如：港口管理系统可以根据船舶的实时位置和货物信息，调整装卸作业的优先级和顺序；船舶自动化系统可以根据港口的调度指令，自动调整航速和停靠位置等。

（5）决策支持与可视化

智慧港口通过提供决策支持和可视化工具，帮助调度人员更好地理解和执行调度决策。这些工具可以展示船舶的实时位置、状态、运行轨迹等信息，还可以展示港口的作业状态、设备使用情况、货物流动情况等。通过直观的图形界面和数据分析功能，调度人员可以更加便捷地监控和管理港口的运营情况，并做出更加准确和及时的调度决策。

2．船舶配载管理

配载是集装箱运输的一个核心环节。配载主要解决船舶在装载集装箱时，在保证船舶运营的安全性和经济性的基础上，制订集装箱在船上的装载位置的计划，并可以在此基础上形成集装箱装卸顺序。配载计划质量的高低直接影响船舶的安全性能和码头装卸作业的效率。集装箱船舶智能配载技术是一种应用人工智能算法来模拟集装箱码头配载员的思路与方法的技术。这种技术综合考虑设备情况、任务分布、堆存状态等因素，根据预配船图、船舶适航要求以及码头作业要求，完成自动地把预定装载的集装箱配载到目标船箱位上的决策过程。

（1）船舶参数设定

船舶参数设定是智能配载的第一步，它涉及船舶的基本信息，如船舶类型、尺寸、载重吨位、吃水深度、稳性要求等。这些参数是后续配载决策的基础，确保配载方案符合船舶的实际运营要求。

（2）集装箱属性分析

集装箱属性分析是对即将装载的集装箱进行详细评估的过程。这包括集装箱的尺寸、重量、类型（干货箱、冷藏箱、开顶箱等）、货物种类、积载因数等属性。通过分析这些属性，智能配载系统可以优化集装箱在船上的布局，以满足船舶稳定性和货物安全的要求。

（3）货物分布计划

货物分布计划是根据集装箱属性和船舶参数，制定合理的货物布局方案。这包括确定集装箱在船上的堆放位置、层数、行列等。合理的货物分布不仅可以提高船舶的装载率，还可以降低船舶在航行过程中的应力和变形风险。

（4）船舶稳定性计算

船舶稳定性计算是评估船舶在不同装载状态下的稳性指标，如初稳性高度、复原力臂等。通过计算船舶在不同装载状态下的稳定性，可以确保船舶在航行和装卸过程中保持足够的稳性，避免因风浪等外部因素导致的事故。

（5）应力与强度分析

应力与强度分析是对船舶结构进行力学评估的过程，旨在确保船舶在装载和航行过程中承受的应力和变形不超过其设计极限。通过对船舶结构进行详细的应力和强度分析，可以及时发现潜在的结构问题，并采取相应的措施进行修复和加固。

（6）航线风险评估

航线风险评估是对船舶在特定航线上可能面临的各种风险进行评估的过程。这包括天气条件、海况、港口条件、交通状况等因素。通过对航线风险进行评估，可以制定相应的风险控制措施，确保船舶安全地完成运输任务。

（7）自动化配载优化

自动化配载优化是集装箱船舶智能配载技术的核心。它利用先进的优化算法和人工智能技术，自动地生成合理的配载方案。这些方案综合考虑了船舶参数、集装箱属性、货物分布、稳定性要求等因素，旨在实现船舶装载的最优化。自动化配载优化可以显著提高配载效率和质量，降低人为错误的风险。

（8）实时监控与调整

实时监控与调整是集装箱船舶智能配载技术的另一个重要环节。它利用船载传感器和信息系统，实时监测船舶在航行和装卸过程中的状态变化。一旦发现异常情况或偏差，系统可以自动或手动调整配载方案，确保船舶的安全和稳定。

3．港口设备管理

港口设备是指现代化港口从事装卸运输和辅助作业所使用的各种机械设备、运输工具、仓储设施以及通信导航设备等。智慧港口的港口设备管理的智能决策涉及设备状态监测与故障诊断、设备调度与优化、预防性维护与预测性维护、设备性能分析与优化以及决策支持与可视化等多个方面。这些智能决策方法的应用，可以提高港口设备的运行效率、可靠性和安全性，降低维护成本，提高港口运营的整体效率和质量。

（1）设备状态监测与故障诊断

智慧港口通过部署传感器和监控系统，实时监测港口设备的运行状态和关键参数。这些数据可以通过物联网技术传输到数据中心进行分析。利用大数据分析和机器学习算法，系统可以对设备的运行状态进行实时评估，及时发现异常情况，并预测潜在的故障。这有助于管理人员提前制订维护计划，减少设备停机时间，提高设备的使用效率和可靠性。

（2）设备调度与优化

智慧港口通过集成港口管理系统和设备管理系统，实现设备的智能调度与优化。系统可以根据港口的运营需求、设备的性能和状态，以及货物的特性和数量等因素，自动调度和分配设备资源。通过优化设备调度策略，可以减少设备之间的冲突和等待时间，提高设备的利用率和整体运营效率。

（3）预防性维护与预测性维护

传统的设备维护方式往往是事后维修或定期维护，这种方式不仅成本较高，而且可能导致设备停机时间过长。智慧港口通过大数据分析和机器学习技术，可以实现设备的预防性维护和预测性维护。系统可以根据设备的运行历史、维护记录和故障趋势等数据，预测设备的维护需求，并提前制订维护计划。通过预防性维护和预测性维护，可以降低设备的故障率，减少维护成本，提高设备的可靠性和使用寿命。

（4）设备性能分析与优化

智慧港口通过收集和分析设备的运行数据，可以对设备的性能进行全面评估。通过对设备的工作效率、能耗、故障率等指标进行分析，可以发现设备的瓶颈和改进空间。系统可以根据分析结果，自动调整设备的运行参数和工作模式，优化设备的性能表现。同时，智慧港口还可以利用机器学习算法，对设备的性能进行持续学习和优化，不断提高设备的运行效率和可靠性。

（5）决策支持与可视化

智慧港口通过提供决策支持和可视化工具，帮助管理人员更好地理解和执行设备管理的智能决策。这些工具可以展示设备的实时运行状态、维护记录、故障统计等信息，还可以提供设备性能分析、运行效率评估等功能。通过直观的图形界面和数据分析功能，管理人员可以更加便捷地监控和管理港口设备的运行情况，并做出更加准确和及时的决策。

4. 集装箱堆场管理

智慧港口集装箱堆场管理的智能决策涉及多个方面的内容，主要包括集装箱位置优化、堆场作业调度、设备资源配置、安全监控与预警、数据分析与决策支持等。

（1）集装箱位置优化

智慧港口通过应用先进的算法和数据分析技术，实现集装箱在堆场内的最优位置分配。系统可以根据集装箱的尺寸、类型、目的地、装卸需求等因素，自动计算最佳的堆放位置和顺序。这有助于减少集装箱的转运距离、降低作业成本，并提高堆场的空间利用率。

（2）堆场作业调度

智慧港口通过智能调度系统，实现对堆场作业的自动化管理。系统可以根据作业任务的需求、设备的运行状态、人员的工作安排等因素，自动规划作业流程、分配作业任务，并优化作业顺序。这有助于提高堆场的作业效率、减少作业等待时间，并确保作业计划的顺利执行。

（3）设备资源配置

智慧港口通过实时监测和分析设备的运行状态、负载情况、维护需求等数据，实现设备的智能资源配置。系统可以自动调整设备的工作模式、配置设备的运行路径，以确保设备的高效利用和最大限度地减少故障风险。同时，系统还可以提供设备维护预警，及时提醒管理人员对设备进行保养和维修。

（4）安全监控与预警

智慧港口通过部署各种传感器、监控摄像头、安全系统等设备，实现对堆场安全的全面监控。系统可以实时监测堆场内的温度、湿度、烟雾、火焰等关键参数，以及集装箱的堆放状态、作业人员的安全行为等。一旦发现异常情况，系统会立即发出预警并采取相应的应对措施，确保堆场作业的安全进行。

（5）数据分析与决策支持

智慧港口通过收集和分析堆场管理的各种数据，提供决策支持和可视化工具，帮助管理人员更好地理解和执行智能决策。这些数据包括集装箱的流转数据、作业任务的执行情况、设备的运行状态等。通过数据分析和挖掘，管理人员可以发现潜在的问题和瓶颈，并制定相应的优化策略。

5. 货物管理

智慧港口的货物管理智能决策涉及货物信息感知与采集、货物跟踪与定位、货物调度与优化、货物智能配送与动态调配、货物安全监控与预警以及决策支持与可视化等多个方面。这些智能决策方法的应用，可以显著提高港口货物管理的效率和准确性，降低运营成本，提升港口整体的竞争力和服务水平。

（1）货物信息感知与采集

智慧港口通过部署各种传感器、RFID 标签、摄像头和其他自动识别设备，实现对货物信息的实时感知和采集。这些信息包括货物的种类、数量、位置、状态等，为后续的智能决策提供数据基础。

（2）货物跟踪与定位

利用物联网技术和数据分析，系统能够实时跟踪货物的位置和状态，确保货物在港口内的安全流转。通过货物跟踪系统，管理人员可以了解货物的实时位置和状态信息，包括货物的装卸进度、运输路径、库存情况等，从而做出更准确的决策。

（3）货物调度与优化

根据货物的性质、数量、运输要求等因素，智慧港口通过智能调度系统优化货物的存储和运输计划。系统可以自动分配装卸设备、仓库空间和运输工具，确保货物的快速、准确转运。通过优化货物调度策略，可以减少货物的等待时间、降低库存成本，并提高港口的整体吞吐能力。

（4）货物智能配送与动态调配

智慧港口通过物流平台和数据分析，实现货物的智能配送和动态调配。系统可以根据货物的目的地、运输距离、运输工具等因素，自动规划最优的配送路线和运输方案。同时，系统还可以根据实时情况对配送计划进行动态调整，以适应突发情况或变化的需求。

（5）货物安全监控与预警

智慧港口通过视频监控、传感器监测等技术手段，实现对货物的安全监控和预警。系统可以实时监测货物的温度、湿度、压力等关键参数，确保货物在存储和运输过程中的安全。同时，系统还可以通过分析历史数据和趋势，预测货物的安全风险，并及时发出预警，以便管理人员采取相应的应对措施。

（6）决策支持与可视化

智慧港口通过提供决策支持和可视化工具，帮助管理人员更好地理解和执行货物管理的智能决策。这些工具可以展示货物的实时位置、状态、运输进度等信息，并通过图表、报表等形式进行直观展示。同时，系统还可以提供数据分析和预测功能，帮助管理人员制定更科学的决策策略。

10.4　智慧港口典型应用成果

近年来，我国沿海的大型枢纽港口已敏锐觉察到全球港口国际化、智慧化、绿色化发展的大趋势，特别在智慧港口的规划与建设方面，加快了步伐，取得了一系列建设成果。智慧港口中的典型应用成果包括设备远程操控技术、视觉识别技术、大容量信号无线传输通信技术、高精度实时定位技术、设备远程数字化诊断技术、装卸设备实时调度系统、水平运输实时调度系统、智能码头生产管理系统（Terminal Operation System，TOS）和生产运营仿真预演系统等。这里对其中的部分成果进行介绍。

10.4.1　智能码头生产管理系统

智能码头生产管理系统是一种基于先进技术的综合管理系统，旨在提高港口运营效率、优化资源利用、增强安全管理能力。该系统综合运用了物联网感知、北斗定位导航、模糊控制、边缘计算、大数据、云平台以及安全防范等先进技术，深度衔接港口生产计划、智能理货、设备控制、闸口管理、电子数据交换、网站预约查询等业务系统。

1. 系统功能模块

《自动化集装箱码头建设指南》（JTS/T 199—2021）规定，自动化集装箱码头生产管理系统应包括系统管理、配置管理、业务管理等功能模块。业务管理应包括计划管理和作业监控功能模块，如图 10-7 所示。

系统管理功能模块可划分为组织架构配置、信息系统体系架构设置、核心数据和功能权限管理、数据与报表管理、基础系统管理、系统可扩展配置管理、基础信息与代码的管理等子模块。配置管理功能模块可划分为码头基础环境配置、船舶管理、堆场管理、闸口管理等子模块。计划管理功能模块应具备船舶、配载、堆场、集装箱、资源等的计划与调整功能，应包括资料管理、船期计划、泊位计划、作业资源计划、堆场计划、配载计划、装卸船计划及监控、驳船计划、堆场转堆及疏运计划、空箱计划和闸口计划等子模块。作业监控功能模块应具备集装箱作业任务监控、设备实时状态监控、设备调度与控制轨迹监控、堆场区域监控、人工区域监控等功能。

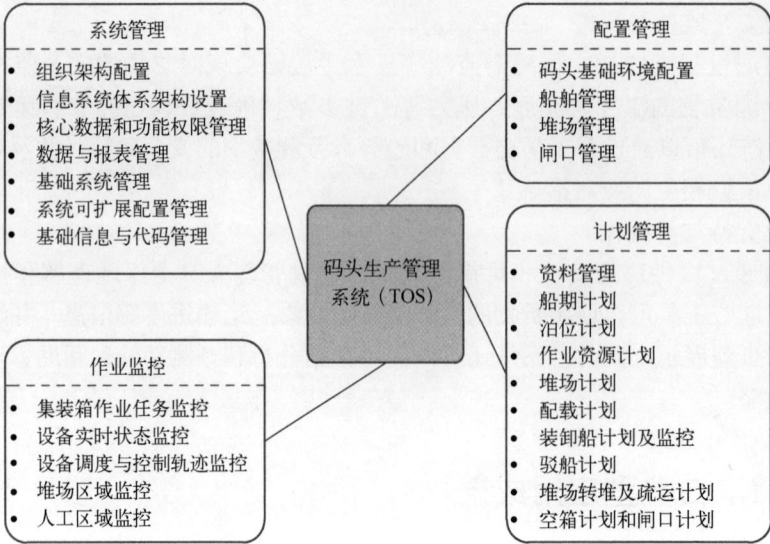

图 10-7　自动化集装箱码头生产管理系统功能结构

2. 工程案例

在实际应用中，每个港口需要结合自身的实际发展特点以及产品货物特性，构筑与其自身匹配的智能生产管理体系，从而提高港口的管理效率和运营水平。这里以深圳妈湾海星自动化集装箱码头和广州港南沙港区四期为例进行介绍。

（1）深圳妈湾海星自动化集装箱码头

深圳妈湾海星自动化集装箱码头生产管理系统与外部执行系统通过统一的公共接口平台进行数据交换，与设备控制系统的关系架构如图 10-8 所示。

计划与控制系统面向码头内的船舶计划人员、堆场管理人员、作业控制人员，提供图形化作业系统。系统运用图形方式从不同视角展现堆场集装箱的分布堆放情况、船舶结构与贝位情况，提供全场鸟瞰图（俯视），堆场栏图，堆场贝位图（前视），船侧视图（剖面），船贝图（前视）等。

单证信息系统面向码头内的闸口和箱管工作人员，快速将码头对外的各类单证信息录入或导入系统，支持系统流程，将作业信息传递给计划与控制系统处理。

智慧计划调度系统是自动化码头核心系统，是自动化码头可靠、稳定运行的基础，综合体现码头自动化、智能化的水平，包括智能堆场计划、智能船舶配载、岸桥作业智能调度算法、场桥智能调度算法、水平运输智能调度算法等。该系统以全场作业指令最优化为基础，通过优化作业执行的顺序，优化作业设备行驶路径等方法，对水平运输设备、堆场作业设备和岸边的装卸进行有序调度，实现全场作业效率的最优。

（2）广州港南沙港区四期

广州港南沙港区四期工程管理系统具有平台化信息服务、全过程计划调度自动化、执行过程全自动化、监控分析智能化等特点。码头 TOS 和设备调度系统（SCH）、设备控制系统（ECS）三者的关系及系统功能架构如图 10-9 所示。

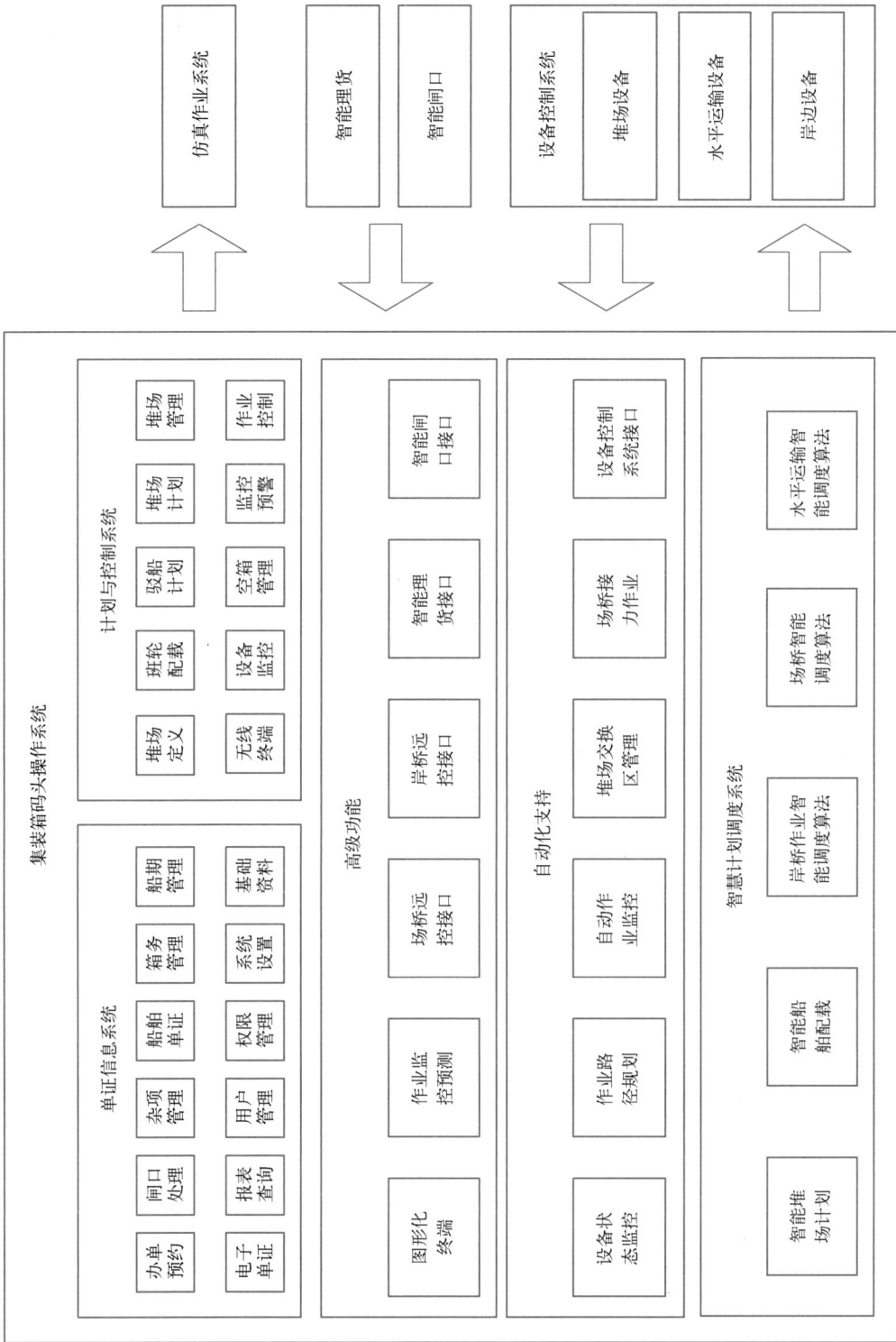

图 10-8 深圳妈湾海星自动化集装箱码头 TOS 与设备控制系统的系统架构

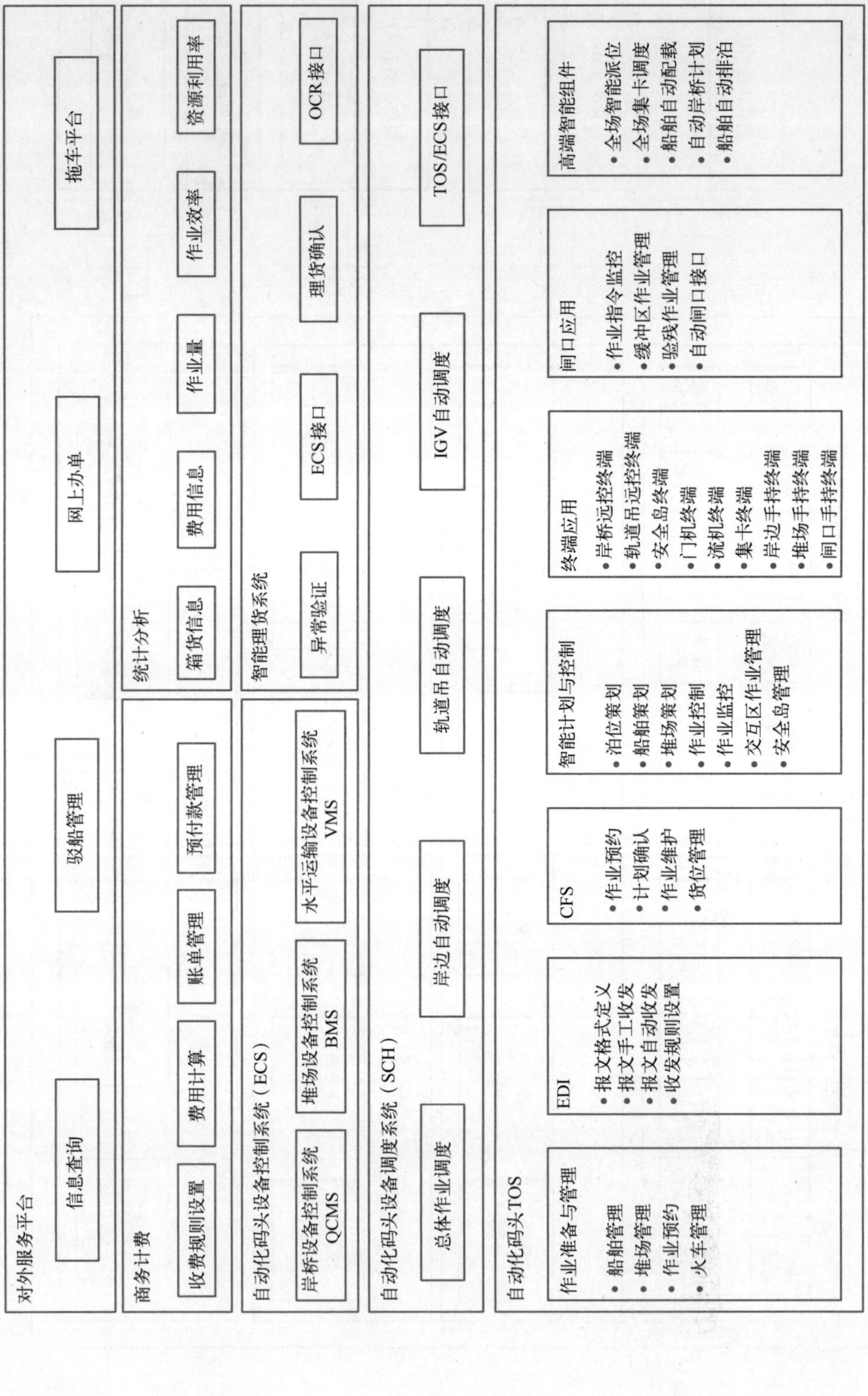

对外服务平台			
信息查询	驳船管理	网上办单	拖车平台

商务计费

收费规则设置	费用计算	账单管理	预付款管理		
				统计分析	
				箱货信息	费用信息	作业量	作业效率	资源利用率

自动化码头设备控制系统（ECS）

岸桥设备控制系统 QCMS	堆场设备控制系统 BMS	水平运输设备控制系统 VMS		
			智能理货系统	
			异常验证	ECS接口	理货确认	OCR接口

自动化码头设备调度系统（SCH）

总体作业调度	岸边自动调度	轨道吊自动调度	IGV自动调度	TOS/ECS接口

自动化码头TOS

作业准备与管理	EDI	CFS	智能计划与控制	终端应用	闸口应用	高端智能组件
• 船舶管理	• 报文格式定义	• 作业预约	• 泊位策划	• 岸桥远控终端	• 作业指令监控	• 全场智能派位
• 堆场管理	• 报文手工收发	• 计划确认	• 船舶策划	• 轨道吊远控终端	• 缓冲区作业管理	• 全场集卡调度
• 作业预约	• 报文自动收发	• 作业维护	• 堆场策划	• 安全岛终端	• 验残作业管理	• 船舶自动配载
• 火车管理	• 收发规则设置	• 货位管理	• 作业控制	• 门机终端	• 自动闸口接口	• 自动岸桥计划
			• 作业监控	• 流机终端		• 船舶自动排泊
			• 交互区作业管理	• 集卡终端		
			• 安全岛管理	• 岸边手持终端		
				• 堆场手持终端		
				• 闸口手持终端		

图 10-9 广州港南沙港区四期工程管理系统架构

码头 TOS 不仅仅是一个核心作业系统，更作为一个高度开放的开发与集成平台，集成了自动化码头设备调度系统、自动化设备控制系统、智能理货系统、自动闸口系统等，保障各系统之间数据交互、高效协同，保障自动化生产环节的作业管理，实现码头生产作业、计费、统计等各个流程环节全面信息化的管控。结合南沙港区四期工程作业特点，TOS 进行了位置船图、同型换位、智能理货系统、持续作业单元派位、过泊动态配位、安全岛管理、智能泊位预警、交互区作业管理等研发，为南沙港区四期工程作业优化提供保障。

10.4.2　集装箱码头岸桥远程操控系统

集装箱码头岸桥远程操控是指通过无线通信技术和网络连接，操作人员可以在远程位置对集装箱装卸桥进行实时监测和控制，其系统架构如图 10-10 所示。其应用层包含了远程操控台系统、视频监控系统、远程操控辅助操作系统、集卡定位系统及船内集装箱轮廓扫描系统等功能子系统。

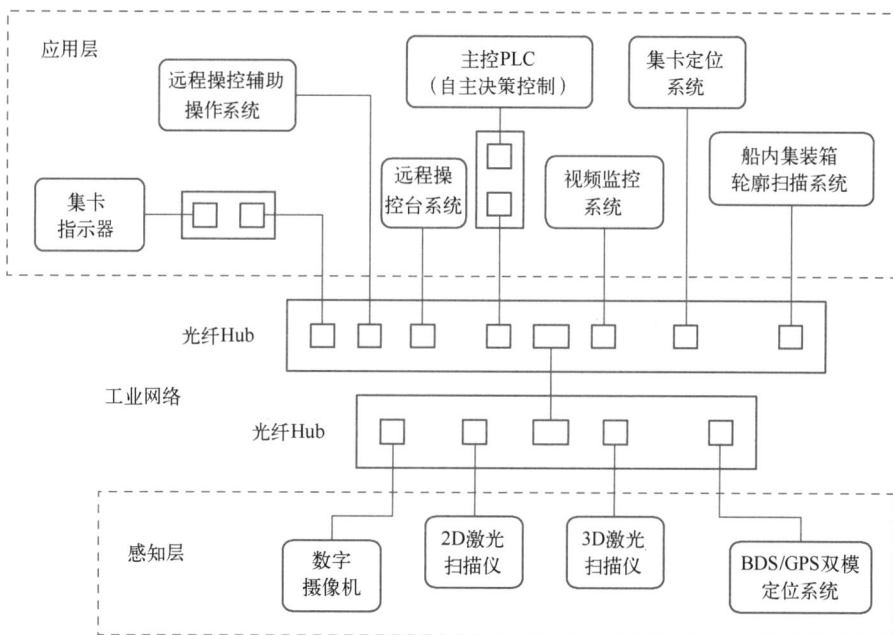

图 10-10　岸桥远程操控系统架构

1. 远程操控台系统

远程操控台安装在控制室内，包括显示器、手柄和触摸屏等，操控台与控制室中的远程主控 PLC 通过光缆连接，并和岸桥上的控制系统连接，桥吊控制系统中的本地 PLC 与远程主控 PLC 之间进行通信，接收主 PLC 指令并向 PLC 传送所需的各类数据信息。司机可以通过远程操控台在视频显示器及辅助操作系统（OAS）的帮助下操控设备，确保装卸作业的正确、安全与高效。图 10-11 所示为广州港南沙港区四期全自动化码头操控台实景。

2. 视频监控系统

视频监控系统通过数字摄像机监测远程操控作业时岸桥各运行机构的运行状态，设备状态会在远程操控辅助操作系统的监控界面上实时显示。该系统能够监控作业集卡是否到达、正在作业集卡的车号、桥吊大车下方车道人员及其他非作业集卡是否处于安全状态；监控吊具下方待作业的集卡和下层集装箱的锁孔位置等信息，以便远程司机根据相关画面实现正确的着箱、闭锁操作；监控起升吊具运行情况，以及着箱、对箱情况；监控大梁俯仰挂钩情况等。

图 10-11 广州港南沙港区四期全自动化码头操控台实景

3. 远程操控辅助操作系统

远程操控辅助操作系统采用图形化界面实时显示视频监控系统及其他子系统发送的设备状态和各类监测数据，这些数据是司机正确操控桥吊、应对各种紧急情况的事实依据。该系统通过光缆分别与船内集装箱轮廓扫描系统、集卡定位系统、视频监控系统及主控 PLC 连接在一起。

4. 集卡定位系统

集卡定位系统采用 3D 激光扫描仪确定集卡应停的精确位置，并将精确位置由显示屏显示以指导集卡司机进行正确、高效停车。

5. 船内集装箱轮廓扫描系统

船内集装箱轮廓扫描系统采用安装在小车架上的 2D 及 3D 激光扫描仪对吊具运行范围内区域进行扇面扫描，实时准确地测量小车吊具运行范围内物体轮廓，包括小车方向物体轮廓及大车方向物体轮廓，建立基于小车坐标系的轮廓地图，进而计算船舶积载的集装箱分布、船舶的倾转角度及导轨高度等。这些实时检测数据及处理结果同时被传送给操作辅助系统及主控 PLC。一方面，可供操作司机掌握集装箱轮廓状态；另一方面，主控 PLC 可根据相应信息执行智能决策，优化吊具的运动路径，避免可能的碰撞危险，实现小车防撞与自动操作路径优化，达到精确装船或卸船的目的。同时，采用激光扫描仪对待装卸船舶的漂移量进行检测，信息传送给主控 PLC 以实时调整小车及起升机构的定位目标。

10.4.3 基于 AGV 的集装箱码头水平运输系统

基于 AGV 的集装箱码头水平运输系统是一种高度自动化的物流解决方案，其利用 AGV 在码头内进行集装箱的水平运输。系统的主要组成部分包括 AGV、导航系统、充电系统、调度管理系统等。在实际应用过程中，导航定位、充电管理和调度管理一般都集成于过程控制系统（Process Control System，PCS），以便于系统在功能上的集成。

1. 工作流程

基于 AGV 的集装箱码头水平运输主要包括三个环节，即 AGV 与岸桥的衔接、AGV 水平运输以及 AGV 与场桥的衔接等，如图 10-12 所示。

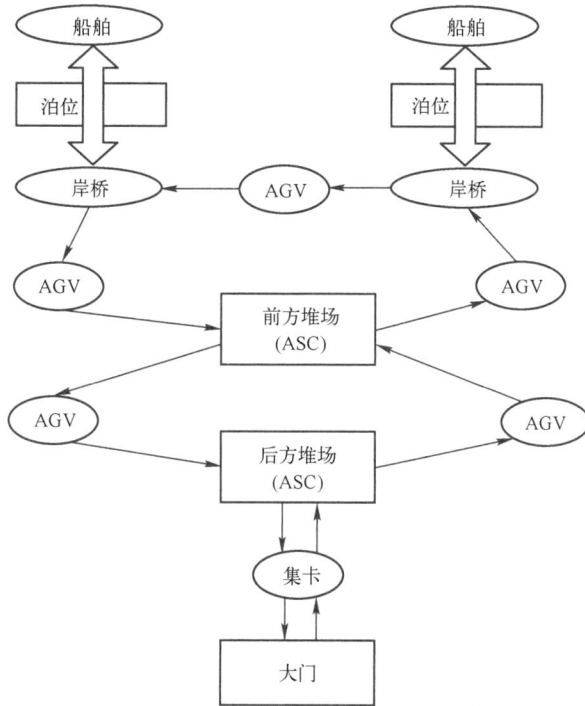

图 10-12　AGV 在集装箱码头中的工作流程

AGV 在运行的时候，首先要接到中央控制室 PCS 的指令，将小车运行到固定的停车位，当有作业调度指令下达时，AGV 根据指令运行到指定的岸桥下方，岸桥上装有位置传感器，能够感知 AGV 的实际位置，然后将位置信息传给 PCS，PCS 再向 AGV 发出停车指令，用来确保 AGV 精准地停靠在作业点位置上。

AGV 的水平运输也是由 PCS 指挥控制的，主要包括 AGV 的定点停车、安全避碰、行驶路径优化以及集装箱装卸作业任务管理等，进而完成从码头前沿到堆场之间的自动化运输集装箱的任务。在使用自动堆垛起重机（ASC）的自动化码头，当 AGV 与 ASC 配合作业时，AGV 只要进入 ASC 下方的装卸作业位置，PCS 就会指令 ASC 配合完成与 AGV 的集装箱装卸工作。

2. 主要特点

基于 AGV 的集装箱码头水平运输系统是一个复杂、科学的系统工程，不仅要求安全可靠的硬件支持，还需要高效稳定的软件匹配。AGV 成功应用到集装箱码头的水平运输上，呈现出以下几个特点：

（1）自动化程度高

从集装箱码头的装卸工艺可以看出，基于 AGV 的集装箱码头水平运输系统是一个信息化、智能化、数字化、绿色化的系统工程。码头前沿有自动化装卸岸桥，水平运输系统中有AGV，集装箱码头堆场有自动控制的轨道式集装箱龙门起重机（ARMG）或自动控制的轮胎式集装箱龙门起重机（ARTG），这些自动化机械统一匹配、协调工作，形成一个集成化较高的系统工程。

（2）柔性化程度高

集装箱码头的集装箱装卸数量具有不平衡性，即在集装箱装卸船时，出口箱的数量和进口箱的数量不相等，这要求具有高度灵活的调度方案。集装箱船舶在靠泊时间上也存在不确定性，船舶的靠泊时间受很多因素影响，比如天气的好坏、泊位的空缺等，这自然会影响码头装卸工艺生产的进行，对调度决策产生影响。AGV 的柔性化设计提供了解决方案的条件。

（3）安全性高

集装箱码头是机械化生产的场所。传统的集装箱码头需要人手工操作，这就大大增加了意外事故对人身安全的威胁。自动化码头的 AGV 运输系统采用了机器视觉技术、自适应控制技术和 AGVS（自动导向搬运车系统）控制技术等先进的科学技术，实现了 AGV 自身避碰，以及 AGV 之间的避碰；通过 GIS 与 AGV 位置的控制技术，避免了 AGV 与集装箱、岸桥及场桥的碰撞；通过交通流的控制，使得集装箱码头物流合理有序。以上种种技术的实施，大大提高了 AGV 系统的安全性，大大减少了对人身安全的威胁，甚至将人身威胁降到零。

（4）节能减排，绿色环保

现在集装箱码头的 AGV 采用清洁能源——电能作为动力驱动能源，能够减少 CO_2 的排放。在能源上，它比传统集装箱码头节省 25%；在成本上，它比传统集装箱码头节省20%。

3. AGV 的智能调度

生产操作过程中，中央控制室 PCS 监管和控制着 AGV 的运行状态，PCS 通过无线电的方式和管控的设备进行数据传输，进而可以实现全自动化运作。AGV 调度原理如图 10-13所示。

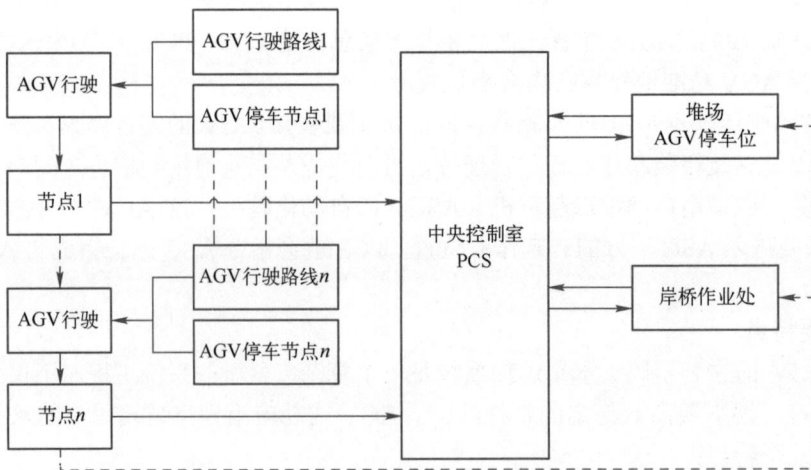

图 10-13　AGV 调度原理

PCS 调度控制着集装箱码头内所有的 AGV，其调度方式是 PCS 首先规划出 AGV 的行驶路线，在整个调度路线上，已经设置 AGV 需要装载或卸载的"停车"点，当 AGV 行驶到一个"停车"点时，PCS 通过计算并且发出下一条调度路线和"停车"点的指令，如此循环，直到执行完所有的装卸任务。

在自动化集装箱码头堆场上，使用 ASC 与 AGV 衔接，在衔接点处为 AGV 的装卸设置"停车"点。当 AGV 处于空载状态时，AGV 在接到 PCS 的指令以后，行驶到 ASC 下方的"停车"点，ASC 也根据 PCS 的指令在堆场中吊取相应的集装箱装载到 AGV 上；当 AGV 处于满载状态时，根据 PCS 的指令运行到 ASC 处指定的"停车"点，ASC 同样根据 PCS 发出的指令卸载 AGV 上的集装箱并且堆存到堆场上的相应位置。

在集装箱码头的前沿设置不同的"停车"点，这些"停车"点是根据岸桥起重机的相对位置设定的。当 AGV 运行到岸桥的下方时，装在岸桥上的红外传感器可以检测出 AGV 的装卸位置，然后将有关的位置信息发送到 PCS，PCS 为了确保 AGV 能够准确地停靠在装卸点处，向 AGV 发出一条停车验证指令。

10.4.4　基于 IGV 的集装箱码头水平运输系统

基于 IGV 的集装箱码头水平运输系统使用 IGV 进行集装箱在码头堆场之间的水平运输，大大提高了运输效率和准确性。近年来，随着智慧港口的不断发展，基于 IGV 的集装箱码头水平运输系统也有不少项目落地。

1. 宁波舟山港

飞步科技自 2019 年起开始为宁波舟山港（梅东码头）提供自动驾驶水平运输服务，经过两年多时间对港口环境、工况进行深入理解和快速技术迭代，打造出一套适用于传统码头的智能水平运输方案。该方案基于飞步科技自动驾驶技术，结合路端智能感知对车辆进行统一管理和调度，以优化资源配置并提升运营效率。该方案是行业内首个可支撑混线工况环境下多路编组实船作业的方案。

项目的创新性主要有：①面向国内占比超 95%的传统码头，项目方案无须对码头进行基建和工艺改造，可在混线场景下开展多路编组自动化水平运输作业，完成含装船、卸船、水平移箱在内的近 200 种工况。②针对环境和金属设备对信号的干扰问题，飞步科技无人驾驶系统融合惯导、激光雷达、相机等多传感器信息源并结合相关算法，实现全域范围内的高精度定位，误差小于 5cm。③针对混线环境下"边运营、边改造"的现状，自动化运输设备可灵活应对作业指令的变化，在混线环境下做出桥吊后大梁绕行上下泊位、借道超车、长距离倒车、U-Turn 大角度掉头等动作。④方案通过路端智能感知，为车端无人驾驶系统与云控系统提供作业区域的多源实时数据，并基于高精度地图为运输车队动态规划最优路径，通过智能设备控制系统（IECS）开展全局调度管理，从根本上缓解拥堵问题。⑤飞步科技面向智慧港口，自主研发车路云一体化协同作业平台，支持毫秒级响应、厘米级精度、日均千万级车货（人）匹配计算，以及基于动态高精度地图的实时路径规划。平台已在宁波舟山港率先成型，通过全球最大规模的港口自动驾驶集卡车队，在混线环境下实船作业运营。

2. 山东港

在此项目中，盟识科技与港方、主机厂深度磨合，形成紧密协同关系，在打造全球首创通用干散货码头解决方案基础上，为山东港乃至全国大部分传统干散货码头及其他类似应用场景的自动化转型升级助力，面向行业规模化推广应用。

项目包含 6 台自动驾驶纯电宽体自卸车、车辆调度系统、远程驾驶系统三大部分。其中，车端自动驾驶系统通过在车辆部署传感器与控制器，实现车辆自动驾驶功能；车辆调度系统通过与港口控制系统的对接，获取车辆的运输工单，合理规划其行驶路线后下发至指定车辆，实现作业车辆远程统筹调度；远程驾驶系统部署于现场控制中心。整体配合港口无人装卸船门机作业系统，与码头整体管控系统（TOS、ECS）协同工作，实现港区内的无人化作业。

系统可 24h 运行，大幅度提升现场安全性的同时，延长有效作业时间，提升整体作业效能，预计可节省人力 80%以上，节约燃料费用 70%以上。通过港口风电配套，实现零碳运力、智慧港口管控。具体而言，项目的创新性包括如下几个方面：①基于通用与专用双5G 通信网络，创新实现现场无人车辆、门机等的安全通信网络管理，为无人作业系统构建安全通信基础。②全面数字化堆场结合作业区域数字分割与分配策略，创新实现远程遥控作业车辆、无人自卸车、外场作业车辆的调度管控。③基于无人自卸车、遥控装载机和自动化门机，全球首创实现了通用干散货码头的全流程无人作业管控系统，配套开发了码头设备管控系统、无人驾驶车辆集群调度系统、外场车辆跟踪引导系统、数字化堆场实时监测系统。④基于视频流分析、GPS 定位融合，精准跟踪外场车辆位置与运动状态，同时提供作业路线引导，有效实现有人车辆、无人车辆混行作业。⑤项目配合新能源发电，实现零碳智慧码头，改变传统干散货码头水平运输作业模式，实现绿色动力、智慧运力。

3. 广州港南沙港区四期

广州港是粤港澳大湾区首个全自动化码头，在广州港南沙港区四期，针对货运码头的特定场景与特殊需求，一清创新提供定制化的智慧码头 IGV 导航方案，实现港口集装箱智能化搬运。无人 IGV 具备 L4 级自动驾驶能力，采用配备卫星导航定位、激光雷达 SLAM（即时定位与地图构建）、视觉 SLAM 等多传感器融合定位技术，实现在码头复杂场景下的港机设备精准对接、IGV 无人驾驶和集装箱运输。

项目的创新性主要有：①高精度定位与导航技术。不依赖磁钉或 GPS 的高精度定位，有两种以上的定位方式，在任意区域内能保证定位的可靠性，全局定位误差小于 10cm。②环境特征感知，多传感器融合。百万公里级别建图，GNSS 辅助下厘米级别建图精度；建立多目标"检测-跟踪-学习"一体化层次模型，基于激光雷达与视觉的环境感知，能识别指示牌、车道线、交通灯。③障碍物识别。IGV 避障与安全交互，可进行 360°障碍物识别。攻克动态环境下的异构传感器数据同步软触发方法，动态目标识别准确率达到 99.9%以上。高精度三维语义地图中显著标志物的相对距离测量误差小于 1%。实现高精度实时定位车体位置输出10Hz 及以上，定位精度达到 10cm。④集中调度运输灵活，可搭载不同的功能模块。无须借助任何标记物，路径多变，可根据实际需求灵活调度，云端监控，支持百万台车辆在线运营。

4. 江苏南通港

作为"江苏新出海口建设工程"的起步港区，南通港吕四作业区按照全自动化、智能化标准设计，一期建设 2 个 10 万吨级集装箱泊位，共配置 4 台自动化装卸桥与 12 台全自动轨道吊，并采用堆场平行码头前沿线的布局方案。飞步科技全程深度参与工程项目，结合团队超 3 年时间积累的对港口一线业务的深刻理解，在码头设计初期便融入自主研发的车路云一体化协同作业平台架构。平台已在吕四作业区取得了丰富的产业化成果，打造以"全无人驾驶、全场景感知、全链路调度、全周期管理"为核心特色的数字化智慧港口新模式。

项目的创新性主要有：①自动驾驶集卡 +IGV 混编作业队列。飞步科技选用集装箱卡车作为运输车型，搭载全栈自主研发的 L4 级无人驾驶系统，通过融合北斗定位系统、激光雷达、摄像头及毫米波雷达等多种传感器，可自主辨识复杂交通环境、障碍物和交通标志标线，无须依靠大规模基础设施建设，便能够完成道路行驶、精确停车、集装箱装卸和障碍物绕行避让等动作，支持近 200 种工况。②全链调度与全局感知助力智慧作业。飞步科技自主研发云端调度管理平台，与港区 TOS 打通，实现生产指令的实时接收并解析下发。平台包含设备控制、车队管理等功能模块。前者对岸桥、场桥、自动化作业设备与传统人工驾驶集卡等进行全局控制及调度，并基于动态高精度地图为无人化车队提供实时路径规划服务；后者对车队展开统一管理、实时监控和紧急状况下的远程接管驾驶。飞步科技同时搭建路端智能感知系统，通过路侧感知设备与边缘计算，赋能吕四作业区实现高等级的道路数字化与智能化，为车端及云端提供超视距交通信息。依托飞步科技车路云一体化协同作业平台，南通港吕四作业区实现了人、设备和数据间的高速互联，不同软硬件系统的无缝连接，以及水平运输载体与港机设备间的高效协同。③全周期自我进化的下一代智慧港口。凭借在人工智能领域深厚的技术及人才积累，飞步科技建立涵盖模拟、验证、预测等环节在内的智能决策闭环。自 2019 年起，飞步科技采集了大量真实、有效的环境数据，通过训练集加速无人驾驶系统的迭代进化，为打造"港口大脑"提供丰富样本；依托车路云一体化在吕四作业区提前规划布局，通过分布在车端和路端的各类传感器实现对港区的全天候数字化映射。现阶段，针对自动驾驶集卡车队及港机设备等实体，建立数字化虚拟模型，模拟上述设备在真实环境下的行为，进而对实际作业流程中岸桥、轨道吊等港机设备的资源排布，及路数、堆场面积覆盖等问题开展深入研究，提升计划调度精细化程度，为调度算法及管理决策的优化提供重要依据。

5. 宁波舟山港甬舟码头

飞步科技与宁波舟山港甬舟码头签署运营服务合同，首期部署 12 台 IGV，组建全无人运输车队并提供运力服务。宁波舟山港已为全球超大型集装箱码头的智慧化转型提供了"浙江样板"。

（1）运输工具

甬舟码头采用了全新一代 IGV，最大的特色是"无车头"，实现了真正意义上的全无人驾驶，具备以下特征：

1）作业灵活。IGV 支持正向与逆向行驶、全八与半八转向及斜行等多种模式。斜行变道的最小距离为 10m，仅为传统集卡的 40%。

2）快速融入。甬舟智慧化建设呈现不同的技术特点，如堆场使用的是全自动化轨道吊。IGV 落地后，短时间内便跑通了"自动化轨道吊+IGV 混行+远控桥吊"的全流程自动化作业链。

（2）系统构成

系统由无人驾驶水平运输系统（Fabu Drive）、远程控制系统（Fabu Remote）、车队与设备调度管理系统（Fabu Dispatch）等构成，面向行业提供了一整套水平运输软硬件产品，通过"看得见的车"+"看不见的云"，形成降本增效的价值闭环。

无人驾驶水平运输系统（Fabu Drive）深度适配集卡与平板运输车，支持含空/重箱在内的装卸移指令，支持与桥吊及堆高机等全设备协同作业。

远程控制系统（Fabu Remote）通过一对多的实时监管、动态预警与远程驾驶，有效解决了无人化作业中的各类异常工况难题。

车队与设备调度管理系统（Fabu Dispatch）除提供车队实时车道级路径规划服务外，还可根据生产指令进行装船调度、装卸锁调度与全局交通流调度，充分发挥生产力价值。

（3）系统特点

现阶段的无人化作业特征为"全天候、全工况、全场景"。

1）全天候。无人集卡车队充分发挥行业最大数量规模的优势，有效突破了恶劣天气影响，每天做满24h，一周运营7天，运维团队紧密配合，设备利用率维持在较高水平。

2）全工况。无人集卡车队完全支持含空/重箱在内的装卸移指令，以及远控桥吊、龙门吊与堆高机在内的装卸设备。同时，通过远程控制系统（Fabu Remote），有效解决了传感器失效与长尾非标工况难题。"高工况+全链路支持"带来了更流畅的作业。

3）全场景。无人化作业已充分覆盖完整的泊位和堆场，全域不设任何围栏隔离，全时空高频混线。

（4）系统效益

全无人化的最显著的优势还是降本。单台IGV每年能够直接节省的人力成本超过50万元。以100台集卡的数量为例，传统做法是需要配置300名左右的司机和管理人员，同样数量的IGV车队，现阶段仅需要20名运维人员，人力需求降低了93%。

（5）运营模式

全无人驾驶技术的真正成熟，让付费运营成为可能。在项目周期内，飞步科技IGV车队计划提供不低于人类驾驶员运营效率的集装箱搬运服务，并按照实际运输的集装箱数量与甬舟码头结算费用。这也是宁波舟山港集团内首个无人化水平运输的付费运营项目。无人驾驶的价值真正被认可，建立起可持续发展的健康模式，堪称里程碑事件。

10.4.5 集装箱码头智慧理货系统

集装箱理货业务通常包括根据进出口集装箱舱单或清单，核准箱号，理清箱数，分清集装箱残损，验封及施封，并依据理货结果，办理交接、签证手续，向委托方及有关口岸部门提供有关理货单证和电子信息。集装箱码头智慧理货系统能够针对集装箱岸桥生产业务，提供从前端视频图像采集/车牌识别、网络传输、后端智能化作业操作平台等全套解决方案，通过PLC联动技术、光学字符识别（OCR）技术，实现前端视频采集、图片采集、球机联动抓拍及字符自动识别功能，最终实现岸桥作业的智能化生产。集装箱码头智慧理货系统可助力理货行业从劳动密集型产业向技术密集型产业转型，规避人工现场操作的安全隐患，节省理货成本，能有效促进港口行业的转型升级。

1. 系统层次模块结构

系统层次模块结构如图10-14所示。集装箱码头智慧理货系统从下至上可以划分为三个层次六个模块，分别是视频监控平台及设备、接口适配层、内部其他模块、外部其他模块、智慧理货系统服务端和智慧理货系统客户端等。其中，内部其他模块包括桥吊PLC、箱号识别系统、语音播放系统等，同时提供TOS接口；智慧理货系统服务端实现用户管理、配置管理、视频控制、作业逻辑处理、处理系统对接等服务；智慧理货系统客户端提供用户登录与管理、作业管理、视频监控显示等功能。对于外部技术和产品，例如智能识别模块和摄像头等，通过接口和适配层进行接入，计算机视觉识别引擎可以使用多种AI技术。

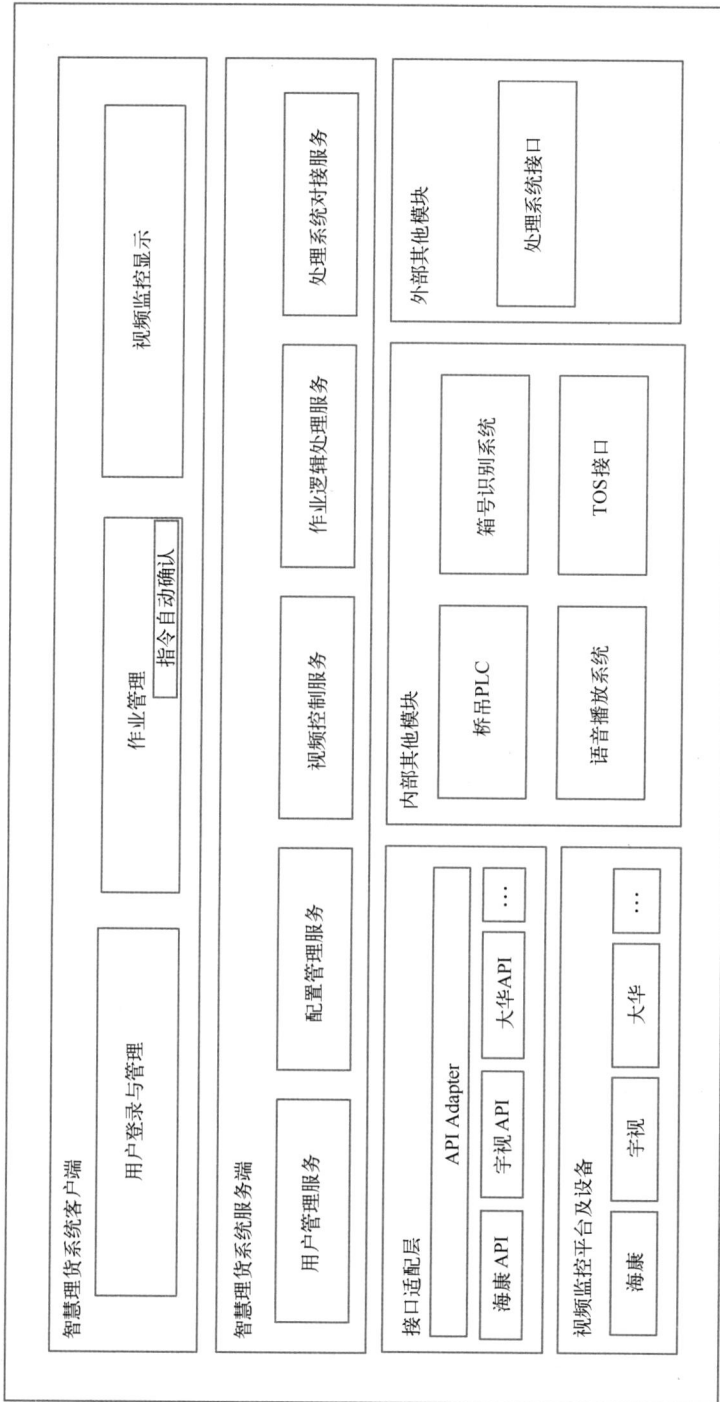

图 10-14 系统层次模块结构

2. 工作流程

智慧理货系统关键数据流如图 10-15 所示。①数字化监控平台利用监控系统摄像头监控所需要识别的作业车道；②监控系统将视频流实时传输给识别引擎；③识别引擎识别箱号、箱型、车道号、作业动作等信息并传输给智慧理货服务器；④智慧理货服务器提交操作指令给 CTOS 进行作业许可验证；⑤智慧理货服务器通过语音播报方式向桥吊司机、捆扎工和指挥手发布作业信息；⑥识别引擎识别作业动作信息并传输给智慧理货服务器；⑦智慧理货服务器自动向 CTOS 提交作业状态信息以核销当前作业指令；⑧如遇异常情况，智慧理货服务器将异常信息呈现在客户端界面上，由理货人员介入。

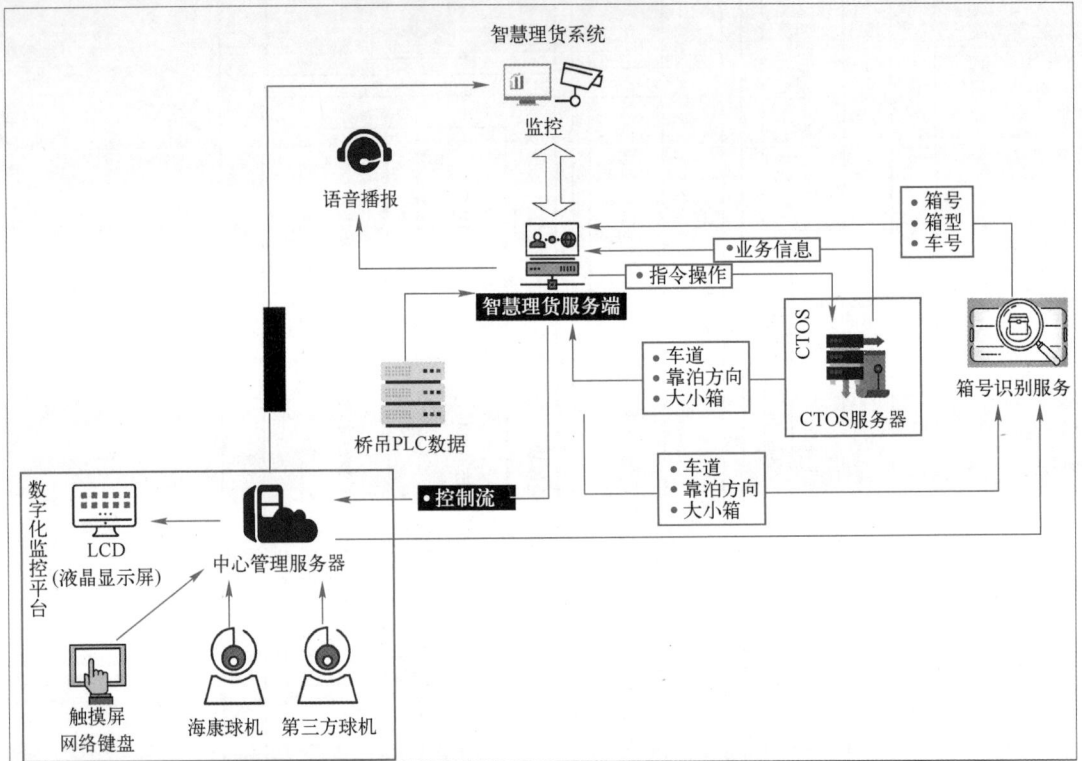

图 10-15　智慧理货系统关键数据流

本章小结

智慧港口是现代港口发展的高级阶段，在信息感知、处理、共享的基础上，运用现代港口的运作和管理模式，促进实施港口功能创新、技术创新和服务创新，进而提升港口的综合服务能力。与传统港口相比，智慧港口具有全面感知、智能决策、自主作业、全程参与和持续创新等特征。

传统港口一般提供物流服务功能、信息服务功能、商业功能和产业功能。智慧港口对传统港口的功能进行拓展，基于信息感知终端、信息综合处理系统、信息发布和共享平台、决策支持系统，提供生产管理、运营管理、电子商务、综合运输管理、资源管理和口岸管理等多项功能。

面对日益复杂的港口管理挑战，智能决策技术正逐步成为提升港口管理水平的关键力量。常见的智能决策问题主要涉及船舶调度管理、船舶配载管理、港口设备管理、集装箱堆场管理和货物管理等五个方面。

近年来，我国沿海的大型枢纽港口已敏锐觉察到全球港口国际化、智慧化、绿色化发展的大趋势，特别在智慧港口的规划与建设方面，加快了步伐，取得了一系列建设成果。典型的成果包括智能码头生产管理系统、集装箱码头岸桥远程操控系统、基于 AGV 的集装箱码头水平运输系统、基于 IGV 的集装箱码头水平运输系统和集装箱码头智慧理货系统等。

课后练习

一、思考题

1. 现代港口的物流功能有哪些？
2. 集装箱码头常用的装卸机械有哪些类型？
3. 智慧港口的典型特征有哪些？
4. 智慧港口包括哪些功能模块？
5. 港口管理中常见的智能决策问题有哪些？
6. 智慧港口典型应用成果有哪些？

二、讨论题

1. 试分析并讨论智慧港口的发展背景和建设现状。
2. 试分析并讨论智慧港口的系统结构。
3. 试分析并讨论如何提高港口管理中决策优化的智能化程度。

三、案例分析

珠海港：打造智慧物流新生态

作为珠江口西岸最大的港航物流企业，珠海港集团积极构建以港口物流为核心的发展引擎，旗下企业可提供专业仓储物流、水上运输、专业运输、物流软件开发与维护等服务，成功建立了以港口码头为中心的全程物流供应链服务体系。珠海港集团通过实施差异化战略、西江战略等措施，成功打造亿吨大港，并全力建设两亿吨大港，港口货物聚集能力全面提升，为促进传统物流向新型物流转型奠定了扎实的基础。珠海港集团积极响应国家"一带一路"倡议，打造以珠海港为核心物流节点的"川贵广—南亚国际物流大通道"，进一步拓展珠海港的货源腹地，提升珠海港口物流的发展空间。为了提高港口物流发展水平，珠海港集团还加快建设"智慧港口"，精心打造珠海港综合电子物流平台。该平台充分发挥珠海港集团自身的整体战略资源优势与信息数据资源优势，助力珠海港多式联运业务快速发展，同时通过物联网贸易金融监管技术，促进珠海港全程物流业务实现可视化，大大降低贸易风险。

珠海港集团与国内首推物联网金融的大型商业银行平安银行、物联网领域知名企业感知科技开展战略合作，共同推动物联网金融监管在珠海港集团港口物流业务中的应用，为客户提供更加安全、便利的金融服务，促进珠海港集团大宗散货交易量与吞吐量的快速提升。

问题：

1. 结合案例，试分析珠海港智慧港口建设的重点。
2. 你对珠海港智慧化建设有何建议？

第 11 章　智慧供应链

学习目标
- 能够准确解释供应链管理和智慧供应链的概念。
- 能够准确复述供应链管理的范围和内容。
- 能够正确分析现代供应链管理的趋势与挑战。
- 能够简要描述智慧供应链的发展历程与行业应用情况。
- 能够准确列举智慧供应链的特点和核心要素。
- 能够详细分析智慧供应链系统的层次结构和协同功能。
- 能够举例分析供应链系统中的智能决策问题。

在全球化与数字化交织的时代背景下，供应链管理面临着前所未有的复杂性和挑战。智慧供应链作为应对这些挑战的创新解决方案，正逐渐成为物流行业关注的焦点。智慧供应链通过集成物联网、大数据、云计算等先进技术，实现了供应链各环节信息的实时共享与协同，从而优化了资源配置，提高了供应链的响应速度和灵活性。同时，智慧供应链还能有效应对市场波动和不确定性，降低风险，为企业创造更大的价值。

11.1　供应链管理概述

11.1.1　供应链管理的概念

1. 供应链

供应链是指生产及流通过程中，围绕核心企业的核心产品或服务，由所涉及的原材料供应商、制造商、分销商、零售商直到最终用户等形成的网链结构。所以，一条完整的供应链应包括供应商（原材料供应商或零配件供应商）、制造商（加工厂或装配厂）、分销商（代理商或批发商）、零售商（卖场、百货商店、超市、专卖店、便利店和杂货店）以及消费者。图 11-1 所示为供应链网络结构模型，实物从供应链的上游向下游流动，而资金沿着与实物流相反的方向向上游流动，同时供应链各方依托供应链进行信息交互和共享。

从中可以看到，供应链是一个范围更广的企业机构模式，包含了所有加盟的企业。它不仅是一条连接供应商到用户的物流链、信息链和资金链，还是一条增值链。因为物料在供应链上通过加工、包装、运输等过程增加了价值，从而给这条链上的相关企业带来了收益。这一点很关键，它是维系这条供应链的基础。

2. 供应链管理

供应链管理（Supply Chain Management，SCM）是指从供应链整体目标出发，对供应链中采购、生产、销售各环节的商流、物流、信息流及资金流进行统一计划、组织、协调、控制的活动和过程。简单来说，供应链管理就是把企业的生产和销售过程看作一个整体，通过优化各个环节，实现最优化的管理。

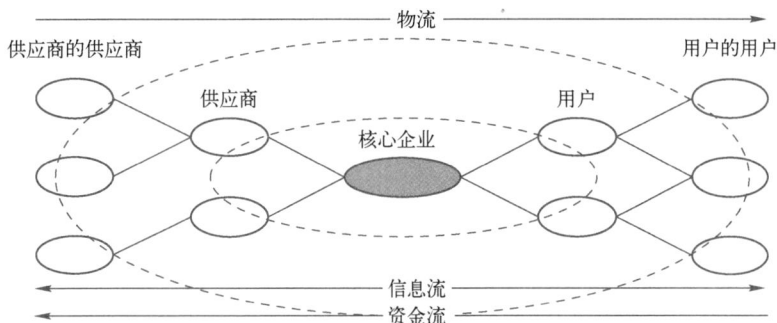

图 11-1　供应链网络结构模型

供应链管理的内涵体现在以下几个方面：①供应链管理是以顾客满意度为目标的服务化管理。对下游企业来说，供应链上游企业的功能不是简单地提供物料，而是要用最低的成本提供最好的服务。②供应链管理是物流、信息流、资金流等的集成管理。只有跨企业流程实现集成化，才能实现供应链企业协调运作的目标。③供应链管理是借助信息技术实现的管理，这是信息流管理的先决条件。④供应链管理是更加关注物流企业参与的管理。在现代供应链中，物流的作用特别重要，因为缩短物流周期比缩短制造周期更关键。

供应链管理与物流管理之间存在着明显的区别。首先，信息流在供应链管理中的地位更为重要。其次，战略联盟的出现标志着供应链成员企业的合作不仅限于物流领域，而是各企业之间全方位的合作，以实现供应链的无缝连接。再次，研究重点不同。物流管理主要研究各种旨在改善物流效率的物流管理技术和方法，而供应链管理不仅限于技术方法的研究，更加注重"合作""双赢"等管理理念的研究。最后，目标不同。物流管理的主要目标是追求最低成本，供应链管理的目标是实现最大价值。

关于物流和供应链管理的关系，供应链管理专业协会认为物流活动属于供应链管理的一部分，企业在内部或与供应链中其他企业一起整合供应和需求管理时，需要与包括供应商、第三方提供商、最终消费者在内的各方进行合作；供应链管理对组织内和组织间业务流程连接发挥着主导作用，以确保供应链的协调和绩效。供应链的有效管理对于企业的运营绩效和市场竞争力具有至关重要的作用。一个高效的供应链能够确保企业以最低的成本、最高的效率满足市场需求，从而实现利润最大化。

11.1.2　供应链管理的范围

供应链管理的范围按照运作管理的可视性（或范围）可划分为下列四类。

1. 企业内部物流链管理

企业内部物流链是指企业内产品制造与流通过程中所涉及的采购、生产、仓储、销售等职能的供需网络，如图 11-2 所示。企业内部物流链管理关注企业内部资源的调配，实现各种业务和信息的高度集成与共享、控制与协调。企业内部物流链管理的核心是效率问题，主要考虑在优化资源、能力的基础上，以最低的成本和最快的速度生产最好的产品，满足用户需求，以用户需求和高质量预测信息驱动整个企业供应链的运作，提高企业反应能力和效率。

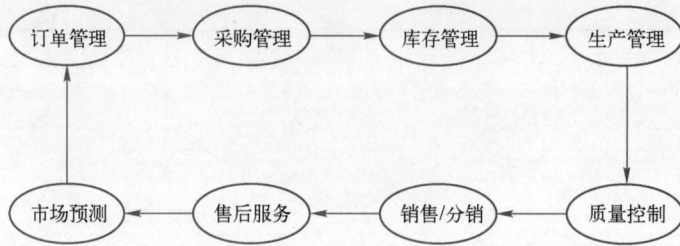

图11-2 企业内部物流链示意图

2. 上下游供需关系管理

上下游供需关系管理的目标是实现上下游企业的有效供需协调，如图11-3所示。通过上下游供需关系管理，节点企业联合与协作扩展其组织边界，成为合作联盟组织单元，从而形成扩展型企业。

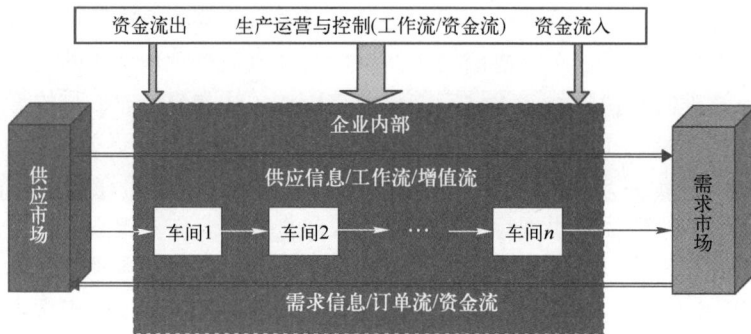

图11-3 上下游供需关系管理示意图

扩展型企业是一个概念性的组织单元或系统，包含了采购企业以及一个或多个供应商，这些企业通过紧密的合作来实现最大化的利润分配。扩展型企业的出现使得企业之间的竞争转化为供应链与供应链之间的竞争。这种转变强调了企业与企业之间的合作，特别是在设计产品模式、用户驱动的设计、供应链经营管理和用户订单执行与控制等方面。通过紧密的合作，企业可以更好地整合资源和能力，提高整体竞争力。

3. 动态联盟供应链管理

企业动态联盟也称虚拟企业，是指某一企业经过市场调查研究后完成某一产品的概念设计，然后组织其他具有某些设计制造优势的企业组成经营动态组织，快速完成产品的设计加工，抢占市场。企业动态联盟的出现常常是参与联盟的企业追求一种完全靠自身能力达不到的超常目标，即这种目标要高于企业运用自身资源可以达到的限度。因此，企业自发地要求突破自身的组织界限，必须与其他对此目标有共识的企业实现全方位的战略联盟，共建虚拟企业，才有可能实现这一目标。

企业动态联盟是信息时代的产物，其通过信息技术把这些企业连成一个网络，以更有效地向市场提供商品和服务来完成单个企业不能承担的市场功能。企业动态联盟运行机理如图 11-4 所示,只有充分利用先进的信息技术与设施,企业动态联盟才能对客户需要做出及时的反应。

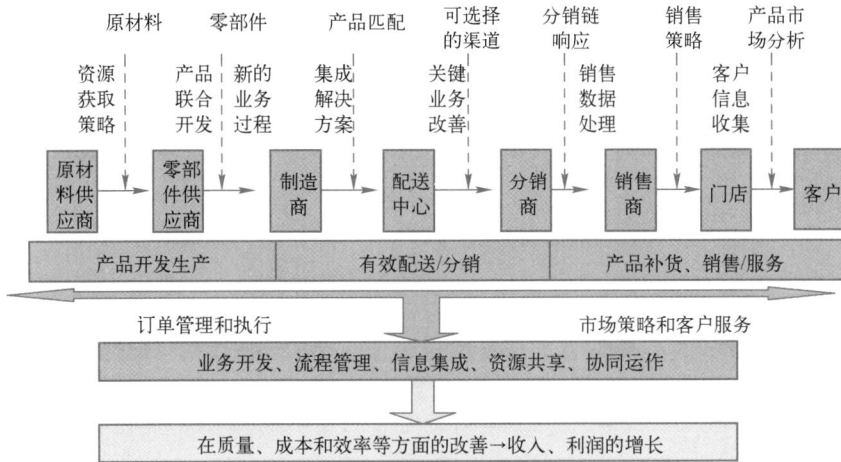

图 11-4 企业动态联盟运行机理

动态联盟供应链管理是对传统供应链管理的一种扩展和深化,它强调了企业在供应链中的合作关系和信息共享。动态联盟供应链管理的核心理论包括:①合作共赢。动态联盟供应链管理中,企业与供应商、代工厂和客户之间建立的关系是合作共赢。这种关系是建立在互信、共赢的基础上的,企业需要与供应商、代工厂和客户之间进行密切合作,共同应对市场的需求变化,实现共同的目标。②信息共享。动态联盟供应链管理中,企业需要与供应商、代工厂和客户进行信息共享,及时掌握市场需求和供应链情况。只有进行信息共享,才能够实现供应链高效运作和快速响应市场需求。③灵活性。动态联盟供应链管理中,企业需要具备足够的灵活性,能够快速地响应市场需求的变化,及时调整供应链运作模式,保证供应链的高效运作。

4. 全球网络供应链管理

全球网络供应链也称全球供应链(Global Supply Chain),是指在全球范围内组建供应链。它要求以全球化的视野,将供应链系统延伸至整个世界范围,根据企业的需要在世界各地选取最有竞争力的合作伙伴。全球网络供应链示意图如图 11-5 所示。

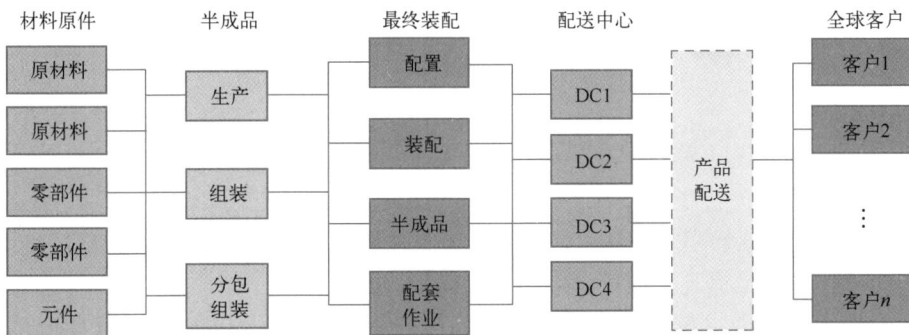

图 11-5 全球网络供应链示意图

全球网络供应链管理强调在全面、迅速了解世界各地消费者需求的同时，对供应链进行计划、协调、操作、控制和优化。在供应链中，核心企业与供应商以及供应商的供应商、核心企业与销售商乃至最终消费者之间，依靠现代网络信息技术支撑，实现供应链的一体化和快速反应，达到商流、物流、资金流和信息流的协调通畅，以满足全球消费者需求。全球网络供应链是实现一系列分散在全球各地的相互关联的商业活动，包括采购原材料和零部件、处理并得到最终产品、产品增值、对零售商和消费者的配送、在各个商业主体之间交换信息，其主要目的是降低成本、扩大收益。

11.1.3 供应链管理的内容

供应链管理主要包括计划、采购、制造、配送和退货等基本内容。

1. 计划

计划是供应链管理的核心部分，涉及需求预测、生产计划和资源分配。通过合理的计划，可以确保供应链各环节的顺畅运作，满足客户需求，同时优化成本和效率。

2. 采购

采购是供应链管理中的重要环节，涉及供应商的选择、合同管理、采购订单处理等。有效的采购管理可以确保原材料和零部件的及时供应，降低采购成本，提高供应链的灵活性和响应速度。

3. 制造

制造环节包括生产计划执行、生产过程控制、质量控制等。通过高效的制造管理，可以确保产品按质按量生产，满足市场需求，同时控制生产成本。

4. 配送

配送是供应链管理的关键环节，涉及仓库管理、物流配送、订单履行等。高效的配送管理可以确保产品及时送到客户手中，提高客户满意度，同时优化物流成本。

5. 退货

退货管理涉及产品退回、质量检查、库存调整等。有效的退货管理可以减少库存积压，提高库存周转率，降低运营成本。

11.1.4 现代供应链管理的趋势与挑战

随着全球化的发展和科技的进步，现代供应链管理正面临着诸多新的趋势和挑战。供应链管理作为企业重要的组成部分，对企业的运营效率、成本控制、客户满意度等方面起着至关重要的作用。

1. 数字化转型

随着信息技术的飞速发展，数字化转型已成为现代供应链管理的重要趋势。通过物联网、大数据分析、人工智能等技术手段，企业可以实现供应链的实时监控、数据分析和预测，提高供应链的灵活性和响应速度。数字化转型可以帮助企业优化库存管理、降低运营成本，提升客户体验，是提升供应链管理水平的重要途径。

然而，数字化转型也带来了一系列挑战。首先是技术投入和人才培养方面的挑战，企业需要投入大量资源来引入新技术、更新设备，并培养数字化人才。其次是信息安全和隐私保护方面的挑战，随着数据的增多，信息安全问题变得尤为重要，企业需要加强信息安全管理，保护客户和企业的数据安全。

2．供应链可持续发展

随着全球环境问题日益突出，供应链可持续发展成为现代供应链管理的重要趋势。企业需要关注供应链中的环境、社会和治理等方面的可持续性，推动供应链的绿色化、低碳化发展。通过减少碳排放、节约能源、提高资源利用效率等举措，企业可以实现可持续发展，同时提升品牌形象，满足消费者对可持续产品的需求。

然而，供应链可持续发展也面临着一些挑战。首先是成本问题，推动供应链绿色化需要投入大量资金，企业需要权衡成本与效益，寻找平衡点。其次是供应链伙伴的合作问题，供应链是一个复杂的系统，需要各个环节的合作和协调，企业需要与供应商、物流公司等合作伙伴共同推动可持续发展。

3．全球化供应链管理

随着全球化的深入发展，企业的供应链已经跨越国界，形成了全球化供应链网络。全球化供应链管理是现代供应链管理的重要趋势，企业需要面对不同国家、不同文化、不同法律环境带来的挑战，构建全球化供应链管理体系，实现全球范围内的资源整合和协同运作。

然而，全球化供应链管理也存在一些挑战。首先是供应链风险管理问题，全球化供应链面临着政治、经济、自然等多方面的风险，企业需要建立完善的风险管理机制，应对各种突发事件。其次是跨文化管理问题，不同国家有不同的文化习惯和商业规则，企业需要了解和尊重当地文化，建立良好的合作关系。

4．客户导向的供应链管理

客户需求是供应链管理的出发点和落脚点，客户导向的供应链管理已成为现代供应链管理的重要趋势。企业需要通过市场调研、客户反馈等手段了解客户需求，不断优化产品设计、供应链布局和服务体验，提升客户满意度和忠诚度。

然而，客户导向的供应链管理也面临着一些挑战。首先是供应链响应速度的挑战，客户需求日益多样化和个性化，企业需要提高供应链的灵活性和响应速度，实现快速交付。其次是供应链协同合作的挑战，客户导向要求企业各个部门之间、企业与供应链伙伴之间实现紧密合作，需要建立有效的协同机制。

11.2　智慧供应链的发展与应用

智慧供应链是以互联网和大数据为依托，以增强客户价值为导向，通过协同、共享、创新的运作模式和人工智能等先进技术，实现产品设计、采购、生产、销售、服务等全过程高效协同的组织形态。

11.2.1　智慧供应链的发展历程

智慧供应链的发展历程可以说是一个不断迭代和创新的过程。从最初的简单信息化到如今的智能化、网络化、数字化，智慧供应链已经成为企业提高供应链管理效率、降低成本、增强竞争力的重要手段。智慧供应链的发展历程可以划分为信息化、互联网化、智能化和生态化等 4 个阶段，每一个阶段都是在先前的基础上进行的优化和完善。

1. 信息化阶段

信息化阶段是智慧供应链发展的起点，也是最基础的阶段。在这个阶段，企业开始使用计算机等信息技术来管理供应链的各个环节，实现信息的共享和流动。主要应用的技术包括 ERP、CRM、SCM 等。这个阶段的特点是信息化程度较低，供应链各环节的信息孤岛问题较为严重。

2. 互联网化阶段

互联网化阶段是智慧供应链发展的第二个阶段，也是信息化阶段的延伸。在这个阶段，企业开始利用互联网技术来打破信息孤岛，实现供应链的协同和共享。主要应用的技术包括 B2B 电子商务平台、供应链金融、供应链协同等。这个阶段的特点是信息共享程度较高，但仍存在信息不对称和信息安全等问题。

3. 智能化阶段

智能化阶段是智慧供应链发展的第三个阶段，也是互联网化阶段的延伸。在这个阶段，企业开始利用物联网、大数据、人工智能等新兴技术来实现供应链的智能化和自动化。主要应用的技术包括物联网、大数据分析、人工智能、机器学习等。这个阶段的特点是信息共享程度更高，供应链的各个环节实现了智能化和自动化，供应链的效率和灵活性得到了极大提升。

4. 生态化阶段

生态化阶段是智慧供应链发展的最高阶段，也是智能化阶段的延伸。在这个阶段，企业开始利用区块链、数字孪生等新兴技术来实现供应链的生态化和可持续发展。主要应用的技术包括区块链、数字孪生、环保技术等。这个阶段的特点是供应链各个环节实现了生态化和可持续发展，供应链的透明度和可靠性得到了极大提升。

11.2.2 智慧供应链的主要特点

与传统供应链相比，智慧供应链在信息化程度、协同程度、运作模式、组织管理等方面均具有明显优势（见图 11-6），同时也呈现出鲜明的特点。

1. 技术渗透性更强

在智慧供应链的大环境下，供应链管理者和运营者会采取主动方式，系统地吸收包括物联网、互联网、人工智能等在内的各种现代技术，实现管理在技术变革中的革新。

2. 可视化、移动化特征更加明显

智慧供应链更倾向于使用图片、视频等可视化的形式来展示数据，采用智能化和移动化的手段来访问数据。

3. 信息整合性更强

借助于智能化信息网络，智慧供应链能有效解决供应链内部成员的信息系统的异构性问题，更好地实现无缝对接，整合和共享供应链内部的信息。

4. 协作性更强

在高度整合的信息机制下，供应链内部企业能够更好地了解其他成员的信息，及时掌握来自供应链内部和外部的信息，并针对变化，随时与上下游企业联系，做出适当调整，更好地协作，从而提高供应链绩效。

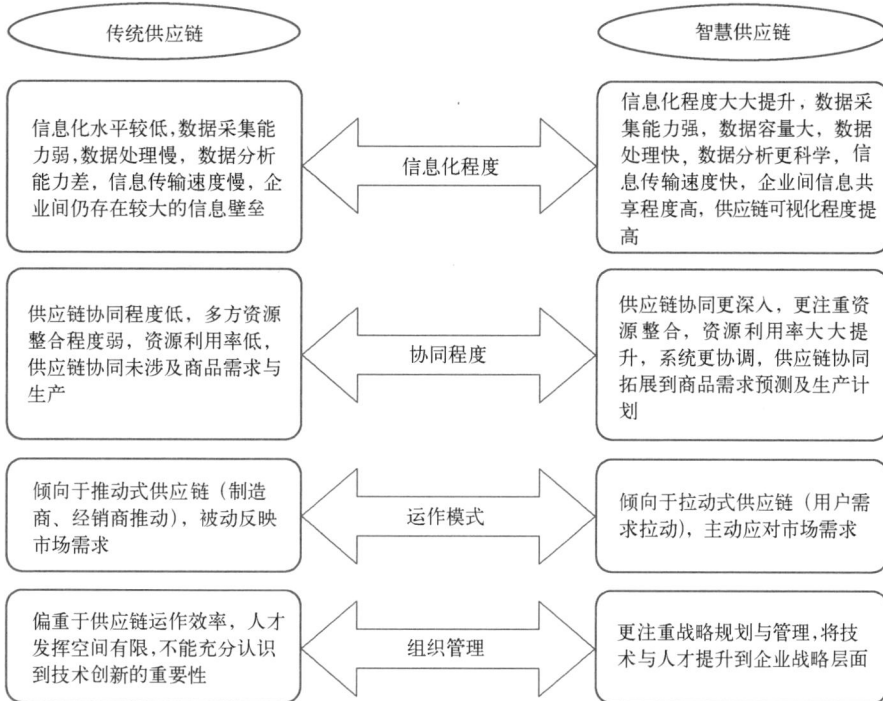

图 11-6 智慧供应链与传统供应链的对比

5. 可延展性更强

在基于智慧信息网络的智慧供应链下，借助于先进信息集成，信息共享得以实现，企业可以随时沟通，供应链的绩效也不会因供应链层级的递增而明显下降，可延展性会大大增强。

11.2.3 智慧供应链的核心要素

智慧供应链的实现在流程上有赖于"四化"，即供应链决策智能化、供应链运营可视化、供应链组织生态化、供应链要素集成化。这四个方面分别对应了供应管理的宏观战略决策层面和微观运营层面，以及供应链管理主体组织层面和客体要素层面。这四个层面能够有效地落地并产生绩效，同时能够很好地结合，相互作用、相互促进。

1. 供应链决策智能化

供应链决策智能化指的是在供应链规划和决策过程中，能够运用各类信息通过数据驱动供应链决策的制定，诸如从采购决策到制造决策、配送决策，再到销售决策的全过程。具体来讲，供应链决策智能化主要是将大数据与模型工具进行结合，并通过智能化的海量数据分析，最大化地整合供应链信息和客户信息，有助于正确评估供应链运营中的成本、时间、质量、服务、碳排放和其他标准，实现物流、交易以及资金信息的最佳匹配，分析各业务环节对于资源的需求量，并结合客户的价值诉求，能更加合理地安排业务活动，使企业不但根据顾客要求进行业务创新，还能应对顾客需求变化所带来的挑战。显然，这一目标的实现就需要建立起供应链全过程的商务智能，并且能够将业务过程标准化、逻辑化和规范化，建立起相应的交易规则。

2．供应链运营可视化

要实现企业供应链的优化，提高供应链运作的协调性，关键是充分运用互联网、物联网等信息技术，实现供应链全程可视化。供应链运营可视化就是利用信息技术，通过采集、传递、存储、分析、处理供应链中的订单、物流以及库存等相关指标信息，按照供应链的需求，以图形化的方式展现出来，主要包括流程处理可视化、仓库可视化、物流追踪管理可视化以及应用可视化。通过将供应链上各节点进行信息连通，打破信息传输的瓶颈，使链条上的各节点企业可以充分利用内外部数据，这无疑提升了供应链的可视性。供应链运营的可视化不但可以提高整个供应链需求预测的精确度，还能提高整个链条的协同程度。

从实现的路径来看，要实现供应链运营可视化，就需要从以下五个步骤入手。第一，能及时感知真实的世界在发生什么，也就是在第一时间掌握商业活动进行的过程、发生的信息，或者可能发生的状况。这一目标的实现就需要在供应链全过程运用传感器技术、RFID技术、物联网技术手段捕捉信息和数据，并且这些技术的运用和获取的信息应当覆盖供应链全过程、各类组织，以保证信息不是片段化、分割的。第二，预先设定何时采取行动，即在分析供应链战略目标和运营规律的前提下，设定商业规则以及例外原则。第三，分析正在发生什么状况，这需要分析者具备一定的能力，以有效地分析所获取的信息和数据。第四，确定需要做什么，在获得商业应用型的、图形化的分析结果之后，供应链各环节的管理者需要根据此前确立的商业规则、例外原则等，知晓需要运用什么样的资源、优化工具，如何对供应链运营进行调整，形成良好的供应链方案。第五，采取什么样的应对措施，即为了实现上述调整优化目标，具体采用什么措施来实现供应链资产、流程的调整与变革。

3．供应链组织生态化

供应链组织生态化是指供应链逐渐发展成为一个包含多种生态圈的复杂系统。供应链组织生态化强调供应链中的各个参与主体（包括核心企业、供应商、物流企业、金融机构等）之间通过互动共同创造知识，形成价值生态网络，最终实现供应链的高效运营。这种生态化不仅关注经济效益，还追求社会效益和生态效益，旨在实现人类、自然和社会的"三赢"。

供应链组织生态化是供应链发展的重要趋势，它强调多层级化与多样化、整体优化与局部优化、平台支撑与数据赋能等特点。①多层级化与多样化。随着产业供应链的日益复杂，同一层级的参与者越来越多，层级结构也从原来的三层扩展到多层，同时参与主体的种类也更加多样化，包括许多提供支撑服务的参与者，如物流企业、金融机构等。②整体优化与局部优化。生态供应链通过整体优化和局部优化来降低各节点企业的环境影响，实现经济效益和生态效益的双重提升。这要求在设计阶段就考虑经济行为对环境的影响，确保经济活动过程中供应链内的物质流和能量流对环境造成的危害最小。③平台支撑与数据赋能。在互联网时代，平台企业的出现使得更多中小微企业可以依托平台所提供的服务产生更多链接，形成基于平台支撑的生态化供应链。平台通过累积的大量数据对参与者进行赋能，衍生出新的商业服务和生态。

4．供应链要素集成化

供应链要素集成化是指在供应链运行中能有效地整合各种要素，使要素聚合的成本最低、价值最大。这种客体要素的整合管理不仅仅是通过交易、物流和资金流的结合，实现有效的供应链计划（供应链运作的价值管理）、组织（供应链协同生产管理）、协调（供应链知识管理）以及控制（供应链绩效和风险管理），更是通过多要素、多行为交互和集聚为企业和整个供应链带来新机遇，有助于供应链创新。

具体来讲，智慧供应链下的要素集成主要表现为通过传统的商流、物流、信息流和资金流等诸多环节的整合，进一步向几个方面的集成：一是供应链与金融的结合与双重迭代，即将金融机构融入供应链运作环节，为供应链注入资金，解决供应链中的资金瓶颈，降低供应链的运作成本，提高供应链的稳定性。这一创新和产业供应链运营分不开，因为如今物联网、云计算以及大数据分析等高新技术的广泛运用使金融机构能掌握供应链交易过程中产生的"大数据"物流、交易信息，将物流、交易管理系统产生的数据实时反映到供应链金融系统中，以达到对交易过程进行动态监控的目的，降低供应链金融运行风险。同时，通过产业供应链运营，创新和拓展金融产品和管理，使得金融业务形态和金融活动的参与者日益多样化。二是消费活动、社交沟通与供应运行的集合。消费活动和社交沟通作为一种人际交流和沟通的方式，已经开始融入供应链运营过程，这不仅是因为消费活动、社交沟通使得信息传播的方式和形态发生改变，从而使得供应链信息交流的途径多样化，还因为社交沟通改变了产业运营的环境和市场，使得供应链关系的建立和组织间信任产生的方式发生变革。三是互联网金融与供应链金融的融合，即将以依托于互联网产生的金融通道（如众筹等）、第三方支付等金融业务创新与产业供应链金融（如贸易金融、物流金融和供应链融资等）紧密结合，既通过互联网金融降低供应链金融运营中的融资成本，拓展资金来源渠道，又通过供应链金融来有效解决互联网金融产业基础不足、风险较大的问题。

案例 11-1
百世打造高度
协同的智慧供
应链平台

11.2.4　智慧供应链的行业应用

智慧供应链集成了物联网、云计算、大数据、人工智能等先进技术，正在逐步改变传统供应链的管理模式，为各行各业带来革命性的变化。下面将分别探讨智慧供应链在电子商务、零售业、跨境贸易、制造业、农业、医疗卫生领域中的应用。

1. 电子商务

智慧供应链在电商中的应用可以带来许多优势，包括提高订单处理速度和准确性、实现供应链全球化管理、降低运营风险、提高客户满意度以及促进创新和协作。这些优势有助于电商企业提高运营效率、增强竞争力并实现可持续发展。

1）提高订单处理速度和准确性。通过物联网技术和大数据分析，智慧供应链可以实时监控订单的状态和流程，确保订单得到及时处理，并减少错误和延误。这不仅可以提高客户满意度，还可以提高电商企业的运营效率。

2）实现供应链全球化管理。智慧供应链能够实现信息共享和实时沟通，使各参与者能够随时了解供应链的状态和变化。这有助于电商企业实现全球化管理，优化资源配置，提高整体运营效率。

3）降低运营风险。智慧供应链通过整合和共享信息，能够实时了解供应链参与者的生产、销售和库存情况，从而帮助企业及时调整生产计划和库存水平，降低库存积压和缺货风险。同时，智慧供应链还可以提高供应链的透明度和可追溯性，减少欺诈和损失。

4）提高客户满意度。通过智慧供应链，电商企业可以实时了解客户的需求和反馈，快速响应市场变化，提供个性化的服务和产品。这有助于提高客户满意度和忠诚度，增强企业的竞争力。

5）促进创新和协作。智慧供应链可以整合各种资源和信息，为电商企业提供更多的创新机会和协作空间。通过与其他供应链参与者的合作和共享，企业可以共同开发新产品、新技术和新服务，提高整个供应链的竞争力。

2. 零售业

智慧供应链在零售业中的应用具有深远影响，通过集成大数据、物联网、云计算和人工智能等先进技术，智慧供应链不仅提升了零售业的运营效率，还显著改善了顾客体验。以下是智慧供应链在零售业中的几个主要应用方面。

1）供应商管理。通过对供应商的绩效、信用和风险等方面进行分析和评估，实现快速拓展优质供应商、精准选择最佳供应商、降低采购成本和提高采购水平等目标。

2）库存管理。智慧供应链系统通过收集和分析历史销售数据、市场趋势、消费者行为等信息，能够更准确地预测未来需求。这种预测能力使得零售商能够优化库存管理，减少过剩或缺货的情况，从而降低成本，提高销售额。同时，借助物联网技术，智慧供应链可以实现库存的实时监控。当库存量低于某个阈值时，系统会自动触发补货请求，确保货架始终保持充足。这种自动化补货机制不仅减少了人工干预的需要，还提高了库存周转率。

3）物流管理。通过集成物联网、GPS/BDS、RFID、GIS 等技术，实现海量订单的实时跟踪、路线规划、配送优化和即时配送等功能，提高送货速度、准确率和满意度。此外，智慧供应链还能根据消费者的购买历史和偏好，预测其未来的购买行为，从而提前规划配送策略，确保商品在最短时间内送到消费者手中。

4）销售管理。智慧供应链系统能够分析消费者的购买行为、浏览记录等信息，为零售商提供精准的目标客户群体和营销策略建议。这使得零售商能够更精准地进行广告投放、促销活动等，提高营销效果。

3. 跨境贸易

智慧供应链在跨境贸易中的应用为贸易参与者提供了更加高效、透明和安全的贸易环境，促进了全球贸易的发展和便利化。

1）简化手续和流程。通过应用信息技术，如大数据分析和人工智能，智慧供应链能够自动化和优化跨境贸易中的烦琐手续和流程。这包括报关、报检、物流运输等环节，从而缩短了交货周期，降低了企业成本，提高了整体效率。

2）需求预测和管理优化。通过深度分析历史数据、市场趋势等信息，智慧供应链能够实现更准确的需求预测，优化库存管理和运输规划。这有助于降低库存成本和运输风险，提高物流资源的利用率和企业的竞争力。

3）提升供应链透明度。跨境智慧物流利用条码、RFID 等技术，实现货物在整个供应链中的全程可追溯。这确保了从源头到终端的详细数据记录，为贸易监管、商品安全和风险防控提供了有效手段，同时也加强了消费者对商品质量和安全的信任。

4）供应链金融数字化。在跨境贸易中，智慧供应链与金融科技的结合，如供应链金融数字化，通过区块链技术实现全程信息的可追溯性，提高了交易的安全性和可信度。此外，数字化供应链金融还能够帮助解决中小型企业在跨境贸易中面临的融资难问题，通过实时监控和评估，实现快速融资和风险管控。

案例 11-2
万向区块链

4．制造业

智慧供应链在制造业中的应用，可以显著提高生产率、降低成本、优化资源配置并增强企业的市场竞争力。以下是智慧供应链在制造业中的一些典型应用。

1）智能计划与调度。通过集成物联网技术和高级分析工具，智慧供应链可以实现实时的生产计划和调度。这包括对生产设备、原材料和人力资源的实时监控和调度，确保生产流程的高效运作。

2）精益制造与库存管理。智慧供应链通过精确的数据分析和预测，可以帮助制造业实现精益制造和有效的库存管理。这包括减少库存积压、提高库存周转率、降低缺货风险以及优化库存布局等。

3）供应链协同与优化。智慧供应链可以整合供应链上各个环节的信息和数据，实现供应链协同和优化。这包括与供应商、分销商和最终消费者的实时信息共享和协作，以提高供应链的响应速度和灵活性。

4）质量管理与追溯。通过集成质量管理系统和追溯技术，智慧供应链可以实现产品质量的全过程监控和追溯。这有助于确保产品质量、提高客户满意度并降低质量风险。

5）智能物流与配送。智慧供应链可以优化物流和配送流程，提高运输效率和准确性。这包括智能规划全程物流运输方案、实现物流透明化与追踪、提高运输和配送过程中的货物状态信息透明度等。

6）供应链风险管理。智慧供应链可以帮助制造业识别和评估供应链中的潜在风险，如供应中断、价格波动、质量问题等，并采取相应的风险管理措施来降低风险影响。

5．农业

智慧供应链在农业中的应用可以极大地提升农业生产的效率、优化资源配置，以及增强农产品的市场竞争力。以下是智慧供应链在农业中的一些主要应用。

1）农产品市场预测与决策支持。通过大数据分析技术，智慧供应链可以预测农产品市场的供求关系和价格走势，为农户或农业企业提供科学合理的种植方案和生产决策支持。这有助于降低生产成本，提升农户抵抗市场风险的能力，切实保障农户的利益。

2）农业可视化管理与监控。利用物联网传感设备，结合植物生长模型、病虫害模型等，智慧供应链可以实现农业生产的可视化管理和监控。这包括对农田环境、作物生长状况、病虫害发生等的实时监测和数据分析，从而指导农业生产者进行精准种植、智能灌溉、病虫害预警和气象灾害预警等。

3）农产品追溯与质量安全控制。通过集成物联网、云计算等技术，智慧供应链可以实现农产品从田间到餐桌的全程追溯和质量安全控制。这包括农产品的品种、种植、施肥、用药、收获、加工、运输等各环节的信息记录和追溯，确保农产品的质量安全，提高消费者的信心和满意度。

4）农业供应链协同与优化。智慧供应链可以整合农业供应链上的各个环节，实现供应链的协同和优化。在纵向上，与农资供应商、农产品加工企业、物流企业、销售企业等的实时信息共享和协作，提高供应链的响应速度和灵活性，降低农产品损耗和物流成本。在横向上，通过信息共享和协作，可以促进农业合作组织的发展，帮助农户实现规模化、标准化生产，共同应对市场变化，提高整体竞争力。此外，智慧供应链还可以帮助农业合作组织建立品牌形象，提升市场影响力。

5）农业金融服务创新。智慧供应链可以与金融科技结合，推动农业金融服务的创新。例如：利用区块链技术确保农产品的真实性和可追溯性，为农产品提供融资支持；利用移动支付和智能合约等技术，实现农产品的无信用交易。

6. 医疗卫生

智慧供应链在医疗卫生领域中的应用主要体现在全程可视化和追溯管理、多供应商管理以及智能化作业等方面。这些应用不仅提高了医疗物资的管理效率和透明度，还增强了医疗机构的应对能力和市场竞争力。

首先，通过中心库物联网工作站管理平台，可以建立各类药品、医用耗材、诊断试剂等医用物资的采购准入、质量管理标准。这构建了一个采购、供应、使用与结算一体化管理平台，并通过条码技术、RFID 技术、云信息平台结合物联网智能设备，实现高值耗材及诊断试剂的全流程追溯管理，以及低值耗材的定量化、条码化管理。这种管理方式确保了院内院外信息的互联互通，帮助医院对各类医用物资实现智能化、信息化、高效化的全流程供应链闭环管理。

其次，智慧供应链在医疗卫生领域的应用还体现在多供应商管理上。依托云平台，能够实现商品统一编码，可以对供应商证照资质、商品属性、采供退流程进行统一化、精细化的管控。这种管理方式不仅提高了采购效率，还增强了供应链的透明度和可追溯性。

最后，智能化作业是智慧供应链在医疗卫生领域的一个重要应用。通过条码技术、RFID 技术结合 IoT 硬件，可以实现医用物资在库内的验收核对上架、拣选复核出库，全流程指引式、感应式作业。这不仅提高了作业效率，还确保了全流程的可追溯性和可视化管理。

案例 11-3
九州通药品
供应链

11.3 智慧供应链系统

智慧供应链系统是一种集成了物联网、大数据、人工智能等先进技术的供应链管理模式，旨在提高供应链的响应速度、降低运营成本、增强风险控制能力，并为企业提供智能化的决策支持。

11.3.1 智慧供应链系统的层次结构

智慧供应链系统由底至顶可以划分为运营层、战术层和战略层三个层次，如图 11-7 所示。运营层以自动化为基础，战术层以数字化为基础，战略层以智慧化为基础。

1. 运营层

智慧供应链的运营层基于物联网、智能感知技术、数据获取技术、智能化物流设施设备等完成物流活动中最基本的业务活动，包括货物的出入库、仓储拣选、上架、理货与盘点、简单加工、运输与配送等一系列物流运营功能。其中，各种智能化设备、泛在互联网络等可实现货物的自动识别、全程监控和过程追溯等功能。另外，通过本层各种自动化的数据获取与传递技术，可以获取物流活动中的基本数据及运营数据，从而构建出各种各样的物流信息数据库，如仓储数据库、运输调度数据库、零售订单数据库等，它们是战术层和战略层进行分析与协调控制的数据基础。

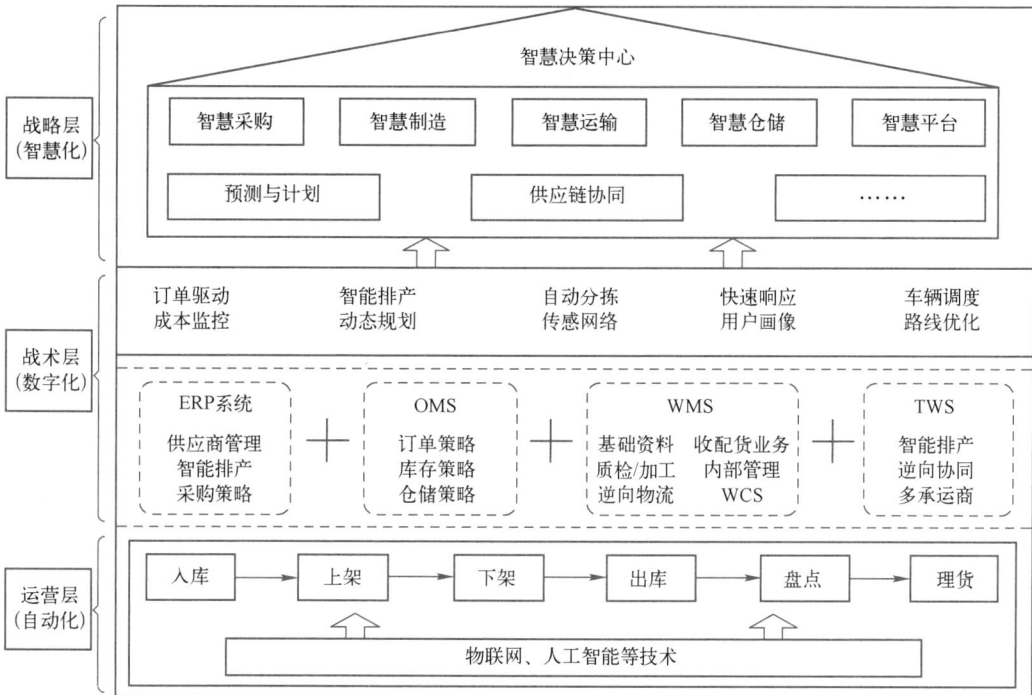

图 11-7　智慧供应链系统的层次结构

2. 战术层

战术层基于底层数据的集成实现对企业资源、订单、仓储、运输等业务的管理，包括 ERP 系统、OMS、WMS、TWS 等。这些系统在供应链上的一个局部范围内进行纵向和横向两个方向上的信息集成，如 WMS 全面集成一个仓储中心内的所有物流运作信息，并与上游供应商、下游零售商之间建立关于订货、配送等相关信息的交换。通过信息集成，订单可以自动转入仓储中心，实现仓储的自动分拣；自动转入制造企业，实现智能排产与生产计划的优化；针对运输资源进行动态调度，实现配送路径的优化。总之，这些物流信息系统支持下的供应链协同可以很好地满足消费者的个性化需求，实现快速响应，降低企业成本。

3. 战略层

战略层主要面向企业的高层管理者，故智慧供应链在战略层的支持主要表现为预测分析、决策规划、模拟分析、供应链联盟等。采用大数据、云计算、人工智能、机器学习等技术，一方面对物流链上所有流动的原材料、半成品、产成品、物流资源（如运载工具、场站、各种自动化设备等）进行可视化管理，实现信息透明化、信息共享与快速准确的跟踪监控；另一方面基于下面两层的数据支撑，从智慧采购、智慧制造、智慧运输、智慧仓储和智慧平台等方面实现物流资源调配、模拟分析与数字中台的协调控制及资源利用的预测与计划等。

11.3.2　智慧供应链系统的协同功能

智慧供应链系统的协同功能可以分别从运营层、战术层和战略层三个层次来阐述，如图 11-8 所示。其中，最下面一层是运营层的协同，该层针对物流系统中的各项物流活动，如运输、仓储、配送、流通加工等进行精准控制与协调，提高物流的效率，降低成本，提高客户服务水平。第二层是战术层的协同，主要作用是上通下达，充分贯彻上层战略方针，制订出使得供应链上下游各个企业之间协调一致的计划，通过计划、调度与控制充分利用各类资源，实现利润最大化目标。最上面是战略层的协同，从长期发展的角度制定具有长远规划的供应链协同战略，如供应联盟、资源协作联盟等，目标是实现供应链企业多赢。

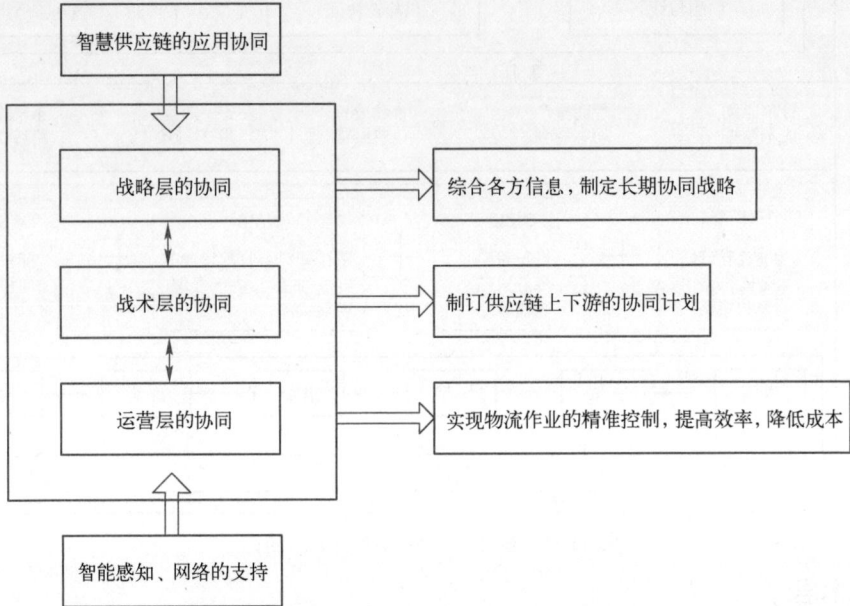

图 11-8　智慧供应链系统的协同功能

从智慧供应链系统中影响协同的要素的角度来看，主要有以下几个方面的协同：①供应链结构规划的协同。供应链结构规划就是构建供应链的网络，包括链上的成员，成员之间的链接关系及链接的复杂程度等链长、链宽的结构设计。②供应链网络参数优化的协同。供应链网络中包括设施选址优化、干线及支线的布局、仓储设施的布局优化及库存采购策略优化等。③供应链企业间关系的协同。供应链企业间关系协同包括链上交易的各个企业之间或渠道之间的收益分配机制、激励与风险分担机制、契约机制与保障机制、信息与合作机制等问题的协同。④物流功能活动的流程协同。物流功能活动的流程协同就是各个物流活动之间的无缝衔接，包括物流订单接收、调度、配送及自动补货、产能配置、拣选与库存等问题的协同。⑤供应链信息系统的协同。供应链上涉及很多企业内部信息和跨企业的信息系统。这些信息系统通过链上企业之间的工作流协同建模、商业交易信息的互联互通及消费者需求预测的信息分享等进行协同。

事实上，基于人工智能、大数据等先进技术的智慧供应链系统就可以更好地实现链上各方的协同，这种协同可以帮助供应链上企业实现以下功能：①快速响应个性化、多元化的客户需求。目前电子商务飞速发展，电子商务销售产品的长尾特性使得消费者的选择面很宽，但竞争也越来越激烈，导致产品的更新换代周期大大缩短。智慧供应链系统中，通过各种智能技术的深入应用，能够获取大量消费者的需求数据、个性化或多元化的偏好数据。通过供应链中台在链上及时共享消费者的需求数据，实现供应链协同，可以快速响应消费者的需求，降低成本。②实时监控以提高服务水平。在智慧供应链系统的数字中台上，可以实现对产品的原材料采购、设计研发与制造生产、促销与销售、订单支付、产品配送与售后服务等全生命周期的反馈、监控与控制，可以及时发现问题，以便通过不断调整来提高服务水平，实现增效降本的目标。③实现链上企业资源优势互补。智慧供应链系统中上下游企业之间通过数字中台建立合作关系后，不仅在需求信息、监控与反馈控制方面能够进行协同，在资源分享方面也可以优势互补，实现资源合理利用的协同，保证各个企业能够发挥各自领域内的领先优势，建立联盟、相互合作，获得多赢的结果。④实现专业化的分工与组织优势。目前激烈的市场竞争与产品生命周期短的特征，使得供应链上的企业更加专注自身核心业务的发展，以便持续保持领先优势。因此，专业化组织发展很快，如第三方物流（3PL）、OEM（原厂委托制造）、外包协作等，也就是通过各种不同业务的外包，将非核心业务交由专业的第三方服务商。

这种趋势增加了组织间的合作和协调，日益加强了链上企业之间的战略合作关系，各个企业基于利益建立战略合作关系，选择贸易伙伴，分享利益，如发展基于合作的数据分享战略，研究更有效的分割数据策略，从而把有选择的、安全的信息同供应链伙伴共享。再如，下游零售企业实施供应链的协同，更关注产品销售，把产品的设计与生产、物流与配送等活动交由供应链的上游企业去实施，可以进一步提高市场竞争力。

11.3.3　智慧供应链系统的组成

以供应链管理理论为核心的智慧供应链系统，是指供应链上企业之间为了实现信息共享和协同而构建的以物联网、智能技术与设施、数据挖掘与大数据技术等为基础的一体化、集成的系统。它不局限于一个企业的内外部和相关环境，而是从整体供应链的视角来考虑，因为供应链上有很多参与企业，它们之间存在很多利益关联。

图 11-9 所示是一个基于智能技术的智慧供应链系统。系统中的各个企业，如供应商、制造商与消费者，通过以物联网、泛在网络技术为基础的集成信息系统或电子商务平台连接，形成集成化的供应链系统。同时，通过供应链数据中台上的云计算、数据挖掘、智能算法和大数据等技术，对供应链上所有业务进行协同计划、协同资源调度、协同控制与协同反馈修正，来实现供应链上所有业务与运营活动的协同制造与物流过程，实现供应链上物流、信息流与资金流的统一。

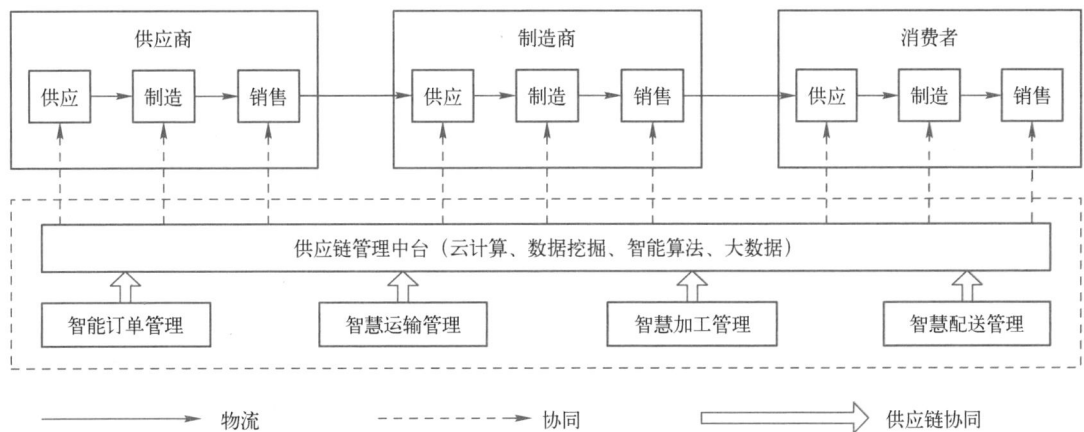

图 11-9　智慧供应链系统

智慧供应链系统的典型特征是设置数字中台，也就是从不同的工作台视角，把整个供应链上各个企业交易从生产计划、物料采购、合同履约、产品库存与财务结算等方面全面集成。在数据应用体系中，可设计不同的数据应用规则，应用相关优化模型、智能算法、大数据等技术，基于相关供应商、商品、订单、库存、结算、会员、运营模式等对象，通过数据架构中的模型与方法和供应链上的商业模式相结合，形成链上各种业务运营的应用场景。因此，供应链中台中存在各种类型的工作台，其中不同的物流运营场景、不同对象的数据集合、优化模型等相互集成，面向供应链上不同的运营支持角色来完成相关工作的协同。

案例 11-4
富勒数字化
供应链晨光
应用案例

11.3.4 供应链系统中的智能决策

通过应用智能决策技术，企业可以实现对供应链各个环节的精细化管理和优化控制，提高整体运营效率和竞争力。同时，智能决策还有助于企业更好地应对市场变化和风险挑战，实现稳健、可持续的发展。

1. 智慧供应链网络优化

智慧供应链网络优化是指利用先进的信息技术和智能化算法，对供应链网络进行全面的、实时的、精准的分析和优化，以提高智慧供应链网络的自适应、自组织和自修复能力。以下是智慧供应链网络优化的几个关键方面：

（1）供应链网络设计

智慧供应链网络优化首先需要对供应链网络进行合理的设计。这包括确定供应商、仓库、销售点等关键节点的位置，以及确定物流配送中心和仓库的数量和容量等。通过智能算法对供应链网络进行建模和优化，可以实现物流成本的降低和运输效率的提高。

（2）物流配送路线优化

智慧供应链网络优化还包括物流配送路线的优化。通过智能算法对运输需求、道路状况、运输成本等因素进行综合考虑，可以规划出最优的物流配送路线，降低运输成本、减少运输时间，并提高运输的可靠性和灵活性。

（3）库存管理优化

智慧供应链网络优化还需要对库存管理进行优化。通过实时监控库存状态、销售数据和市场需求等信息，利用智能算法进行库存预测和调度，可以实现库存水平的降低和库存成本的减少，同时确保库存的准确性和实时性。

（4）供应链协同管理

智慧供应链网络优化还需要实现供应链各方的协同管理。通过建立信息共享平台、协同决策机制等方式，可以实现供应链各方之间的实时信息交流和协同合作，提高供应链的响应速度和灵活性，降低运营成本。

（5）数据分析与决策支持

智慧供应链网络优化需要借助大数据分析和人工智能技术，对供应链数据进行实时采集、分析和挖掘。通过建立数据模型和算法模型，可以实现对供应链各个环节的实时监控和预测，为企业的决策提供数据支持和依据。

2. 需求预测分析

智慧供应链管理中的智能需求预测涵盖了历史数据分析、市场趋势研究、消费者行为分析、供应链协同预测、需求波动管理、预测模型构建、实时数据监测和预测结果优化等多个方面。这些方面的综合应用可以帮助供应链管理者更准确地预测市场需求，提高供应链的响应速度和运营效率。

（1）历史数据分析

历史数据分析是智能需求预测的首要步骤。通过分析过去的销售数据、市场需求、供应链表现等信息，可以识别出周期性规律、季节性变化以及异常事件对市场需求的影响。这些数据为预测模型提供了基础，并帮助决策者理解市场需求的演变趋势。

（2）市场趋势研究

市场趋势研究涉及对宏观经济、行业发展和竞争格局的深入分析。通过收集和分析行业报告、市场研究数据、竞争对手策略等信息，可以洞察市场未来的发展方向，为需求预测提供宏观背景。

（3）消费者行为分析

了解消费者偏好和行为模式是准确预测市场需求的关键。这包括对消费者的购买历史、品牌忠诚度、价格敏感度等方面进行深入分析。借助数据挖掘和机器学习技术，可以从海量消费者数据中提取有价值的见解，用于指导需求预测。

（4）供应链协同预测

供应链管理系统中的需求预测不仅仅关注企业内部的数据和信息，还需要与供应商、分销商和零售商进行信息共享和协作。通过共享市场信息、销售数据和趋势分析，可以更好地理解整个供应链的情况，并共同制定准确的需求预测策略。因此，建立一个信息共享和协作平台非常重要。

（5）需求波动管理

需求波动是供应链管理中常见的挑战。为了应对这一挑战，需要建立有效的需求波动管理机制，包括预测误差分析、安全库存设置、灵活的生产计划等。这些措施可以帮助供应链管理者在需求波动时保持稳定的运营。

（6）预测模型构建

预测模型是智能需求预测的核心。通过选择合适的统计方法、机器学习算法或深度学习模型，可以构建出能够准确预测市场需求的模型。模型构建过程中需要考虑数据的特征、模型的复杂度以及预测的时效性等因素。

（7）实时数据监测

实时数据监测是实现智能需求预测的重要手段。通过实时监测销售数据、库存状态、市场需求等信息，可以及时发现市场变化并调整预测模型。这有助于提高预测的实时性和准确性，使供应链管理者能够迅速应对市场变化。

（8）预测结果优化

预测结果优化是智能需求预测的持续过程。通过对预测结果的评估和分析，可以发现预测模型的不足之处，并对其进行调整和优化。此外，还可以结合人工智能和专家经验对预测结果进行后处理，以提高其可靠性和实用性。

3. 客户关系管理

在智慧供应链中，客户关系管理（CRM）是提升客户满意度、增强客户忠诚度和保持企业竞争力的关键。随着科技的发展，各种技术手段在 CRM 中的应用日益广泛。以下是一些技术手段，可以帮助企业加强智慧供应链中的客户关系管理。

（1）大数据分析与人工智能

利用大数据分析和人工智能（AI）技术，企业可以收集、整合和分析客户的海量数据，包括购买历史、浏览行为、社交媒体互动等。通过深度挖掘这些数据，企业可以更准确地了解客户的需求、偏好和行为模式，从而制定个性化的营销策略，提供精准的产品推荐和服务。

（2）社交媒体分析

社交媒体已成为客户表达意见和反馈的重要渠道。利用社交媒体分析工具，企业可以实时监测和分析客户在社交媒体上的活动和言论，了解客户的真实需求和情感倾向，从而及时调整营销策略和服务方式。

（3）区块链技术

区块链技术以其不可篡改、安全透明的特性，为客户关系管理提供了新的解决方案。利用区块链技术，企业可以建立信任机制，确保客户数据的安全性和可信度。同时，区块链还可以用于记录和验证客户的交易和互动行为，为企业提供更准确的客户画像和行为分析。

4. 供应商管理

在供应链管理中，供应商管理占据重要地位。有效的供应商管理不仅有助于确保原材料和零部件的稳定供应，还能优化成本结构、提高产品质量和减少运营风险。随着技术的发展，特别是大数据、人工智能、区块链和物联网等先进技术的应用，供应商管理正逐步实现智能化和高效化。

（1）大数据分析与人工智能

通过收集和分析供应商的历史数据，如交货准时率、产品质量合格率、价格波动等，企业可以建立一个全面的供应商画像。借助人工智能算法，如机器学习和深度学习，企业可以预测供应商的未来表现，并在供应商出现问题时发出预警。此外，大数据分析与人工智能还可以帮助企业优化供应商选择策略，确保供应链的可靠性和稳定性。

（2）区块链技术

区块链技术为供应商管理带来了透明度和信任。通过区块链分布式账本技术，企业可以记录供应商的所有交易和数据，并确保这些数据的真实性和不可篡改性。这有助于减少欺诈行为和信任问题，提高供应商管理的效率和准确性。同时，区块链技术还可以用于建立智能合约，自动化执行供应商之间的协议和合同，降低交易成本。

（3）物联网技术

物联网技术使得企业可以实时监控供应商的生产过程和库存状态。通过在供应商的生产设备和库存上安装传感器，企业可以收集实时数据，了解供应商的生产进度、产品质量和库存水平。这有助于企业及时发现问题并采取相应的应对措施，确保供应链的连续性和稳定性。

5. 订单分配调度（智能排产）

智能决策在订单分配和调度方面发挥着关键作用。通过分析订单的特点、客户的需求和企业的生产能力等因素，可以为企业制定出最优的订单分配和调度方案。这有助于提高企业的生产率和客户满意度，同时降低运营成本。智能决策还可以实时调整订单分配和调度方案，以应对突发情况和市场变化。要加强智慧供应链中的智能排产，可以考虑以下几个技术手段。

（1）高级计划与排程系统

高级计划与排程（APS）系统能够集成需求预测、营销计划、生产计划、采购计划、物流配送计划等多个环节，形成一体化智能计划。通过 APS 系统，企业可以基于实时数据和多种约束条件（如设备、资源、工艺等）进行智能排产，提高排产的准确性和效率。

（2）人工智能和机器学习

利用人工智能和机器学习技术，对历史生产数据进行训练和学习，以预测未来的生产需求和趋势。基于这些预测结果，智能排产系统可以自动调整生产计划，以应对需求波动和不确定性。

（3）实时数据采集与监控

通过物联网技术，实时采集生产现场的数据，如设备状态、生产进度、质量信息等，并将这些数据与智能排产系统进行集成。这样，系统可以根据实时数据对生产计划进行动态调整，确保生产过程的顺利进行。

（4）优化算法与仿真技术

应用优化算法和仿真技术，对生产计划进行优化和模拟，以找出最优的生产方案。这有助于减少生产过程中的浪费和冲突，提高生产率和资源利用率。

（5）跨部门协同与信息共享

通过信息化手段，实现供应链各部门之间的协同和信息共享。这样，生产部门可以及时获取销售、采购、物流等部门的最新信息，并根据这些信息调整生产计划。同时，其他部门也可以了解生产部门的最新动态，以便更好地协同工作。

6．风险识别管理

供应链管理中的风险识别和管理对于企业的稳定运营具有重要意义。智能决策可以通过建立风险识别模型和分析工具，实时监测和分析供应链中的潜在风险，如供应商风险、库存风险、运输风险等。同时，智能决策还可以为企业提供风险预警和应对建议，帮助企业及时应对和处理风险事件，确保供应链的稳健运行。

（1）数据采集与分析

数字化风险管理的第一步是收集和整理供应链相关的数据。企业可以通过供应链管理系统和物流追踪系统等实现对供应链数据的实时监控和采集。同时，企业还可以通过数据分析和挖掘技术筛选出对供应链风险具有预测和预警作用的关键指标。

（2）预测与预警

利用统计分析和机器学习等技术，企业可以借助历史数据和实时数据对供应链风险进行预测和预警。通过对数据进行模型建立和训练，可以实现对供应链风险的量化评估和预测，及时发现风险潜在点并采取相应的措施进行干预和管理。

（3）供应链协同与合作

供应链数字化风险管理强调的是企业与供应链各方的协同和合作。通过建立供应链数字化平台，各个环节的信息可以实时共享，供应链各方可以共同监控和管理供应链风险。企业可以通过与供应商、物流公司等建立有效的合作机制，共同应对供应链中的潜在风险。

（4）应急响应与供应链恢复

即使进行了充分的风险预测和管理，供应链中的风险也难以完全避免。因此，企业还需要建立健全的应急响应机制和供应链恢复计划。在供应链断裂或风险发生时，通过快速响应和灵活调整，企业可以最大限度地减少损失，并尽快使供应链恢复正常运作。

7. 智能定价策略

在智慧供应链中，智能定价不仅可以提高企业的定价效率和准确性，还可以更好地满足客户需求，提升客户满意度和忠诚度，从而增强企业的竞争力。智能定价的实现依赖于一系列先进的技术和方法，这些技术和方法共同构成了智能定价策略的核心。以下是实现智慧供应链中智能定价的关键步骤和技术。

（1）数据集成与管理

首先，建立一个集中化的数据管理系统，整合来自不同来源的数据，包括历史销售数据、库存数据、市场需求数据、竞争对手数据等。这些数据是智能定价的基础，通过数据集成，可以确保数据的准确性和一致性。

（2）数据分析与预测

利用先进的数据分析工具和算法，对收集到的数据进行深入分析和预测。这包括对市场需求的预测、消费者购买行为的分析、竞争对手的定价策略分析等。通过分析数据，可以发现价格与市场需求、成本、竞争状况等因素之间的关系，为智能定价提供决策支持。

（3）客户细分与标签化

通过对消费者数据的分析，将客户细分为不同的群体，并为每个群体打上标签。这些标签可以包括价格敏感度、购买频率、购买偏好等。通过对客户进行细分和标签化，可以更好地理解客户需求，并为不同类型的客户提供个性化的定价策略。

（4）建立智能定价模型

基于数据分析和客户细分的结果，建立智能定价模型。该模型可以根据市场需求、成本、竞争状况和客户特征等因素，动态地调整价格。智能定价模型可以采用机器学习算法，通过不断学习和优化，提高定价的准确性和效率。

（5）实时调整与监控

智能定价系统需要实时监控市场变化和客户反馈，并根据实际情况对价格进行实时调整。这可以通过设置价格调整规则和触发条件来实现，确保价格与市场需求和竞争状况保持同步。

（6）风险管理与优化

在实施智能定价策略时，需要考虑风险管理和优化。通过定期评估定价策略的效果和潜在风险，及时调整和优化策略，确保定价策略的稳定性和可持续性。

案例 11-5
丰智云

本章小结

智慧供应链是结合物联网技术和现代供应链管理的理论、方法和技术，在企业中和企业间构建的，实现供应链的智能化、网络化和自动化的技术与管理综合集成系统。与传统供应链相比，智慧供应链在信息化程度、协同程度、运作模式、管理特点等方面均具有明显优势，技术的渗透性更强，可视化、移动化特征更加明显，信息整合性更强，协作性更强，可延展性更强。构建智慧供应链能够高度整合供应链内部信息，增强供应链流程的可视性、透明性，实现供应链全球化管理，同时降低企业的运营风险。

智慧供应链的实现在流程上有赖于供应链决策智能化管理、供应链运营可视化管理、供应链组织生态化管理和供应链要素集成化管理。

课后练习

一、思考题

1. 什么是供应链管理？它的管理范围是什么？
2. 供应链管理的内容有哪些？
3. 智慧供应链具有哪些特点？
4. 智慧供应链的核心要素有哪些？
5. 智慧供应链系统的协同功能有哪些？

二、讨论题

1. 试分析并讨论智慧供应链的发展历程。
2. 试举例分析智慧供应链的行业应用情况。
3. 试分析并讨论智慧供应链系统的组成。
4. 试分析并讨论如何提高供应链系统的智能化程度。

三、案例分析

智慧供应链：科技赋能高效物流与精准决策

中智制造企业作为一家大型制造企业，在供应链管理方面面临着诸多挑战。传统供应链管理模式下，信息流通不畅、决策滞后、物流效率低下等问题严重制约了企业的发展。为应对这些挑战，中智制造企业积极引入智慧供应链理念和技术，打造了智能化、协同化的供应链管理体系。

1. 智慧供应链的实施

构建智慧供应链平台：中智制造企业投入大量资源开发了一套集成化的智慧供应链平台。该平台整合了物联网、大数据、人工智能、区块链等先进技术，实现了供应链各环节的数据实时采集、传输和分析。通过在生产线上安装物联网传感器，中智制造企业能够实时监控生产设备的运行状态和生产进度；中智制造企业利用大数据技术对海量的订单数据、库存数据、物流数据等进行挖掘和分析，为决策提供支持；人工智能算法则用于需求预测、智能补货等方面，提高了供应链的响应速度和准确性；区块链技术确保了供应链数据的安全性和可追溯性，增强了合作伙伴之间的信任。

优化物流配送体系：在物流配送环节，中智制造企业采用了先进的物流技术和管理方法。一方面，中智制造企业引入了智能仓储管理系统，实现了仓库的自动化管理和货物的精准定位。另一方面，中智制造企业通过与物流供应商的合作，建立了物流信息共享机制，实时获取物流车辆的位置、运输状态等信息，从而能够对物流配送过程进行全程跟踪和优化调度。例如，根据交通状况和货物送达时间要求，合理规划运输路线，提高物流配送效率，降低物流成本。

强化供应链协同合作：中智制造企业注重与供应商、经销商等合作伙伴的协同合作。通过智慧供应链平台，中智制造企业与合作伙伴之间实现了信息的实时共享和业务的无缝对接。供应商能够根据中智制造企业的生产计划和库存情况，及时调整供货计划，确保原材料的及时供应；经销商则可以根据市场需求和库存状况，与中智制造企业协同制订销售计划，提高市场响应速度。此外，中智制造企业还建立了供应商评价体系和风险预警机制，对供应商的绩效进行定期评估，并及时发现和应对供应链中的潜在风险，保障供应链的稳定运行。

2. 智能决策在供应链系统中的应用

需求预测与计划：利用大数据分析和机器学习算法，中智制造企业能够对市场需求进行精准预测。系统自动收集和分析历史销售数据、市场趋势数据、宏观经济数据等多维度信息，结合企业的促销活动、季节因素等，生成未来一定时期内的需求预测结果。基于这些预测数据，企业可以制订合理的生产计划和采购计划，避免库存积压或缺货现象的发生，提高供应链的运营效率和客户满意度。

库存优化管理：智慧供应链系统通过实时监控库存水平和销售动态，实现了库存的智能化管理。系统能够自动识别"慢动销"和呆滞库存，并根据销售预测和补货周期等因素，为每种产品制定最优的补货点和补货量。同时，企业采用了先进的库存分类管理方法，将库存商品按照重要程度、周转率等进行分类，针对不同类别的商品采取不同的管理策略。例如，对于高价值、低周转率的商品，加强库存监控和控制，降低库存成本；对于低价值、高周转率的商品，优化补货流程，确保供应的及时性。这种智能决策方式有效降低了中智制造企业的库存成本，提高了资金周转率。

供应商选择与评估：在供应商管理方面，中智制造企业借助智慧供应链系统建立了科学的供应商选择和评估体系。中智制造企业系统综合考虑供应商的价格、质量、交货期、信誉等多个维度的数据，通过数据分析和评分模型，对供应商进行综合评价和排名。根据评估结果，中智制造企业能够优选出最合适的供应商进行合作，并与供应商共同制订改进计划，提升供应商的整体绩效。此外，系统还能够实时监测供应商的风险状况，如财务风险、生产风险等，及时预警并采取相应的风险应对措施，保障供应链的稳定性和可靠性。

问题：

1. 中智制造企业在构建和实施智慧供应链过程中遇到了哪些技术挑战？
2. 这些挑战是如何通过技术手段和管理策略解决的？

第12章　智慧物流与智能制造

学习目标
- 能够准确解释智能制造的概念。
- 能够正确列举智能制造的特征。
- 能够科学分析智能制造的系统架构和发展路径。
- 能够正确辨析智能制造与智慧物流的关系。
- 能够详细描述智能制造对智慧物流的要求。
- 能够准确描述智能制造与智慧物流的融合路径。
- 能够详细描述现代制造业物流创新发展的理念。
- 能够详细分析智能工厂物流系统的框架、场景要素、管理逻辑及内部集成。

随着工业 4.0 时代的到来，智能制造正以其高度自动化、数字化的生产方式引领着制造业的深刻变革。智慧物流作为智能制造的重要支撑，正通过与智能制造的深度融合，共同推动制造业的转型升级。智慧物流利用物联网、大数据等先进技术，实现了物流信息的实时感知和智能处理，为智能制造提供了高效、精准的物流服务。同时，智慧物流还能有效协同供应链上下游企业，提升整个供应链的协同效率和竞争力，为制造业的可持续发展注入新的动力。

12.1　智能制造概述

12.1.1　智能制造的概念

智能制造（Intelligent Manufacturing，IM）是基于新一代信息通信技术与先进制造技术深度融合，贯穿于设计、生产、管理、服务等制造活动的各个环节，具有自感知、自学习、自决策、自执行、自适应等功能的新型生产方式。

智能制造可分为智能设计、智能生产、智能管理、智能制造服务四个关键环节，如图 12-1 所示。

智能设计是指应用智能化的设计手段及先进的设计信息化系统（如 CAX、网络化协同设计、设计知识库等），支持企业产品研发设计过程各个环节的智能化提升和优化运行。

智能生产是将智能化的软硬件技术、控制系统及信息化系统[如分布式控制系统（DCS）、分布式数控（DNC）系统、柔性制造系统（FMS）、制造执行系统（MES）等]应用到生产过程中，支持生产过程优化运行，也是智能制造的核心。

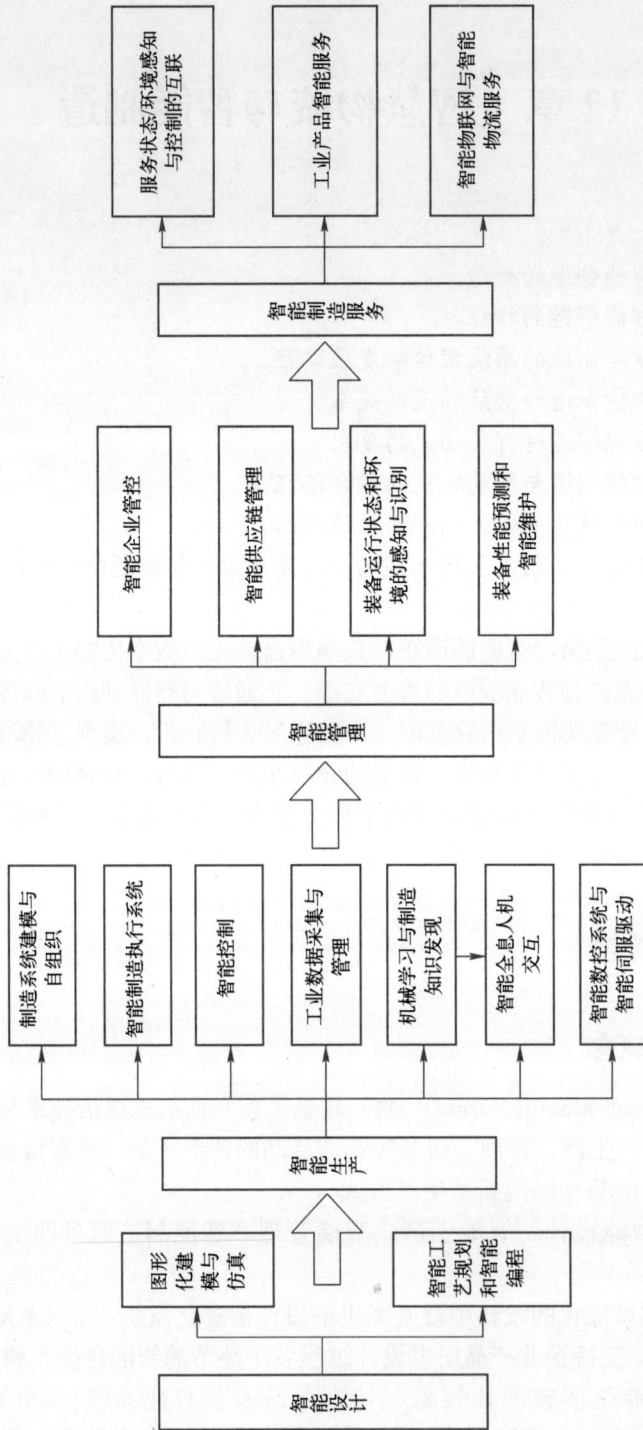

图 12-1 智能制造过程的智能化关键环节示意图

智能管理是基于智能工厂体系的企业管理，主要包括产品研发和设计管理、生产管理、库存/采购/销售管理、服务管理、财务/人力资源管理、知识管理、产品生命周期管理等。

智能制造服务包含产品服务和生产性服务。前者指对产品售前、售中及售后的安装调试、维护、维修、回收、再制造、客户关系的服务，强调产品与服务相融合；后者指与企业生产相关的技术服务、信息服务、物流服务、管理咨询、商务服务、金融保险服务、人力资源与人才培训服务等，为企业非核心业务提供外包服务。智能制造服务强调知识性、系统性和集成性，强调以人为本的精神，为客户提供主动、在线、全球化服务，采用智能技术提高服务状态/环境感知、服务规划/决策/控制水平，提升服务质量，扩展服务内容，促进现代制造服务业这一新业态的不断发展壮大。

12.1.2　智能制造的特征

与传统制造相比，智能制造具有以下特征：

1．智能集成

智能制造系统不仅注重各个子系统的智能化，而且注重整个制造环境的智能集成，将各个子系统整合为一个整体，实现系统整体的智能化。

2．人机一体化

智能制造系统不单纯是"人工智能"系统，而是人机一体化智能系统，是一种混合智能。基于人工智能的智能机器只能进行机械式的推理、预测、判断，它只能具有逻辑思维（专家系统），最多做到形象思维（神经网络），完全做不到灵感（顿悟）思维，只有人类专家才能同时具备以上三种思维能力。因此，想以人工智能全面取代制造过程中人类专家的智能，独立承担起分析、判断、决策等任务是不现实的。人机一体化突出了人在制造系统中的核心地位，同时在智能机器的配合下，更好地发挥出人的潜能，使人机之间表现出一种平等共事、相互"理解"、相互协作的关系，使二者在不同的层次上各显其能、相辅相成。

因此，在智能制造系统中，高素质、高智能的人将发挥更好的作用，机器智能和人的智能将真正地集成在一起，互相配合，相得益彰。

3．自组织能力

智能制造系统中的各组成单元能够依据工作任务的需要，自行组成一种最佳结构，其柔性不仅突出在运行方式上，而且突出在结构形式上，所以称这种柔性为超柔性，如同一群人类专家组成的群体，具有生物特征。

4．自学习能力

智能制造系统能够在实践中不断地充实知识库，具有自学习功能，同时在运行过程中能够自行诊断故障，并具备对故障自行排除、自行维护的能力。这种特征使智能制造系统能够自我优化并适应各种复杂的环境。

5．自律能力

自律能力即搜集与理解环境信息和自身的信息，并进行分析判断和规划自身行为的能力。具有自律能力的设备称为"智能机器"，"智能机器"在一定程度上表现出独立性、自主性和个性，甚至相互间还能协调运作与竞争。强有力的知识库和基于知识的模型是自律能力的基础。

6. 虚拟现实技术

虚拟现实（Virtual Reality，VR）技术是实现虚拟制造的支持技术，也是实现高水平人机一体化的关键技术之一。虚拟现实技术是以计算机为基础，融合信号处理、动画技术、智能推理、预测、仿真和多媒体技术；借助各种音像和传感装置，虚拟展示现实生活中的各种过程、物件等，因而也能拟实制造过程和未来的产品，从感官和视觉上使人获得完全如同真实的感受。其特点是可以按照人们的意愿任意变化，这种人机结合的新一代智能界面是智能制造的一个显著特征。

12.1.3 智能制造系统架构

智能制造系统架构是指将智能制造系统的各种要素和环节有机地整合在一起，实现资源优化配置、高效运行的一种框架结构。智能制造系统架构通过生命周期、系统层级和智能功能三个维度构建完成（见图12-2），主要解决智能制造标准体系结构和框架的建模研究。

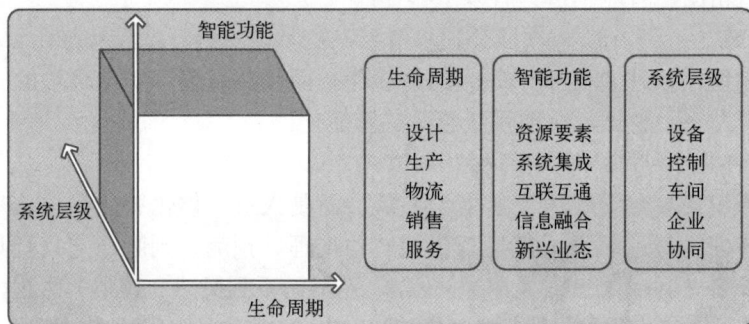

图12-2 智能制造系统架构

1. 生命周期

生命周期是由设计、生产、物流、销售、服务等一系列相互联系的价值创造活动组成的链式集合。生命周期中各项活动相互关联、相互影响。不同行业的生命周期构成不尽相同。

2. 系统层级

系统层级包括设备层、控制层、车间层、企业层和协同层，共五层。智能制造的系统层级体现了装备的智能化和互联网协议（IP）化，以及网络的扁平化趋势。其中，车间层级实现面向工厂/车间的生产管理，包括制造执行系统（MES）等；企业层级实现面向企业的经营管理，包括企业资源计划（ERP）系统、产品生命周期管理（PLM）、供应链管理（SCM）系统和客户关系管理（CRM）系统等；协同层级由产业链上不同企业通过互联网络共享信息实现协同研发、智能生产、精准物流和智能服务等功能。

3. 智能功能

智能功能包括资源要素、系统集成、互联互通、信息融合和新兴业态等五层。资源要素包括设计施工图样、产品工艺文件、原材料、制造设备、生产车间和工厂等物理实体，也包括电力、燃气等能源。此外，人员也可视为资源的一个组成部分。系统集成是指通过二维码、射频识别、软件等信息技术集成原材料、零部件、能源、设备等各种制造资源。由小到大实现从智能装备到智能生产单元、智能生产线、数字化车间、智能工厂乃至智能制造系统的集成。互联互通是指通过有线、无线等通信技术，实现机器之间、机器与控制系统之间、企业之间的互联互通。信息融合是指在系统集成和通信的基础上，利用云计算、大数据等新一代信息技术，在保障信息安全的前提下，实现信息协同共享。新兴业态包括个性化定制、远程运维和工业云等服务型制造模式。

12.1.4　智能制造的发展路径

目前，全球制造业技术变革的主线是智能化变革。我国智能制造的发展路径是数字化制造→数字化、网络化制造→数字化、网络化、智能化制造（新一代智能制造），如图 12-3 所示。

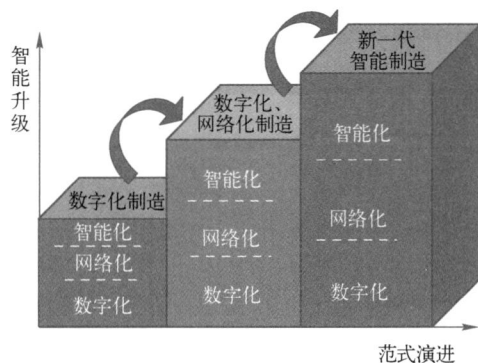

图 12-3　智能制造的发展路径

1. 数字化制造

数字化制造作为当今工业革命的核心驱动力，正深刻改变着传统制造业的面貌。这一转型不仅仅是技术的革新，更是制造业生产模式、管理方式和价值链的全面重构。数字化制造的核心在于将数字化技术深度融入制造业的各个环节，包括产品设计、工艺规划、制造装备、生产过程、企业信息管理、业务流程管理以及售后服务等，从而实现制造过程的智能化、高效化、柔性化和可持续化。

在这一转型过程中，计算机集成制造系统（CIMS）扮演着至关重要的角色。CIMS 是随着计算机辅助设计与制造（CAD/CAM）技术的发展而诞生的，它利用先进的计算机技术和自动化技术，将原本孤立、分散在产品设计制造过程中的各个自动化子系统有机地集成起来。这种集成不仅提高了生产率和产品质量，更重要的是，它使得制造业能够适应多品种、小批量生产的需求，实现整体效益的集成化和智能化。

数字化制造与 CIMS 的结合，为制造业带来了前所未有的机遇。通过数字化技术，制造业可以实现更加精准、高效的产品设计和工艺规划；通过 CIMS，企业可以实现对生产全过程的实时监控和优化，确保生产过程的稳定性和可控性。此外，数字化制造还促进了企业信息的数字化和管理的数字化，使得企业能够更加灵活地应对市场变化，提高决策效率和管理水平。

2. 数字化、网络化制造

数字化、网络化制造作为智能制造的一种重要范式，标志着制造业与信息技术的深度融合。在这一模式下，信息技术不再是简单的辅助工具，而是深入制造业的每一个环节，成为驱动制造过程创新和优化的核心力量。

首先，信息技术在数字化、网络化制造中得到了深入应用。从产品设计到生产流程，从供应链管理到销售服务，每一个环节都充满了信息技术的影子。例如：通过先进的CAD/CAM/CAE 软件，设计师可以更加精确地模拟产品的性能和结构，从而优化设计方案；智能生产管理系统则能够实时监控生产现场，确保生产过程的顺利进行。

其次，数字化、网络化制造推动了大规模个性化定制的实现。在传统的制造模式下，个性化定制往往意味着高昂的成本和漫长的生产周期。但在数字化、网络化制造中，通过大数据分析、云计算等技术，企业可以更加准确地把握消费者的需求，实现快速响应和定制化生产。这不仅能够满足消费者的个性化需求，还能够降低生产成本，提高生产率。

最后，数字化、网络化制造促进了网络协同制造的发展。在网络化制造系统中，企业可以与其他企业、消费者甚至竞争对手进行实时的信息共享和协同工作。这种协同制造模式不仅可以提高生产率和产品质量，还能够促进产业链的整合和优化，推动制造业的转型升级。

3. 新一代智能制造

新一代智能制造代表了制造业的未来发展方向，它融合了数字化、网络化与智能化三大核心要素，使得制造系统具备了前所未有的认知学习能力。这种能力是通过深度应用如增强学习、迁移学习等先进技术而获得的，使得智能制造结构体系不断完善，形成真正的智能制造。

在数字化、网络化、智能化制造中，制造系统不再是简单的执行工具，而是具备了自我学习、自我优化和自我决策的能力。通过深度学习、增强学习等技术，制造系统可以不断从生产实践中积累知识，提升对生产环境的感知和理解能力，从而更加精准地预测和响应各种生产需求。

这种认知学习能力使得制造系统更加智能化，可以根据实时的生产数据、市场需求等信息，进行智能决策和优化，提高生产率、降低能耗、减少浪费。同时，通过网络化连接，制造系统还可以实现与其他系统、其他企业的信息共享和协同工作，形成更加紧密、高效的产业链和价值链。

增强学习等技术的深化应用为数字化、网络化、智能化制造提供了强大的技术支持。通过这些技术，制造系统可以不断地从失败中学习、从经验中提炼，不断完善自身的智能决策能力。这种能力的不断提升将推动制造业向更加智能化、高效化、可持续化的方向发展。

12.2 智慧物流与智能制造的融合发展

随着科技的飞速发展，智慧物流与智能制造的融合已成为推动现代工业转型升级的关键力量。这种融合不仅提高了物流效率和制造精度，还实现了资源的最优配置和企业的可持续发展。

12.2.1 智能制造与智慧物流的关系

在传统的制造和物流模式下，生产和物流环节被分离成独立的业务，信息传递和处理的通道也相对狭窄。智能化的制造和物流模式下，生产和物流被整合为一体，共享信息，形成对全局的综合规划和优化。在这个模式下，信息技术是共同的关键因素，它们都依赖于信息技术的发展和应用。

首先，在智能制造中，物流管理是整个制造流程的一个重要环节。物流管理涉及原材料的采购和储存、半成品和成品的仓储和调配、配送等环节，这些环节需要高效、精确地进行操作，并且要保证物流过程的实时监控和可追溯性。智能制造的信息化系统可以支持物流管理和控制，让整个物流过程变得更加自主和智能化，从而提高物流效率和减少物流成本。

另外，在智慧物流中，智能制造也发挥了极其重要的作用。智能制造中可以实现信息和物流的有机结合，通过物联网、自动化、智能化等技术手段，实现工厂和物流的无缝衔接，保证物流过程的高效顺畅。同时，智能制造可以根据物流的需求，实现柔性生产和精益生产，满足不同批次的生产需求，从而提高物流的灵活性和精度。

综上所述，智能制造和智慧物流是相辅相成的，两者相互依存、相互促进。智能制造提供了物流过程中必要的基础和支撑，使物流过程更加自动化、标准化、可控化，从而实现更高效、更低耗、质量更稳定的物流。智慧物流则可以进一步提升制造过程的效率，让产品更快速、更精确地到达消费者手中，从而进一步提高整个制造业的竞争力。

12.2.2 智能制造对智慧物流的要求

在智能制造时代，大规模定制的需求对智慧物流系统提出了许多新的要求。例如，在汽车行业，过去消费者可以购买的车型很少，但现在不仅主要品牌的车型多样化，而且消费者可以对零部件的类型做出更多的选择。为了支持这种生产模式，智能制造系统中的智慧物流系统必须满足数字化、网络化、自动化、智能化和柔性化的要求。

1. 数字化

智能制造需要实时、准确地获取生产过程中的各种数据，包括物料信息、设备状态、生产进度等。智慧物流需要实现对这些数据的数字化采集和处理，为智能决策提供支持。数字孪生技术的应用可以进一步提高智慧物流系统的数字化程度。通过构建数字孪生模型，可以模拟物流系统的运行状态，预测未来的物流需求，优化物流规划和设计方案。

2. 网络化

智能制造环境下，各个生产环节和物流环节需要实现信息的实时共享和协同工作。智慧物流系统需要构建高效的信息网络，在内部各环节之间无缝衔接的基础上，实现与制造过程的无缝对接。同时，智能生产系统中的各种设备不再单独运行。它们通过物联网和互联网技术智能连接，形成全方位的网络结构，可以快速进行信息交换和独立决策。这种网络结构也需要物流设备实现与生产系统中其他设备的智能连接。

3. 自动化

自动化是智能制造的典型特征，要求智慧物流应用自动化设备与系统，如自动化仓库、无人搬运车、自动化分拣系统等，实现物流作业的自动化和无人化。同时，通过自动化管理系统，实现对物流资源的优化配置、调度和监控，提高物流资源的利用率和物流作业的效率。

4．智能化

面对大规模的定制需求，为降低成本和优化效率，有必要提高每个生产环节的智能化程度。对于智慧物流系统而言，一方面要做好智能分析与预测，即通过对历史数据的智能分析和预测，实现对物流需求的精准把握和对未来趋势的预测，为物流管理提供依据；另一方面通过应用智能算法和模型，对物流过程进行智能决策和优化，如路径规划、库存优化等。

5．柔性化

在大规模定制的时代，生产本身就具有灵活性。在自动化的基础上，相应的物流系统也需要具有更高的灵活性。柔性物流系统不仅包括工艺要求，还包括硬件和布局的柔性要求。例如：在物流过程的设计中，尽量用多对多的方式代替一对一的设计；在硬件和布局方面，尽量考虑未来根据生产需要调整布局和系统的可能性。

12.2.3　智能制造与智慧物流的融合路径

2020 年 8 月，国家发展改革委联合 13 个部门印发的《推动物流业和制造业深度融合创新发展的实施方案》将制造业与物流业的融合划分为五个关键环节，分别是企业主体融合发展、设施设备融合联动、业务流程融合协同、标准规范融合衔接和信息资源融合共享。

1．企业主体融合发展

物流企业与制造企业通过市场化方式创新供应链协同共建模式，建立互利共赢的长期战略合作关系，进一步增强响应市场需求变化、应对外部冲击的能力，提高核心竞争力。制造企业要结合实际系统整合其内部分散在采购、制造、销售等环节的物流服务能力，以及铁路专用线、仓储、配送等存量设施资源，向社会提供专业化、高水平的综合物流服务。

2．设施设备融合联动

在国土空间规划和产业发展规划中加强物流业与制造业有机衔接，统筹做好工业园区等生产制造设施，以及物流枢纽、铁路专用线等物流基础设施规划布局和用地用海安排。积极推进生产服务型国家物流枢纽建设，充分发挥国家物流枢纽对接干线运力、促进资源集聚的显著优势，支撑制造业高质量集群化发展。支持大型工业园区新建或改扩建铁路专用线、仓储、配送等基础设施，吸引第三方物流企业进驻并提供专业化物流服务。

3．业务流程融合协同

推动制造企业与第三方物流、快递企业密切合作，在生产基地规划、厂内设施布局、销售渠道建设等方面引入专业化物流解决方案，结合生产制造流程合理配套物流设施设备，具备条件的可结合实际共同投资建设专用物流设施。加快发展高品质、专业化定制物流，引导物流、快递企业为制造企业量身定做供应链管理库存、线边物流、供应链一体化服务等物流解决方案，增强柔性制造、敏捷制造能力。

4．标准规范融合衔接

建立跨部门工作沟通机制，对涉及物流业制造业融合发展的国家标准、行业标准和地方标准，在立项、审核、发布等环节广泛听取相关部门意见，加强标准规范协调衔接；支持行业协会等社会团体结合实际研究制定物流业制造业融合发展的团体标准，引导和规范物流业制造业融合创新。鼓励制造企业在产品及包装设计、生产中充分考虑物流作业需要，采用标准化物流装载单元，促进 1200mm×1000mm 标准托盘和 600mm×400mm 包装基础模数从商贸、物流等领域向制造业领域延伸，提高托盘、包装箱等装载单元标准化和循环共用水平。

5. 信息资源融合共享

促进工业互联网在物流领域融合应用，发挥制造、物流龙头企业示范引领作用，推广应用工业互联网标识解析技术和基于物联网、云计算等智慧物流技术装备，建设物流工业互联网平台，实现采购、生产、流通等上下游环节信息实时采集、互联共享，推动提高生产制造和物流一体化运作水平。推动将物流业制造业深度融合信息基础设施纳入数字物流基础设施建设，夯实信息资源共享基础。支持大型工业园区、产业集聚区、物流枢纽等依托专业化的第三方物流信息平台实现互联互通，面向制造企业特别是中小型制造企业提供及时、准确的物流信息服务，促进制造企业与物流企业高效协同。积极探索和推进区块链、第五代移动通信技术（5G）等新兴技术在物流信息共享和物流信用体系建设中的应用。

12.2.4　现代制造业物流创新发展的理念

王继祥教授在《制造业三大变革与智慧物流创新发展》一文中，在对制造业变革趋势的判断和智能制造与智慧物流的发展路径分析的基础上，提出了现代制造业物流创新发展的五大新理念，分别是单元化物流理念、物流先行理念、共享物流理念、融合创新理念以及软件定义物流理念。

1. 单元化物流理念

单元化物流指的是在物流系统中从发货地将物品整合为规格化、标准化的货物基本单元，并通过基本单元的组合与拆分来完成物流供应链各个环节的物流作业，保持货物基本单元的状态一直送达最终收货点。图 12-4 是使用托盘进行单元化运输的示例。

图 12-4　包装、运输包装和物流

单元化物流是现代制造业物流创新发展的基础。①单元化是物流数字化起点。要实现数字化，首先要单元化，数据感知首先是对单元货物的感知，单元货物编码相当于数字世界身份证。②单元化物流推动制造业物流创新。将物流系统中的物品由发货地整合为规格化、标准化的货物单元，并且保持货物最基本单元的状态一直送达最终收货点。货物单元是物流各个环节的作业单元，这样的物流就是单元化物流。物流基础单元可以是集装单元，也可以是包装单元。单元化物流贯穿供应链全过程，发展路径是标准化。集装箱改变了世界，托盘让物流现代化，单元化物流推动智慧物流创新。

2. 物流先行理念

物流先行理念是推动制造业物流创新发展的新理念。其主要体现是让物流前置，从产品设计开始，让智慧物流融入产业链与供应链，可提升全链路物流效率。

物流先行理念强调为物流设计（Design For Logistics，DFL）。DFL 指的是将物流起点前置，从产品设计开始就考虑产品在制造、销售、仓储、配送、组装、加工等过程中对物流友好，提前考虑到让产品的规格尺寸与产品的包装便于运输、存储、配送、装卸、搬运、堆码和信息感知或数据采集，从而推动物流全链路成本降低，提高供应链系统竞争力。

DFL 的核心思想是标准化，体现在产品尺寸规格设计、组合安装设计、单元化包装设计等方面，重点体现在单元化包装设计、产品模块化组合设计方面，目的是实现产品堆码存放与运输包装整齐划一和标准规范，从而极大提升物流作业效率与信息化水平。

智慧供应链的发展需要 DFL 的支撑。供应链贯穿从原材料供应、生产制造、产品销售、仓储运输、物流配送直至送到消费者手中的全部过程，对应采购物流、线边物流、销售物流、商贸物流、电商物流等流程。如果产品设计奇形怪状，产品包装不标准规范，不仅物流数字化不易实现，而且在物流过程中会对物流堆码、装卸、组合、搬运、配送带来巨大困难，造成物流效率低下和成本高昂。所以，数智化供应链创新需要 DFL 理念，从产品设计开始就为物流而设计。

3．共享物流理念

智慧物流时代物流资源具有网络化、标准化、信息化特征，为协调共享打下了基础。推进共享物流可以为制造业物流带来很多颠覆性创新，大幅度降低物流成本，实现节能减排，创造绿色物流新模式。

共享物流是指通过共享物流资源实现优化配置，从而提高物流资源使用效率，降低物流成本，推动物流系统变革的物流模式。共享物流的本质是共享物流资源，包括物流信息资源、技术与产品资源、搬运设备资源、仓储设施资源、货物运输资源、终端配送资源、物流人力资源等。共享方式主要包括租赁、交换、共享、回收、循环使用等。共享物流创新模式很多，包括托盘循环共用、周转箱循环共用、共享云仓、叉车租赁、公共信息平台和跨界共享等，其特点和发展情况如表 12-1 所示。

表 12-1　共享物流创新模式

模式	特点	发展情况
托盘循环共用	供应链中上下游共享托盘	随着商务部推进商贸物流标准化，托盘循环共用发展很快
周转箱循环共用	供应链上下游共享物流周转箱	随着商贸物流标准化推进，周转箱循环共用将得到广泛重视
共享云仓	共享仓储资源，实现物流仓配最佳网点布局和仓储布局，提升供应链效率	共享云仓是互联网、云计算、大数据技术在物流业应用的创新，随着电子商务物流快速发展
叉车租赁	共享叉车设备资源	目前叉车租赁在国际叉车市场占主导地位，我国叉车租赁发展很快
公共信息平台	物流信息共享平台	公共信息平台是推动共享物流的重要信息平台
跨界共享	通过信息化手段，打破物流边界，实现颠覆式创新	主要有物流与金融、服务、流通、生产跨界共享，其中物流金融发展最快

资料来源：王继祥，制造业三大变革与智慧物流创新发展，2023。

4．融合创新理念

融合创新理念体现在全产业链配套、全流程融合、全渠道融合以及物流外包与融合等四个方面。①全产业链配套。产业链集聚是我国制造业的优势，全产业链就地配套，"制造业两头在外"变成"只有产品销售一头在外"，可极大地缩短供应链，降低物流成本，自然也会带来智慧物流创新与变革。②全流程融合。从产品设计开始，大力推进 DFL 理念，让产品形状、尺寸规格、产品包装对物流友好；大力推进先行物流，以提升物料搬运效率为目标，优化线边物流；推动产业链供应链协同创新，提升产业链供应链韧性。③全渠道融合。制造业产品销售由传统批发为主向批发、平台电商、企业直销电商等全渠道变革，自然带来物流全渠道智慧变革，企业物流中心也要适应全渠道变革。④物流外包与融合。物流外包融入生产流程，推进供应商管理库存，推进 JIT（准时制）配送，推进制造业与快递业融合，借鉴电商智慧物流成果推进制造业物流变革。

5. 软件定义物流理念

软件定义物流指的是把物流作业设施、设备、货物等物流硬件资源虚拟化，通过应用程序软件对虚拟的硬件单元模块进行开放、灵活、智能的管理与调度，实现对物流系统的智慧管理与控制。

软件定义物流是智慧时代的本质特征之一。在智慧物流时代，智慧思维系统、智慧传导系统和智慧执行系统开始向物理世界延伸，让物理世界开始具备智能化的特性。软件定义物流正是这一趋势在物流领域的体现。通过软件定义，物流硬件资源被虚拟化并归类成基础的物流功能模块，这使得物流系统能够更加灵活、智能地响应各种需求。

具体来说，软件定义物流的实现依赖于物流单元化、功能模块化、柔性自动化等技术手段。物流单元化是将货物按照一定的规则和标准进行单元化处理，以便于管理和调度；功能模块化则是将物流系统划分为若干个功能模块，每个模块完成特定的功能；柔性自动化则是通过软件控制实现物流作业的自动化和智能化。这些技术手段的结合，使得物流系统能够更加高效地运行，并具备更强的适应性和可扩展性。

此外，软件定义物流还强调开放智能化和智能进化。开放智能化意味着物流系统能够与外部环境进行交互，并根据外部环境的变化进行自适应调整；智能进化则是指物流系统能够通过学习和优化不断提升自身的智能化水平。这些特性使得软件定义物流能够更好地适应复杂多变的物流环境，并不断提升物流效率和服务质量。

12.3　智能工厂物流系统

智能工厂主要包含智能生产和智能物流，智能工厂通过智能物流系统实现工厂内部的整合，以及与供应商端和客户端之间的协同，从而实现订单交付全过程的打通，如图 12-5 所示。智能生产作为交付过程中的一个环节，是将智能生产设施嵌入智能物流系统中，从而实现"制造工厂物流中心化"。

12.3.1　智能工厂物流系统的基本框架

智能工厂物流系统的重点在于物流的集成和整合，以此实现对经营战略、经营计划、战略绩效和业务计划的有效支撑。智能工厂物流系统以企业经营战略与目标为导向，支撑智能工厂及其供应链达成交付的使命，如图 12-6 所示。智能工厂物流系统包含智能采购物流、智能生产物流、智能成品物流、智能回收物流，以及与之相关的智能工厂物流运营管理平台、物流计划、前后端协同、差异管理和可视化、物流数据资源和物流设施设备等。

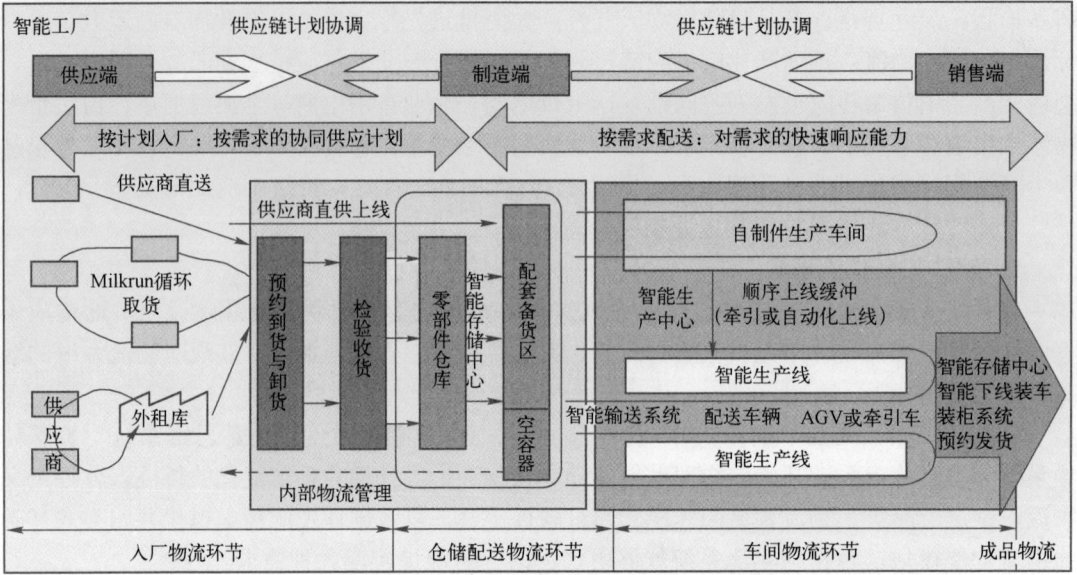

图 12-5　智能工厂计划协同管理与作业拉动模型

资料来源：邱伏生，企业供应链——智能工厂物流体系与智能工厂的关系以及基本框架，2021。

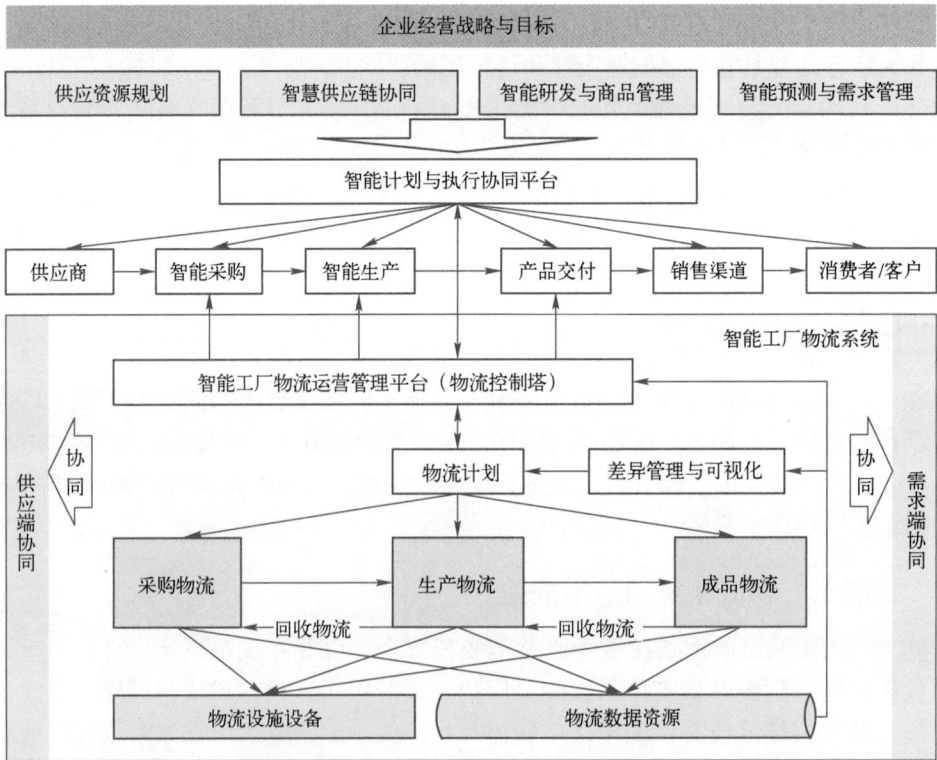

图 12-6　智能工厂物流系统的基本框架

资料来源：邱伏生，企业供应链——智能工厂物流体系与智能工厂的关系以及基本框架，2021。

1. 采购物流

采购物流是指将原材料、零部件等物资从供应商处运输到智能工厂的过程。这个过程涉及供应商管理、订单处理、运输安排、货物接收和检验等多个环节。智能工厂通常通过先进的采购管理系统和物流信息系统，实现与供应商的紧密协作和信息共享，确保入厂物流的高效和准确。

2. 生产物流

生产物流是指在智能工厂内部进行的物料搬运、存储、分拣等过程。这个过程涉及生产线上的物料配送、仓库管理、信息追踪等多个方面。智能工厂通过引入自动化设备（如 AGV、RGV 等）、物联网技术和仓库管理系统等，实现生产物流的自动化、智能化和可视化，提高生产率和降低物流成本。

3. 成品物流

成品物流是指将生产完成的成品从智能工厂运送到最终目的地（如客户、分销中心等）的过程。这个过程涉及成品的包装、标识、仓储、配送等多个环节。智能工厂通过引入先进的包装设备、仓库管理系统和物流信息系统等，实现成品物流的高效、准确和可靠，确保成品能够及时送到客户手中。

4. 回收物流

回收物流是指将智能工厂中的包装材料、容器、不良品等物资进行回收、分类、处理和再利用的过程。这个过程涉及物品的收集、分类、处理、再利用等多个环节。智能工厂通过引入专业的回收处理设备和环保技术，实现废弃物的减量化、资源化和无害化，降低对环境的污染和资源的浪费。

12.3.2　智能工厂物流系统的场景要素

智能工厂物流系统的场景要素主要包括采购业务端、入厂物流端、库存与仓储物流、生产协同端、容器管理和成品交付端等。

1. 采购业务端

采购业务端包含供应商的采购、生产、交付等过程，主要解决自动寻源、根据供应商基础数据实现自动下单、自动提示供应商交付要求等问题。这具体包括：①到货预约，支持发送 ASN（提前发货通知）、供应商到货计划编制、在线到货预约、JIT 物料拼车装货（包括多点卸货规避）、供应商库存实时查看、装卸货车辆排队叫号管理；②叫料管理，叫料指令的自动生成与发出、到货时间要求与建议、在线打印带条码的送货单与物料标签、厂内送货车辆作业与滞留时间监控、到货风险预警等。

2. 入厂物流端

入厂物流端主要包含装车、运输、收货、检验、入库等过程，解决规划和计划供应商的交付过程要求，并实行监督，以实现数字化采购的可视化。这具体包括车辆出入厂时间记录（单据扫描、牌号发放）、入厂到货准确性判断、匹配送货单、车流量控制、自动预警和提醒、未到货车辆预警、装卸货车位管理、车辆调度（含空容器装车位）、装卸货时间和效率监控等。

3. 库存与仓储物流

库存与仓储物流包括物料出入库扫描（送货单、标签），物料状态与品检效率监控（品质模块，强调信息及时、全面），物料与库位管理（作业齐套对应产线库位、实时维护），实时库存监控与预警（超期、待处理等），物料在库时间监控，齐套率监控（当天及第二天），三天作业齐套管理（信息齐套，含供应商库存），不配套物料，工单信息预警与处理状态管理，支持拆箱、拼箱操作，状态锁定。

4. 生产协同端

工位物流一直是智能工厂物流系统规划建设和运营维护的痛点和难点。它涉及生产设施、物流设施、作业单元、物料单元、产线节拍、作业主体（机器人或者操作人员），以及各个环节的信息（动作节拍、数量、流量等）采集与作业反馈协同，由此构成了工位物流的作业场景，也是智能工厂最主要的作业现场，需要系统化思考、集成化实现、智能化协同。通常是以点带面地导入关键工位和环节智能化的元素，然后逐步完成集成业务。在一个特定的工厂，关键环节的智能化突破往往可以起到"破冰"效应，带动上下游环节的系列优化和匹配，从而拉开智能化工厂建设和物流信息平台构建的序幕。

生产协同端主要包含分拣、配送、齐套、生产、打包等过程，解决数字化生产的流动性要求，以精准响应智能制造的时间和数量要求，其间需要重新解决工位智能配送和作业协同的问题。这具体包含各产线生产作业计划查询、显示，作业计划生产进度监控、提醒，物料配送计划查询，配送作业派工、物料分拣、齐套与配送进度监控、显示，在线库存倒冲及物料配送拉动点设置，线边拉动－配送－备料的作业计划倒排拉动，配送指令传递（根据线边物料消耗进度拉动，每种物料单独拉动，通过 PDA、电子看板等传递），尾数、不良等物料信息及时采集和传递处理。

5. 容器管理

物流基础比较薄弱的企业，一般首先需要做好每个物料的包装设计，做到包装单元化、通用化、标准化，并在此基础上扩展搬运标准、存储标准、运输标准、配送标准、工位暂存标准等。只有标准化了各个基础环节，才能够实现物流数字化、参数化，为后续的流程梳理提供良好的基础（可以直接作为基础数据导入物流信息系统）。这涉及产品结构、物料尺寸、BOM（物料清单）分解、质量要求定义、包装模式切换、容器具管理流程等。一旦忽略容器管理，规划出来的智能工厂物流徒具形式，无法实现物流信息的数字化，运营平台的建设也容易出现"两张皮"现象。

容器管理主要包含：①基础信息维护，器具编号、器具类型、颜色/材质、包装关联关系、物权所属；②日常运作管理，维修、更换、报废、信息维护、出入库管理、容器具回收预约；③资产管理，数量管控、物流容器具费用管理、租赁/采购管理。

6. 成品交付端

成品交付端主要包含入库、存储、检验、分拣、装车、运输、交付等过程，实现对市场要求的快速响应。

12.3.3 智能工厂物流系统的管理逻辑

智能工厂以物流运营管理为主线，打通物流管理的逻辑和流程，实现物流的一体化运作和管理。智能工厂物流系统通过外围实物流和内圈信息流的打通、协同和差异管控，实现采购物流、生产物流和成品物流的无缝衔接，如图 12-7 所示。其中，作业计划、收货计划、配套计划和发送计划是关键环节。

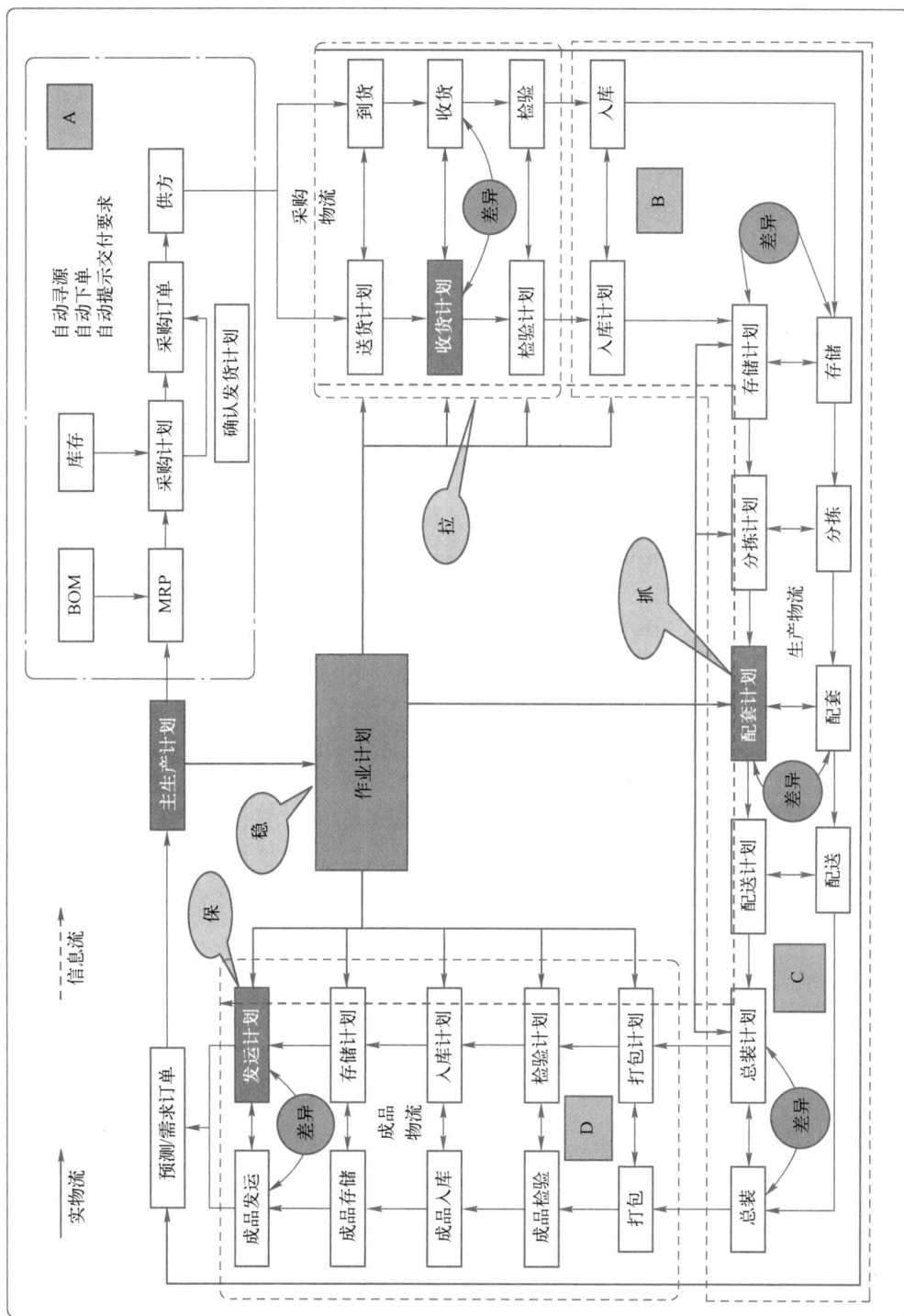

图 12-7　智能工厂物流系统的管理逻辑

资料来源：李志强，智能工厂物流运营管理提升的三个维度，2023。

1. 作业计划

作业计划的稳定性是实现安定生产和智能制造的重要基础。作业计划的稳定性主要表现为资源匹配实时监控、作业执行率保证、强调均衡生产，减少各类偏差带来的库存增加和断点浪费，推动安定生产，精益生产和精益物流协同，以总装为作业依据，提高计划达成率和直通率。

2. 收货计划

智能工厂中，要以工厂的需求来拉动供应商收货计划。供应商不再是自我任性的大批量生产，而是基于采购方的物料需求计划和要货计划倒排供应商的生产计划，实现采购方计划和供应商计划之间的联通，在双方认同的库存策略逻辑下实现按需生产；第三方物流或供应商基于采购方的要货计划和既定的运输路线取货或送货，统一调度，精确管理，不再是多拉快跑的模式；收货入库环节推动"快速检验"或免检，以保证采购物流的及时性和有效性，提高检验效率，降低物料在检验环节等待的时间。

3. 配套计划

智慧工厂中，需要狠抓配套计划，实现信息配套和实物配套的协同，从而保证生产的可行性。外购件配套计划不仅仅是保证供应，而且强调有效供应，以作业计划需求的齐套数量作为采购—到货—收货的依据，并且必须具备实时监控和可视化的能力。同时，还需要狠抓自制件配套计划，通常自制件由于管理者对于效率、成本、人员、换模等的考虑，喜欢一次性大规模生产，但是由此产生了失控的库存，形成无效制造，带来各种变数和经营压力。在智慧供应链中，自制件将作为内部供应商进行严格的协同配套和数字化要求，避免由此带来对供应链的冲击。此外，信息配套与实物配套相结合，实现物料流在厂内的实时监控、实时预警和实时响应。

4. 发运计划

保证发运计划是实现有效交付、提高客户满意度的重要基础。保证发运计划主要包括按照订单交付周期倒排计划、按照订单交付时间预约装车/装柜、有效装车/装柜，以有效响应客户的 ASN 等。

12.3.4　智能工厂物流系统的内部集成

智能工厂物流系统的内部集成，是指基于智能工厂物流运营的策略、逻辑和流程，将企业内的物流设施、生产设施、物料、信息系统、业务流程等进行全面的集成互联，建立一个高度集成化的系统。智能工厂物流系统的内部集成参考架构如图 12-8 所示，ERP 系统、PLM 系统、MES 和 WMS 是实现内部集成的重点，各系统的架构和功能设计以及系统间数据的接口设计是内部集成的关键。

1. ERP 系统

ERP 系统着重解决物料台账、合同、计划、采购、成本等相关管理目标，具体包括：①提升管理概念。由定性管理转变为定量管理，由单一的职能式管理转变为资源式管理。②理顺管理流程。理顺和制定适应单件小批量加工装配型企业的生产管理流程，规范生产流程环节中的各类票据，根据岗位说明书制定相应的操作制度及条例。③实现物料配送，建立缺件报警制度。将领料制仓库变成配送制仓库，在装配前做缺件分析，推行缺件报警制度。④有效控制库存。提出配套库存的管理思想，努力降低库存中长短件的比例。⑤降低成本。从

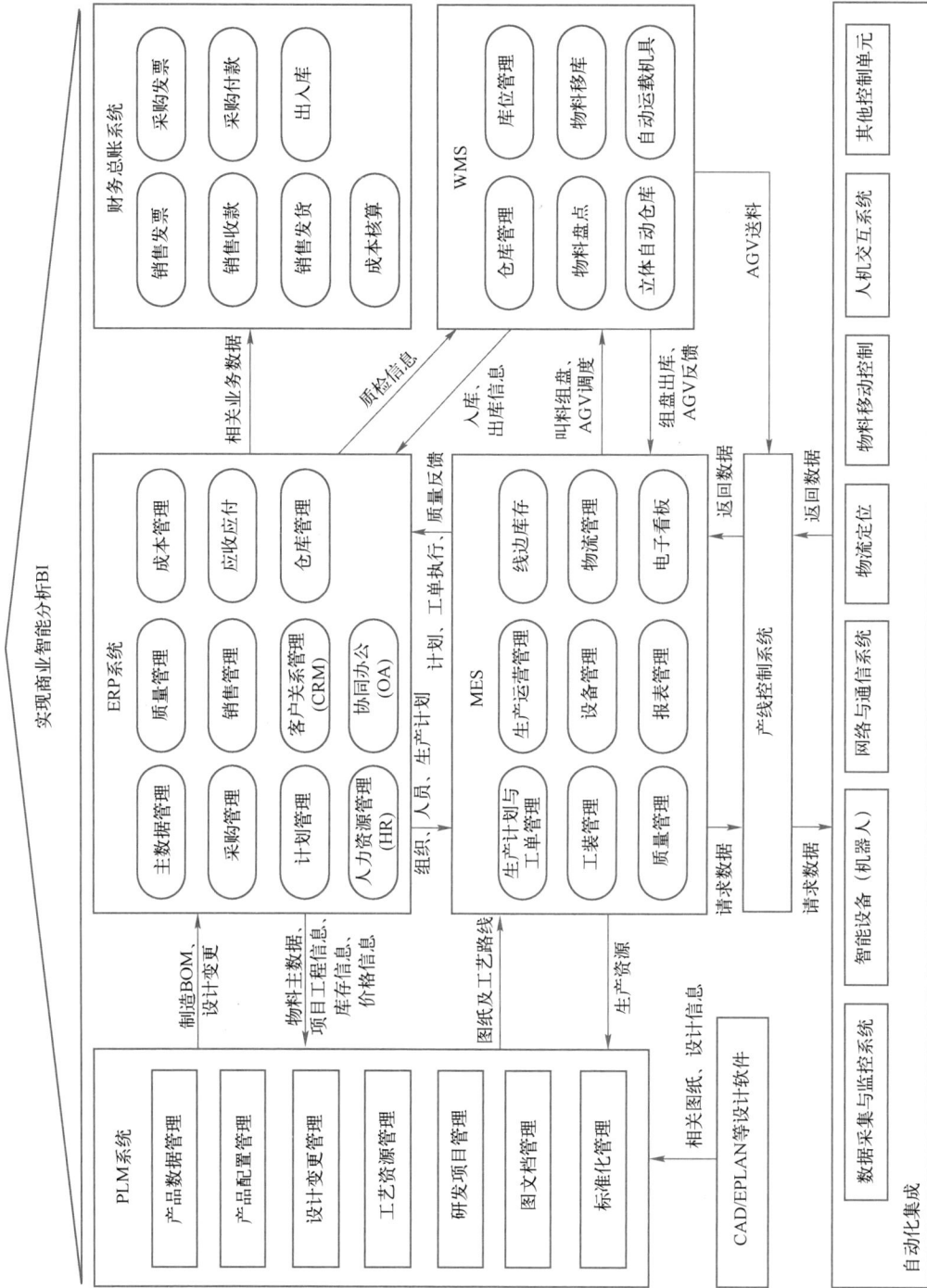

图 12-8　智能工厂物流系统的内部集成参考架构

资料来源：智能工厂信息化系统建设规划，2021。

限额发料、控制库存、缩短生产周期等方面降低生产成本。⑥缩短生产周期。通过提高设计及生产环节对工程变更的反应速度、提高装配中物料的齐套率、减少生产装配中停工待料的时间和缩短采购周期等措施，实现缩短成品的生产周期。⑦建立生产的可预见性机制，包括销售预测、库存预测、缺件预测、生产过程预测、客户订单交货期预测、采购到货期预测、生产成本预测等。⑧建立生产计划的控制和反馈机制体系，实现各类生产计划的闭环管理。⑨建立价格管理和多层次成本控制体系。建立原材料基准价管理体系、零部件/外协件的定额成本价、合同的实际成本计算体系等，形成完善的销售报价审计、采购合同价格审计、设计成本审计和完工审计制度。⑩建立高效、专业、准确的报价体系。⑪实现公司生产、运营、财务一体化管理。

2. PLM 系统

PLM 系统着重解决工艺设计、图样管理、设计变更等相关管理目标，具体包括：①建立统一、高效、规范的文控体系，实现企业资料的有效沉淀和有序管理。②建立企业物料标准库，规范管理物料。③搭建图文档管理平台和工艺信息管理平台，前端支持各类 CAD 数据的集成，包括常用的 AutoCAD、SolidWorks 等数据格式，实现对 CAD 数据的信息提取、在线浏览等。④通过图文档管理系统平台，实现产品数据安全共享、产品结构化管理，在审批流程方面，实现电子审批。⑤通过工艺信息管理平台，实现工艺卡片图文混排编制、工艺路线的编制，通过汇总报表 BOM 的输出，支撑生产。

3. MES

MES 着重解决生产过程管控、防错防呆、生产质量追溯、设备运行等相关管理目标，具体包括：①全面集成。承上启下，完成公司所有与 MES 链接的信息化系统（如 ERP、PLM 等）、自动化控制系统（如钣金、铜排、二次裁线、产线等）和设备（如实验设备等）的无缝集成，通过 MES 整合上下游信息流，建立一个业务统一、流程顺畅、数据规范的生产管理平台。②精益排程。结合 ERP 系统建立先进的计划体系，制订在产能和物资等资源约束条件下的详细排程计划，统一指挥控制物料、人员、流程指令和设备等工厂生产资源。③自动化物流和物料管理。MES 应覆盖部分 WMS 功能，并实现与自动化物流系统（如自动化立体库、AGV 等）一道完成生产物流管理，在数字化工厂内实现无人化自动物料流转，MES 指挥和跟踪物料流动、管理物料消耗、编制物料投料计划等，同时采用工单、批次管理，实现对物料的跟踪和追溯。④质量管理。质量管理以生产过程质量信息汇总和控制为核心，建立快速、高效、全过程的质量反馈、质量处理、质量跟踪控制，MES 自动生成各类质量报告和出厂试验报告等资料。⑤生产过程管理。以全厂数据采集系统为基础，建立起综合控制系统，包括电子看板、SCADA（监控与数据采集）系统集成、监控中心和安灯（Andon）系统等，实时显示整个生产过程的各种现场数据，并按照预先设定的条件，出现异常情况应及时报警提醒，并采取相应的调度措施。⑥设备管理。对生产车间主要生产设备的使用频率、运行状况、工时、定额、能耗、产能等有关信息进行采集和分析，对设备进行全面的运筹管理，以达到保持设备完好率、充分发挥其效能的目的。⑦统计分析。对实时数据进行统计分析，通过对大量数据的综合分析，可以对生产运行情况进行有效评价，为优化组织、提高产量和质量、提高设备保障能力、降低生产成本提供强有力的手段，如员工绩效管理、核算计件工资、设备效率分析等。⑧移动化应用。支持手机、PDA 等移动终端，实现移动端的派工报工、接料发料、数据录入、生产进度跟踪、实时统计分析展示等。

4．WMS

WMS 着重解决实物仓储、出入库、物料质检、组盘等相关管理目标，其架构如图 12-9 所示。这具体包括：①实现原材料、成品、备品备件的出入库、调拨、转换、质检、在库等过程的全方位管控。②实现 ERP 系统、WMS 及库存实物信息交互的及时性和一致性。③实现账务相符、物料流转及消耗的精准追踪、多样化盘点功能应用。④底层技术应用，实现自动化调度。

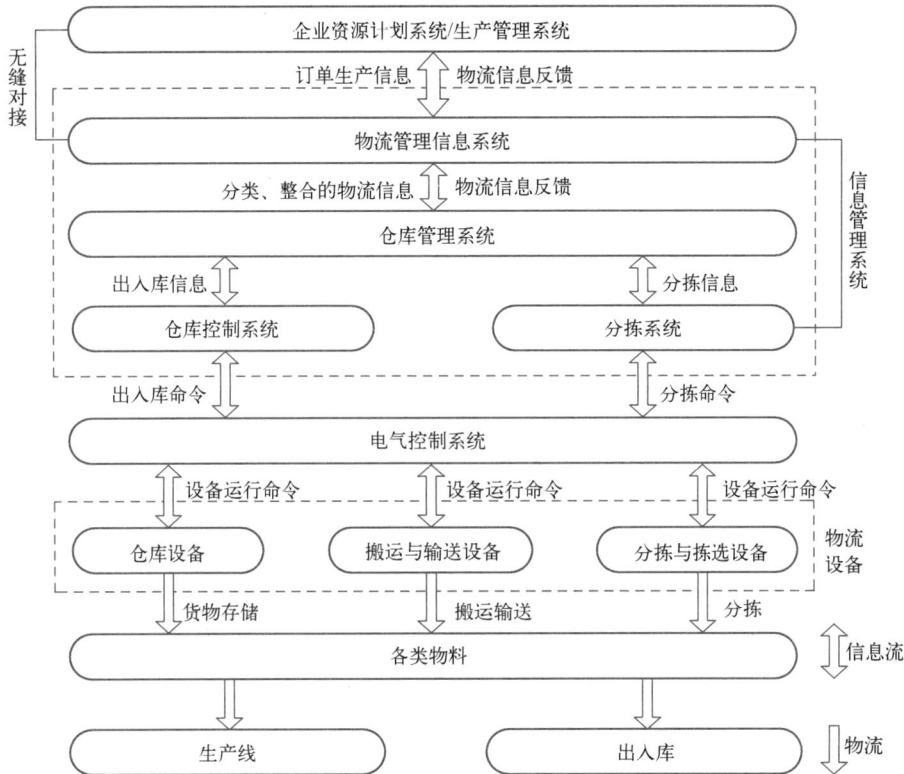

图 12-9　WMS 架构

本章小结

智能制造是基于新一代信息通信技术与先进制造技术深度融合，贯穿于设计、生产、管理、服务等制造活动的各个环节，具有自感知、自学习、自决策、自执行、自适应等功能的新型生产方式。其系统架构通过生命周期、系统层级和智能功能三个维度构建完成，坚持数字化制造→数字化、网络化制造→数字化、网络化、智能化制造（新一代智能制造）的发展路径。与传统制造相比，智能制造具有智能集成、人机一体化、自组织能力、自学习能力、自律能力和虚拟现实技术等特征。

随着科技的飞速发展，智慧物流与智能制造的融合已成为推动现代工业转型升级的关键力量。智能制造和智慧物流是相辅相成的，两者相互依存、相互促进。智能制造系统中的智慧物流系统必须满足数字化、网络化、自动化、智能化和柔性化的要求。两者的融合通过企业主体融合发展、设施设备融合联动、业务流程融合协同、标准规范融合衔接和信息资源融合共享五个关键环节实现。作为物流本身需要突出单元化物流理念、物流先行理念、共享物流理念、融合创新理念以及软件定义物流理念等。

智能工厂以物流运营管理为主线，打通物流管理的逻辑和流程，实现物流的一体化运作和管理。智能工厂物流系统包含智能采购物流、智能生产物流、智能成品物流、智能回收物流，以及与之相关的智能工厂物流运营管理平台、物流计划、前后端协同、差异管理和可视化、物流数据资源和物流设施设备等。其场景要素主要包括采购业务端、入厂物流端、库存与仓储物流、生产协同端、容器管理和成品交付端等。ERP 系统、PLM 系统、MES 和 WMS 是实现系统内部集成的重点，各系统的架构和功能设计以及系统间数据的接口设计是内部集成的关键。

课后练习

一、思考题

1. 什么是智能制造？它有哪些特点？
2. 智能制造系统架构是如何构成的？
3. 智能制造的发展路径是什么？
4. 智能制造对智慧物流有哪些要求？
5. 现代制造业物流创新发展的理念有哪些？
6. 智能工厂物流系统的场景要素有哪些？

二、讨论题

1. 试分析并讨论智能制造与智慧物流的关系。
2. 试分析并讨论智能制造与智慧物流的融合路径。
3. 试分析并讨论智能工厂物流系统的基本框架。
4. 试分析并讨论智能工厂物流系统的管理逻辑。

三、案例分析

小米汽车工厂介绍

小米汽车工厂坐落于我国一处交通便利、产业链完善的高新技术产业园区内，占地面积高达 71.8 万 m^2，相当于近 100 个标准足球场的面积总和，彰显了小米在新能源汽车领域的雄心壮志与长远规划。这一选址不仅便于原材料的采购与产品的物流运输，更能吸引国内外顶尖的汽车制造及智能化技术人才，为小米汽车的研发与生产提供强有力的支持。

小米汽车工厂深刻践行智能制造理念，技术自动化水平达到行业领先水平，整体自动化率超过 91%，关键生产工艺更是实现了 100% 自动化。通过引入先进的机器人技术、高精度传感器、AI 视觉检测系统等，大幅度提升了生产精度与效率，降低了人为操作带来的误差与风险，确保了每一辆小米汽车都能达到极致的品质标准。

小米汽车工厂的生产车间采用模块化、灵活化设计，分为冲压、焊装、涂装、总装四大核心工艺区，以及配套的零部件存储与物流系统。各车间之间通过高效的自动化输送系统紧密相连，实现了从原材料到成品车的无缝衔接。同时，车间内环境控制严格，采用无尘、恒温恒湿等技术手段，为精密制造提供了良好的作业环境。

　　小米汽车工厂深度融合了物联网、大数据、云计算等先进技术，构建了一套完整的智能制造体系。从生产计划的制订、物料配送的调度、设备运行的监控到产品质量的追溯，每一个环节都实现了数字化、网络化、智能化管理。这不仅大幅度提升了生产管理的精准度与透明度，还为实现个性化定制、快速响应市场需求提供了可能。

　　小米汽车工厂设计年产能达到数十万辆，其中旗舰车型 SU7 的产能可达 40 辆/h，意味着每 76s 就有一台 SU7 从生产线上下线。这一惊人的生产率不仅体现了小米在汽车制造领域的深厚底蕴，也充分展示了智能制造带来的巨大优势。通过持续优化生产流程、提升设备利用率，小米汽车工厂正不断向更高产能、更高效率的目标迈进。

　　问题：

　　试分析小米汽车工厂对智慧物流的要求。

参 考 文 献

[1] 李文锋. 智慧物流[M]. 武汉：华中科技大学出版社，2022.

[2] 刘伟华. 智慧物流生态链系统形成机理与组织模式[M]. 北京：中国财富出版社，2020.

[3] 刘伟华，李波，彭岩. 智慧物流与供应链管理[M]. 北京：中国人民大学出版社，2022.

[4] 王斌. 智能物流：系统构成与技术应用[M]. 北京：机械工业出版社，2022.

[5] 霍艳芳，齐二石. 智慧物流与智慧供应链[M]. 北京：清华大学出版社，2020.

[6] 宓为建. 智慧港口概论[M]. 上海：上海科学技术出版社，2020.

[7] 韩东亚，余玉刚. 智慧物流[M]. 北京：中国财富出版社，2018.

[8] 王喜富，崔忠付. 智慧物流与供应链信息平台[M]. 北京：中国财富出版社，2019.

[9] 王先庆. 智慧物流：打造智能高效的物流生态系统[M]. 北京：电子工业出版社，2019.

[10] 张翼英，张茜，西莎，等. 智能物流[M]. 北京：中国水利水电出版社，2016.

[11] 李汉卿，姜彩良. 大数据时代的智慧物流[M]. 北京：人民交通出版社，2018.

[12] 王喜富. 大数据与智慧物流[M]. 北京：清华大学出版社，2016.

[13] 王之泰. 城镇化需要"智慧物流"[J]. 中国流通经济，2014，28（3）：4-8.

[14] 何黎明. 我国智慧物流发展现状及趋势[J]. 中国国情与国力，2017（12）：9-12.

[15] 邵广利. 宁波市智慧物流发展对策研究[J]. 物流科技，2012（11）：80-82.

[16] 戴定一. 物联网与智能物流[J]. 中国物流与采购，2010（8）：34-36.

[17] 李建. 物联网关键技术和标准化分析[J]. 通信管理与技术，2010（3）：17-20.

[18] 王升. 凝聚交通智慧　助力经济发展：记国家交通运输物流公共信息平台[J]. 浙江经济，2017（22）：20-23.

[19] 罗本成. 智慧港口：探索实践与发展趋势[J]. 中国远洋海运，2018（6）：33-36.

[20] 赵然，安刚，周永圣. 浅谈智慧供应链的发展与构建[J]. 中国市场，2015（10）：27-31.

[21] 智睿. 现代供应链、造智慧供应链是未来发展方向探究[J]. 智库时代，2018，142（26）：226-227.

[22] 李亚婷，王霄. 京东智慧供应链发展探究[J]. 河北企业，2018（5）：85-86.

[23] 朱蕊. 百世：让供应链更"聪明"[J]. 中国物流与采购，2018（23）：36-37.

[24] 周伟. 以智慧交通引领新时代交通运输高质量发展[N]. 中国交通报，2018-10-25（5）.

[25] 韩直，陈成，贺姣姣，等. 智慧交通的起源、文化与发展[J]. 中国交通信息化，2018（12）：27-29.

[26] 陈克复，陈广学. 智能包装：发展现状、关键技术及应用前景[J]. 包装学报，2019，11（1）：1-17，105.

[27] 陈广学，陈琳轶，俞朝晖. 智能包装技术的探索与应用[J]. 今日印刷，2018（5）：25-27.

[28] 王艳娟，王桂英，王艺萌. 食品类智能包装技术研究进展[J]. 包装工程，2018，39（11）：6-12.

[29] 柯胜海，庞传远. 材料智能型包装的分类及设计应用[J]. 包装工程，2018，39（21）：6-10.

[30] 张改梅. 智能包装技术及其应用领域[J]. 印刷技术，2007（29）：19-22.

[31] 王志伟. 智能包装技术及应用[J]. 包装学报，2018，10（1）：27-33.